하나님 나라와 사도행전

LIVE
성경강해

하나님 나라와 사도행전

주께 붙들리고, 주께서 보내시고

박대영 지음

사도행전 20-28장

이 책을
선교사로, 학자로, 목회자로
오로지 복음을 위해서만 한 길 걸어오신
최종상 · 윤명희 선교사님께 드립니다.

서문

사도행전 20-28장을 다뤘습니다. 여기서는 바울이 아가야를 떠나서 예루살렘으로 가는 여정, 예루살렘에서 겪은 유대교의 고소와 재판, 가이사라에서의 재판과 2년간의 구류, 로마로 가는 험난한 항해, 로마 도착, 가이사의 재판을 기다리면서 행한 전도 사역이 나옵니다. 누가복음에서 시작한 긴 여행이 대단원의 막을 내리고, 바울이 소망한 다음 여정과 '땅 끝'이라는 표현이 암시하는 더 먼 미래와 더 먼 땅까지의 사역을 내다보는 열린 결말을 보여주고 있습니다.

사도행전과 하나님 나라

사도행전은 부활하신 예수님이 제자들과 40일 동안 함께하시면서 '하나님 나라'에 관하여 말씀하시는 것으로 시작하여(행 1:3, 6), 로마에 도착한 바울이 자기 셋집에 머물며 찾아오는 사람들에게 하나님 나라를 담대하게 그리고 거침없이 전하는 모습으로 끝나고 있습니다(행 28:28, 31). 그 하나님 나라는 이미 누가복음에서 예수께서 이 땅에 가져오신 통치이며(눅 4:43), 그분의 사역과 십자가와 부활과 승천과 성령 강림을 통해서 실현된 것을, 이제 사도행전에서는 성령의 권능을 힘입은 제자들과 교회를 통해서 그 완성을 향하여 나아가고 있는 것으로 묘사되고 있습니다(행 8:12; 14:22; 19:8; 20:25). 그 하나님 나라가 "이스라엘 나라의 회복"(행 1:6)이라는 점에서 사도행전은 길고 긴 하나님 언약의 역사를 배경으로 하는 책이라고 할 수 있습니다. 이 "하나님 나라"에 대한 사도행전의 관심은 예수께서 약속하신 복음의 지리적 경계 확장의 역사를 반영하고 있습니다. 사도행전 1-7장의 갈릴리와 예루살렘 사역(행 1:3, 6), 사도행전 8-12장의 유대와 사마리아 사역(행 8:12), 사도행전 13-20장의 바울의 선교여행(행 14:22; 19:8; 20:25), 사도행전 21-28장의 바울의 재판과 로마 사역(행 28:23, 31). 사도행전은 사실상 "이스라엘 나라를 회복하심이 이때니이까"(행 1:6)라는 질문에 대해서 예수께서 하신 대답, 즉 "성령이 너희에게 임하시면 너희가 권능을 받고 예루살렘과 유대와 사마리아와 땅끝까지 이르러 내 증인이 되리라"(행 1:8)는 예수님의 대답을 풀어 설명하고 있는 책입니다.

선포된 하나님 나라, 실현된 하나님 나라

누가복음에서부터 구약이 예언한 하나님의 대리 통치자, 즉 메시아인 예수님을 하나님 나라의 구원자와 왕으로 소개하고 있고, 그의 사역을 가버나움 회당의 취임 설교에서 "가난한 자에게 복음을, 포로 된 자에게 자유를, 눈먼 자에게 다시 보게 함을, 억압받는 자에게 자유롭게 됨을 선포하시고, 주의 은혜의 해를 전파하시는 것"(눅 4:18-19)으로 소개하셨습니다. 예수님의 공생애 사역은 그 소명을 이루는 사역이었습니다. 예수께서 밝히신 청사진처럼, 그 나라로의 초대에 먼저 응답한 사람들은 메시아를 줄곧 기다려온 유대인들이 아니었습니다. 비주류들, 즉 거절당한 자들, 가난한 자들, 세리들, 죄인들, 여인들, 사마리아인들, 이방인들, 즉 자유와 해방이 필요하다고 인정하는 자들이 먼저 반응했습니다. 나면서부터 걷지 못한 사람, 에티오피아 내시, 이교도들이었습니다. 의인이 아니라 죄인을 위해, 건강한 자가 아니라 병든 자를 위해 오신 예수님을 그들이 먼저 알아봤습니다. 그리고 예수님은 이 하나님 나라와 그 나라로의 구원을 이루기 위해 의인으로 자처하는 자들에 의해 가장 극악한 사형수로 죽으셨고, 생명을 주시기 위해 살아나셨고, 성부 하나님을 대리하는 통치를 실현하기 위해 하늘에 오르셨습니다. 그리고 성령을 보내셔서 당신의 권능으로 표적과 기사를 행하게 하심으로써 사탄의 영향력 아래 있던 자들을 치유하셨고 귀신을 쫓아내셨습니다. 열두 사도들과 바울 일행을 통해 말씀을 전하고 기적을 행하게 하셨습니다. 이를 통해 이미 예수님과 성령님을 통한 성부 하나님의 통치가 실현되어, 사탄의 통치 한가운데서 하나님의 나라가 실재하고 있음을 보여주신 것입니다.

땅에서 일어나는 복음과 복음의 일꾼들을 향한 모든 반대와 탄압은 바로 이 우주적이고 묵시적인 전투의 지상 버전이며 현실 버전이었던 것입니다. 가는 곳마다 복음의 행진은 순탄치 않았지만, 결국 혼돈의 세력을 이기고 자기 백성을 얻는 역사가 벌어지곤 했습니다. 사도행전 20-28장 안에서만도 유대인들에 의한 바울 살해 모의(행 20:3), 예루살렘에서 벌어진 거짓 고소와 결사대의 살해 위협, 가이사랴에서의 부당한 2년 수감, 로마로 가는 길에 만난 느닷없는 폭풍, 배를 삼킬 듯한 성난 바다, 해도 달도 별도 잠적한 흑암과 맞서며 표류한 항해, 로마 군인들의 바울 제거 시도, 로마에서의 복음 거절 등 하나님 나라 복음은 한 번도 한시도 거칠 것 없이 전개된 적이 없었습니다. 하지만 동시에 그 순간마다 피할 길을 내시고, 돕는 손길들을 보내주시고, 때로는 직접 나타나 격려하시고 앞일을 보여주시는 하나님의 역사가 있었습니다. 우연처럼 보이는 숱한 환대들을 통해 한고비 또 한고비를 넘기며 복음은 땅끝을 향해 나아갔습니다. 어디까지가 하나님의 역사이고 어디서부터가 전도자들의 역할이 었는지 구분할 수 없을 만큼, 하나님과 사람과 상황이 환상적인 조화를 이루며 주께서 작정하신 뜻을 이루어갔습니다.

신앙과 교회의 시금석

이런 배경에서 『부흥의 사도행전』(1-4장), 『교회의 사도행전』(4-8장), 『환대의 사도행전』(9-14장), 『선교의 사도행전』(15-19장)에 이어서 다섯 번째 책의 제목을 『하나님 나라와 사도행전』(20-28장)으로 정했습니다. 사도행전이 창조부터 시작된 하나님의 선교를 다룬 책이고, 그 선교의 목표가 하나님 나라라고 보았습니다. 그래서 개인적으로 내가 잘살고 있는지를 진단할 때도, 우리의 교회는 존재하는 목적에 부합하고 있는지를 점검할 때도, 또 교회가 담당해야 할 시대적 사명이 무엇인지를 생각할 때도 우리는 이 '하나님의 선교'와 '하나님 나라의 선교'라는 더 근본적이고 동시에 더 궁극적인 내러티브를 염두에 두어야 한다고 봅니다. 그것을 시금석으로 삼으면 부흥처럼 보일 때도 염려할 수 있고, 다들 위기라고 말하며 절망할 때도 주인께서 이미 새롭게 시작하신 일과 방향이 보일 수도 있습니다. 절망은 금물이라고 말하지 말고 정말 절망하고 염려하고 우려해야 할 일이 무엇인지를 제대로 짚는 것이 중요하고, 감사하고 찬양할 때도 정말 주님도 함께 좋아하시고 기뻐하실 만한 일인지를 아는 것이 중요합니다. 그래야 우리의 망가진 입맛이나 변질된 취향이 기준이 되어 귀한 것을 보지 못하거나 위태한 상황을 감지하지 못하는 실수를 면할 수 있기 때문입니다.

복음의 역사에 초대하는 책

저는 더는 교회에서 가장 중요한 것이 복음과 하나님 나라의 가치, 그 가치가 대변하는 '생명'이 아닌 듯하여 속상할 때가 많습니다. 성도들이 자신의 모든 삶과 삶의 방식과 욕망을 그 말씀에 비추어 점검하고 재조정하는 일이 좀처럼 일어나지 않는 것 같아서 마음이 아픕니다. 그것은 하나님을 사랑하는 일과 이웃을 사랑하는 일이 가장 중요하며, 그것이 곧 나를 위하는 일이며 나를 사랑하는 일이며 내가 사랑받는 일이고, 따라서 그것이 사실은 내가 사는 길이라는 내적 확신이 없는 것 같다는 말이기도 합니다. 그 말은 사실상 성경이 요구하는 '믿음'이 없어 보인다는 뜻입니다. 교인들은 많지만, 제자는 드뭅니다. "우리가 어찌할꼬!"라고 탄식하는 일은 처음 예수님을 영접할 때만 필요한 일인 듯 여기는 것 같습니다. 교회가 교인을 선택하지 않고 동네 교회나 집 앞 교회가 아닌 시대 교인들이 교회를 선택하고, 교인들이 목사를 선택합니다. 교회에 들어와서 말씀을 듣고 자기 생각을 바꾸고 삶의 방식과 목표를 바꾸려는 사람이 몇이나 될까 싶습니다. 그 대신에 교회를 알아보고 메시지를 들어본 후 확인하기 위해서 교회를 찾습니다. 이미 기대하고 있던 예측 가능한 메시지에 내 집 같은 평안함을 느끼기를 원합니다. 그 기대가 채워지지 않아도 선택할 수 있는 옵션이 온라인과 오프라인에 매우 많습니다. 자기 생각을 확인받고 강화하는 메시지를 찾아가는 이 시대에, 사도행전 20-28장에 나오는 바울 일행의 선교 여정은 우리 시대 말씀을 전하고 듣는 모두에게 생경하고 충격적입니다. 왜냐하면 이제는 점점 타인에게 자기 가치를 권하는 전도나 선교가 무례한 일로 간주되고, 그 복음을 위해 갖은 수모와 곤란을 무릅쓰고, 심지어 자기 목숨까지 아끼지 않는 모습은 공연한 수고나 과잉 헌신, 심지어 광기로 비치고 있기 때문입니다. 하지만, 물론 늘 그런 식으로 비장할 필요는 없을지라도, 적어도 하나님 나라 복음에 믿음으로 반응해야 한다는 사실만은 절대로 미룰 수 없고 추호도 양보할 수 없습니다. 저는 이 책이 그렇게 살려고 안간힘을 쓰면서도 '우리 제대로 가고 있는 거 맞지요?'라고 묻고 싶은 주 안의 형제자매들에게 작은 용기를 줄 수 있다면 그걸로 족하겠습니다. 하나님께서 이미 해오셨고, 지금도 하고 계시고, 또 완성되는 그 날까지 포기하지 않으실 것이니, 우리도 그 복음의 역사에 참여하는 것이 제대로 사는 것임을 확인하는 계기가 되면 좋겠습니다.

감사합니다

이 책을 선교사로서, 학자로서, 목회자로서 사울 바울처럼 복음을 위하여 살아오신 최종상, 윤명희 선교사님께 드립니다. 영국에서 공부하던 시절부터 지금껏 20년 이상 믿음의 선배로서 정성스럽게 챙겨주시고 격려해 주시고 길을 밝혀 주신 두 분의 사랑을 잊을 수 없고 그냥 지나칠 수 없어서 이렇게나마 표현합니다. 널리 인정과 존경을 받고 계신 터라 저에게까지 기대하지 않으실 것이 분명하지만, 주님을 두 분처럼 크게 믿고 확실히 믿는 일꾼을 본 적이 없고, 복음에 대한 지식과 확신이 뚜렷한 분을 본 적이 없고, 그 복음을 기다리는 영혼들을 향한 사랑이 진심인 분을 본 적이 없습니다. 그것은 선교지의 선교사로서, 둘로스의 단장으로서, 영국인 교회의 담임 목사로서, 바울 신학에서 중요한 학자로서, 암노스교회개척학교의 책임자로서, 런던 중심가 거리에서 매년 여름 "Arise"라는 노방전도 집회를 열어온 복음전도자로서, 숱한 책들의 저자로서 살아온 두 분의 삶이 증명합니다. 가까이에 초대하여 이 삶을 보게 해주신 친절이 오늘의 내가 되게 해주었기에 이 책으로나마 감사하고 싶습니다.

변함없는 가마솥 사랑으로 저를 품어주신 광주소명교회 성도들에게 감사합니다. 특별히 교회를 개척하면서 아낌없는 땀과 눈물을 주님께 드리고 은퇴하신 이이수, 차재옥, 류호홍, 김철기, 이인갑 장로님께 감사합니다. 인생의 마지막 3년을 저희 공동체와 함께하시면서 신랑 예수님의 신부로 사는 고결한 성도다운 삶이 무엇인지를 몸소 보여주시고는 2025년 5월에 주님 품에 안기신 고故 이한나 전도사님께 감사드립니다. 사랑하는 소명의 가족 이계필 집사님의 쾌유를 빌며 이 책을 드립니다. 광주과학기술원교회를 개척하고 24년 동안이나 사역하다 은퇴하시고 소명 공동체의 일원으로 참여하고 계신 든든한 동지 김대영 목사님과 주로미 사모님께 감사합니다. 일본 선교의 소중한 모범을 남겨주시고, 이제 대안학교를 통해 일본의 다음 세대를 키우고 계시는 조남수 선교사님께서 보여주신 사랑과 교제에 감사드립니다. 또한 팔순을 넘기시면서 "끝까지 신실한 모습으로 살다가 갈 수 있도록 기도해 주십시오"라고 청해오시는 나의 어른 황정길 목사님, 주님께서 그 종의 간청을 꼭 들어주시기를 바랍니다. 어제 같은 오늘이 얼마나 큰 축복인지를 알게 해주고, 존재를 대신할 수 있는 선물은 없음을 느끼게 해주는 소중한 육신의 가족들에게 감사합니다.

무엇보다 책을 쓸 수 있도록 지혜와 감동, 건강과 보람을 주신 하나님께 감사드립니다. 당연히 서툰 구석이 천지겠지만, 그래도 주님 보시기에 어디 한 군데라도 쓸 데가 있는 글이라면 다행이겠습니다. 이만치라도 알아들을 수 있도록 저를 가르쳐주셔서 감사합니다. 이렇게 책이 나옴으로써 저는 기쁨과 영광을 다 얻었으니, 부디 앞으로는 주님께서만 이 책을 통해서 영광 얻으시기를 진심으로 기도합니다.

차례

서문   006

사명을 마칠 수만 있다면 | 20:1-38   016
들어가는 말 · 바울이 마게도냐와 헬라의 성도들을 돌아보다 · 아시아의 교회들을 돌아보다 · 바울이 에베소 장로들에게 고별설교를 하다 · 바울과 장로들의 눈물의 이별 · 나가는 말

주의 뜻대로 이루어지리이다 | 21:1-16   060
들어가는 말 · 밀레도에서 두로까지 · 두로에서 가이사랴까지의 여정 · 나가는 말

예루살렘의 불신과 불의 앞에서 | 21:17-36   091
들어가는 말 · 예루살렘 유대인 형제들의 불신 앞에서 · 예루살렘 유대인의 불의 앞에서 · 나가는 말

주께 붙들리고, 주께서 보내시고 | 21:37-22:29   127
들어가는 말 · 구조 · 변론할 기회를 얻는 바울 · 나가는 말

로마에서도 증언하리라 | 22:30-23:35   172
들어가는 말 · 구조 · 공회 앞에 서다 · 바울의 변증과 대제사장의 폭행 지시 · 바리새인의 도움을 받다 · 천부장이 바울을 보호하다 · 주께서 바울의 로마행을 예고하시다 · 유대인들이 바울을 살해하려고 모의하다 · 생질의 도움으로 위기를 모면하다 · 바울이 가이사랴로 이송되다 · 총독 벨릭스 앞에 서다 · 나가는 말

하나님과 사람에 대하여 거리낌이 없기를 힘쓰나이다 | 24:1-27   218
들어가는 말 · 더둘로의 고발 · 바울의 변론 · 벨릭스의 반응 · 가이사랴 2년의 의미 · 가이사랴에서 쓴 서신들 · 나가는 말

가이사에게 심문을 받을 것이라 | 25:1-22
260

들어가는 말 · 신임총독 베스도가 예루살렘을 방문하여 유대인의 고소를 듣다 · 유대교의 고소와 바울의 상소 · 아그립바 왕과 총독 · 나가는 말

다 나와 같이 되기를 원하나이다 | 25:23-26:32
294

들어가는 말 · 구조 · 베스도가 아그립바에게 도움을 청하다 · 재판의 도입 · 유대교에 충실한 바울 · 그리스도에게 충실한 바울 · 재판의 마무리 · 나가는 말

구원의 여망마저 없어졌더라 | 27:1-20
341

들어가는 말 · 구조 · 로마로 가는 배에 오르다 · 힘겹게 미항에 당도하다 · 배가 미항에 도착하다 · 바울의 조언을 거절하여 광풍을 만나 표류하다 · 나가는 말

너와 함께 항해하는 자를 다 네게 주셨느니라 | 27:21-44
378

들어가는 말 · 1차 조언 : 바울이 주의 말씀을 전하다 · 2차 조언 : 바울이 사공들의 탈출을 막다 · 3차 조언 : 바울이 음식을 먹도록 권하다 · 결과 : 배를 탄 모든 사람들이 구조되다 · 또다시 찾아온 위기 · 나가는 말

구원과 환대 | 28:1-15
414

들어가는 말 · 반복되는 환대의 역사 · 멜리데에서의 사역 · 바울 일행이 로마를 향하여 떠나다 · 나가는 말

담대하고 거침없이, 로마에서 복음을 | 28:16-31
448

들어가는 말 · 로마 도착과 가택 연금 · 유대 높은 사람들과의 만남 · 유대인들과의 두 번째 만남 · 로마에서의 2년의 사역 · 나가는 말

미주   485

사명을
마칠 수만 있다면   사도행전 20:1-38

들어가는 말

바울의 전도사역은 바울의 뜻대로 되지 않았습니다. 그의 뜻이 옳지 않아서가 아닙니다. 의도가 선하지 않아서도 아닙니다. 하나님의 뜻대로 되는 것이 하나님의 나라이기 때문입니다. 지금껏 바울이 경험한 도시 가운데 에베소는 가장 컸습니다. 아시아를 중심으로 한 3차 선교 여행의 본거지로 삼기에 적합한 도시였습니다. 그곳에서의 3년여 정도의 사역이 끝나갈 때 저자는 "주의 말씀이 힘이 있어 흥왕하여 세력을 얻으니라"라고 하면서 성공적인 사역의 결과를 보고했습니다. 바울은 이제 예루살렘으로 가서 이방인 지역에서 모은 유대와 예루살렘을 위한 구제헌금을 전달한 후 로마로 가는 것이 성령께서 원하시는 일이라는 확신을 가졌습니다(행 19:21). 실제 이후 진행되는 바울 선교를 보면 이것은 단순히 바울의 소원이 아니라 성령께서 주신 마음임을 확인할 수 있습니다(행 20:22). 하지만 그런 결심이 선 직후에 은장색 데메드리오의 선동으로 불거진 소요 사건으로 바울의 동역자들은 곤욕을 치릅니다. 그러나 결과적으로 바울 일행의 복음 전도 활동이 공적으로 문제가 없음을 인정받는 계기가 되었습니다.

본문은 이 소요가 그친 후에 바울 일행이 에베소를 떠나서 다른 곳으로 이동하는 것으로 시작합니다. 사도행전 20장의 흐름을 보면, 1-6절까지는 에베소를 떠난 바울이 마게도냐와 헬라에 갔다가 다시 마게도냐로 돌아와 결국 항구 도시 드로아에 당도하는 여정을 그리고 있습니다. 7-12절은 드로아를 떠나기 전날 밤 있었던 한 가지 사건을 집중적으로 기록하고 있습니다. 유두고 소생 사건입니다. 13-16절까지는 드로아에서 밀레도까지 오는 여정을 다룹니다. 17-38절에서는 밀레도에서 바울이 에베소 장로들과 석별의 정을 나누면서 전한 고별설교를 볼 수 있습니다. 그렇다면 실제 항해 기사와 유두고 이야기를 제외하고는 여기서도 에베소와 관련한 일을 주로 다루고 있습니다. 20장은 에베소를 떠난 바울(행 20:1)이 에베소 장로들과 다시 만난 후 헤어지는 일로 끝나고 있는 것입니다(행 20:38).[1]

그럼 중간에 드로아에서 유두고가 말씀을 듣다가 창문에서 떨어져 죽었는데, 바울이 그를 살린 사건은 왜 기록했을까요? 이것은 이어질 바울의 예루살렘 행보와 로마까지의 행보를 도입하는 역할로 보입니다. 바울은 자신의 예루살렘행을 환난과 결박이 기다리는 길이라고 말하고 있고, 그런데도 "생명조차 귀한 것으로 여기지 않는다", "다 내 얼굴을 다시 보지 못할 줄 아노라"라고 하면서 자신이 죽을 수도 있음을 암시합니다. 그러나 하나님의 은혜의 복음, 즉 예수 그리스도의 십자가와 부활의 복음을 전하는 바울의 걸음 앞에 환난과 결박이 기다리더라도, 그의 그 걸음을 중단시킬 세력은 없으며, 예수님을 살리신 하나님, 유두고를 살리신 주께서 바울도 살리셔서 기어이 로마에 가서 복음을 전하게 하실 것임을 보여주고 있는 것입니다.

바울이 마게도냐와 헬라의 성도들을 돌아보다

에베소 시민들의 소요가 그친 후 바울은 제자들을 따로 안전한 곳으로 불러 권하고(격려하다, 파라칼레오, παρακαλέω) 떠나고 있습니다.

"소요가 그치매 바울은 제자들을 불러 권한 후에 작별하고 떠나 마게도냐로 가니라" (사도행전 20:1)

바울 일행은 데메드리오와 은장색들이 서기장이 권고한 대로 총독에게 정식 재판을 요구하거나 민회에서 공식적으로 불만을 토로하기 전에 급히 떠나려고 했을 것입니다. 에베소를 떠나면서 성도들에게 남기고 싶은 권면이 한둘이 아니었을 것입니다. 그래서 나중에 밀레도에서 다시 이 에베소 교회의 장로들을 따로 불러 길게 권면한 것입니다. 잠시 서기장의 개입으로 사태가 진정되었지만, 앞으로 닥칠 적잖은 시련과 어려움 속에서 교회가 어떻게 대응하면 좋을지를 집중적으로 전했을 것입니다.

마게도냐로 떠나다

누가는 에베소를 떠난 후 바울 일행의 행적을 간략하게 소개합니다.

"마게도냐로 가니라 그 지방으로 다녀가며 여러 말로 제자들에게 권하고 헬라에 이르러 거기 석 달 동안 있다가" (사도행전 20:1b-3a)

하지만 우리는 바울 서신들을 통해서 이후 행적을 다양하게 재구성할 수 있습니다. 그의 1차 행선지는 '드로아'입니다. 고린도에 '고통스런 편지'를 전달하러 간 디도를 드로아에서 만날 예정이었기 때문입니다. 거기에 가기까지 "그 지방으로 다녀"갔다고 하는데, 육로를 통해 서머나와 버가모 지역을 지나면서 '제자들을 여러 말로 권하'파라칼레오, παρακαλέω였을 것입니다. 고린도후서 1장 12절에서 13절을 보면 바울 일행의 드로아 사역은 성공적이었지만"주 안에서 문이 내게 열렸으되" 하루라도 빨리 디도를 만나고 싶어서 드로아 사역을 멈춘 채 마게도냐로 이동합니다"내가 내 형제 디도를 만나지 못하므로 내 심령이 편하지 못하여 그들을 작별하고 마게도냐로 갔노라". 바울은 마게도냐 어느 도시에서아마 빌립보 디도와 상봉했습니다. 바울은 디도로부터 고린도 교회가 자신이 눈물로 쓴 편지(고후 2:3)를 읽고 회개했다는 소식을 듣고(고후 7:5-8), 다시 그들을 직접 방문하기 전에 편지를 썼는데, 그 편지가 바로 고린도후서입니다. 디도를 통해서 이 편지를 보낸 후 고린도 교회를 방문하겠다는 약속을 합니다.

그러고는 다시 이동하여 그간 다시 가고 싶었지만 번번이 막혔던 데살로니가를 방문합니다. 얼마나 반갑고 고마웠을까요? 고난 중에도 믿음과 사랑과 소망을 잘 지킨 제자들을 격려하고 그들의 복음 이해를 돈독하게 해주었을 것입니다. 그리고 마게도냐 교회들을 방문하는 동안 예루살렘 교회를 위한 구제헌금을 부탁한 것으로 보입니다(고후 8:1-4).

여정의 틈 메우기

그런데 이 마게도냐 여정에 포함할 여지가 있는 바울의 또 하나의 행보가 있습니다. 로마서 15장 19절을 보면, "예루살렘으로부터 두루 행하여 일루리곤까지 그리스도의 복음을 편만하게 전했"다고 말합니다. 성경 전체에서 바울이 달마디아 속주에 속한 지역인 일루리곤에 방문한 직접적인 기록이 없습니다. 어쩌면 이 데살로니가 방문을 마치고 베뢰아에 가기 전에 20:4에 베뢰아의 구제헌금을 전달할 대표로 '소바더'가 등장한다 일루리곤

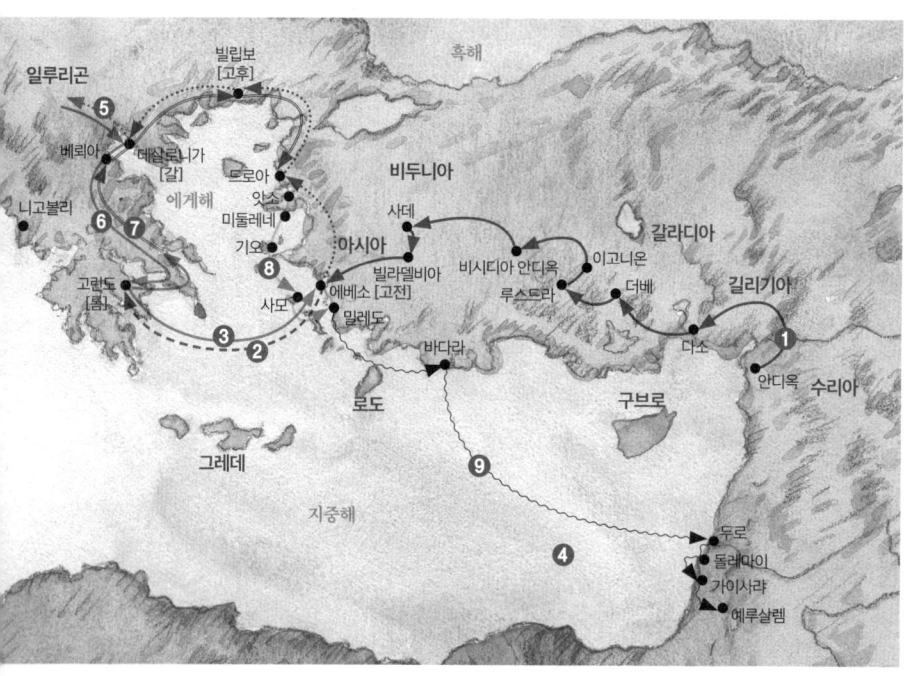

을 다녀온 것으로 추정할 수 있습니다. 특히 사도행전 20장 2절에 '헬라' 고린도에 이르기 전 어느 시점에 일루리곤을 다녀왔을 것인데, 데살로니가를 도망치듯 떠난 2차 선교 여행 때 방문했다는 것은 개연성이 떨어지고, 이 3차 여행 때 다녀온 것으로 보입니다.

일루리곤 방문 계획을 세울 수 있었던 것은 데메드리오로 인한 갑작스러운 소요 사건 때문에 계획한 것보다 빨리 에베소를 떠남에 따라 시간적 여유가 생겼기 때문일 것입니다. 그의 일루리곤 방문을 예상하는 또 다른 근거는 로마서에서 일루리곤 방문을 언급한 후 바울이 이사야 52장 15절을 인용하여 다음과 같이 말하고 있기 때문입니다. "주의 소식을 받지 못한 자들이 볼 것이요 듣지 못한 자들이 깨달으리라." 아직 아무도 선교하지 않은 일루리곤이 늘 마음에 걸렸는데, 이 기회를 이용하여 복음을 전한 것입니다. 나중에 디도가 달마디아로 가는데(딤후 4:10), 달마디아는 일루리곤에서 좀 더 북쪽에 위치하고 있습니다.

그런데 로마서를 보면 줄곧 동행했던 브리스길라와 아굴라 부부가 이미 로마에 가 있는 것으로 나옵니다(롬 16:3). 그들은 언제 로마로 돌아갔을까요? 어쩌면 이 일루리곤 선교에 동행했다가 거기서 곧장 로마로 돌아간 것이 아닌가 싶습니다. 실제로 주후 54년에 로마에서의 유대인 추방 칙령이 해제되어 유대인들이 로마로 돌아올 수 있게 되었습니다. 그런데 디모데후서 4장 19절을 보면 이 부부가 다시 에베소에 와 있는 것을 확인할 수 있습니다. 로마로 갔던 부부는 거기서 가정 교회를 인도하다가 어느 시점엔가 다시 에베소로 와서 디모데를 도와 교회를 섬긴 것입니다.

율법주의자들과 맞서다

바울은 일루리곤에서 얼마간 전도 활동을 하다가 에그나티아 가도를 따라 데살로니가로 돌아옵니다. 최종상은 이때 바울은 그가 개척한 갈라디아 교회로부터 충격적인 소식을 들었고, 이에 대응하기 위해 갈라디아서를 보냈다고 주장합니다.[2] 그들은 예루살렘 교회로부터 온 그리스도인들인데, 이방인 그리스도인들은 반드시 할례를 행하고 율법을 지켜야 한다고 가르쳤습니다. 그들은 바울의 주장을 꺾기 위해 바울의 사도권에 의문을 제기했습니다. 이미 디도에게서 고린도 교회에도 그와 같이 주장하는 자들이 들어와 영향을 끼치고 있다는 소식을 들었는데(고후 11:4, 20), 이제 갈라디아 교회들에서도 같은 문제를 겪고 있다는 말에 충격을 받았을 것입니다. 의례적인 인사나 감사나 기도도 없이 곧바로 "어리석도다… 누가 너희를 꾀더냐"(갈 1:6), "우리나 혹은 하늘로부터 온 천사라도 우리가 너희에게 전한 복음 외에 다른 복음을 전하면 저주를 받을지어다"(갈 1:8)라고 매우 엄하게 쓴 것을 보면 그 심각성을 짐작할 수 있습니다. 이미 안디옥 교회에 와서도 똑같은 문제를 일으켰지만 예루살렘 회의를 통해 적극적으로 방어했는데, 이제 유대주의자들은 추천서까지 받아 들고 고린도 교회에 나타났고(고후 3:1), 또한 갈라디아 교회들까지 어렵게 만들고 있었던 것입니다.

바울은 그간 예수 그리스도의 죽음과 부활을 믿는 믿음으로 의롭게 되는 복음을 전해왔는데, 갈라디아서에서는 '율법 없이' 믿음으로 의롭게 된다는 사실을 새롭게 강조하여 당면한 도전에 맞서고 있습니다(갈 2:16). 이 갈라디아서의 저작 장소로 가장 유력한 곳은 데살로니가일 것입니다. 이런 신학적인 문제가 얼마든지 마게도냐의 다른 교회들도 맞닥뜨릴 도전이었기에 당연히 데살로니가 성도들에게도 율법 없이 믿음으로 의롭게 되는 복음을 전했을 것입니다. 이후에 바울은 고린도헬라에 내려가 석 달을 머무는 동안 로마서를 써서 뵈뵈 편에 로마 교회로 보냈는데, 그가 전한 복음이 갈라디아서의 복음과 여러 면에서 그 논점이 비슷한 것도 이런 유대주의자들거짓 교사들의 등장이라는 배경에서 이해할 수 있습니다. 예루살렘 교회 출신의 이런 할례주의자들의 소행 때문에 바울이 예루살렘을 방문해야 할 이유가 더욱 분명해졌습니다. 마게도냐의 다른 교회들에도 이들이 방문하여 할례와 율법 준수를 요구하는 가르침을 전할 것이 분명했기에, 바울은 이 교회들에서도 바른 복음을 전하여 교리적으로 단속할 필요를 강하게 느꼈을 것입니다. 실제로 바울은 고린도에서 곧장 수리아로 가려는 계획이 무산되자(행 20:3), 이것을 마게도냐의 교회들을 다시 심방 하는 기회로 삼고 있습니다. 이때 갈라디아서와 로마서에서 피력했던 '율법과 상관없이 믿음으로 얻는 의'에 대하여 전했을 것입니다. 이것도 모자라서 훗날 2년 동안 가이사랴 감옥에 있는 동안(행 24:27), 에베소와 빌립보와 골로새의 교회들에게 편지를 보내서 새 언약시대 율법의 역할에 대해 바르게 가르쳐서 그리스도의 복음 위에 신앙을 세우도록 격려한 듯합니다(엡 4:14; 5:6-7; 빌 3:1-3, 18-19; 골 2:4-20; 3:6).

고린도에 이르다

바울은 데살로니가를 떠나 베뢰아를 거쳐 고린도에 도착합니다(2절). 고린도에 있는 동안 가이오 집에 머물렀습니다(고전 16:23). 여기서 석 달을 머물렀습니다56-57년. 이때 바울이 로마서를 쓴 것으로 추정합니다. 바울은 2차 여행 때처럼 거기서 배를 타고 수리아, 즉 가이사랴로 가서 걸어서 예루살렘에 올라가려고 했습니다. 그런데 배를 타는 대신에 다시 오던 길로 돌아가 마게도냐를 거쳐서 예루살렘으로 가는 것으로 계획을 바꿉니다. 그 배경을 저자는 이렇게 밝히고 있습니다.

"헬라에 이르러 거기 석 달 동안 있다가 배 타고 수리아로 가고자 할 그 때에 유대인들이 자기를 해하려고 공모하므로 마게도냐를 거쳐 돌아가기로 작정하니"(사도행전 20:2b-3)

겨울 항해가 시작되는 날은 3월 5일 경입니다. 주후 57년 유월절은 4월 7일이었고, 오순절은 5월 29일이었습니다. 예루살렘까지 약 5주 정도 걸리기 때문에 아직 시간적인 여유가 있었습니다. 분명 바울은 겐그레아에서 배를 타고 곧장 에베소로 가려고 했을 것입니다. 그런데 그는 유대인들 사이에서는 주의할 인물, 혹은 지명수배자와 다름이 없었습니다. 유대인들이 어떤 식으로 바울을 해하려고 공모했는지는 모릅니다. 에베소로 가는 배 안에서 유대인들이 공모하여 바울을 죽이고 시신을 바다에 던지려고 한 것 같습니다.[3] 그런데 그 순간 다시 한번 하나님이 바울을 도우셨습니다. 아직은 그가 살아야 할 이유가 더 있었던 것입니다.

연보를 준비하다

저자는 이 시점에서 예루살렘까지 그와 동행할 사람들의 명단을 소개하고 있습니다.

"아시아까지 함께 가는 자는 베뢰아 사람 부로의 아들 소바더와 데살로니가 사람 아리스다고와 세군도와 더베 사람 가이오와 및 디모데와 아시아 사람 두기고와 드로비모라 그들은 먼저 가서 드로아에서 우리를 기다리더라"(사도행전 20:4-5)

여기에 상세하게 연보를 가지고 동행하는 일곱 명의 사람들의 이름과 출신 지역을 같이 언급하고 있습니다.[4] 그런데 4절에 "아시아까지 함께 가는 자"에서 "아시아까지"라는 표현은 대부분의 주요 사본에는 나오지 않기 때문에 생략하는 것이 좋겠습니다. 이들은 분명 예루살렘까지 바울과 동행할 사람들입니다. 그런데 그들의 출신지를 보면 흥미롭습니다. 저자는 우리가 그 지역에 주목하도록 의도적으로 지명을 써놓았을 것입니다. 이들은 각 지역의 대표들로 바울이 디모데와 에라스도를 통해서 선정한 사람들로 보입니다. 1차 선교 여행 때 세운 교회에서는 더베 사람 가이오[5]와 디모데가 뽑혔고, 2차 선교 여행에서 세운 마게도냐에서는 베뢰아 사람 부로의 아들 소바더[6]와 데살로니가 사람 아리스다고(참조. 19:29; 27:2; 골 4:10; 몬 24절; 롬 16:23; 고전 1:14)와 세군도가 뽑혔습니다. 3차 선교 여행지인 에베소에서는 아시아 사람 두기고와 드로비모가 대표로 동행했습니다. 사실상 이들은 바울의 이방인 사역의 열매들입니다. 그 대표들의 손에는 그들이 기근으로 시달리고 있는 유대와 예루살렘의 형제들을 돕기 위해 모금한 구제헌금이 들려 있습니다. 바울은 3차 선교 여행을 하면서 교회들에게 예루살렘 교회를 위한 구제헌금을 부탁했습니다. 바울은 고린도후서 8, 9장에서 길게 고린도 교회에게 이미 1년 전에 부탁한 연보를 바울 자신이 갈 때까지는 잘 준비하라고 부탁하고 있습니다. 바울에게 이 예루살렘을 위한 연보는 기근으로 고생하는 형제 교회를 돕는 것 이상의 신학적인 의미가 있었습니다. 그는 이 연보의 성격을 영적인 빚을 갚기 위한 물질적인 예물로 규정하고 있습니다(롬 15:25-27). 바울은 이것으로 이방인 교회와 유대인 교회가 그리스도 안에서 한 형제와 자매가 된 것을 확인하고 싶었습니다. 이방 성도들이 유대 성도들과 "동일한 시민이요 하나님의 권속"임을 드러내는 표현이기에, 이 헌금이 잘 받아들여지도록 기도해달라고 로마 교회에 부탁하고 있습니다(롬 15:31; 엡 2:19). 또한 일곱 대표들은 바울이 이 헌금을 얼마나 공정하고 투명하게 관리해왔는지를 증언할 목격자이기도 했습니다.

바울은 예루살렘 교회가 이 연보를 당연히 그리고 기쁘게 받아줄 것이라고 확신했던 것은 아닙니다. 도리어 "결박과 죽음"을 각오하며 예루살렘으로 향하고 있습니다(행 21:13). 유대인 그리스도인들의 반발과 예루살렘 유대교의 살해 위협을 모두 예상한 것입니다. 그래서 어쩌면 로마교회에 보낸 편지로써는 앞으로 있을 방문을 준비하기 위한 것일 수 있지만, 방문하지 못했을 때를 염두에 둔 유언 성격의 서신이기도 했습니다. 방문해서 전하고 싶었던 '나의 복음'을 한 글자 한 글자 꾹꾹 눌러서 썼을 것입니다.

마게도냐의 교회들을 다시 심방하다

일곱 명의 일꾼들은 빌립보까지는 바울과 동행했다가 먼저 드로아로 갑니다(혹은 이 일곱은 고린도에서 바로 드로아로 갔을 수도 있다). 바울과 누가 "우리"만 빌립보 교회에 남아서 무교절까지 보냅니다. 거기서도 최근에 가장 큰 이슈인 할례주의자들이 전하는 다른 복음에 빌립보 교회가 잘 대응하도록 가르쳤을 것입니다(빌 3:18-19). 이렇게 빌립보 교회는 예기치 않는 바울의 또 한 번의 방문을 통해 특별한 수난절과 부활절을 보낼 수 있었을 것입니다. 그 이후 행보를 저자는 이렇게 간추려 말합니다.

"우리는 무교절 후에 빌립보에서 배로 떠나 닷새 만에 드로아에 있는 그들에게 가서 이레를 머무니라"(사도행전 20:6)

처음에 드로아에서 네압볼리로 갈 때는 이틀밖에 안 걸렸는데(행 16:11), 반대로 갈 때는 5일이나 걸린 것은 배가 역풍을 만났기 때문일 것입니다. 저자가 상세하게 항해에 소요된 기간을 언급하고 있는 것은 사도행전 20장 16절에 나온 바울의 계획 때문입니다. 그는 오순절까지는 예루살렘에 도착하고 싶어 합니다. 무교절에서부터 50일째 되는 날이 오순절입니다. 벌써 12일을 썼습니다. 그렇게 바쁜 바울이 왜 드로아에서 7일을 보냈을까요? 당연히 기상악화 때문이거나 배가 떠나기까지 기다려야 했기 때문일 것입니다.

아시아의 교회들을 돌아보다

드로아에서 보낸 7일 중 마지막 날 밤에 있었던 일이 7절부터 소개되고 있습니다. "그 주간의 첫날"이라고 날을 특정하고 있습니다. 로마의 시간표를 따른다면 주일 저녁이 되고, 유대교의 시간을 따른다면 토요일 저녁이 됩니다. 로마식 시간표로 보는 것이 여러모로 본문이 주는 메시지와 어울립니다. 이날 주일은 예수께서 부활하신 날입니다. 부활하신 예수께서 제자들에게 맨 처음 나타나신 것은 주일 저녁이었습니다(요 20:19). 이 예수님이 살아나신 날을 기념하는 주일에 유두고가 죽은 자 가운데서 소생했습니다. 바울이 유대인들의 살해 음모를 안 것이 우연이 아니었듯이, 유두고를 살린 사건 역시 사도행전 저자에게는 그냥 지나칠 수 없는 사건이었습니다. 부활의 복음을 전하는 바울 개인에게도 의미가 있고, 부활의 예수님을 믿는 교회들에게도 의미 있는 사건이었습니다. 구약에서 하나님의 선지자들에 의해 일어났던 사건이 다시 일어났습니다. 예수님을 통해서 일어났던 사건이 재현되었습니다. 사도 베드로를 통해서 일어난 사건이 다시 일어났습니다. 이 사건은 앞으로 바울이 자신의 길을 결정할 때 엄청나게 영향을 미치지 않았겠습니까? 이것은 앞으로 교회가 하나님의 복음을 전파하는 사명을 감당하려고 할 때, 무엇을 의지해야 하는지를 명백하게 보여주었습니다.

드로아에서 유두고를 살리다

바울은 촌음을 아껴 하나라도 더 하나님의 말씀을 전해주고 싶은 마음뿐이었습니다. 이제 청중이 원한다고 해서, 듣고 싶어 하는 이들이 많다고 해서, 또 사역의 열매가 많다고 해서 더 머물러 사역할 수 있는 것이 아니었습니다. 다시 와서 사역한다는 보장이 없었습니다. 아니 바울은 이것이 그가 드로아의 형제들에게 복음을 전할 수 있는 마지막 기회라는 것을 알고 있었을 것입니다. 그렇다고 그가 머무는 7일 내내 아침부터 저녁까지 말씀을 들을 수도 없었습니다. 대부분 사회 하층민들이 예수님을 영접했기 때문에, 그들은 낮에는 일하고 밤에만 와서 들었을 것입니다.

얼마나 피곤했을까요? 아무리 열정적이라고 해도, 7일 내내 저녁 집회를 한 바울도 기진했을 것이고, 듣는 청중들도 만만치 않았을 것입니다. 하지만 오늘 밤이 마지막이니 바울이나 청중들 모두 마음을 다하여 말씀에 매진했을 겁니다. 그 장면을 저자는 이렇게 묘사합니다.

"그 주간의 첫날에 우리가 떡을 떼려 하여 모였더니 바울이 이튿날 떠나고자 하여 그들에게 강론할새 말을 밤중까지 계속하매 우리가 모인 윗다락에 등불을 많이 켰는데 유두고라 하는 청년이 창에 걸터 앉아 있다가 깊이 졸더니 바울이 강론하기를 더 오래 하매 졸음을 이기지 못하여"(사도행전 20:7-9)

"떡을 떼려 하여 모였다"는 것은 특별히 이날 모임이 공동식사를 겸하고 성찬식을 행한 공식적인 예배 모임이었다는 뜻입니다. 여기서 저자가 2번씩이나 반복하여 기술하면서 강조하는 것이 둘 있습니다. 하나는 바울의 강론디아레고마이, διαλέγομαι이 유독 길었다는 것이고, 다른 하나는 유두고[7]가 졸음을 이기지 못했다는 사실입니다.[8] 의심의 여지 없이 누가는 이 청년[9] 유두고의 졸음이 그가 믿음이 없거나 말씀에 관심이 없어서가 아니라, 바울의 강론이 길었기 때문이라고 그 인과관계를 분명히 밝히고 있습니다. 더군다나 우리는 바울이 눌변이라는 사실을 그 자신의 고백을 통해서 잘 알고 있습니다(고후 10:10; 11:6). 눌변訥辯의 바울이 다변多辯을, 그것도 밤중까지 했으니, 어느 믿음 좋은 성도라도 그 설교를 졸지 않고 듣기는 어려웠을 것이라는 게 저자의 의견입니다. 더군다나 윗 다락방에 "등불을 많이 켰다"는 것은 사람들이 많이 모였다는 뜻이고, 당연히 방 안 공기가 좋았을 리가 없습니다. 게다가 그 '등불'은 분명 무언가를 태운 것이었을 테니 얼마나 공기가 탁했겠습니까? 유두고가 창에 걸터앉은 것은 앉을 자리가 없었거나 졸음을 쫓아내기 위해서였을 것입니다. 그 다락방 창은 삼 층에 있었습니다. 졸음을 이기지 못한 유두고에게 기어이 사건이 벌어지고 맙니다.

"삼 층에서 떨어지거늘 일으켜보니 죽었는지라" (사도행전 20:9b)

"일으켜보니 죽었는지라"를 직역하면 "죽은 채로 들려졌다"입니다. 사람들이 급히 내려가 그가 죽은 것을 확인한 후 들어서 다른 곳으로 옮긴 것입니다. 저자의 관심은 유두고를 죽게 한 책임이 누구에게 있느냐를 따지는 데 있지 않습니다. 설교는 길어서는 안 된다. 설교 시간에 졸면 죽을 수 있으니 조심해라. 설교 환경이 중요하다. 예배당은 고층에 있으면 안 된다. 창에 걸터앉은 불량한 태도로 예배하면 큰코다칠 수 있다 등등. 도리어 저자는 말씀을 향한 바울의 열정을 강조했습니다. 또한 일을 마치고 피곤한 몸을 이끌고서라도 집회에 참여했고, 입추의 여지가 없이 꽉 찬 다락방의 창에 걸터앉아서라도 말씀을 들으려고 했던 이 청년의 열정을 긍정적으로 말했습니다. 오늘 우리는 비교할 수 없을 만큼 좋은 환경인데도, 짧은 설교나 더 나은 시설, 몸의 안식을 지나치게 추구하고 있는 것은 아닌가 싶습니다. 모든 예배를 1시간 안에, 그것도 은혜롭게, 감동적으로, 제시간에 끝마쳐주어야 한다는 압박을 받습니다. 드로아 사람들보다 우리 시대 사람들이 훨씬 더 믿음이 좋고, 그래서 그들보다 덜 듣고 덜 배워도 충분한 것은 아닐 텐데 말입니다. 그만큼 절박하지 않고 간절하지 않을 뿐입니다. 바울이 열심히 복음을 전하다가 죽을 만큼 돌에 맞아 성 바깥으로 내팽개쳐진 것과 유두고가 밤늦도록 말씀을 듣다가 창에서 떨어져 죽은 사건은 저자의 입장에서는 다를 것이 없습니다. 주님은 성과를 내는 인생을 요구하시지 않습니다. 하나님 당신을 그리고 당신의 말씀을 우리가 어떻게 대하느냐, 얼마나 진지하게 대하느냐, 얼마나 열정적으로 사모하느냐, 얼마나 진정성 있게 그 세계에 참여하느냐를 보십니다. 재능이 아니라 존재를 보십니다. 그러니 사역자는 말씀을 전하는 일에 자기 존재를 담아야 하고, 성도들은 그 말씀을 듣고 살아내는 일에 자기 존재를 담아야 합니다.

바울에게 이 순간은 엄청난 위기입니다. 내일 출발해야 하는데, 말씀을 듣다가 한 성도가 비명횡사했으니 얼마나 당황스러웠을까요. 어떻게 생각하느냐에 따라 바울과 드로아 성도들의 신앙이 흔들릴 수도 있는 순간입니다. 만일 성도들이 실족한다면, 청중의 맘속에서는 일주일 내내 들었던 말씀이 산산이 조각날 수도 있었습니다. 하지만 도리어 바울은 주님께서는 그 순간을 자신이 전한 하나님 나라의 복음, 생명의 복음, 부활의 복음을 눈으로 확인할 기회로 삼으려 하신다는 것을 알았습니다. 그래서 낙망하는 대신에 유두고가 죽어 있는 곳으로 내려갑니다. 3층에서는 귀로 듣는 말씀을 전했던 바울이 이제 땅에서는 눈으로 보는 말씀을 전하고 있습니다.

"바울이 내려가서 그 위에 엎드려 그 몸을 안고 말하되 떠들지 말라 생명이 그에게 있다 하고" (사도행전 20:10)

연속적으로 네 개의 동사가 사용되어 한 사람을 살려내는 과정을 실감 나게 묘사하고 있습니다. '내려가다,' '엎드리다,' '몸을 안다,' '말하다.' 누가 생각납니까? 엘리야가 사르밧 과부의 아들을 살리는 장면(왕상 17:19 이하)과 엘리사가 수넴 여인의 아들을 살릴 때 했던 행동과 비슷하지 않습니까?(왕하 4:32-33) 예수께서 나인성 과부의 아들(눅 7:11-15)과 야이로의 딸(눅 8:49-56)을 살리고, 베드로가 도르가(행 9:36-41)를 살린 이야기도 떠오릅니다. 구약의 선지자와 예수님, 그리고 베드로로 이어지는 소생의 기적이 바울에게까지 이어지고 있는 것입니다. 여기 그 위에 "엎드려"는 직역하면 "떨어져"에피핍토, ἐπιπίπτω입니다. 유두고가 3층에서 떨어지자핍토, πίπτω, 바울은 유두고에게 '떨어진' 것입니다. 마치 죽은 유두고가 바울과 하나가 된 듯한 모양입니다. 바울은 그를 껴안았습니다. 그리고 말합니다. "떠들지 말라 생명이 그에게 있다!" 아직 안 죽었다는 말이 아닙니다. 그가 소생했다는 말입니다. 여기 "떠들다"쏘뤼베오, θορυβέω라는 단어는 사도행전 20장 1절에 나온 "소요"쏘뤼보스, θόρυβος라는 명사의 동사형입니다. 에베소의 소요를 진정시키신 하나님께서 유두고를 잃고 떠드는 이 무리 역시 진정시키실 것임을 보여줍니다.

바로 위에서 누군가가 유두고를 "일으켰다"에르쎄, ἤρθη고 했는데, 이 수동태 동사의 주어가 생략되어 있었습니다. 당연히 '죽은'네크로스, νεκρος 상태로 있는 유두고를 일으킨 것은 먼저 내려간 성도들이었겠지만, 생명이 있는 채헤 프쉬케 아우투 엔 아우토 에스틴, ἡ ψυχὴ αὐτοῦ ἐν αὐτῷ ἐστιν로 일으킨 숨은 주어는 하나님이 분명합니다. 예수님을 일으키신 하나님께서 유두고도 일으키셨습니다. 예수님이 물로 포도주를 만들어 침통해진 혼인잔치를 기쁨과 희망이 넘치는 잔치로 회복시켜 주셨듯이, 그리고 나사로를 살려 마리아와 마르다의 슬픔을 기쁨으로 바꾸어 주셨듯이, 유두고의 소생은 큰 충격에 빠졌을 드로아 성도들에게는 복음의 능력, 부활하신 예수님의 생명의 능력을 눈으로 확인하는 감격스러운 자리가 되었을 것입니다. 이 순간 더는 바울의 메시지는 이론이나 논리가 아니었습니다. 그것은 실재real였습니다. 그것은 예수님만의 이야기가 아니고, 이제 오늘 자신들의 이야기가 될 수 있었고, 또한 장차 이뤄질 부활의 약속을 확증하는 증거가 되었을 것입니다.

이 사건 후로 이 공동체가 누린 기쁨과 감격을 저자는 이렇게 담담히 기술합니다.

> "올라가 떡을 떼어 먹고 오랫동안 곧 날이 새기까지 이야기하고 떠나니라 사람들이 살아난 청년을 데리고 가서 적지 않게 위로를 받았더라" (사도행전 20:11-12)

여기서도 다섯 개의 동사를 통해 소생의 기적이 가져온 변화를 소개합니다. 올라갔다, 떡을 뗐다, 먹었다, 이야기했다, 떠났다. 앞에서는 강론했다고 했는데 이제는 "이야기하다"호밀레오, ὁμιλέω라고 말합니다. 이 단어에서 "설교"homily라는 말이 나왔지만, 본래 이 말은 일방적으로 전하는 설교나 강의가 아니라 서로 대화를 주고받는 모습을 표현하는 동사입니다. 그들은 음식을 나누면서 새벽이 올 때까지 이 유두고 사건을 두고 대화를 나누었습니다. 분명 이 사건을 실물교재로 사용하여 부활의 소망을 생생하게 설명해 주었을 것입니다. "살아난 청년" 유두고는 이제 드로아 사람들에게는 "적지 않는우 메트리오스, οὐ μετρίως 위로파라칼레오,

παρακαλέω, 행 20:1"를 주는 존재가 되었습니다.

말씀이 살아있는 공동체는 어떤 곳일까요? 그것은 신실한 설교와 많은 가르침, 그 말씀에 진심을 다해 주목하는 성도들이 있는 곳입니다. 그뿐만 아니라 그 말씀의 능력으로 죽음에서 생명으로 이동하는 거듭남의 역사가 있는 공동체, 어둠에서 빛으로 가치관이 변한 사람이 생겨나는 공동체, 대가를 감당할 각오를 하고 믿음을 선택하는 성도들이 있는 공동체, 그런 곳이 아니겠습니까? 우리 한 사람 한 사람이 그 "살아난 청년", "살아난 성도"가 된다면, 우리에게도 하나님의 말씀이 더는 정보나 지식이 아니라 실재로 다가올 것입니다. 그런 지체들을 서로 보면서 적지 않은 위로를 주고받을 것입니다. 부디 우리가 부활하신 그리스도의 증거들, 하나님의 말씀의 능력을 증명하는 산 증거들이 되기를 바랍니다.

밀레도로 이동하다

이 사건은 분명 바울에게도 적잖은 담대함을 주었을 것입니다. 이제 이 부활의 주님 안에서 그가 두려워할 것은 없습니다. 13-16절은 드로아를 떠나 밀레도에 당도할 때까지의 여정을 보여주고 있습니다. 그런데 누가를 포함한 동역자들"우리"은 배를 태워 앗소로 보내고, 바울은 드로아에서 앗소까지는 32km를 걸어서 갑니다. 자세한 사정은 알 수 없지만, 사역을 위한 걸음이 아니라 앞으로 닥칠 일을 생각하면서 하나님과 깊은 교제의 시간을 갖기 위해 걸어가지 않았을까 싶습니다. 이제 다시 만나지 못할 수도 있는 여러 교회들을 위해 기도하는 시간이었을 것이고, 무엇보다 지금 교회들마다 찾아가 복음을 망가뜨리는 유대주의자들의 공격에 어떻게 맞서야 하는지, 어떤 메시지로 대응해야 하는지를 깊이 생각하는 시간이 되었을 것입니다.

앗소에서 다시 다른 일행과 합류하여 미둘레네로, 거기서 기오로, 다시 거기서 사모로 갔고, 마지막으로 밀레도로 이동했습니다. 앗소에서 밀레도까지는 약 200km 정도 되고 여행하는 데 모두 나흘 정도 걸립니다. 한 항구마다 하루씩 걸려 이동했습니다. 아마 밤 항해는 위험해서 안전한 낮에만 항해했기 때문일 것입니다. 다른 사역을 더 진행하지 않고 항해를 서두른 이유를 16절에서 밝히고 있습니다.

"바울이 아시아에서 지체하지 않기 위하여 에베소를 지나 배 타고 가기로 작정했으니 이는 될 수 있는 대로 오순절 안에 예루살렘에 이르려고 급히 감이러라" (사도행전 20:16)

바울이 에베소 장로들에게 고별설교를 하다

에베소 장로들을 청하다[10]

옛 항구였던 밀레도는 잦은 홍수와 오랜 시간 이어진 퇴적 작용으로 8km 정도 내륙으로 밀려나 지금은 평원의 농경지가 되었습니다. 여기 밀레도 항에서 에베소까지는 42km 정도 떨어져 있습니다. 바울에게 에베소는 참으로 특별한 곳입니다. 고향 다소를 제외하고 여기보다 더 오래 머물며 사역한 곳은 없었습니다. 잠시라도 다녀오고 싶었을 것입니다. 그는 이대로 예루살렘으로 가면 다시는 에베소에 돌아올 수 없을지 모른다는 것을 알고 있었기 때문입니다. 하지만 오순절 전까지는 예루살렘에 당도해야 했기 때문에 이번에는 단념하려던 참이었습니다. 그런데 마침 배가 밀레도에서 몇 날 정박한다는 소식을 듣고는 급히 사람을 보내어 에베소 장로들에게 밀레도까지 와주도록 청했습니다(17절). 시간을 아끼려고 했다면 직접 에베소에 다녀오는 것이 빨랐을 것인데, 장로들을 청한 데는 다른 이유가 있었습니다. 에베소에 가서 만에 하나 다시 데메드리오나 은장색들의 방해로 분규에 휘말리거나 물리적인 공격을 받는다면, 모든 일정이 틀어질 수 있었기 때문입니다. 그래서 번거롭고 시간이 더 걸리더라도 장로들에게 밀레도까지 와달라고 청한 것입니다.

바울의 신실한 사역 회고

18절부터는 에베소 장로들을 만나서 그들에게 바울이 고별 권면을 하고 있습니다. 사도행전 안에서 믿는 자들을 향하여 그가 설교한 유일한 사례이고, 더욱이 지도자들에게 행한 설교로도 유일합니다. 바울은 우선 자신의 지난 사역을 회고합니다(18-21절). 그리고 앞으로 예루살렘에서 자신을 기다리고 있는 환란과 핍박에 대해서 말합니다(22-25절). 그러고는 장로들에게 말씀에 기초한 목양을 당부합니다(28-35절). 그러니까 그는 과거와 현재와 미래를 다 망라하여 설교하고 있는 것입니다. 바울은 에베소 장로들이 자신의 지나온 삶을 잘 알고 있을 것이라고 전제하고 말하고 있습니다.

> "오매 그들에게 말하되 아시아에 들어온 첫날부터 지금까지 내가 항상 여러분 가운데서 어떻게 행했는지를 여러분도 아는 바니"(사도행전 20:18)

바울의 삶에는 일관성이 있었습니다 "첫날부터 지금까지". 또한 성실함이 있었습니다 "항상". 공동체성이 있었습니다 "여러분 가운데서", 직역 "여러분과 함께". 가시성이 있었습니다. 눈으로 확인할 수 있는 열매가 있었습니다. 서로가 서로에게 투명했습니다 "여러분도 아는 바니". 바울이 보여준 행함이 구체적으로 무엇인지를 '섬기다'를 분사 형태로 말합니다. 그리고 이 '섬기다'라는 분사를 설명해 주는 것이 세 가지입니다. '겸손', '눈물', '시련시험'.

> "곧 모든 겸손과 눈물이며 유대인의 간계로 말미암아 당한 시험을 참고 주를 섬긴 것과" (사도행전 20:19)

그의 사역은 겸손과 눈물의 사역이었습니다. 그리스-로마 사회에서 겸손은 미덕이 아니었습니다. 비천한 노예에게 적합한 덕목이었습니다. 그런데 그 겸손을 최고의 미덕으로 만드신 분이 예수님이십니다. 그분의 낮아지심과 비우심과 내어주심, 즉 그분의 성육신과 십자가가 인간을 진정으로 살리고 자유롭게 하는 최고의 사랑임을 예수께서 보여주셨습니다. 바울은 그 예수님의 종으로서 그분의 겸손을 따라 에베소에서 사도로서 권위를 내세우지 않고 겸손히 섬겼던 것입니다. 그에게도 눈물이 있었습니다. 고난 속에서 흘린 눈물도 있었고, 죄 중에 있는 양 떼들을 생각하면서 흘린 눈물도 있었습니다. 이것 역시 당시의 대장부가 보여주는 강인한 이미지와는 다릅니다. 바울은 인간적인 면모를 유감없이 드러내며 사역했습니다. 그는 이제 그것이 전혀 지도자로서 흠이 되지 않는다는 것을 알고 있는 사람입니다. 진정한 권위는 그런 겸손과 눈물에서 나온다는 것을 예수님에게서 배웠을 것입니다.

에베소 장로들이 알고 있는 바울의 다른 면모는 그가 "유대인의 간계로 말미암아 당한 시험을 참고 주를 섬긴 것"입니다. 그의 겸손과 눈물과 대조적으로 그는 유대인들의 간계 앞에서, 사탄의 시험 시련과 핍박 앞에서는 담대했습니다. 당당했습니다. 잘 참으면서 주를 섬겼습니다. 여기 "섬기다" 둘류오, δουλεύω라는 동사의 명사형이 "종" 둘로스, δοῦλος입니다. 그는 그리스도의 종으로서 그리스도께서 온갖 시험 페이라스모스, πειρασμός 속에서 하나님을 신뢰하여 이겨내셨듯이(눅 22:28), 그리하여 죽기까지 하나님을 섬기셨듯이, 사도 바울도 갖은 시험 속에서도 참으면서 주를 섬겼습니다. 주께서 제자들에게 "시험에 빠지지 말라"고 기도하셨던 대로(눅 11:4), 바울은 시험을 잘 이겨내는 모습을 에베소 장로들에게 보여준 것입니다. 겸손과 눈물, 그것이 바로 그가 시험을 이겨내는 모습이었습니다. 외적인 강인함은 내적인 겸손과 눈물이 있을 때 가능하다는 것을 보여주었습니다. 거만한 사람에게는 눈물이 없습니다. 거만한 사람은, 그래서 기도하지 않는 사람은 시험 앞에서 끝까지 주를 섬길 수 없습니다. 자신의 안위만을 도모할 뿐입니다.

그런 바울이 구체적으로 어떤 사역으로 주를 섬겼는지를 20-21절이 보여줍니다. 그것은 선포의 사역이었습니다.

> "유익한 것은 무엇이든지 공중 앞에서나 각 집에서나 거리낌이 없이 여러분에게 전하여 가르치고 유대인과 헬라인들에게 하나님께 대한 회개와 우리 주 예수 그리스도께 대한 믿음을 증언한 것이라" (사도행전 20:20-21)

20절에서는 전하고 가르치는 사역을 말하고, 21절에서는 증언하는 사역을 했다고 말하고 있습니다. 앞에서는 바울이 겸손과 눈물로 주를 섬겼다고 했는데, 여기서는 '거리낌 없이'우덴 휘페스테이라멘, οὐδὲν ὑπεστειλάμην, 유보 없이, 주저함 없이, 머뭇거림 없이 유익한 것, 하나님의 은혜의 복음을 어디서나, 누구에게나 전했다고 회고합니다. 복음을 희석시키려는 어떤 시도도 하지 않았습니다(참조. 고후 2:17; 4:2-5; 갈 4:16). 장소를 가리키지 않고 공중 앞에서예를 들어 두란노에서나 각 집에서나, 대상을 가리지 않고 유대인에게나 헬라인에게나 복음을 전했습니다. 증언했습니다. 여기 "증언하다"는 법정의 증인이 하는 일을 가리킵니다. 그의 증언이 얼마나 철저하고 엄중하고 진실했는지를 보여줍니다. 그가 증언한 내용은 무엇입니까? 회개와 믿음입니다. 이것은 한 동전의 양면입니다. 진정한 회개, 즉 회심은 순종하는 믿음으로까지 나아가기 때문입니다. 여기서 회개의 대상은 하나님이고 믿음의 대상은 우리 주 예수 그리스도라고 했다고 해서 둘이 꼭 구분되는 것은 아닙니다. 여기서 바울이 (혹은 누가복음 저자가) 강조하는 것은 회개는 반드시 새로운 주인이신 예수께 대한 실천적인 복종, 즉 믿음을 동반해야 한다는 사실입니다. 입술만의 회개, 감정만의 후회가 회개는 아닌 것입니다.

여기 바울이 "각 집에서"카트 오이쿠스, κατ' οἴκους 전하고 가르쳤다고 할 때, 이 단어가 사도행전 8장 3절에 나옵니다. "사울이 교회를 잔멸할새 각 집에카타 투스 오이쿠스, κατὰ τοὺς οἴκους 들어가 남녀를 끌어다가 옥에 넘기니라." 놀랍게도 바울이 거기 등장합니다. 각 집에 들어가 그리스도인들을 끌어다가 감옥에 던졌던 바울이 이제는 각 집에 들어가 예수님을 향한 회개와 믿음을 전하고 가르치고 증언하고 있습니다. 바울 자신이 회개가 무엇이고 믿음이 무엇인지를 보여주는 산 증거라고 사도행전 저자는 말하고 싶은 것입니다. 바울은 이 모든 것을 에베소 장로들이 다 보아서 알고 있는 사실이라고 확신하고 있습니다. 바울, 그는 결코 사람들을 자기에게로 향하게 하거나 자기에게 복종하게 만들지 않았습니다. 그들이 하나님께로 돌아가길 바랐고, 예수 그리스도에게 복종하길 바랐습니다. 그것이 지도자의 자격이고 사명임을 그는 알았습니다. 그것이 종의 사명이었습니다.

목숨을 건 바울의 예루살렘행

바울이 과거를 회상한 것은 자신이 얼마나 훌륭한 사역자였는지를 꼭 기억해달라는 뜻이 아닙니다. 가능하면 좋은 인상을 남기고 떠나고 싶었던 것이 아닙니다. 그가 자신의 과거를 밝힌 것은 그런 과거의 삶이 오늘 자신이 걷고 있는 걸음과 연결되고, 내일 그에게 기다리는 일들과 관련이 있기 때문입니다. 또한 그것은 에베소 장로들이 이제 바울을 대신하여 교회를 섬길 때, 본받고 따라주기를 바라는 모범이라서 나눈 것입니다. 바울은 자신이 예루살렘으로 가는 것의 의미를 다음과 같이 밝힙니다.

"보라 이제 나는 성령에 매여 예루살렘으로 가는데 거기서 무슨 일을 당할는지 알지 못하노라"(사도행전 20:22)

바울은 자신의 예루살렘 여정이 "성령에 매여서"데데메노스 토 프뉴마티, δεδεμένος τῷ πνεύματι 가는 길이라고 묘사합니다. 여기 "매여"데오, δέω는 "결박당하다"라는 뜻입니다. 그는 지금 성령의 포로가 되어 예루살렘으로 가고 있다는 것입니다. 그런데 "결박하다"와 "예루살렘"이라는 표현이 같이 나온 곳이 있는데, 사도행전 9장 2절입니다. "다메섹 여러 회당에 가져갈 공문을 청하니 이는 만일 그 도를 따르는 사람을 만나면 남녀를 막론하고 결박하여 예루살렘으로 잡아 오려 함이라." 그리스도인들을 결박하여 예루살렘으로 잡아 오려고 한 사람이 바울이었습니다. 그는 예수 믿는 자들을 다메섹에서 잡아 결박하여 예루살렘으로 잡아 오려고 계획하고 다메섹으로 가던 중에 부활하신 예수께 결박되어 이방인의 사도가 되었습니다. 그런 그가 이제는 성령께 결박되어 예루살렘으로 압송되어 가고 있다고 고백합니다. 그가 얼마나 극적인 역전 인생을 살고 있는지를 보여주고 있습니다. 이것이 그가 보여준 '회개'이고 '믿음'입니다.

예루살렘에 가는 것까지는 성령님의 뜻으로 이해했지만, 정확히 거기서 무슨 일이 기다리는지는 몰랐습니다. 하지만 정확히 모를 뿐 아무것도 모르는 것은 아니었고, 아주 분명히 알고 있는 것이 있었습니다. 그를 기다리는 것이 "꽃길"은 아니라는 사실입니다. "환난과 핍박"이었습니다.

"오직 성령이 각 성에서 내게 증언하여 결박과 환난이 나를 기다린다 하시나"(사도행전 20:23)

여기 "결박"이라는 단어가 또 나오고 있습니다. 그렇다면 바울은 자신이 대적자들에게 결박당하기 전에 성령에게 결박당했다고, 포로가 되었다고 말하고 있는 것입니다. 이스라엘과 유다도 바벨론에게 포로로 잡혀가기 전에, 하나님께서 그들을 가나안 땅에서 쫓아버리셨습니다. 그것은 바벨론이 한 일이 아니라 하나님이 하신 일이니, 이스라엘의 멸망은 여호와 하나님의 패배일 수 없었습니다. 우리도 살면서 세상에 포로로 잡힐 수 있습니다. 실제로 우리는 그런 환경 속에서 살고 있기도 합니다. 세상을 향해 하고 싶은 말을 다 하고 살거나, 하고 싶은 일을 다 하면서 사는 성도는 없을 것입니다. 정도의 차이는 있어도 고단한 포로 생활을 하고 있습니다. 하지만 동시에 우리가 하나님의 말씀에 결박되고, 복음에 결박되고, 성령에게 결박된다면, 그리고 우리 주 예수 그리스도의 종이 되고, 그분의 사랑의 포로가 되고 은혜의 포로가 된다면, 비정한 세상의 결박 속에서도 돈과 권력에서 자유하며 하늘 백성으로 살 수 있을 것입니다.

주께 붙잡혀 산다는 것은 결국 소명과 사명에 매여 산다는 뜻입니다. 이 땅에서 내가 무엇을 하면서 어떻게 사는 것이 생명의 도리인지를 안다면, 그는 참 행복한 삶을 살 것입니다. 이것은 존재 방식에 대한 고민일 뿐만 아니라, 구체적인 삶의 자리에 대한 문제입니다. 어디서 무엇을 하면서 살아야 하는지를 안다면, 그리고 내가 하는 일이 하나님 나라와 그 의를 구하는 일이라는 믿음이 있다면, 그는 의미 있는 인생을 산다고 스스로 믿을 수 있을 것입니다. 바울은 이방인의 사도로 부름을 받았습니다. 지금 그 사명을 감당하는 바울 앞에 "결박과 환난"이 기다립니다. 하나님께서 '각 성'에서 여러 번 다양한 경로를 통해서 그 뜻을 확인해 주셨습니다. 고난을 예고하신 것은 피하라고 주신 뜻만은 아닙니다. 대비하라고 주시기도 합니다. 그래서 순탄함과 무난함이 늘 하나님의 뜻을 확정해 주는 조건은 아닙니다. 숱한 주님의 뜻은 고난에도 불구하고, 그리고 고난 속에서 진행되기 때문입니다. 그래서 사도 바울은 결박과 환난이 기다리고 있다는 사실 자체에 전혀 개의치 않았습니다.

"내가 달려갈 길과 주 예수께 받은 사명 곧 하나님의 은혜의 복음을 증언하는 일을 마치려 함에는 나의 생명조차 조금도 귀한 것으로 여기지 아니하노라"(사도행전 20:24)

그는 자신의 믿음의 여정을 "경주"로 비유합니다"달려갈 길"(참조. 고전 9:24; 빌 3:14; 딤후 4:7). 자기 사명 디아코니아, διακονία을 "하나님의 은혜의 복음을 증언하는 일"이라고 정의합니다. 그는 그 일이 쉽지 않다는 것을 알고 있었습니다. 아니 목숨까지 내놓아야 하는 일일 수 있다는 것도 알았습니다. 그것은 바울 한 사람의 목숨보다 더 소중한 일이었고, 목숨을 바칠 만큼 값진 일이었습니다. 그것은 하나님의 은혜의 복음, 즉 하나님이 베푸시는 은혜에 관한 복된 소식을 증거함으로써 죽어가는 더 많은 사람을 살리는 일이기 때문입니다. 바울은 환난과 결박과 죽음을 대가로 치르더라도, 자신이 가야 할 길은 가겠다고 말합니다. 그는 사명을 마치고 싶어 합니다 텔레이오, τελειόω. 다메섹 도상에서 예수께 결박되었을 때, 그는 아나니아를 통해서 그 사명에 대해 들은 바 있습니다.

"주께서 이르시되 가라 이 사람은 내 이름을 이방인과 임금들과 이스라엘 자손들에게 전하기 위하여 택한 나의 그릇이라 그가 내 이름을 위하여 얼마나 고난을 받아야 할 것을 내가 그에게 보이리라 하시니"(사도행전 9:15-16)

처음부터 알고 시작한 인생입니다. 그러니 놀랄 것은 없었습니다. 더욱이 유두고를 살려주신 예수님이 동행하고 계시니, 그분이 살려주시면 살 것이고 죽음의 고난을 주신다고 해도 수용하겠다고 맘먹었습니다. 그의 맘에는 예수님의 말씀이 남아 있었을 것입니다(눅 9:24; 14:26-27; 17:33). "누구든지 제 목숨을 구원하고자 하면 잃을 것이요 누구든지 나를 위하여 제 목숨을 잃으면 구원하리라." 그런 바울을 꺾을 수 있는 사람은 없었습니다. 그의 경주를 멈추게 하는 것은 죽음뿐이었습니다.

바울은 에베소 장로들에게 자신이 지나온 길과 자신이 지금 결정하여 나아가고 있는 길이 일관성이 있지 않느냐는 식으로 말하고 있는 것입니다. 그렇게 예루살렘으로 떠나는 자신을 위해서 에베소 공동체가 기도해 달라는 뜻으로 이 계획을 나누었을 것입니다. 로마의 성도들에게도 비슷한 부탁을 한 바 있습니다(롬 15:30-32).

바울은 이번 만남이 에베소 장로들과의 마지막 만남이 될 것을 직감하고 이렇게 말합니다.

> "보라 내가 여러분 중에 왕래하며 하나님의 나라를 전파했으나 이제는 여러분이 다 내 얼굴을 다시 보지 못할 줄 아노라" (사도행전 20:25)

더는 바울과 대면하여 하나님 나라 복음을 들을 수 없게 될 것이라고 합니다. 이것이 지금 바울이 에베소 장로들을 굳이 밀레도까지 청하여 잠시라도 보고자 한 이유였습니다. 다시 못 보더라도 이 하나님의 은혜의 복음, 하나님 나라 복음의 증인으로 살아달라는 뜻입니다. 여기서 우리는 바울과 예수님이 똑같이 '하나님 나라 복음'을 전했음을 알 수 있습니다.

부끄럽지 않았던 에베소 사역

그는 지금껏 자신이 할 수 있는 만큼은 자기 사역을 부끄럽지 않게 감당했다고 생각하고 있습니다.

"그러므로 오늘 여러분에게 증언하거니와 모든 사람의 피에 대하여 내가 깨끗하니 이는 내가 꺼리지 않고 하나님의 뜻을 다 여러분에게 전했음이라"(사도행전 20:26-27)

이번에도 "증언하다"마르튀로마이, μαρτύρομαι라는 말을 쓰고 있습니다. 재판정에서 엄중하게 맹세하며 말하듯, 단호하면서도 두려운 마음으로 말하고 있다는 뜻입니다. 그는 에베소 교회가, 장로들이 들어야 할 복음을 다 전했습니다. "꺼리지 않고"우 휘페스테이라멘, οὐ ὑπεστειλάμην 하나님을 뜻을 전했습니다(참조. 20절). 남김없이 다 전했습니다. 선지자 에스겔이 불의한 시대에 한 말이 그것이었습니다. 자신이 잘못 전했다면 심판을 자취하겠지만, 순종하지 않은 백성들의 잘못은 그들이 스스로 책임져야 한다는 뜻입니다. "네가 악인을 깨우치되 그가 그의 악한 마음과 악한 행위에서 돌이키지 아니하면 그는 그의 죄악 중에서 죽으려니와 너는 네 생명을 보존하리라"(겔 3:17-21; 33:4-5).[11] 바울은 하나님의 뜻, 하나님의 경륜을 소신껏 전했습니다. 자신이 알고 있는 바를 다 전했고, 철저히 증언했습니다. 어떤 사람도 의식하지 않았습니다.[12]

45

장로들을 향한 바울의 당부

바울은 이번에 가면 다시는 에베소로 돌아올 수 없습니다. 이제 장로들이 그 남은 사역을 감당해야 합니다. 그 장로들은 오늘날의 장로들과는 다릅니다. 신학도 하지 않았으니 목사들과도 같지 않습니다. 치리만 하는 이들도 아니었으니, 소위 치리 장로들과도 달랐습니다. 그들은 바울에게 배워서 안수를 받아 장로가 되었습니다. 목사보다 덜 전문적이고 또 전임사역자도 아니었지만, 말씀을 전했고 성도들을 양육했고 교회를 책임졌습니다. 그건 바울이 하던 일이었고, 장로들이 곁에서 돕던 일이었습니다. 바울은 장로들이 그 사역을 계속 이어서 잘 감당하도록 당부하고 있습니다.

"여러분은 자기를 위하여 또는 온 양 떼를 위하여 삼가라 성령이 그들 가운데 여러분을 감독자로 삼고 하나님이 자기 피로 사신 교회를 보살피게 하셨느니라"(사도행전 20:28)

장로의 역할을 잘 감당하여 교회를 지키기 위해서 우선 장로들이 해야 하는 일은 양 떼를 "삼가는 것"프로세코, προσέχω입니다. 즉 '살피라', '주의를 기울이라'는 뜻입니다. 무엇보다 장로들은 자신을 잘 살펴서 문제가 없는지 돌아보아야 합니다. 또 온 양 떼, 즉 성도들을 삼가야 합니다. 장로들이 자신과 성도들을 마땅히 살펴야 하는 이유는 그 직분을 성령께서 주셨기 때문입니다."삼다", 에쎄토, ἔθετο. 장로의 1차 권위는 거기에서 나옵니다. 그 장로를 여기서는 '감독자'로 부르고 있습니다(겔 33:1-6; 벧전 5:2-3; 렘 21:1-4; 슥 10:3).[13] 장로의 역할 가운데 하나가 "감독", 즉 "치리"임을 보여줍니다. 장로의 2차 권위는 그 감독의 역할을 잘 수행하는 데서 나옵니다. 이 감독은 일이 올바로 이루어지도록 살피고 책임지고 보호하는 것을 의미합니다. 따라서 말씀으로 잘 가르치고 영적으로 지도하여 성도들이 선한 분별력을 갖고 살 수 있도록 돕는 것이 장로의 역할입니다.

장로는 감독할 뿐 아니라 목자로서 교회를 '보살피는 자' 포이마이노, ποιμαίνω로 그리고 있습니다(28절). 이 목양의 이미지는 구약에서 유래했습니다(시 100:3; 미 5:5; 사 40:11; 렘 13:17; 겔 34:12; 참조. 벧전 5:1-4). 보살펴야 할 교회를 이렇게 묘사합니다. "하나님이 자기 피로 사신 교회" 교회는 하나님의 것입니다. 아들 예수님이 피 흘려 사신 교회입니다. 이사야 43장 21절을 염두에 둔 것 같습니다. 거기서 여호와는 "이 백성은 내가 나를 위하여 지었나니 페리에포이에사멘, περιεποιησάμην 나를 찬송하게 하려 함이라"고 말씀하십니다. 파수꾼이며 목자이신 하나님의 역할을 대신하여 그 교회를 안전하게 보살피는 목양하는 것이 장로들, 우리 시대 목사와 장로의 역할입니다. 그것은 한편으로 양육한다는 뜻일 것이고, 다른 한편으로 악한 세력으로부터 안전하게 보호한다는 뜻일 것입니다. 그간 이 역할을 사도 바울이 담당해왔습니다. 훗날 디모데를 에베소로 보내서 장로들의 활동을 돕게 한 것을 디모데전후서를 통해서 확인할 수 있습니다(딤전 4:16). 목회서신인 에베소서를 보내서 이 장로들과 교회를 향한 장로로서, 감독으로서 바울의 사역은 이어지고 있습니다.

바울이 특별히 장로들의 역할을 강조하고 있는 이유가 있습니다. 밀레도까지 내려오도록 청해서 단기속성 지도자과정을 연 이유가 있습니다. 바울이 있는 동안에도 거셌던 유대교로부터 온 거짓 교사들의 공격이 더욱 거세질 것으로 예상했기 때문입니다(29절). 이미 갈라디아의 교회들과 고린도 교회에서 겪고 있는 일들이기도 했습니다. 그러니 그들이 아시아의 유력한 도시 에베소를 공략할 것이라는 점은 충분히 예상되는 일이었습니다.

"내가 떠난 후에 사나운 이리가 여러분에게 들어와서 그 양 떼를 아끼지 아니하며"(사도행전 20:29)

바울은 초장의 이미지를 이어가고 있습니다. 거짓 교사들은 양 떼를 노리는 "사나운 이리"처럼 한 번 먹잇감을 물면 "아끼지 않고" 해칠 수 있는 자들입니다. 양 떼를 위해서 자기를 희생하신 선한 목자 예수님과 달리 양들에는 도무지 관심이 없고 오직 그들을 희생시켜 자기 배를 불리려는 자들입니다. 그들이 바깥에서부터 교회 안으로 침투해 들어올 것입니다. 데살로니가에서 써서 보냈을 것으로 보이는 갈라디아서는 물론이고, 그 전에 빌립보에서 고린도로 보낸 고린도후서에서도 이런 거짓 교사들을 경계하는데, 그들은 할례와 율법 준수를 요구하는 유대주의자들이었습니다(고후 11:4). 바울은 그들을 "거짓 사도요 속이는 일꾼이니 자기를 그리스도의 사도로 가장하는 자들"(고후 11:13)이라고 말하고 있습니다.

하지만 더 큰 문제는 다른 데 있었습니다.

"또한 여러분 중에서도 제자들을 끌어 자기를 따르게 하려고 어그러진 말을 하는 사람들이 일어날 줄을 내가 아노라"(사도행전 20:30)

"어그러진 말"디아스트람메나, διεστραμμένα, 눅 9:41; 23:2; 행 13:8은 진리에서 떠나게 하는 말, 하나님의 대적하는 세상의 가치관을 담은 왜곡된 가르침입니다. 충격적이게도 그것을 전하는 자들이 교회 안에 있는 "장로들" 혹은 "에베소 교회" 안에서 일어날 것이라고 합니다. 여기 "여러분 중에서도"아우토스는 "바로 너희들 가운데서도"라고 강조해서 읽어야 적절합니다. 그들은 교인들을 그리스도의 제자로 삼기보다는 자기를 따르는 제자로 만들기 위해서 그릇된 가르침을 동원할 것입니다. "제자들을 끌어"라는 표현은, 고린도 교회에서 나타났듯이(고전 1-4장) 공동체에 분열이 생길 것임을 암시합니다(참조. 롬 16:17, 18). 이는 이미 바울의 리더십에 도전했거나 그의 가르침을 따르지 않는 이들을 염두에 두고 있을 수도 있습니다.

한 지역 교회만이 아니라 한국 교계를 어렵게 만드는 것은 이런 안팎의 이리떼들입니다. 바깥의 공격이야 주님 오실 때까지 양상을 달리한 채 우는 사자처럼 먹잇감을 찾아 노릴 테니 항상 경성해야 하고, 또 우리는 고난을 당연하게 여기며 경건한 그리스도인으로 살아야 합니다. 하지만 문제는 교회 안에서 생기는 문제입니다. 목사와 장로를 포함한 리더십에서 교회를 사유화하거나 성도들을 자신들의 추종자로 삼으려는 이리 떼 때문에 교회가 빛을 잃어가는 모습을 적잖게 볼 수 있습니다. 교회가 내적으로 주님 안에서 진리로 결속된다면, 교회는 외부의 시련에 잘 응전할 뿐 아니라 시련 속에서 더욱 영롱하게 단련될 것입니다.

바울은 이런 공격이 머잖아 닥칠 것을 내다보면서 우려하고 있습니다. 바울 자신이 예루살렘에서 당할 환난과 결박보다 더 그의 마음을 짓누르는 것은 이 에베소 교회가 거짓 가르침 때문에 훗날 겪을 몸살이었습니다. 실제로 디모데전후서와 에베소서를 보면, 그릇된 가르침에 대한 바울의 강조가 많이 나오고 있습니다. 요한계시록을 보면, 더욱 두드러집니다(계 2:2-4). 거짓 가르침으로부터는 공동체를 잘 지켜냈지만, 그 과정에서 첫사랑은 버렸다고 책망하고 있습니다.

그럼 어떻게 장로들은 이런 장래에 있을 안팎의 영적 공격에 맞설 준비를 해야 합니까? 어떻게 교회를 감독하고 보살펴야 합니까? 31-35절에서 바울이 제시한 방법은 세 가지입니다.

첫째, "일깨어" 그레고레이테, γρηγορεῖτε, 즉 "깨어 있고", "기억하는" 것입니다.

> "그러므로 여러분이 일깨어 내가 삼 년이나 밤낮 쉬지 않고 눈물로 각 사람을 훈계하던 것을 기억하라"(사도행전 20:31)

장로들은 바울이 에베소에서 사역하던 방식을 본받아야 했습니다. 바울은 삼 년 동안 밤낮 쉬지 않고 눈물로 성도 한 사람 한 사람을 훈계한 일을 떠올려줍니다(고후 2:4). 이는 복음서(막 13:35, 37)와 다른 신약성경(살전 5:6; 벧전 5:8; 계 3:2-3; 16:15)에 나오는 가르침입니다. 앞에서도 시험 앞에서 겸손과 눈물로 주를 섬겼다고 했는데, 이제는 자신의 사역도 눈물의 사역이었다고 회고합니다. 그는 사도의 권위로만 가르친 게 아니었습니다. 눈물은 오래 참음과 끈기를 의미합니다. 다수의 대중만을 상대한 것이 아니라 "각 사람"을 상대했습니다. 가르치고 위로하기만 한 것이 아니라 잘못한 것에 대해서는 "훈계하기도" 했습니다. 이제 장로들은 바울이 하는 것을 본대로 해야 했습니다. 지금도 목사와 장로 모두가 이렇게 성도 한 사람 한 사람을 눈물로 섬기려고 한다면, 그들이 먼저 늘 깨어 있어야 합니다.

둘째, 장로들은 하나님의 말씀을 의지하여 사역해야 합니다. 그런데 바울은 그것을 참 흥미롭게 표현하고 있습니다.

"지금 내가 여러분을 주와 및 그 은혜의 말씀에 부탁하노니 그 말씀이 여러분을 능히 든든히 세우사 거룩하게 하심을 입은 모든 자 가운데 기업이 있게 하시리라" (사도행전 20:32)

장로들을 주께 부탁한다고 하고서, 다시 그 말을 "그 은혜의 말씀에 부탁한다"라고 바꾸어 표현하고 있습니다. '부탁한다' 파라티쎄마이, παρατίθεμαι는 안전하게 지키기 위해 맡긴다는 뜻입니다 (눅 23:46; 행 14:23). '주의 은혜의 말씀'은 앞에 나왔던 "하나님의 은혜의 복음"을 의미할 것입니다. 바울은 하나님의 말씀을 의인화하고 있습니다. 그 말씀에 장로들을 든든히 세울 수 있는 "능력"이 있다고 말합니다. 더 나아가 그 말씀에는 (이미) "거룩하게 하심을 입은" (참조. 신 33:3-4) 모든 성도들과 함께 주님 오실 때, 혹은 우리가 이 세상 떠날 때 받을 그 종말의 기업, 하나님 나라에 참여할 수 있게 해줄 수 있는 능력이 있다고 말합니다. "세운다", "거룩하심을 입은"이라는 표현은 바울의 마음에 '성전'으로서의 교회가 있음을 알 수 있습니다. 하나님의 성전으로서의 교회는 주와 은혜의 말씀에 의해서만 세워질 수 있다는 것입니다 (슥 4:6). 이것은 동시에 장로들도 계속해서 성숙해지지 않으면, 이 종말의 기업에 참여하지 못할 수도 있다는 경고이기도 합니다. 앞서 그렇게 변질되는 장로들도 나올 것이라고 경고한 바 있습니다 30절 '어그러진 말을 하는 사람들'. 계속해서 성숙해지려면, 그 자신이 먼저 "은혜의 말씀"을 붙잡고 말씀이 이끄는 길로 가야 합니다. 그 말씀을 따라 성도들을 양육하고 교회를 감독해야 합니다. 목사나 장로가 세상의 방법과 관심에 사로잡히면 자신이 먼저 망가질 것이고, 거룩해진 성도들을 어긋난 길로 인도하고 말 것입니다. 성장과 성숙이 없는 지도자, '이만하면 됐다'라고 하여 긴장감을 잃은 지도자는 공동체에 해로운 존재가 될 것입니다. 바울은 자신은 떠나더라도 그 은혜의 말씀, 즉 복음은 남아서 역사할 것을 믿었습니다.

셋째, 장로들은 물질에 있어 주님의 주권을 인정하고, 공동체 앞에서 투명해야 합니다.

"내가 아무의 은이나 금이나 의복을 탐하지 아니했고, 여러분이 아는 바와 같이 이 손으로 나와 내 동행들이 쓰는 것을 충당하여, 범사에 여러분에게 모본을 보여준 바와 같이 수고하여 약한 사람들을 돕고 또 주 예수께서 친히 말씀하신 바 주는 것이 받는 것보다 복이 있다 하심을 기억하여야 할지니라" (사도행전 20:33-35)

장로님들에게는 사적 이익을 위해 영적 지위를 이용할 위험이 늘 있습니다. 아간과 달리(수 7:16-27), 아나니아와 삽비라와 달리, 우상숭배하는 자들과는 달리, 바울은 재물에 대한 탐욕을 채우려고 사역하지 않았습니다. 사무엘의 고백이 떠오릅니다(삼상 12:3). "내가 누구의 소를 빼앗았느냐 누구의 나귀를 빼앗았느냐 누구를 속였느냐 누구를 압제했느냐 내 눈을 흐리게 하는 뇌물을 누구의 손에서 받았느냐." 바울은 재물에 대한 탐욕에 빠지지 않으려고 스스로 일하여 자기 쓸 것을 충당했습니다(살후 3:6-10). 에베소에서 그는 천막을 만들거나 수리하는 일로 생계를 이어갔습니다. 그것을 "수고하여"코피온타스, κοπιῶντας라고 표현하고 있는데, '신체적으로, 정신적으로, 영적으로 힘을 다하다'라는 의미이며, 현재분사를 사용하여 약한 사람들, 즉 경제적으로 어려운 사람들을 돕기 위한 수고를 지속적으로 해야 한다는 점을 강조하고 있습니다. 이것은 가르침으로 돈을 벌었던 순회 철학자들이나 신상 제작자들과 구별되는 점입니다. 지도자에게 돈에 대한 사랑과 하나님 사랑은 양립할 수 없습니다(딤전 3:3, 8; 6:3-10; 딛 1:7, 11). 바울이 말씀을 전하기 위해 수고의 대가를 받는 것은 사도로서 마땅한 권리였습니다. 하지만 바울은 그 이상의 삶을 추구했습니다. "이 손으로 나와 내 동행들이 쓰는 것을 충당하여" 그는 자신의 필요만이 아니라 "자기 동행들"의 필요까지 자기가 벌어서 감당해 주었습니다. 이런 사실을 에베소 장로들도 잘 알고 있었습니다. "여러분이 아는 바와 같이" 당연히 에베소 장로들은 만류했을 것입니다. 큰 도시 에베소의 교회라면 바울 일행 정도는 지원할 재원이 있었을 텐데도 바울이 거절했을 것입니다. 특히 "이 손으로"라고 말하는 대목에서는 두 손을 쫙 펴서 앞으로 내보였을 것입니다. 그 노동의 손이 어떤 손입니까? 놀라운 표적과 기사를 행한 손입니다(행 14:3). 비상한 기적들을 행한 손입니다(행 19:11). 병을 낫게 한 능력의 손입니다(행 18:8). 머리에 손을 얹어 성령이 내리게 한 손입니다(행 18:6). 바울은 동시에 그런 손을 노동으로 연단된 거친 손이 되게 한 것입니다. 그렇다면 바울은 병 고치는 손만큼이나 노동의 손이 거룩하다고 생각했을 것입니다. 예수께서 제자들에게 "내 손을 보라" 하시면서 손에 못박힌 자국을 보여주셨던 장면이 떠오르지 않습니까?(눅 24:39) 주님이 오늘 우리에게서 보고 싶은 것은 물 안 묻힌 손, 보석을 주렁주렁 매단 곱고 가녀린 섬섬옥수纖纖玉手가 아니라, 성도들을 섬긴 손, 자녀들을 키우기 위해 애쓴 손, 하나님 나라를 위해 수고한 거친 노동의 손입니다. 대접 받기를 좋아하고 과시하기를 좋아하는 거만한 손이 아니라, 오른손이 하는 일 왼손이 모르게 하는 겸손한 손을 좋아하실 것입니다. 지도자들이 그런 손 갖기를 바라십니다.

이것은 단지 자신을 과시하기 위한 쇼가 아니었습니다. 바울은 굳이 그렇게 살아야 할 필수적인 이유가 있었던 것이 아닌데도 그런 삶을 선택한 이유가 둘 있었습니다(35절). 첫째는, 에베소 장로들에게 본이 되기를 바라는 마음에서였습니다. 그리고 둘째는, 그 삶이 예수님의 말씀을 실천하는 것이라고 보았기 때문입니다.

"범사에 여러분에게 모본을 보여준 바와 같이 수고하여 약한 사람들을 돕고 또 주 예수께서 친히 말씀하신 바 주는 것이 받는 것보다 복이 있다 하심을 기억하여야 할지니라"(사도행전 20:35)

여기 '보여주다' 휘포데이크뉘미, ὑποδείκνυμι는 '방향을 제시하다' '입증하다' '제시하다'는 뜻입니다. 여기 "하여야 한다"는 조동사 '데이'δεῖ를 번역한 것입니다. 그것에 걸리는 동사가 "돕다"와 "기억하다"입니다. 수고하여 약한 사람들을 반드시 도와야 하고 반드시 기억해야 한다는 것입니다. 공공선 혹은 공동선의 요소를 결여한 복은 하나님 주신 복이 아닙니다. 내가 잘되는 동안 누군가의 눈에서 피눈물이 난다면 참된 복이 아닙니다. 그러니 내 필요에 넘치게 혹은 내 분수에 넘치게 재물을 탐하는 것은 용납되지 않습니다. 모범을 보여야 하는 지도자는 더욱 그렇습니다. 또한 우리는 예수님의 말씀을 기억해야 합니다. "주는 것이 받는 것보다 복이 있다." 사도행전에 인용된 유일한 예수님의 말씀입니다. 바울의 서신에는 단 한 번도 예수님의 말씀이 직접 인용된 경우가 없습니다. 그렇다면 신약성경을 통틀어 바울이 인용한 유일한 예수님의 말씀으로 기록한 것이 바로 이 '물질의 나눔'의 중요성에 대한 말씀이라는 것입니다. 누가복음과 사도행전 전체에서 이 '물질의 나눔'과 '구제'는 구원과 밀접한 관련이 있습니다. 누가가 그리스도인의 가장 두드러진 특징으로 혹은 회심의 가장 분명한 증거로 제시하고 있는 것이 바로 '돈'에 대한 태도의 변화이고, '약한 자'에 대한 태도의 변화입니다. 그럴싸한 고백이나 종교적인 행위만으로는 소용없습니다. 매우 구체적으로 이 사회의 약한 사람들, 소외되고 고통받는 사람들, 내가 밥 사줘도 다시 돌려받을 수 없는 사람들, 즉 돈 없고 힘없는 자들을 향한 내 태도가 내가 하나님의 백성인지 아닌지를 결정한다고 저자는 강조하고 있습니다. 물질을 받아서 쌓는 것보다 나누어서 덜어내는 태도, 그래서 자신의 안전을 물질에 두지 않으려고 하는 자세, 자기 포기, 비움, 덜어냄의 삶에 행복이 있습니다, 생명이 있습니다. 이 한마디에 하나님 나라 백성의 전복적subversive 세계관이 그대로 담겨 있습니다. 세상은 주는 것보다 받는 것, 주지 않으면 빼앗아서라도 쌓고 더 쌓는 것, 쌓을 곳이 없으면 창고를 더 짓자고 말할 수 있는 자들이 복이 있다고 말합니다. 그런 부자에게 예수님은 이렇게 말씀하신 적이 있습니다. "어리석은 자여 오늘 밤에 네 영혼을 도로 찾으리니 그러면 네 준비한 것이 누구의 것이 되겠느냐?"(눅 12:20) 거지 나사로를 자기 집 문지방을 넘지 못하게 했던 부자가 천국의 문지방도 넘지 못한 것을 기억하실 것입니다. 아나니아와 삽비라의 비극도 알고 있습니다. 반대로 은 오만에 해당하는 마술책을 불살랐던 에베소의 마술사들, 과부 구제를 위해서 자기 밭을 팔아서 사도들 앞에 내놓았던 "위로의 아들" 바나바를 기억하고 있습니다. "주는 것이 받는 것보다 복이 있다!" 교회는 이 원리를 기억하고 실행함으로써 이것을 상식과 문화가 되게 해야 합니다. 교회가 이익집단으로 퇴화하느냐, 공공선을 실행하는 유기적 공동체가 되느냐를 가르는 기준은 바로 이 나눔과 공유의 원리입니다. 물질만이 아니라 시간과 재능, 서로를 향한 관심과 기도, 말씀과 격려를 서로 활발하게 주고받는 공동체, 그리하여 서로가 서로를 양육하는 공동체, 이것이 그 교회를 교회 되게 하는 결정적인 요소입니다. 성도들을 땅에서 돈의 부자가 되도록 빌어주는 교회가 아니라 하늘에 부를 쌓는 성도가 되게 하는 교회, 그리하여 하나님 자신을 우리의 안전과 부요로 삼는 성도로 양육하는 교회를 일구어가야 합니다. 보답할 자원이 없는 사람들을 섬김으로써 그리스-로마 세계에 상식이던 상호주의의 순환 고리를 끊었던 사도 바울의 자리에 감독자는 서야 합니다.

바울과 장로들의 눈물의 이별

이제 바울은 권면과 당부를 마치고 장로들과 함께 합심하여 기도합니다.

"이 말을 한 후 무릎을 꿇고 그 모든 사람들과 함께 기도하니 다 크게 울며 바울의 목을 안고 입을 맞추고 다시 그 얼굴을 보지 못하리라 한 말로 말미암아 더욱 근심하고 배에까지 그를 전송하니라"(사도행전 20:36)

무릎을 꿇고 하는 간절한 기도였습니다. 모두 함께 마음을 모아 드리는 기도였습니다. 말씀을 전한 후 그 말씀을 하나님께서 장로들의 삶에 이뤄지게 해달라고 의탁하는 기도를 했습니다. 그러고 나서 이제 갈 길이 바쁜 바울과 에베소 장로들이 헤어집니다(37, 38절). 바울의 설교와 기도에 대한 장로들의 반응은 세 가지입니다. "울다", "안다", "입을 맞추다." 헤어질 시간이 다가 오자 울음을 주체할 수 없었습니다. 대성통곡했습니다. 다시는 보지 못할 길을 떠난다는 것을 누구든 알았기 때문입니다. 장로들은 사도 일행을 배에까지 전송했고, 그 배가 시야에서 사라질 때까지 한 발짝도 해변에서 떠날 수 없었을 것입니다. 그리고 그 해변에서 다시 한번 저 위대한 사도, 겸손과 눈물의 사도, 진리의 사도, 언행일치의 지도자의 뒤를 이어 그가 사랑한 교회, 하나님의 교회, 예수님의 핏값을 주고 사신 교회를, 자신들도 목숨을 다하여 지켜내야겠다고 다짐했을 것입니다.

나가는 말

눈으로 보게 해준 부활의 복음

바울은 목숨을 걸고 예루살렘으로 가는 길에 드로아에서 한 청년의 목숨을 살리는 기적의 통로가 됩니다. 주일 저녁에 다락방 집회에서 바울은 3층 창가에 걸터앉아 있다가 떨어져 죽은 유두고를 살림으로써, 그가 그 밤에 전했을 복음, 즉 예수님을 부활시킨 하나님의 능력을 드로아 성도들이 눈으로 보고 손으로 만지게 해주었습니다. 이는 장차 그에게도 죽음의 위협이 닥치겠지만, 부활의 주님이 맡기신 사명을 다 완수할 때까지는 그 곁에 계시면서 지켜주실 것을 확증해 주는 사건이었습니다. 사랑하는 여러분, 오늘 우리 삶에도 부활하신 주님만이 하실 수 있는 생명의 역사가 일어난다면, 우리가 믿는 부활의 주님을 더 분명히 보여줄 수 있으며, 우리의 승리 공식인 십자가 순종을 더 기꺼이 더 진심을 다해 감행해 볼 수 있을 것입니다.

목숨 걸고 이룰 사명

주 예수께 받은 사명, 하나님의 은혜의 복음을 증언하는 이 사명만 완수할 수 있다면, 바울은 자기 목숨 하나 잃는 것을 두려워하지 않았습니다. 그에게는 부활의 예수님이 계셨기에, 그 죽음이 죽음으로 끝나지 않을 것도 알았기 때문입니다. 그의 죽음이 사역이나 말씀의 실패가 아니라는 것을 알고 있었기 때문입니다. 자기는 사라져도 말씀은 남아서 그 말씀이 성도들을 굳게 세울 것이라고 믿었기 때문입니다. 주와 복음을 위하여 자신을 버리는 자는 살겠지만, 돈을 위하여 성도를 이용한 자는 죽을 것입니다. 하지만 주는 것을 받는 것보다 복되게 여기는 자는 살 것입니다. 말씀을 듣기 위해 늦은 밤까지 졸음과 싸우다 죽은 유두고를 살리셨습니다. 성령의 포로가 되어 대적들의 포로가 되는 것을 두려워하지 않는 바울을 주님께서 지켜주실 것입니다. 겸손과 눈물로 십자가의 길을 가고 주의 길을 걷는 지도자들이 있는 교회를 하나님께서 살리실 것입니다.

본을 보여 가르친 목양

에베소 장로들에게 남긴 유언과도 같은 설교에서, 바울은 장로들에게 한 마디로 "자신을 본받으라!"고 말하고 있었습니다. 그는 자신이 가지 않은 길을 가라고 명령하지 않았고, 실천하지 않은 것을 실천하라고 요구하지 않았습니다. 그는 사역에나 관계에나 재정에 있어서 장로들에게 모범을 보여주었습니다. 따라서 이제 장로들은 하나님을 향한 바울의 태도와 양 떼를 향한 태도를 잘 기억해야 했습니다. 삼 년이나 밤낮 쉬지 않고 눈물로 훈계하던 그 열정과 성실함을 배워야 했습니다. 바울이 의지했던 은혜의 말씀, 즉 복음에 기대는 법을 깨쳐야 했습니다. 선생은 많으나 스승이 없다고 말하는 시대에 먼저 우리는 좋은 성도이고 좋은 제자인지 돌아봅시다. 그러면 우리가 좋은 스승으로, 목자로, 장로로, 감독으로 자랄 것입니다.

여러분에게는 위하여 죽을 만큼 가치 있는 것이 무엇입니까? 죽어도 그 죽음이 죽음 되지 않게 한다고 믿는, 그래서 우리 존재를 걸고 삶을 걸 만한 그것은 무엇입니까? 우리가 한마음으로 나의 그것은 복음이고, 하나님 나라이고, 성삼위 하나님이며, 그 나라에서 사랑의 사람이 되는 것이라고 고백하며 살아낼 수 있다면, 주님은 오늘 세상이 위안을 받고 소망을 찾을 수 있는 증인과 증거로 우리를 사용하실 것입니다.

주의 뜻대로
이루어지리이다

사도행전 21:1-16

들어가는 말

사도행전 21장 1절에서 16절에서는 바울의 3차 선교 여행의 끝부분이 시작됩니다. 마게도냐를 떠나 아시아에 도착한 바울이 예루살렘을 향해 떠나고, 이제 거의 예루살렘 근처까지 당도하는 여정을 다루고 있습니다. 이곳을 바울의 세 번째 선교 여행을 마무리하는 곳으로 볼 수도 있고, 재판 내러티브를 소개하는 곳으로도 볼 수 있습니다. 즉 한 부분에서 다음 부분으로 넘어가는 연결고리 역할을 하는 본문입니다.

크게 3부분으로 나누어서 살피겠습니다.

1) 밀레도에서 두로까지(1-6절)
2) 두로에서 가이사랴까지(7-14절)
3) 가이사랴에서 예루살렘까지(15-16절)

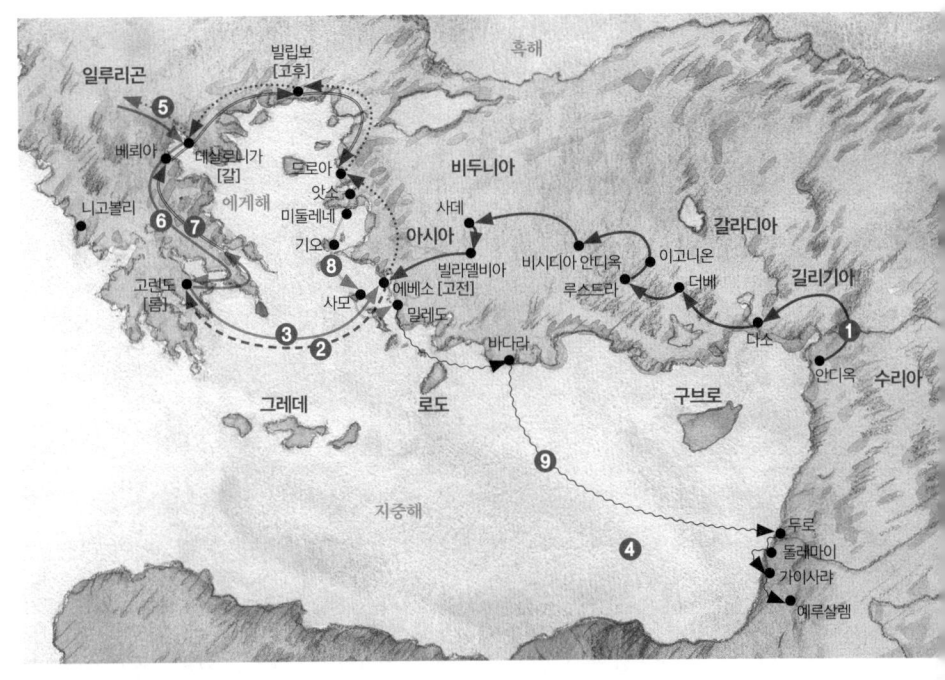

그런데 본문을 보면 알 수 있듯이, 누가는 단순히 바울의 예루살렘 항해 여행의 여정을 밟아가는 것을 기록 목적으로 삼고 있지는 않습니다. 이는 본문의 등장인물들만 살펴봐도 짐작할 수 있습니다. ① 바울과 '우리'로 표현된 바울 일행들이 있습니다. ② 두로와 돌레마이와 가이사랴에서 만난 형제들이 있습니다. ③ 가이사랴의 전도자 빌립이 있고, 그의 예언하는 네 처녀 딸이 나오고, 유대에서 내려온 선지자 아가보도 나옵니다. ④ 무엇보다 성령이 두 번(4, 11절) 언급되고 있습니다. ⑤ 또 언급되는 분이 한 분 더 있는데, 예수 그리스도입니다. 바울은 주 예수의 이름을 위하여 고난과 죽음도 불사하겠다고 했고, 공동체는 그에게 "주의 뜻대로 이루어지이다"라고 말하고 있습니다. 이 모든 등장인물들이 향하고 있는 대상은 "예수님" 혹은 "하나님"입니다. 바울도, 성령도, 형제들도 예수님의 뜻이 이루어지게 하는 일에 가장 큰 관심을 기울이고 있습니다. 바울은 예수님처럼 가야 할 길이 있는 사람으로 나옵니다. 바울은 자신에게 무엇이 기다리는지 알면서도 그 길로 나아가고 있습니다.

바울은 자신이 주 예수께 받은 사명, 성령께서 그간 도우셨던 사명, 즉 하나님의 은혜의 복음을 증언하는 일, 그 복음을 변증하는 일을 이루고 싶었습니다. 하나님의 계획은 있었지만, 정확히 바울에게 어떤 미래가 기다리고 있는지는 아무도 몰랐습니다. 이미 정해진 것도 아니었습니다. 게임을 하듯 바울이 하나님이 정해놓은 여정을 맞춰야 하는 것도 아니었습니다. 하나님의 뜻을 안다는 것이 그런 종류의 문제는 아닙니다. 그는 성령과의 긴밀한 교제 가운데서, 비록 예루살렘에서 적잖은 고난이 기다릴 줄 알았음에도, 자신이 반드시 예루살렘에 가야 한다는 사실만은 분명히 확신했습니다. 그것을 이렇게 표현합니다.

> "보라 이제 나는 성령에 매여 예루살렘으로 가는데 거기서 무슨 일을 당할는지 알지 못하노라" (사도행전 20:22)

그는 "성령에 매여" 예루살렘으로 간다고 말합니다. 그것이 어떤 종류의 부담이고 확신인지 우리는 모릅니다. 하지만 본문에서 많은 선량한 주의 제자들이나 형제들이 그의 예루살렘행을 만류하고 있습니다. 모두 성령을 따라 알게 된 사실에 기반하여 권면합니다. 성령께서 미리 장래의 환난이나 결박을 알게 하신 뜻이 무엇인지에 대해 바울과 그들의 해석이 달랐습니다. 바울을 매고 있는 이 성령이 바울의 마음을 풀어주지는 않았습니다. 바울의 예루살렘 여정은 누가복음 마지막 장면에서 예수님이 십자가가 기다리는 예루살렘을 향해 나아가시는 장면을 떠올립니다. 누가복음은 갈릴리에서 예루살렘으로 올라가는 긴 여정이고, 사도행전은 예루살렘에서 땅끝으로 나아가는 긴 여정이라고 했습니다. 이제 오늘 본문은 바울이 마지막으로 예루살렘에서 땅끝인 로마로 향하기 전에 예루살렘을 방문하는 얘기입니다.

21장을 기점으로 바울의 신분이 변합니다. 그는 9장에서 부활의 예수님을 만나고 회심합니다. 그때로부터 예수님을 박해하던 자에서 예수님 때문에 박해를 받는 자로 변했습니다. 예수 믿는 자들을 붙잡으려고 다메섹으로 가던 자가 부활하신 예수께 붙잡히고 성령에 매인 바 되어 복음 전도자로 살기 시작했습니다. 그런데 이제 22장부터는 바울이 자유로운 복음 전도자에서 죄수의 신분으로 전환됩니다. 물론 그것 역시 예수님을 위하여 된 일이고, 또 성령에 매인 자라는 신분은 변함이 없지만, 겉으로는 자유인이던 바울이 죄수 바울로 변하고 있습니다. 예수님이 하나님의 뜻을 이루기 위해 죽음의 고난이 기다리는데도 예루살렘으로 향하셨듯이, 오해한 열두 제자들이 그 길을 가로막는데도 순종하셨듯이, 이제 바울도 여러 만류에도 불구하고 단호하고도 강직하게 순종하고 있습니다.

우리는 본문에서 "주님의 뜻"에 대한 성령의 생각 및 바울의 생각과 바울을 사랑하는 공동체의 생각을 각각 듣게 될 것입니다. 사도행전은 결과적으로 바울이 어떤 결정을 내렸고, 그 결정을 하기까지 성령과 공동체는 어떤 영향을 미쳤고, 그 결정을 통해 하나님께서는 바울을 어떻게 사용하셨으며, 하나님의 복음을 어떻게 그리고 누구에게 전하게 하셨는지를 말하고 있습니다. 예수님을 통해 성취된 복음이 이제 바울을 통해서 어떻게 확장되어 가는지를 보여주고 있는 것입니다. 물론 사도행전에서 벌어진 것과 똑같은 일이 오늘 우리에게도 일어나는 것은 아닙니다. 하지만 이 본문에서 하나님께서는 당신의 뜻을 이루시기 위하여 어떻게 성령과 공동체와 바울 자신을 사용하시는지 그 원리는 배울 수 있습니다. 그 원리를 따라서 오늘도 하나님 나라의 복음이 전해지고 있고, 그 원리를 따라서 당신의 자녀들을 사역자로서 혹은 성도로서, 그 나라의 역사에 참여하게 하시고 있습니다.

밀레도에서 두로까지

바울은 에베소 장로들과 아쉬운 작별을 했습니다. 그런 마음은 1절에 나오는 "우리가 그들을 작별하고"라는 표현에 담겨 있습니다. 여기 "작별하고"라는 동사 아포스파오^{ἀποσπάω}는 헤어지기 싫은데 억지로 떼어놓으려고 하는 이별을 가리킵니다. 사도행전 20장 30절에는 거짓 교사들이 거짓 가르침으로 성도들을 미혹하여 자신들을 "따르게 하려고" 할 것이라고 바울이 경고하는 장면에서 이 단어가 나옵니다. 거짓 교사들은 강력하게 끌어당겨 자신들을 따르게 하려고 했다면, 이제 떠나야 하는 상황이 바울과 장로들을 억지로 끌어당겨 떼어놓았던 것입니다. 이 이별은 바울과 장로들을 억지로 떼어놓는 일이었습니다.

밀레도에서 두로까지 가다

바울과 일행은 장로들과 헤어지고 나서, 밀레도에서 배를 타고 64km 정도 떨어진 '고스'라는 섬으로 갔다가, 거기서 하룻밤을 보내고 다음 날 아침 '로도'로 향했습니다. 항로가 해변길을 따라 났기 때문에 바울이 탄 배는 크지 않았을 것입니다. 아침에 '로도'를 출발한 배는 루기아 지방의 항구 '바다라'에 도착합니다. '바다라'는 큰 항구입니다. 바다라 맞은 편이 북아프리카의 알렉산드리아입니다. 거기서 재배한 곡물을 로마 선단이 실어서 아시아로 건너오는데, 그들이 늘 향하던 곳이 이 큰 항구 도시 '바다라'였습니다. 바울 일행은 바다라에서 다른 배로 갈아탔습니다. 이제 그들은 작은 배에서 내려 큰 화물선에 몸을 실었습니다. 그들은 여객선이 아니라 화물선을 타고 간 것입니다. 성경은 이 화물선이 "베니게"페니키아로 건너가는 배라고 소개하고 있습니다. 성경은 바울이 탄 배가 두로와 돌레마이에서 짐을 하역하기 위해 멈추었다고 말하고 있는데, 한 배로 가이사랴까지 갔을 수 있고, 두로에서 갈아탔을 수도 있습니다. 특히 두로에서는 배가 7일 동안 정박했습니다. '바다라'에서 배가 출발하면 구브로사이프러스 섬을 왼편으로 두고, 즉 구브로 남쪽 해안을 바라보면서 배가 동남쪽으로 항해하여 두로에 도착한 것입니다. 이 거리가 직선으로도 640km 정도 되고, 다른 변수가 없으면 5일 정도 쉬지 않고 항해하면 도착할 수 있었습니다. 두로에 도착해서 짐을 내렸고, 승객들과 선원들이 휴식을 취했으며, 배를 재정비할 시간을 가졌을 것입니다. 누가가 '구브로'를 언급하고 있는데, 이 항해 중에 만나는 가장 큰 섬이었기 때문일 수도 있고, 구브로가 바울의 첫 선교 여행 사역지였기 때문일 수도 있습니다. 누가는 바울의 마지막 선교 여정에서 그의 첫 선교지를 언급하고 있는 것입니다. 구브로는 안디옥 교회와 1차 선교 여행 때 동행한 바나바의 고향이고, 나중에 가이사랴에서 예루살렘 가는 길에 바울 일행을 영접한 '나손'의 고향도 이 구브로였습니다.

두로의 제자들을 만나다

요즘 같으면 몇 날 후에 두로 항구에 당도할 예정이라고 도착 시간까지 미리 지인에게 알려주었겠지만, 바울 일행이 '두로'에 당도한 것을 미리 아는 그리스도인들은 하나도 없었을 것입니다. 그래서 두로에 도착한 바울은 직접 그곳에 사는 '제자들'을 찾아 나섰습니다(4절). 이 제자들은 바울의 제자일 수도 있고 예수님의 제자를 가리킬 수도 있습니다. 혹은 두로의 그리스도인들을 통칭하는 말일 수도 있습니다. 두로는 시돈과 함께 주로 이방인 지역입니다. 바울과 바나바와 안디옥 교회 그리스도인들이 예루살렘 회의에 참석하러 가는 중에 베니게 신자들을 방문하고 있고(행 15:3), 예수님의 가르침과 치유 기적의 소식을 듣고 찾아온 사람들과 예수님이 두로에서 함께 시간을 보내기도 하셨습니다(막 3:8; 눅 6:17; 마 15:21). 스데반의 순교 후 예루살렘을 떠난 신자들이 베니게에 이르러 복음을 전하자 두로에서 회심자들이 생겼습니다(행 11:19). 그렇다면 여기 '제자들'은 다양한 경로로 예수님을 영접한 사람들을 의미할 것입니다. 특히 여기 "제자들을 찾아"아뉴론테스 투스 마쎄타스, ἀνευρόντες τοὺς μαθητὰς라는 표현에서 "찾다"는 신약성경에서 여기 말고 누가복음 2장 16절에만 한 번 더 나오는데, 두곳 모두 잘 모르는 사람을 수색하여 찾는 것을 가리키고 있습니다. 바울은 두로에 그리스도를 믿는 제자들이 존재한다는 것을 알고 있었고, 당연히 이 제자들 역시 바울의 존재를 잘 알고 있었을 것입니다. 두로의 제자들은 말로만 듣던 귀한 영적 지도자를 만나자 크게 기뻐했을 것이고, 바울 역시 오랜 항해로 지친 몸을 쉬면서 사랑하는 주님의 제자들과의 교제를 만끽했을 것입니다. 더군다나 이방인 지역에 사는 그리스도인들이니 누구보다도 '이방인의 사도'인 바울은 잘 이해했을 것입니다. 이제 이방인의 사도가 전하는 복음을 반대하는 사람들이 기다리는 예루살렘으로 떠나기 전에, 바울은 자신이 전한 복음을 옳다고 믿고 그 복음을 따라 살고 있는 성도들과 교제하면서, 앞으로 예루살렘에서 당할 부당한 고난이 예수 그리스도께서 당하신 고난에 참여하는 것임을 다시 한번 분명히 확인했을 것입니다.

그런데 7일 동안 교제를 나누던 어느 날이었습니다. 서로 간에 친교가 두터워졌고 신뢰가 쌓였습니다. 바울의 가르침과 권면에 그들은 오래전부터 알고 지낸 사이처럼 친밀해졌습니다. 그런데 어느 날 두로의 제자들이 바울에게 쉽지 않은 제안을 하고 있습니다.

"그 제자들이 성령의 감동으로 바울더러 예루살렘에 들어가지 말라 하더라" (사도행전 21:4)

우리는 이미 바울이 어떤 마음으로 예루살렘으로 가고 있는지를 들어서 알고 있습니다. 그런데 사도인 바울에게 두로의 형제들이 "예루살렘에 들어가지 말라"고 조언한 것입니다. 그것은 바울이 하나님의 뜻을 오해하고 있을지 모르니 다시 살펴보라는 의미였습니다. 그것도 한 번 툭 던지는 수준의 의견 표명이 아니었습니다. 여기 "(말)하더라"엘레곤, ἔλεγον의 시제가 '미완료'입니다. 이것은 그들이 한 번만 말한 것이 아니라 간곡하고도 집요하게 여러 번 말했다는 뜻입니다.[14] 그만큼 두로의 제자들은 나름대로 확신했고, 그만큼 바울을 사랑했습니다. 그래서 바울이 큰 고난이 기다리는 예루살렘에 가지 않기를 바란 것입니다. 주님도 이 귀한 종에게 그런 고난을 주실 리가 없다고 여겼습니다. 어떻게 생각해도 그건 하나님 나라에 큰 손실로 보였습니다. 원문은 그들이 '(말)하더라'라는 동사에 "성령의 감동으로"엘레곤 디아 투 퓨뉴마토스, ἔλεγον διὰ τοῦ πνεύματος라는 말을 덧붙이고 있습니다. 그냥 개인 의견이 아니라 '성령'을 통해 얻은 정보를 기초로 권면을 했다는 뜻입니다. "성령의 감동으로"는 '성령을 통하여'라고도 번역할 수 있습니다. 물론 이것은 성령께서 바울이 예루살렘에 가지 못하게 조언하도록 그들에게 말씀하셨다는 뜻은 아닙니다. 성령께서 두로의 제자들에게 알려주신 것은, 바울이 예루살렘에서 큰 고난을 받을 것이라는 사실 자체였습니다. 두로의 제자들은 성령께서 자신들에게 그런 정보를 주신 것은 분명 바울의 여행을 막으라는 뜻으로 이해하고 적용한 것입니다. 이들의 판단이 틀렸다고 섣불리 말하거나 무례하다고 나무랄 수는 없습니다. 바울 같은 큰 사도가 더 성령에 민감할 것이고, 그가 알아서 결정할 것인데 공연히 훈수를 두는 것은 맞지 않다고 말해서는 안 됩니다. 설령 받아들이지 않더라도, 성령께서 마음에 큰 부담을 주셨다면 솔직하게 나누는 것이 도리이고 사랑입니다.

두로의 제자들의 제안에 대해 바울이 어떤 반응을 보였는지는 성경에 안 나옵니다. 분명히 바울도 감사하는 마음으로 받았을 것입니다. 그리고 예루살렘으로 향하기로 한 자신을 위해서 기도해달라고 부탁했을 것입니다. 결국 바울과 그 일행은 어떤 결정을 내립니까? 5절에 보면 공동체의 염려를 뒤로하고 예루살렘으로 떠나고 있습니다.

"이 여러 날을 지낸 후 우리가 떠나갈새 그들이 다 그 처자와 함께 성문 밖까지 전송하거늘 우리가 바닷가에서 무릎을 꿇어 기도하고"(사도행전 21:5)

일주일 동안의 교제를 통해 그들은 아주 오래 전부터 알아온 사람처럼 주 안에서 한 가족이 되었습니다. 이 당시에는 어느 한 지역에서 그리스도인을 만나기가 무척 어려웠습니다. 더군다나 바울 같은 지도자와 만나서 교제하는 일은 드문, 복된 기회였습니다. 두로의 그리스도인들이 만난 바울은 어떤 사람이었습니까? 죽음이 기다리는데도 하나님의 은혜의 복음을 전하기 위하여 만류를 뿌리치고 예루살렘으로 떠나는 신실한 종이었습니다. 그러니 이 헤어짐이 더욱더 안타까웠을 것입니다. 온 가족이 함께 성문 밖까지 나와서 배가 떠나는 바닷가에까지 나와서 배웅했습니다. 그리고 바닷가에서 무릎을 꿇고 서로를 위하여 기도해 주고 있습니다. 밀레도 바닷가에서 에베소 장로들과 무릎을 꿇고 눈물로 기도했던 장면이 재현되고 있습니다. 이제 인력으로는 바울을 붙잡을 수 없으니, 이 귀한 종 바울을 하나님의 손에 의탁하는 수밖에 없었습니다. 그러니 더욱 간절하게 기도했을 것입니다. 바울 일행도 두로의 성도들을 위해 기도해 주었습니다. 그리고 헤어집니다.

"서로 작별한 후 우리는 배에 오르고 그들은 집으로 돌아가니라"(사도행전 21:6)

사도행전 저자 역시 이토록 숙연하게 이별 장면을 기록함으로써 정말 그들의 우려대로, 바울의 예상대로, 그의 예루살렘행에는 죽음을 방불하는 고난이 기다리고 있고, 또 이것이 마지막 헤어짐이 될 것이라는 암시를 주고 있습니다.

두로에서 가이사랴까지의 여정

두로를 떠난 배는 64km를 남쪽으로 항해하여 돌레마이에 이릅니다. 이로써 드로아에서 시작한 640km에 달하는 긴 항해가 끝났습니다. 돌레마이도 두로처럼 페니키아 베니게에 속한 항구 도시입니다. 구약에서는 악고 Acre로 불리고 있습니다(삿 1:31).[15] 돌레마이에 도착한 바울은 여기서도 주 안에서 형제된 성도들을 만납니다.

"돌레마이에 이르러 형제들에게 안부를 묻고 그들과 함께 하루를 있다가"
(사도행전 21:7b)

두로에서 돌레미아까지

이 형제들이 누구이며 바울과 어떤 관계에 있는 사람들인지는 모릅니다. 곳곳마다 주 안에 있는 형제들이 있어서 바울 일행을 맞아주고 있습니다. 가족도 없고 집도 없이 떠돌며 선교 여행을 하는 것이 쉬운 삶은 아니었을 것인데, 가는 곳마다 대안가족인 형제들이 바울을 따스하게 맞아주고 교제해 주었기에 매번 다음 걸음을 옮길 힘을 얻었을 것입니다.

오늘도 선교사님들을 향한 환대와 격려가 매우 의미 있는 이유가 여기에 있습니다. 우리가 그들의 확대가족이 되어 그들의 사역 이후와 노후까지 같이 고민해 주어야 하지 않을까 싶습니다.

사도행전 저자가 바울의 여정을 신문 기사처럼 건조하게 정보 중심으로 기술하지 않고 중간중간에 형제들과 만나 교제하는 이야기를 넣어둔 이유가 있다고 생각합니다. 그것은 복음이 어떻게 전해지고, 하나님의 뜻은 누구를 통해서 실현되는지를 보여주려는 의도가 아닌가 생각합니다. 복음은 한 개인의 탁월한 능력과 활약으로만 전해지지 않습니다. 이름이 밝혀지지 않은 바울 일행, 그들을 맞아준 형제들과 가정들이 주님 앞에서는 모두 이 복음 증거의 주역들입니다. 파송하는 교회가 있으면 떠나는 선교사가 있고, 순회하는 선교사가 있으면 맞이하는 교회가 있어야 합니다. 그들이 모두 필요합니다. 그들 모두를 통해서 하나님은 당신의 뜻을 이루어가십니다.

가이사랴에서의 여정

이튿날 바울과 일행은 돌레마이에서 남쪽으로 46km 떨어진 가이사랴로 걸어서 이동합니다. 가이사랴는 주전 22년에서 10년 사이에 헤롯 대왕이 공들여 만든 로마식 도시입니다. 원형극장이 있고, 관개수로가 갖춰진 항구 도시입니다. 이두매 출신 헤롯이 왕이 된 후 유대인들의 환심을 사려고 제2성전을 지었고, 로마에게 잘 보이려고 황제 '가이사'의 이름을 딴 도시 가이사랴를 건설하여 아우구스투스에게 바쳤습니다.

빌립을 만나다

우리가 아는 대로 헤롯 아그립바 1세가 벌레에 먹혀 죽은 뒤, 주후 6년부터 가이사랴는 로마 속주의 수도가 되고, 헤롯 궁은 로마 총독 관저로 빼앗깁니다. 로마의 두 개 군단도 여기에 주둔해 있었습니다. 예루살렘이 유대교의 종교적 중심지였다면, 여기는 로마 지배자들의 행정수도였습니다. 가이사랴에 가서 바울이 곧장 찾아간 곳은 전도자 빌립의 집이었습니다.

> "이튿날 떠나 가이사랴에 이르러 일곱 (집사) 중 하나인 전도자 빌립의 집에 들어가서 머무르니라"(사도행전 21:8)

누가는 그를 "전도자[16] 빌립"이라고 불러서 열두 사도 중 한 사람인 사도 빌립과 구분하고 있습니다. 그는 '일곱 중 하나'입니다.[17] 사도를 가리키는 표현이 '열둘'로 통했다면, '일곱'이라는 표현도 초대교회에서는 누구나 알아들을 수 있는 표현이었던 것으로 보입니다. 그렇다면 사도행전 6장에 나오는 이 '일곱 사람'은 초대교회에서 그 위상이 남달랐을 것입니다. 헬라파 유대인 성도들이 날마다 하는 구제 대상에서 빠지는 일이 잦아지자 그간 구제 사역을 맡았던 사도들은 결단을 내렸습니다. 자신들은 말씀과 기도 사역에 전무하고, 구제를 담당할 사람 일곱을 대신 세웠습니다. 놀랍게도 예루살렘 교회는 구제 책임자 일곱을 모두 헬라파 유대인들 가운데서 선정했습니다. 이 '일곱'의 활동이 사도행전 6-8장에 나오고 있고, 그 대표적인 인물이 스데반과 빌립이었습니다. 그들의 활동상을 보면 사도들과 거의 차이가 없습니다. 따라서 이들은 성경에 나오는 '집사' 정도에 그치지 않습니다. 그들은 구제뿐만 아니라 사도들의 다양한 역할을 도우면서 초대 예루살렘 교회 안에서 상당한 권위를 갖고 있었던 것으로 보입니다. 사도들과 구분되는 교회의 장로급 지위를 갖고 있지 않았을까 짐작합니다. 따라서 이 일곱 사람을 오늘날 교회의 (안수) 집사의 기원으로 보는 것은 적절하지 않습니다.[18] 스데반 사건으로 핍박의 광풍이 불 때 사도들을 제외하고는 많은 그리스도인들이, 특히 헬라파 유대인 그리스도인들이 예루살렘 바깥으로 흩어져 복음을 전했는데, 빌립은 사마리아로 가서 복음을 전했습니다. 사마리아가 어떤 곳입니까? 유대인도 아니고 이방인도 아닌 사람들이 사는 땅입니다. 유대와는 원수처럼 지내던 사람들입니다. 그런데 주께서는 "성령이 너희에게 임하시면 너희가 권능을 받고 예루살렘과 유대와 사마리아와 땅끝까지 이르러 내 증인이 되리라"고 약속하셨습니다. 그 명령을 따라 빌립이 사마리아에 복음을 전했고, 예루살렘 교회가 보낸 베드로와 요한을 통해 회개한 사마리아인들 위에 성령이 임했습니다. 빌립은 직접 땅끝으로 가지 않았지만, 땅끝에서 온 사람 에티오피아 내시에게 복음을 증거하고 세례를 주었습니다. 그의 사역은 다음과 같은 말로 마무리되고 있습니다. "빌립은 아소도에 나타나 여러 성을 지나 다니며 복음을 전하고 가이사랴에 이르니라"(행 8:40). 그렇게 8장에서 빌립이 무대에서 사라지고 나서 곧바로 9장부터는 바울이 회심하여 땅끝 이방인의 사도로 부름받아 쓰임을 받는 이야기로 이어집니다. 사도행전은 빌립의 바통을 바울이 이어받아 달리는 것처럼 묘사하고 있습니다. 그러다가 21장에 와서는 유대와 아시아와 유럽을 다니며 복음을 전하던 전도자 바울이 가이사랴에 도착하여 전도자 빌립과 상봉하고 있습니다.[19] 우리가 알듯이 이 만남 후에 바울은 예루살렘으로 갈 것이고, 거기서 죄인의 신분으로 여기 가이사랴로 다시 돌아와 무려 2년을 미결수 신분으로 감옥에 머물 것입니다. 그러고 나서 땅끝 로마까지 가게 될 것입니다. 바울의 신앙 여정이 시작될 때 등장했던 전도자 빌립이 그의 마지막 선교 여정이 시작되기 전에 다시 한번 등장하는 것은 우연이 아닐 것입니다.

실제 두 사람이 무슨 말로 어떤 교제를 나누었고, 또 몇 날을 머물렀는지는 나오지 않지만, 이 만남과 교제는 틀림없이 바울과 빌립에게 더할 나위 없이 큰 기쁨과 위안과 도전이 되었을 것입니다. 저자 누가는 빌립에 대한 추가적인 어떤 말을 하지 않고, 그 대신 그에게 딸이 넷이 있는데 그들이 모두 예언하는 처녀라는 정보를 주고 있습니다.

"그에게 딸 넷이 있으니 처녀로 예언하는 자라"(사도행전 21:9)

딸을 '예언자'라고 부르지 않고 '예언하는' 프로페튜사이, προφητεύουσαι 이라는 현재분사로 묘사하고 있는데, 이것은 그들이 교회 안에서 '예언자'라는 어떤 직분을 갖고 있는 것은 아니지만 하나님이 주신 은사를 따라 '예언하는' 사람들이었음을 보여줄 것입니다. 유대 사회에서는 16세 이하의 처녀들에게는 거의 역할이 주어지지 않았는데, 초대교회는 여자이고 나이도 어렸음에도 그들의 예언 은사를 인정한 것으로 보입니다. 이 빌립의 집이 가이사랴의 가정교회 중 하나였을 것입니다.

여기서 저자가 빌립의 딸들의 예언하는 능력을 굳이 언급한 이유가 있을 것입니다. 또한 후에 유대에서부터 온 또 다른 예언자 '아가보'의 예언과도 어떤 관계가 있을 것입니다. 분명 빌립의 딸들이 바울과 같이 있으면서 그의 장래에 관하여 모종의 예언을 했을 것입니다. 바울은 빌립과 함께 그 예언에 관하여 대화를 나누면서 앞으로 예루살렘에서 만날 유대인들의 반대에 대해서 자신이 어떻게 처신해야 할지를 빌립과 의논했을 것입니다. 이곳 형편을 자신보다 더 잘 알고 있는 믿음의 선배 혹은 동역자와의 만남을 통해 바울은 더욱 예루살렘행을 잘 준비할 수 있었습니다. 그야말로 몸과 마음이 잘 충전되는 시간이 되었을 겁니다. 바울이 죽기를 각오하고 예루살렘에 올라가기로 다짐하자, 하나님은 걸출한 믿음의 동역자와 그의 딸들을 통해서 그의 다짐에 새로운 생기를 불어넣어 주셨고, 지혜와 분별력을 더하여 주신 것입니다. 바울은 자신이 받은 성령의 인도에만 의존하지 않고 공동체의 든든한 지지와 지원을 수용한 것입니다.

아가보가 방문하다

이런 교제의 시간이 얼마나 흘렀을까요? 여러 날이 흘렀습니다. 빌립의 집에 찾아온 한 사람이 있었습니다.

> "여러 날 머물러 있더니 아가보라 하는 한 선지자가 유대로부터 내려와 우리에게 와서 바울의 띠를 가져다가 자기 수족을 잡아매고 말하기를 성령이 말씀하시되 예루살렘에서 유대인들이 이같이 이 띠 임자를 결박하여 이방인의 손에 넘겨 주리라 하거늘" (사도행전 21:10-11)

이 아가보는 우리가 11장에서 한 번 만난 적 있습니다. 그는 여러 선지자들과 함께 안디옥까지 와서는 성령에 의지하여 로마제국에 극심한 기근이 있을 것이라고 예언했고(행 11:27-28), 글라우디오 황제 시대에 실제 그 기근이 일어났습니다(행 11:28). 이에 안디옥 교회는 바울과 바나바와 장로들로 사절단을 꾸려 예루살렘 교회를 부조하게 했습니다. 갈라디아서에 따르면, 이때 이방인 디도를 데리고 갔고, 예루살렘의 일부 그리스도인들의 요구를 뿌리치고 끝까지 디도에게 억지로 할례를 행하게 하지 않았다고 말하고 있습니다. 이 아가보의 명성은 빌립이나 바울만큼이나 잘 알려져 있었을 것입니다. 그가 가이사랴까지 온 것은 빌립 때문이 아니라 바울 때문이었습니다. 유대에 머물던 아가보는 바울이 가이사랴에 와있는 것을 알고 있었습니다. 우리는 아가보가 한 다소 기이한 행동이 구약에서 선지자들이 행한 상징적인 행동, 혹은 선지자적 행동이라고 부른 것과 같다는 것을 아실 것입니다(11a절). 다소 충격적인 퍼포먼스를 통해 하나님께서 충격적인 메시지를 전하시는 방법입니다. 아가보는 난데없이 바울의 띠를 가져다가 자기 수족을 잡아매면서 예언했습니다. 더군다나 구약의 선지자들은 '여호와께서 말씀하시되'로 시작하는데, 아가보는 "성령이 말씀하시되"타데 레게이 토 프뉴마 토 하기온, τάδε λέγει τὸ πνεῦμα τὸ ἅγιον라는 말로 시작합니다. 이 예언의 말씀이 사적인 의견이 아니라, 성령의 권위 있는 말씀임을 분명히 한 것입니다. 그러니 이 예언이 말하는 바는 반드시 일어날 일이었습니다.

"예루살렘에서 유대인들이 이같이 이 띠 임자를 결박하여 이방인의 손에 넘겨 주리라 하거늘"(사도행전 21:11b)

하지만 바울에게는 처음 듣는 예언이 아니었습니다. 성령께서 바울에게 직접 말씀하셨고, 두로에서도 성령을 통해 들은 제자들이 전해주었고, 빌립의 네 처녀 딸들도 이 예언을 들려주었기 때문입니다. 다만 궁금한 것은 하나님께서는 왜 굳이 아가보까지 보내셔서 다시금 들려주시는가 하는 것입니다. 여기 아가보의 말에서 우리는 좀 새로운 것을 찾을 수 있습니다. 두 단어 때문입니다. 하나는 "결박하다"데오마이, δέομαι라는 동사입니다. 이 동사는 바울이 자신이 예루살렘에서 당할 일을 말할 때 사용했던 표현입니다. "오직 성령이 각 성에서 내게 증언하여 결박과 환난이 나를 기다린다 하시나"(행 20:23). 이것은 그가 성령에 '매여' 예루살렘으로 간다고 할 때(행 20:22)도 나왔습니다. 그가 예루살렘에서 결박당하도록 성령께서 결박하여 그를 예루살렘으로 데려가고 있다는 것입니다. 그런데 아가보의 예언은 이제 이 일을 기정사실로 만들어주고 있습니다. 실제로 사도행전 21장 33절에서 바울은 체포되어 결박되고 있습니다. 그런데 이 단어가 가장 먼저 나온 곳은 사도행전 9장 2절입니다. 사울이 다메섹으로 가는 이유를 이렇게 밝히고 있습니다. "다메섹 여러 회당에 가져갈 공문을 청하니 이는 만일 그 도를 따르는 사람을 만나면 남녀를 막론하고 '결박하여' 예루살렘으로 잡아오려 함이라." 유대교를 위해서 그리스도인들을 '결박하려던' 바울이 이제 예루살렘에서 그리스도를 위해서 유대교에게 '결박당하게' 될 것입니다. 부활하신 그리스도를 믿었던 그리스도인 선배들의 뒤를 따르는 제자가 될 것입니다. 다른 어떤 계기로 그가 결박당한다 해도 그건 성령께서 필요하여 허락하신 상태임을 기억할 필요가 있었습니다. 둘째 단어가 '넘겨주다'파라디도미, παραδίδωμι 입니다. 이 단어는 누가복음에서 예수님의 죽음을 가리키는 표현으로 자주 쓰였습니다(눅 9:44; 18:32; 20:20; 22:4, 21, 48; 24:7, 20). 유대인의 손에 넘겨졌던 예수님처럼, 그리하여 하나님의 뜻을 이루셨던 예수님처럼, 예수님의 제자 바울도 유대인들에게 넘겨질 것입니다. 그런데 그것이 복음의 실패나 하나님 나라의 좌절이 아니라 주님의 뜻을 이루는 길이 될 것입니다. 예수께서 이미 이 '넘겨짐'은 제자들에게도 숙명이 될 거라고 하신 바 있었습니다. "심지어 부모와 형제와 친척과 벗이 너희를 '넘겨 주어' 너희 중의 몇을 죽이게 하겠고."(눅 21:16) 이제 바울이 넘겨지는 것은 사역의 실패가 아니라, 그리스도의 제자로서 마땅히 가야 할 길이었던 것입니다.

아가보의 예언에 대한 반응

유대로부터 선지자 아가보까지 내려와서 예언을 하니, 이 예언을 들은 사람들은 어떻게 반응합니까? 먼저 바울 일행과 가이사랴의 다른 형제들은 어떻게 반응합니까?

> "우리가 그 말을 듣고 그 곳 사람들과 더불어 바울에게 예루살렘으로 올라가지 말라 권하니"(사도행전 21:12)

누가를 포함하여 바울의 일행이 일제히 예루살렘행을 만류한 것은 이번이 처음입니다. 그들도 이 예언을 처음 듣는 것이 아니었습니다. 말리고 싶은 마음을 달래며 참고 있었는데, 아가보의 선지자적 상징 행동을 보고 예언까지 듣고는 이제 만류하기로 마음을 바꾼 것입니다. '권하다' 파레카루멘, παρεκαλοῦμεν의 시제미완료는 그가 반복해서 간절하게 권면했음을 보여줍니다. '그 곳 가이사랴 사람들', 즉 빌립과 그의 딸들도 거들었습니다. 아가보의 선지자적 행동과 예언으로 예루살렘에서의 바울의 고난은 이제 개연성 있는 일이 아니라 확실한 일이 되었습니다. 물론 본문은 아가보가 "예언"만 했다고 했을 뿐 바울에게 예루살렘행에 대해 어떤 조언을 했다는 언급은 없습니다. 아가보 역시 예루살렘에서 벌어질 일만 알았을 뿐 바울을 향한 성령의 뜻이 어디에 있는지는 몰랐을 것입니다. 따라서 이런 예언을 듣고 가지 말라고 만류하는 것이 반드시 믿음이 없는 일이 되는 것은 아닙니다. 오히려 몹시 상식적이고 자연스런 일입니다. 박해의 위험을 피해서 더 안전한 때 올라가도 되기 때문입니다. 구제헌금 전달 역시 다른 사람에게 맡길 수도 있고, 예루살렘까지 올라가지 않고 가이사랴에만 머물다가 로마로 갈 수도 있었습니다. 어느 것 하나 바울에게, 또 하나님 나라 사역에 해가 될 만한 조언은 아닙니다. 다 옳습니다.

그들이 단지 의견을 제시하는 정도로 만류한 것이 아니고, 어느 정도까지 강하게 권면했는지, 그리고 그 권면을 듣는 바울의 마음이 어떠했는지를 바울의 대답을 통해서 알 수 있습니다.

"바울이 대답하되 여러분이 어찌하여 울어 내 마음을 상하게 하느냐" (사도행전 21:13)

그들은 울면서 간곡하게 바울의 예루살렘행을 막았습니다. 바울을 잃고 싶지 않았습니다. 바울을 통해서 하나님께서 하실 일이 더 남아 있다고 생각했습니다. 얼마나 간곡하게 반복해서 만류했는지는 '울다'라는 동사의 시제현재만 봐도 알 수 있습니다 포이에이테 크라이온테스, ποιεῖτε κλαίοντες. 바울은 거절하기 어려운 상태를 "내 마음을 상하게 하다"쉰쓰립 톤테스, συνθρύπτοντές라는 현재분사로 표현하는데, 이것은 "산산이 찢어지다", "조각조각 부서지다"라는 뜻일 수도 있고 "약하게 하다", "무너지게 하다"라는 뜻일 수도 있습니다. 바울을 말리는 성도들도, 성도들을 말리는 바울도 자신의 감정을 솔직하게 표현하고 있습니다. 성도들이 바울의 뜻을 이해해 주지 못해서 가슴이 찢어진 것이 아닙니다. 그들의 부탁을 들어줄 수 없는 것이 안타까워서 마음이 찢어지게 아팠던 것입니다. 저자는 바울의 말을 직접화법을 써서 더욱 생생하게 당시의 복잡한 마음 상태를 표현하고 있습니다.

하지만 바울의 각오는 변하지 않았습니다. 그들의 사랑 어린 눈물의 호소가 그 마음을 바꾸지는 못했습니다.

"나는 주 예수의 이름을 위하여 결박 당할 뿐 아니라 예루살렘에서 죽을 것도 각오했노라 하니" (사도행전 21:13b)

아가보가 경고한 것은 '결박'이었지만, 바울이 각오한 것은 '죽음'이었습니다. 그리스도 예수의 죽음이 자신에게도 현실이 된다고 해도 받아들이지 않을 이유가 없다는 것입니다. 원문을 보면, 바울이 이 대답에서 강조하는 것은 둘입니다. 이 문장의 첫째 단어가 '에고'ἐγώ입니다.[20] 죽기를 각오한 바울 자신을 강조하고 있습니다. 다른 한 가지는 문장 맨 끝에 나오는 "주 예수의 이름을 위하여" 휘페르 투 오노마토스 투 퀴리우 예수, ὑπὲρ τοῦ ὀνόματος τοῦ κυρίου Ἰησοῦ입니다. 이것은 예수께서 하나님 아버지의 뜻과 영광을 위하여 죽기까지 복종했던 그 신앙입니다. 바울은 자신은 죽고 그리스도께서 사시기 원했습니다. 자신의 이름보다 주 예수님의 이름의 영광을 위해 살았습니다. 내 뜻보다 그분의 뜻만이 이뤄지기를 원했습니다. 그분의 이름을 위한 고난은 처음 부르심을 받을 때부터 그가 받은 사명이었습니다(행 9:15-16; 참조. 눅 6:22-23, 행 5:41). 누가복음에는 바울과 비슷한 말로 주님께 대한 충성을 다짐했던 사람이 있었습니다. 베드로입니다(눅 22:33). "그가 말하되 주여 내가 주와 함께 옥에도, 죽는 데에도 가기를 각오했나이다." 하지만 그는 죽음 앞에서 예수님을 부인했습니다. 결박당하여 옥에 갇히는 것이 두려워 도망했습니다. 하지만 바울의 다짐은 변함이 없습니다(행 20:24). "내가 달려갈 길과 주 예수께 받은 사명 곧 하나님의 은혜의 복음을 증언하는 일을 마치려 함에는 나의 생명조차 조금도 귀한 것으로 여기지 아니하노라." 이것이 바울이 성령과의 교제를 통해서 얻은 결론이고, 그가 이해한 주님의 뜻입니다. 바울과 오랜 시간 동행해 온 일행들까지도 한마음으로 지지해 주지 않았지만, 성경은 그것을 바울의 독선적인 결정이라고 말하지 않습니다. 도리어 예수님이 당하신 고난, 예수님이 하신 선택과 같은 종류의 순종이라고 말하고 있습니다. 어리석고 무모하게 보이고 용기가 아니라 객기로 보이지만, 때로는 그 우둔하고 좁은 길이 주님의 길일 수도 있습니다. 우리의 경험치와 세상이 매기는 값으로 보면 한참이나 어긋나 보이는 선택일지라도, 그것이 역사의 물꼬를 트고 결정적 순간momentum을 만들어내는 혁명적이고 전복적인 결행이 되기도 합니다. 이것이 우리가, 우리 자녀들이, 우리 교회가 가야 할 길입니다. 계획하고 계산하고 치밀하게 준비하는 것만큼이나 중요한 것은 주님이 원하시는 방향을 향해 가는 것이고, 그것도 영적 상상력을 발휘하여 믿음으로 가는 것입니다. 여기서 믿음은 단순한 공상이 아니라 상상입니다. 우리가 상상할 수 없는 미래가 주님 때문에 열릴 것이라는 사실을 인정하는 것을 말합니다. 절대 우리가 그렸던 수준의 미래는 오지 않을 것입니다.

이런 단호한 바울의 결단 앞에서 눈물로 만류하던 이들은 어떻게 반응합니까?

"그가 권함을 받지 아니하므로 우리가 주의 뜻대로 이루어지이다 하고 그쳤노라"(사도행전 21:14)

더는 부탁하지 않고 그쳤습니다. 그리고 기도해 주었습니다. 저자는 직접화법으로 그들이 기도한 내용을 소개하고 있습니다. "주의 뜻대로 이루어지이다." 우리는 이 고백을 십자가를 앞두고 겟세마네 동산에서 예수께서 기도하신 것에서도 볼 수 있습니다(눅 22:42). "그러나 내 원대로 마시옵고 아버지의 원대로 되기를 원하나이다." 예수님의 기도는 순식간에 나온 것이 아닙니다. 숱한 갈등과 번민과 피땀 흘리며 드렸던 기도 끝에 나온 고백입니다. 그것은 십자가를 회피하고 싶어서 드린 기도가 아니었고, 순종하고 싶어서 드린 기도였습니다. 순종하고 싶지만 치러야 할 고난이 두려워서 드린 기도였습니다. 부활을 믿지 않은 것이 아닌데도 예수님은 두려웠습니다. 하물며 바울이라고 이런 번민이 없었겠습니까? 형제들이 만류할 때마다 이것이 하나님의 음성이 아닐까, 이것이 환경의 인도, 공동체의 인도가 아닐까, 하고 생각하지 않았겠습니까? 선지자 아가보의 방문을 두고도 얼마든지 주께서 위험을 미리 알려줘서 피하게 하신다고 해석할 여지가 있었습니다. 그렇게 해석하여 예루살렘에 올라가지 않는다고 해서 바울이 큰 불순종을 저지른 것이 되는 것도 아니었습니다. 하나님은 공동체의 권면을 받아들인 바울에게 서운해하실 것이 아니라, 그의 결정을 존중하셨을 것입니다. 하지만 형제들은 모르고 바울만 알고 있는 강력한 성령의 도전이 있었을 것입니다.

본회퍼Dietrich Bonhoeffer는 1939년 6월, 미국 유니온신학교 교수들, 특히 그의 친구 폴 레만Paul Lehmann의 초청으로 미국에 왔습니다. 나치의 폭력으로부터 그를 살리려는 동료 교수들의 계획이었습니다. 하지만 미국에 도착한 날부터 본회퍼는 후회했습니다. 그리고 곧장 돌아갈 결심을 합니다. 그를 둘러싼 모든 공동체가 그의 귀국을 반대했습니다. 독일로 돌아가면 그의 안전을 보장받을 수 없었습니다. 하지만 본회퍼는, 지금 자신이 독일로 돌아가지 않는다면 전후 독일 교회를 재건할 때 자신은 발언권을 가질 수 없게 될 것이라고 말하며 기어이 돌아옵니다. 그날이 7월 27일이었습니다. 그리고 히틀러Adolf Hitler를 암살할 모의를 했다는 이유로 붙잡혀 패망을 불과 넉 달 앞두고 형장의 이슬로 사라집니다. 친구들의 조언을 들었다면, 그는 더 오래 살았을 것입니다. 그것도 선택지 가운데 하나가 될 수 있었습니다. 하지만 오늘 우리가 존경하는 그 본회퍼는 아니었을 것입니다. 천재 신학자요 위대한 목사였던 본회퍼는 너무 일찍 우리 곁을 떠났지만, 그가 끼친 영향은 그보다 몇 갑절을 오래 산 사람보다 컸습니다. 그래서 그는 죽었지만 동시에 죽지 않았습니다. 어쩌면 죽음이 기다리는 예루살렘으로 올라가신 예수님이 가졌던 생각, 그리고 바울이 가졌던 생각이 그러하지 않았을까 생각합니다.

여기 "주의 뜻대로 이루어지이다"투 퀴리우 토 쎌레마 기네스쏘, τοῦ κυρίου

τὸ θέλημα γινέσθω는 이제 바울을 하나님의 손에 맡긴다는 뜻입니다. 바울의 결정이 자신들 다수의 생각으로는 옳지 않은 듯 보이지만, 바울을 아끼는 마음으로 한 권면이지만, 이제 자신들의 판단을 내려놓겠다는 뜻입니다. 바울의 결단을 통해 하나님께서 당신의 선하신 뜻을 이루어달라고 기도한 것입니다. 바울의 결정도 그리고 성도들의 판단도 그 자체로 하나님의 뜻은 아닙니다. 그것이 하나님의 뜻이 되게 하는 분은 하나님이십니다. 우리의 걸음, 우리의 판단, 우리의 결단, 우리의 조건들을 어떻게 사용할지를 하나님께서 스스로 결정하십니다. "주의 뜻이 이루어지이다"는 그 하나님의 선한 의지 앞에 모든 것을 맡긴다는 뜻입니다. 이것은 사도 바울을 꼭 살려달라는 기도가 아닙니다. 결박과 환난이 바울에게만은 비켜 가게 해달라는 기도가 아닙니다. 바울에게 어떤 일이 벌어지더라도 주님의 뜻이 이루어지게 해달라는 기도입니다. 도리어 그 매임과 환난과 넘겨짐 속에서 바울이 믿음을 잘 지킬 수 있게 해달라는 기도입니다.

하나님의 뜻을 묻고 순종할 때, 우리가 배워야 할 태도가 여기 있습니다. 미리 알게 된 위험을 피하는 선택이 쉽고, 위험을 감수하는 선택은 어렵습니다. 하지만 쉽고 안전한 길이 늘 하나님의 뜻은 아닙니다. 공동체의 권면이 하나님의 뜻을 분별하는 데 중요하지만, 다수의 생각이 늘 하나님의 뜻은 아닙니다. 또한 사랑으로 권면하더라도 결국 당사자가 하나님과의 관계 속에서 결정하도록 존중해 주어야 합니다. 당사자보다 내가 더 하나님의 뜻을 잘 분별할 수 있다고 자신하지 말아야 합니다. 따라서 상담이나 조언을 하면서 자기 말대로 따르게 하는 것은 자신이 하나님 노릇을 하는 것과 같은 불찰입니다. 애정과 선의는 하나님의 뜻을 분별하는 필요조건이지만 충분조건은 아닙니다. 아가보의 예언이나 성령의 영감은 우리 모두가 이 하나님의 짐작할 수 없는 뜻 앞에서 겸손해지고 낮아지도록 주신 것이요, 하나님의 자유를 더욱 존중하며 진실히 기도하도록 주신 것입니다.

가이사랴에서 예루살렘까지

가이사랴에서 여러 날을 보낸 바울과 일행은 최종 목적지인 예루살렘을 향해 출발합니다.

"이 여러 날 후에 여장을 꾸려 예루살렘으로 올라갈새 가이사랴의 몇 제자가 함께 가며 한 오랜 제자 구브로 사람 나손을 데리고 가니 이는 우리가 그의 집에 머물려 함이라"(사도행전 21:15-16)

새번역성경이 더 원문을 살려서 번역하고 있습니다.

"가이사랴에 있는 제자 몇 사람도 우리와 함께 갔다. 그들은 우리가 묵어야 할 집으로 우리를 안내하여 나손이라는 사람에게 데려다 주었다. 그는 키프로스 사람으로 오래 전에 제자가 된 사람이었다."

가이사랴의 형제들이 바울과 예루살렘으로 가는 길에 따라나섰습니다. 두 곳 사이의 거리는 약 64마일약 100km 정도 되었습니다. 그들은 예루살렘에서 나손이라는 사람의 집에 들어갑니다. 그를 "한 오랜 제자"라고 표현하는데, 이는 그가 매우 초창기에 회심한 그리스도인이라는 뜻일 것입니다. 어쩌면 오순절 성령 강림 때 절기를 지키러 예루살렘에 왔다가 회심한 사람일 수도 있고(행 11:20), 예수님 시대부터 그분을 따랐던 제자일 가능성도 있습니다. 그도 이방인 출신이라 이방인의 사도 바울을 영접하도록 부탁하기에 적합했습니다. 이렇듯 가는 곳마다 바울과 그 일행의 수고를 위로하고 힘을 북돋아 줄 공동체가 있었습니다. 지체들이 있었습니다. 거대한 성전 체제의 후원이 아니라, 바로 이런 소소한 '가정집들'의 후원으로 하나님 나라는 땅끝까지 향하고 있었습니다. 이제 견고한 성전 체제의 후견인들이 기다리는 예루살렘이 아주 가까이에 있습니다. 하지만 이 예수 그리스도의 몸인 가정집들이 결국은 예수님을 죽인 저 웅장한 성전을 대체할 것입니다. 이 일을 이루기 위해서는 예수님처럼 고난을 감수해야 하겠지만, 죽은 성전이 부활하신 예수님의 생명의 복음을 가로막을 수는 없을 것입니다. 죽음은 결코 생명을 상대할 수 없기 때문입니다.

나가는 말

사람들을 찾아가다

바울은 오순절 전에 예루살렘에 도착하고 싶어서 서둘러 배에 오릅니다. 본문은 가이사랴에서 예루살렘 사이 어딘가에 사는 구브로 출신 나손의 집으로 안내를 받는 바울과 일행의 얘기로 끝나고 있습니다. 그들이 탄 배가 좀 오래 정박한다 싶으면 여관을 이용하기보다는 여지없이 이 형제들이나 제자들의 집에 들어가 묵었습니다. 두로에서, 돌레미아이에서, 가이사랴에서 그 멈춤이 바울에게는 더없이 좋은 교제의 기회였고 복음을 나눌 수 있는 기회였습니다. 서로 격려를 받고 힘을 얻었을 것입니다. 미리 일정을 알려줄 수 없었기에, 두로에서는 아예 제자들의 모임을 수소문하여 결국 만났습니다. 가이사랴에서는 전도자 빌립을 중심으로 가정교회로 모이는 지체들을 만났습니다. 성도들은 예루살렘에서 바울이 고난 당할 것을 염려했고, 바울은 자기 목숨보다 더 소중한 사명에 순종함으로써 복음의 길이 무엇인지를 보여주기도 했습니다. 바울에게 중요한 것은 부르심과 사명이었습니다. 성과보다 중요한 것은 순종이었습니다.

흔들리지 않고 나아가다

바울이 끝까지 흔들리지 않고 예루살렘을 향해 걸어갈 수 있었던 원동력은 무엇입니까? 3가지 정도로 생각해 보았습니다.

첫째, 복음과 사명에 대한 분명한 이해가 있었습니다. 하나님의 은혜의 복음은 유대인과 이방인 모두를 위한 복음입니다. 그 복음으로 두 교회가 서로를 인정하면서 하나가 되는 것까지 이룬다면, 주후 45-57년까지 지난 12-13년의 사역이 결실되는 것이라고 생각했습니다. 그는 신학적으로 자신이 선 자리를 알고 있었습니다. 유대인과 이방인이 한 새 사람을 이루고 동일한 시민과 하나님의 권속이 되어 예수가 머리이신 한 몸에 속하여 상호 의존적 지체가 되는(엡 2:15-19) 사명을 이루기 위해 죄인 중의 괴수인 자신이 용서를 받았고 사도로 부름을 받았으니, 이제 그 사명을 위해 죽더라도, 부활의 예수께서 살리실 것이니 두렵지 않았습니다. 오늘 우리도, 우리의 교회도 이 복음을 위한 사명, 하나님 나라를 위한 사명으로 부름을 받았습니다. 우리가 살아가는 상황은 너무 급격하게 변하고 있고, 앞으로 그 변화를 가늠할 수도 없지만, 우리가 받은 사명만은 변하지 않고, 하나님 나라 계획은 변하지 않습니다. 그러니 환경이나 조건에 상관없이 각자 부름받은 사명에 충실하여 복음을 따라 살고, 복음을 위하여 살고, 예수 그리스도의 이름을 위하여 산다면, 주님은 우리를 인하여 기뻐하실 것입니다. 우리의 인생을 복 되게 하실 것이고, 우리를 통하여 세상을 살리실 것입니다.

둘째, 성령의 도우심이 있었습니다. 성령께서 바울 개인에게 역사하셨고, 또 두로의 형제들에게, 빌립과 그의 네 딸들에게, 유대에서 온 아가보에게 역사하셨습니다. 공동체를 통해서 성령께서 가장 분명하게 알려주신 사실이 있습니다. 성령님이 바울과 함께하신다는 것입니다. 바울의 길에 동행해 주신다는 것입니다. 성령님을 통해서 어떤 메시지를 주셨는지보다 더 중요한 사실이 그것입니다. 성령님을 통해 얻은 메시지로 형제들이 바울에게 어떤 권면을 했는지보다 더 중요한 것은 성령께서 바울의 삶에 관심이 있으시고, 그를 통해서 주의 뜻을 이루기 원하신다는 사실입니다. 바울은 그것으로 충분했을 것입니다. 자신이 예루살렘으로 가든지 안 가든지, 성령님은 인도하실 것입니다. 그런데 바울은 생각했습니다. 판단했습니다. '내가 갈 필요도 없는 곳인데, 성령께서 굳이 예루살렘에서 겪을 고난에 대해서 이렇게 많이 반복하여 말씀하실 이유가 없지 않을까?' 그래서 예수님이 십자가가 기다리는 줄 아셨지만 피하지 않고 예루살렘에 올라가셔서 결국 그 죽음의 잔을 받으셨듯이, 그리고 결국 그 죽음이 하나님 계획의 실패가 아니라 하나님의 뜻을 이루는 결단이 되었듯이, 이제 바울도 예루살렘에서 감당할 사명, 그 사명 이방인 선교의 인정과 예루살렘 교회 구제을 위해서 오랜 시간 마게도냐와 아가야의 교회와 씨름하며 구제헌금을 모았던 시간들을 생각하면서 예루살렘으로 올라가기로 한 것입니다. 예루살렘 교회와의 신학적 단판을 통해 확산일로에 있는 유대주의자들의 준동을 차단하고, 이후 더욱 활발한 이방인 선교를 위한 새로운 전기를 여는 것이 현재로서는 자기 목숨과 바꿀 만한 가치 있는 사명으로 여겼던 것입니다.

셋째, 공동체의 격려가 있었습니다. 표면적으로는 공동체의 권면을 받아들이지 않았지만, 그는 그 권면 속에서 자신을 향한 공동체의 사랑을 확인했을 것입니다. 혼자가 아니라는 것을 확인했을 것입니다. 비록 예루살렘 교회에서는 옛 동료들과 새 동료들 모두에게 외면당하고 오해를 받고 있었지만, 자신이 전한 복음을 이해하고 그 복음을 따라 사는 자들에게 성령께서 임하여 말씀하시는 것을 보면서, 자신이 전한 복음이 헛되지 않았다는 확신을 가졌을 것입니다. 그래서 더욱 담대하게 예루살렘으로 올라갈 수 있었을 것입니다.

사랑하는 여러분, 우리에게도 저마다 공동체가 있기에 담대하게 복음을 따라 살 수 있고 복음을 전할 수 있습니다. 공동체 안에 복음으로 인한 열매가 있고 변화가 있고 교회의 성장과 성숙이 있을 때, 말씀의 종들은 담대하게 복음을 전할 수 있습니다. 성령이 우리와 동행하여 주시니 부디 저희를 통해서 주의 뜻이 이루어지기를 기도하면서 한마음으로 우리의 예루살렘을 향해 올라가기를 바랍니다. 저 거대한 성전 체계가 아니라, 작은 말씀의 종들을 환대하며 격려하는 작은 가정집들이, 거기 사는 주님의 제자들이 하나님 나라의 새로운 대안공동체 역할을 하고 있습니다. 우리의 가정들이 저마다 먼저 복음의 전초기지가 되기를 바랍니다.

선교사님들과 말씀의 종들을 환대하고, 하나님 나라의 일에 참여하면서, 오늘 우리 시대에는 우리들을 통해서 하나님 나라가 진행될 수 있도록 나서기를 바랍니다.

예루살렘의 불신과
불의 앞에서

사도행전 21:17-36

들어가는 말

예루살렘에 들어선 바울의 심경은 어떠했을까요? 이제 예루살렘에서 그를 기다린다는 환난과 결박이 어떤 식으로 다가올지는 모르지만, 분명히 한때는 진한 형제애를 나눴던 동료 유대인들로부터 올 것입니다. 그들에게 바울의 회심은 큰 충격이고 배신이었습니다. 유대교의 미래를 책임져줄 것이라고 여겼던 기대주가 유대교의 심장을 타격하니 그 실망과 분노가 컸습니다. 미움이 클수록 적의도 커지고 평가도 가혹해집니다. 그들은 바울에 관한 나쁜 소식을 더 과장하여 들었을 것이고, 훈훈하고 좋은 소식은 폄훼했을 것입니다.

그들이 믿든지 안 믿든지 바울은 여전히 동족 유대인 형제들을 사랑했습니다. 자신이 깨달은 그리스도의 복음을 언젠가는 그들도 알기를 원했습니다. 그래서 이방인의 사도로서 이방인 지역을 다니며 전도했지만,

어디서든 그가 늘 먼저 처음 찾은 곳은 회당이었습니다. 예루살렘을 향해 떠나기 전에 석 달간 고린도에 머물면서 로마로 편지를 보냅니다. 그 로마서에서 그는 자신에게 환난과 결박을 주려고 기다리는 예루살렘의 유대인 형제들을 향한 자신의 마음을 이렇게 피력한 바 있습니다.

"나는 그리스도 안에서 참말을 하고, 거짓말을 하지 않습니다. 내 양심이 성령을 힘입어서 이것을 증언하여 줍니다. 나에게는 큰 슬픔이 있고, 내 마음에는 끊임없는 고통이 있습니다. 나는, 육신으로 내 동족인 내 겨레를 위하는 일이면, 내가 저주를 받아서 그리스도에게서 끊어질지라도 달게 받겠습니다"(로마서 9:1-3)

이런 바울의 곤경과 마음을 가장 잘 이해하고 도와줄 것이라고 기대하는 사람들은 바울처럼 유대교 몸담고 있다가 예수님을 메시아로 영접한 형제들입니다. 바울이 고소를 당하고 감옥에 갇히고 재판을 받을 때, 누구보다도 그들이 적극적으로 바울을 격려하고 바울을 대신하여 유대인들을 향하여 변호해 줄 것이라고 기대했을 것입니다. 우리는 오순절 이후 예루살렘에서 주께 돌아온 자들이 많았고, 그 가운데 제사장 출신들도 상당했다는 소식을 들은 바 있습니다(행 6:7). 제사장은 그 사회의 지도자일 뿐 아니라 율법 전문가입니다. 그들의 회심은 바울보다 앞섰고, 바울에게 그들의 존재는 큰 힘과 위안이 되었을 것입니다.

하지만 현실은 꼭 그렇지 않았습니다. 바울이 극복하고 설득해야 할 1차 대상은 바로 그 예루살렘의 유대인 그리스도인들이었습니다. 바울은 유대교뿐만 아니라 유대인 그리스도인들로부터도 환영을 받을 것이라는 확신이 없는 채로 예루살렘에 도착했습니다. 사도행전을 줄곧 읽어온 독자들이라면, 사도 바울이 얼마나 고생하고 수고하면서 오직 복음을 위해 진력해왔는지 알고 있습니다. 그의 사역에 성령께서 즐거이 역사하셨다는 증거는 수없이 많았습니다. 그런 선교사 일행이 사역을 마치고 돌아왔으니 두 팔 벌려 환영하고, 로마로 가기 전에 잠시라도 안식을 누릴 수 있도록 최대한의 환대를 베풀어주어야 마땅하리라 생각할 것입니다. 물론 바울은 그런 대접을 받는 일에는 아예 관심이 없었습니다. 도리어 마게도냐의 교회들이 기근으로 고생하는 예루살렘 교회를 생각하면서 모금한 구제헌금을 과연 그 교회가 받아줄 것인지에만 관심이 있었습니다. 왜냐하면 그것은 단순한 헌금 전달에 그치지 않았기 때문입니다. 바울은 그것을 하나님께 바치는 '제물'로 생각했고, 그 제물은 사실상 '이방인 그리스도인들' 자신들을 의미했고, 바울 자신이 그 제물을 바치는 '제사장'의 사역을 하고 있다고 생각했습니다. 예수님이 친히 희생제물이 되시고 제사장도 되셔서 예루살렘에 올라가 십자가의 죽음을 당하였듯이 바울도 이미 이방인 회심자들과 하나가 되어 제물로, 그리고 제사장으로서 목숨을 걸고 예루살렘으로 향한 것입니다.

> "하나님께서 이 은혜를 내게 주신 것은, 나로 하여금 이방 사람에게 보내심을 받은 그리스도 예수의 일꾼이 되게 하여, 하나님의 복음을 전하는 제사장의 직무를 수행하게 하시려는 것입니다. 그리하여 이방 사람들로 하여금 성령으로 거룩하게 되게 하여, 하나님께서 기쁨으로 받으실 제물이 되게 하시려는 것입니다." (로마서 15:16)

바울은 예수님처럼 그 예루살렘이 사역의 종착지가 되어도 상관없다고 여겼습니다. 이방인 그리스도인들만 예루살렘 교회에 받아들여질 수 있다면, 그래서 이방인 교회와 유대인 교회가 하나가 될 수 있다면, 이대로 죽어도 좋겠다고 생각했습니다. 그래서 유언장을 쓰듯이, 로마 교회에 갈 수 없는 상황을 대비하여 로마 교회에 복음에 관한 위대한 편지를 보낸 것입니다.

최근에 갈라디아 지역과 아가야 지역에 유대인 형제들이 침투하여 바울이 잘못된 복음을 전했다고 비난했고, 그의 사도성마저 의심하게 한 일이 벌어졌습니다. 바울은 그 상황에 대처하기 위해 갈라디아서와 로마서를 썼습니다. 그런데 바울은 이 사건에 대한 예루살렘 교회의 입장이 미온적인 것을 알고 있었을 것입니다. 예루살렘 교회에서 왔다고 하는 자들의 주장에 대해서 단호하게 바로잡지 않고 도리어 바울에 대한 거짓 소문을 믿는 듯한 분위기였습니다. 이것이 곧장 로마로 가지 않고 위험을 무릅쓰고라도 예루살렘을 방문해야 했던 가장 절박한 사정이었습니다.

사도행전 21장 17-26절은 유대인 그리스도인 형제들의 불신을 해소해 그들과 하나가 되려는 바울의 노력이 나옵니다. 사도행전 15장이 1차 예루살렘 회의라면 이것을 2차 예루살렘 회의라고 불러도 좋을 것입니다. 그런데 환난과 결박은 예루살렘 교회가 아니라 바울의 옛 동료 유대교로부터 왔습니다(27-36절). 그 유대교를 향한 바울의 반응에 대해서는 다음 장에서 살펴보겠습니다.

물론 바울에게 우호적인 사람들이 예루살렘에 없었던 것은 아닙니다. 여전히 진심으로 바울을 이해하고 그와 과격한 유대인 그리스도인들 사이를 중재하려고 하는 그룹도 등장합니다. 17-26절에서는 그 대표적인 인물로 야고보와 장로들이 나옵니다. 그리고 27-36절에서는 놀랍게도 로마의 천부장이 바울을 돕는 인물로 나옵니다. 그러나 사도행전이 더 진행될수록 바울의 가장 든든한 피난처와 후원자는 따로 있다는 것이 드러날 것입니다. 그분은 삼위 하나님이십니다. 바울이 의지한 하나님이 다양한 사람들과 상황을 통해서 환난과 결박 중에도 바울을 지키시고, 가이사랴 형제들의 기원대로 "주의 뜻대로 이루어지게" 해주실 것입니다. 오늘 본문에서도 이방인과 유대인 모두를 위한 복음이 예루살렘 밖으로 나와서, 유대와 사마리아 사이의 장벽을 허물고, 더 나아가 유대인과 이방인 사이의 경계까지 넘어서 땅끝으로 향하는 과정을 말해주고 있는 겁니다. 이런 큰 그림 속에서 한 사람 바울이 하루하루, 또 순간순간 어떤 결정을 내리는지에도 주목할 것입니다. 우리는 성경을 볼 때든지 우리 자신의 삶을 볼 때든지, 큰 그림과 작은 그림, 대우주와 소우주를 모두 볼 수 있어야 합니다.

예루살렘 유대인 형제들의 불신 앞에서

예루살렘에서 바울을 온 마음으로 환영해 주는 형제들이 있었습니다.

"예루살렘에 이르니 형제들이 우리를 기꺼이 영접하거늘" (사도행전 21:17)

주의 일꾼들은 압도적인 지지와 인기를 얻어야 사역할 수 있는 것은 아닙니다. 소수라도 진심으로 사역자의 애환과 수고를 인정하고 격려해 주는 이들이 있으면 고난을 감수할 힘을 얻을 수 있습니다. 또 우정과 학습을 겸할 수 있는 사역자들만의 공동체가 꼭 필요합니다.

다음 날 바울은 본격적으로 자신이 예루살렘에 올라온 목적을 이루기 위한 일정을 소화하기 시작합니다.

> "그 이튿날 바울이 우리와 함께 야고보에게로 들어가니 장로들도 다 있더라 바울이 문안하고 하나님이 자기의 사역으로 말미암아 이방 가운데서 하신 일을 낱낱이 말하니" (사도행전 21:18-19)

바울과 누가는 구제헌금을 가져온 일곱 명의 아시아와 마게도냐 지방 교회의 대표들과 함께 "우리와 함께" 야고보를 찾아갔습니다. 이미 야고보와 장로들이 같이 기다리고 있었습니다. 이들은 예루살렘 교회 전체를 대표하는 자들이었을 것입니다. 스데반의 박해 이후 예루살렘에 있던 사도들은 뿔뿔이 흩어져 타지에서 사역하기 시작했고, 어느 시점부터 예루살렘 교회에서는 예수님의 형제 야고보^{야고보서의 저자}가 영향력 있는 지도자 그룹을 이끌기 시작한 것 같습니다. 바울은 지난 방문 이후 약 5년 동안52-56년 3차 선교 여행 중 아시아와 마게도냐에서 성령께서 어떤 회심의 역사를 일으키셨고, 이방인의 교회가 어떻게 생겨나고 또 자라고 있는지를 보고했을 것입니다. 자신이 한 일이 아니라 "하나님이 자기 사역으로 말미암아 이방 가운데서" 하신 일을 나눴습니다. "낱낱이 말했습니다."[21] 지금 바울 곁에 구제헌금을 갖고 서 있는 일곱 대표가 바로 그 상징적인 증거입니다. 특히 바울은 최근에 벌어진 유대주의자들의 할례와 율법 준수 요구를 염두에 두고, 하나님의 사역을 통한 '이방인'의 회심 사건을 진심으로 예루살렘 유대인 교회가 인정해주는 문제에 특히 관심이 있었습니다. 당연히 그는 최근에 갈라디아 지역의 교회들과 고린도 교회에서 벌어진 유대주의자들의 활동에 대해서도 보고했을 것입니다. 또한 바울은 분명 야고보와 장로들 앞에서 이방인 교회가 모금해 준 헌금에 대해서 언급을 했을 것입니다. 우리 삶의 목표가 '그리스도의 이름을 높이는 것'이라면, 우리는 '하나님이' 그리스도를 통해서 하신 일을 자랑하고 전해야 합니다. 우리의 자녀들이 하나님을 만나게 하는 것이 우리가 사역하는 목적이라면, 우리는 우리가 한 일을 드러내지 않고 도리어 부족한 우리 자신을 통하여 어떻게 하나님께서 역사를 이루셨는지를 자랑해야 합니다. 그래서 그들이 하나님의 역사를 알아보고 찬송할 줄 알게 해야 합니다. 그렇지 않으면, 성과가 더 대단할수록, 나는 지체를 낙담시키고, 시기를 일으키고, 그리스도의 제자가 아니라 자기 제자들을 낳고 말 것입니다.

바울을 향한 예루살렘 유대인 형제들의 오해와 불신

바울의 보고를 들은 예루살렘 유대인 교회 지도자들은 어떻게 반응합니까?

"그들이 듣고 하나님께 영광을 돌리고" (사도행전 21:20)

바울이 마음 졸이며 바라던 반응입니다. 우리의 수고로운 사역의 결과로 하나님을 향한 감사와 찬양이 나온다면 잘 산 것이 아닐까요. 이는 예루살렘 교회가 바울을 통하여 하나님께서 이방인 가운데 하신 일을 진정으로 인정했다는 것을 의미합니다. 이방인 그리스도인들을 새 언약 백성으로, 자신들처럼 하나님 나라의 백성으로 기꺼이 인정한 것입니다.

바울이 이방인 가운데서 하나님이 행하신 일을 나누자, 이제 야고보도 하나님께서 예루살렘의 상황을 정직하게 나누기 시작합니다.

> "바울더러 이르되 형제여 그대도 보는 바에 유대인 중에 믿는 자 수만 명이 있으니 다 율법에 열성을 가진 자라"(사도행전 21:21b)

좋은 소식과 나쁜 소식이 섞여 있습니다. 바울은 야고보가 이렇게 말한 의도를 금방 간파했을 겁니다. 분명 유대인들이 그리스도를 영접했다는 것은, 그것도 수만 명이 십자가에 달린 예수를 메시아로 인정하고 주께 돌아왔다는 것은, 하나님이 아니면 하실 수 없는 기적 같은 일입니다. 그런데 야고보는 그런 새로운 유대인 그리스도인들의 성향에 대한 언급을 덧붙이고 있습니다. 강조는 바로 이 덧붙인 말에 있었습니다. "다 율법에 열성을 가진 자라." 판테스 젤로타이 투 노무 휘파르쿠신, πάντες ζηλωταὶ τοῦ νόμου ὑπάρχουσιν 예수님을 영접한 후에도 그들은 율법을 지켰습니다. 성전 제사를 제외하고는 살아왔던 대로 살았습니다. 물론 당연합니다. 유대인들에게 율법을 지키며 사는 것은 이미 자신의 일부가 된 자연스러운 신앙의 표현이었습니다. 그들의 모든 삶은 율법이 요구하는 바를 따라 형성되었습니다. 아주 작은 삶의 양식부터 일 년 혹은 평생의 리듬과 주기가 이 율법에 따라서 형성되어 있었습니다. 언제 일어나고, 언제 잠자리에 들고, 식사는 어떻게 시작하고 마쳐야 하는지, 언제 기도하고, 언제 성전에 가고, 안식일 준비는 어떻게 하고, 또 그날은 온종일 어떻게 보내야 하는지 다 율법이 정한 대로 살았습니다. 그들에게 일상생활과 신앙생활은 분리되어 있지 않았습니다. 더군다나 기독교로 회심한 유대인들은 그 사회에서 소수였고, 다수의 유대인들이 이미 형성한 문화 속에서 살아야 했습니다. 그리스도인들만의 생활 터전을 새로 형성하여 따로 살 수는 없는 노릇이었습니다. 그것을 하나님이 원하시는 것도 아니었습니다. 하지만 그렇다고 하여, 살던 대로 살아도 된다는 말은 아닙니다. 이제부터 그들은 모든 율법을 그리스도의 빛에서 다시 해석해야 했습니다. 똑같은 일을 하더라도 다른 의미를 부여해야 했습니다. 그리고 그리스도인들만의 삶의 패턴과 방식이 생기기까지는 시간이 필요했습니다. 머리로는 이해하지만, 마음으로는 수용하기 어려웠을 것입니다. 과감하게 과거와 단절하고 자유를 누리는 사람들도 있고, 그 율법 안에 머물러 살면서도 하나님을 잘 섬기는 사람들도 있었을 것입니다. 오늘날에도 주일성수, 십일조, 새벽기도를 통해서 신앙을 잘 표현하는 분들이 있고, 율법적이고 강압적인 분위기에서 해방되어야 주님을 더 즐거이 잘 섬길 수 있는 분들이 있는 것과 같습니다.

그런데 야고보가 회심한 유대인들을 언급하면서 그들이 "다 율법에 열성을 가진 자"라고 한 것에는 부정적인 뉘앙스도 섞여 있었을 것입니다. 아직 그들이 '율법의 완성'으로 오신 예수 그리스도를 충분히 이해하고 있지 못하다는 뜻이기도 했습니다. 어쩌면 이것이 일부 예루살렘 교인들이 수리아의 안디옥 교회나 갈라디아 지역의 이방인 교회들에까지 가서 할례와 율법 준수를 요구한 배경으로 제시한 것 같습니다. 동시에 이것은 바울에 대해 예루살렘 교회가 여전히 오해하는 배경일 것입니다.

99

'율법을 향한 열성'이 자칫 갈라디아서에서 바울이 우려한 대로, "할례를 받은 그들이라도 스스로 율법을 지키지 아니하여"(갈 6:13), 유대교의 바리새인이나 서기관들처럼 위선하는 '회칠한 무덤' 같은 자가 될 수도 있었습니다. 육체를 자랑하는 오만한 자가 될 수 있었습니다. 그 오만이 이방인 가운데 성령께서 역사하신 것을 감히 인정하지 않는 불경죄를 범하는 것이 될 수 있었습니다.

그렇다면 야고보와 장로들은 바울을 잘 이해하였지만, 예루살렘의 '수만 명'의 열성적 그리스도인들은 바울의 사도 됨을 기꺼이 인정하지 않았고, 그래서 그가 가져온 이방인의 '헌금'을 순순히 받아줄 리가 없었습니다. 도리어 그 헌금의 의미마저 왜곡할 수 있었습니다. 이 헌금은 마게도냐 형제들이 넉넉해서 보낸 것이 아니라 더 힘든 예루살렘의 형제들을 위해 어려운 가운데 내놓은 돈입니다. 그런데 하나님의 백성 자격을 얻기 위해 '환심'을 사려는 불순한 시도로 곡해할 수 있는 상황이었습니다. 굶으면 굶었지 그런 돈을 받지 않겠다고 결심할 만큼 예루살렘 그리스도인들은 '다 율법에 열성을 가진 자'였습니다. 그들은 이것이 그리스도께 진심으로 충성하는 것이라고 굳게 믿고 있었습니다. 야고보는 그들이 바울에 대해서 어떻게 오해하고 있는지 예루살렘 교회의 분위기를 전해줍니다.

"네가 이방에 있는 모든 유대인을 가르치되 모세를 배반하고 아들들에게 할례를 행하지 말고 또 관습을 지키지 말라 한다 함을 그들이 들었도다"

(사도행전 21:21)

오해는 생각보다 깊었고 심각했습니다. 선교지에서 갖은 고생을 하고 돌아온 선교사 바울에게 기다린 것은 자신에 대한 '가짜 뉴스'였습니다. 모함과 왜곡이었습니다. 예상했더라도 인간적으로는 괴롭고 외로웠을 것 같습니다. 지긋지긋한 공격입니다. 바울은 모세를 배반한 것이 아니라, 모세의 역할을 재정의했을 뿐입니다. 모세는 그림자였고, 이제 그림자가 가리키는 실체가 왔으니, 그 모세의 역할, 모세가 전해준 율법의 역할은 끝났다고 가르쳤습니다. 모세와 예수님이, 그림자와 실체가 같은 무게의 의미로 공존할 수 없다고 가르쳤습니다. 바울은 예수님을 통한 율법의 완성을 가르쳤지, 율법의 폐기를 가르치지 않았습니다. 처음부터 율법을 몰랐던 이방인들에게 유대인들의 할례와 율법 준수를 강요하지 말라고 가르쳤습니다. 바울은 유대인으로서 율법과 계명은 여전히 거룩하고 의롭고 선하다고 가르쳤습니다(롬 7:12, 14, 16). 하지만 이제 예수께서 오신 후로는 할례받지 않은 상태에서 예수를 믿었으면 할례를 받으려고 하지 말고, 할례받은 사람들은 예수 믿었다고 해서 무할례자가 되려고 하지 말라고 했습니다(고전 7:18). 유대인을 구원하기 위해 그는 율법 아래 있는 자 같이 행했고, 이방인을 구원하기 위해서는 율법 없는 자 같이 행했습니다(고전 9:19, 23). 이것이 바울의 성육신적 선교 원리였습니다.

그런데 바울을 대면하기 전까지 예루살렘에는 바울에 대한 오해가 심각한 수준에 이르렀습니다. 어쩌면 박해 때문에 사도들이 예루살렘 밖으로 흩어진 후 예루살렘 교회는 회심한 제사장 그룹이 강력하게 영향을 미치면서 급격하게 민족주의적인 경향으로 보수화되지 않았을까 추측합니다. 학자들에 따르면, 실제 주후 57년인 이 시기는 유대인들의 강한 민족주의와 정치적 불안의 시대였다고 합니다.[22] 누구에게든 선입견이 있고 전제가 있습니다. 사람에 대해서도 그렇고 특정 사안에 대해서도 그렇습니다. 하지만 그리스도인답다는 것은 늘 자신을 상대화할 준비가 되어 있다는 뜻입니다. 내가 틀릴 수 있고 치우칠 수 있다는 사실을 인정하는 태도 말입니다. 그래서 하나님의 말씀을 통해 자신의 세계관을 지속적으로 교정하고 조율하여 온전한 모습으로 형성해가고, 좀더 진지하게 당면한 사람이나 사안들을 살피고, 그것에 귀를 기울이는 겸손한 태도를 갖춰갑니다. 그런 겸손한 경청과 존중의 마음이 없으면, 말씀과 기도가 넘치더라도 교회는 이념의 전쟁터가 되기 쉽습니다. 작은 차이로 큰 결별을 경험하기도 할 것입니다. 하지만 그것은 자기만 올바른 정보를 갖고 있다는 근거 없는 자신감에서 나온 것이며, 자기만이 절대 기준이 되겠다는 오만한 생각일 뿐입니다.

이제 예수님의 동생인 예루살렘 교회 지도자 야고보 혼자서는 예루살렘의 수만의 형제들을 상대로 바울의 진정성을 믿게 하는 데는 한계가 있었습니다. 하지만 바울은 자신의 진실성을 하나님이 다 알아주실 것이니 예루살렘 성도들이 어떻게 생각하든 상관없다면서 그냥 넘어가지 않았습니다. 자기 명예가 실추되는 일이어서 감내하기 어려운데, 더욱이 이 오해는 자기가 전한 복음을 듣고 주께 돌아온 이방인 그리스도인들의 존재에 대한 거부를 의미했기 때문에 가만히 지켜보고만 있을 수 없었습니다.

야고보와 장로들의 제안

하지만 현실은 현실입니다. 야고보는 바울에 대한 이 잘못된 인식, 왜곡된 정보에 기댄 불신이나 선입견을 어떻게 타개할지 바울이 도착하기 전부터 고민했을 것입니다. 그가 바울에게 제시한 제안을 들어보면, 그가 얼마나 오랫동안 궁리하고 또 실현 가능한 대안을 준비해왔는지 알 수 있습니다. 이것은 그가 진심으로 바울을 이해하고 믿어주고 있다는 증거이기도 했습니다. 그의 제안은 이것입니다.

> "그러면 어찌할꼬 그들이 필연 그대가 온 것을 들으리니 우리가 말하는 이대로 하라 서원한 네 사람이 우리에게 있으니 그들을 데리고 함께 결례를 행하고 그들을 위하여 비용을 내어 머리를 깎게 하라 그러면 모든 사람이 그대에 대하여 들은 것이 사실이 아니고 그대도 율법을 지켜 행하는 줄로 알 것이라"(사도행전 21:22-24)

야고보는 바울에게 바울이 이방인들에게는 할 필요가 없다고 가르친 율법 준수를 유대인 그리스도인들 앞에서 하라고 요구하고 있습니다. 심지어 유대인들도 이제 반드시 할 필요는 없고, 중단해도 전혀 죄가 되지 않는다고 가르쳤던 것을 바울에게는 하라고 요구하고 있습니다. 구체적인 내용은 이렇습니다. 야고보가 알고 있는 네 사람이 나실인 서약을 했습니다. 자발적으로 나실인 서약을 한 사람들로 보입니다. 서약을 한 사람은 최소 30일간 포도주를 먹지 않고, 시체를 멀리하고, 머리를 깎지 않고 구별된 삶을 살아야 합니다(민 6:4-8). 이 기간이 끝나면 삭발하고 머리카락과 함께 희생제사를 드려야 합니다. 그런데 그 희생제사 비용이 만만치 않습니다. 성경대로 따르자면, 번제물로 일 년 된 흠 없는 숫양 하나를 드리고, 속죄제물로는 일 년 된 흠 없는 어린 암양 하나를, 화목제물로는 흠 없는 숫양 하나를 드려야 합니다. 거기다가 무교병 한 광주리, 고운 가루에 기름 섞은 과자들, 기름 바른 무교전병들, 소제물과 전제들을 드려야 합니다. 이 비용을 바울에게 대주도록 야고보는 부탁합니다. 바울도 이미 겐그레아에서 서원을 갚기 위해 머리를 깎은 적이 있었기에(행 18:18), 이 요구를 들어주는 데는 신학적으로 갈등은 전혀 없었습니다.

하지만 엄청난 자기 부인을 요구하는 일이기는 했습니다. 자기를 믿지 않고 오해하는 이들에게 자신을 증명하는 일은 그 자체로 무척 버겁습니다. 그들과의 관계 회복을 진실로 원할 때만 엄두를 낼 수 있습니다. 이 말을 듣는 바울 곁에는 이방인 지역에서 함께 데려온 이방인 대표 형제들도 있었습니다. 생각하기에 따라서 이런 제안은 그들에게도 대단히 굴욕적입니다. 바울을 거부하고 비난한다는 것은 자기들 이방인 신자를 인정하지 않는다는 뜻이고, 인정하더라도 2류 성도 취급을 하겠다는 뜻이었기 때문입니다. 바울이 예루살렘의 사도들에 비해 열등하고 심지어 사도의 권위도 얻지 못한 듯 보일 수 있었고, 이방인 교회들도 예루살렘 교회에게 종속된 듯 보일 수 있었습니다. 만약 바울이 자존심을 내세웠다면 듣지 않았을 것입니다. 예루살렘 교회가 어떻게 생각하든 이방인 교회들은 자신들이 옳다고 믿는 바대로 갈 길을 가겠다고 선언할 수 있는 상황이었습니다.

더는 지체할 시간이 없었습니다. 바울이 왔다는 소문이 예루살렘 여러 가정교회들에 퍼질 것이기 때문입니다(22절). "그러면 어찌할꼬 그들이 필연 그대가 온 것을 들으리니." 결례의 비용을 댐으로써 그가 증명해야 할 것은 바울도 "율법을 지켜 행한다"는 것이었습니다. 야고보와 장로들은 이런 요구와 함께 한 가지 상기시키는 것이 있었습니다.

"주를 믿는 이방인에게는 우리가 우상의 제물과 피와 목매어 죽인 것과 음행을 피할 것을 결의하고 편지했느니라 하니"(사도행전 21:25)

왜 갑자기 예루살렘 공의회의 결정사항을 떠올리는 것입니까? 네, 야고보와 장로들은 이 결정을 존중하고 있다는 뜻입니다. 이방인 회심자들에게 구원을 위해서, 의롭다함을 얻기 위해서 할례나 율법 준수 같은 다른 것을 요구하지 말아야 한다는 결정을 여전히 존중하고 있고, 바울의 이방인 사역을 자신들은 인정한다는 의사표시를 한 것입니다. 다만 구원과는 상관없고 오직 유대인들과의 원만한 식탁 교제를 위해 이방인 그리스도인들은 우상의 제물과 피와 목매어 죽인 것과 음행을 피하라는 결정만 존중해 주면 된다고 말한 것입니다. 적어도 예루살렘의 리더들은 갈라디아 교회들이나 고린도 교회들에까지 가서 할례와 율법 준수를 요구하는 자들과는 입장이 전혀 다르다는 사실을 분명히 선언한 것입니다. 이방인들에게 유대인들처럼 되라고 요구하는 행태를 결코 지지하지 않는다고 한 것입니다.

바울의 수락과 실행

바울은 이 제안을 수락합니다. 교회의 질서와 권위를 존중합니다. 자기를 믿어주지 못한 교회를 원망하기보다는 하늘과 땅이 하나가 되기 전에 유대인과 이방인 사이의 하나됨을 바라시는 하나님의 경륜을 이루어 드리는 것이 중요하다는 것을 잊지 않습니다. 바울이 누구입니까? 복음을 위해서라면, 주 예수의 이름을 위해서라면, "결박을 당할 뿐 아니라 죽을 것도 각오한" 사람입니다. 그는 예수님의 제자로서 예수님처럼 살기로 각오한 사람입니다. 그런데 목숨 버리는 것만큼이나 힘든 것이 자기 자아 아닙니까? 그 어려운 결심을 하고 있습니다.

"바울이 이 사람들을 데리고 이튿날 그들과 함께 결례를 행하고 성전에 들어가서 각 사람을 위하여 제사 드릴 때까지의 결례 기간이 만기된 것을 신고하니라" (사도행전 21:26)

유대인은 이미 23일간 서약을 지키며 보냈습니다. 이제 7일이 남았습니다. 유대인들의 눈에는 가난한 나실인들을 대신하여 경비를 대주는 것이 매우 경건한 행위로 보였을 것입니다. 바울이 유대 전통을 존중하고 있음을 보여주는 데는 아주 효과적인 일이었습니다. 그것은 심지어 바울에게는 가식도 아니고, 얼마든지 할 수 있고, 하면 좋은 일이라고 여기는 것이었습니다. 실제 당시에 경건한 부자들이 가난한 서원자들을 위해서 하는 일이기도 했습니다.[23] 그는 즉시 자신을 위해 7일 동안 결례를 행하는 일부터 시작합니다. '7일'은 바울이 자신을 정결하게 하는 시간이기도 했습니다. 외국에서 돌아와 성전 의식에 참여하려면 7일간의 정결 의식을 거쳐야 했습니다. 7일이 다 차자 성전에 들어가서 보고합니다. 그때 나실인 서원을 이행한 네 사람도 함께 제사장에게 나아갑니다. 유대인들의 나실인 서원이 끝나서 머리를 깎고 제사를 드리는 날과 바울의 정결의식이 끝나는 날이 같았습니다. 바울 자신의 정결의식도 유대인들에게 자신이 율법을 무시하고 모세를 배반했다는 오해를 불식시키는 데 도움이 되었을 것입니다.

우리는 바울이 착각했거나 혹은 야고보의 제안을 따른 것이 그릇된 타협이었다고 말하는 데 신중해야 합니다. 도리어 그는 정말 자신은 아예 없는 사람처럼 행동했습니다. 하나님이 기뻐하시는 목표만 이루어진다면, 그 과정이 어떠하든 상관없었고, 자신이 어떤 역할을 하든 상관없었습니다. 죽기를 작정한 사람에게 이 정도는 약과였습니다. 말로는 주님을 위해 죽도록 충성하겠다고 하고 뼈를 묻겠다고 장담하지만, 실제 일상에서 결정하는 것을 보면, 지나치게 권위적이고 이기적이고 자기중심적인 사람들을 적잖게 봅니다. 고백의 진정성은 일상에서 작은 일을 대하는 태도를 통해 확인할 수 있습니다. 권력자들을 향하여 또는 힘없는 사람들을 향하여 그가 보인 태도로 확인됩니다.

예루살렘 유대인의 불의 앞에서

이제 약속한 7일이 다 찼습니다. 나실인 서원을 끝내고 제사를 드릴 네 명의 유대인을 돕기 위해 바울은 그들과 성전까지 동행했습니다. 그런데 그 성전에서 상상도 못한 일이 벌어집니다.

> "그 이레가 거의 차매 아시아로부터 온 유대인들이 성전에서 바울을 보고 모든 무리를 충동하여 그를 붙들고"(사도행전 21:27)

아시아 유대인의 충동과 바울의 붙들림

유대인들의 오해를 풀어주기 위해 바울이 가장 밑바닥까지 내려간 바로 그 순간, 바로 그 자리에서, 아이러니하게도, 바울의 마음, 바울의 의도를 가장 철저하게 오해하고 바울의 가르침을 왜곡한 유대인들을 만납니다. 아시아에서 오순절을 지키러 온 유대인들이 있었는데, 그들이 바울을 보자 바로 알아봤습니다. 구면舊面이었습니다. 그들은 어쩌면 바울이 3년이나 사역한 아시아의 수도 에베소 출신이거나 그 주변에서 왔을 것입니다. 거기서 바울의 가르침을 듣고 분노했고, 그래서 바울을 죽이고 싶을 만큼 미워했기에, 이제껏 바울을 잊을 수 없었을 것입니다. 그들이 바울을 발견한 곳은 분명 성전의 '이스라엘의 뜰'남자의 뜰이었을 겁니다. 유대인들에게 성전은 이단 바울을 제거할 수 있는 홈그라운드였습니다. 그들의 눈에는 바울이 감히 겁도 없이 호랑이 굴에 들어온 것으로 보였을 것입니다. 그래서 "모든 무리를 충동하여 그를 붙들었습니다." 미완료 시제를 쓴 '충동하다'쉰네케온, συνέχεον는 표현은 그들이 뚜렷한 의도를 가지고 소동을 일으켰음을 보여줍니다.

주목할 단어는 "붙들다"에피발로, ἐπιβάλλω입니다. "손을 대다"라는 뜻인데, 예수님(눅 20:19; 요 7:30, 44)과 사도들(눅 21:12; 행 5:18; 12:1)을 붙잡을 때도 사용되었습니다. 공동체의 만류에도 불구하고 예루살렘행을 강행하면서, 자신은 '결박'을 당하더라도 가겠다고 했을 때(행 21:13) 나온 단어입니다. 그렇다면 저자는 바울의 고난이 야고보와 장로들의 조언 탓에 생긴 것이 아니라 성령께서 예고한 대로 된 것이고, 예수님과 사도들의 고난을 이어받는 것이라고 말하고 있는 것입니다.

그렇다면 이 고난은 분명 그 자체가 목적이 아니라 다른 무언가를 창조하기 위한 과정일 가능성이 높습니다. 우리 삶에서도 반드시 받아야 하는 고난이라면, 그리스도인이기에 피할 수 없는 고난이라면, 그것은 반드시 무언가를 우리 안에서, 혹은 우리 교회나 가족 안에서 혹은 하님의 나라를 위하여 무언가를 창조할 것입니다. 따라서 당장 우리 눈앞에 이루어진 결과만 갖고 선택이 옳았는지 여부를 판단할 수 없습니다. 올바른 선택의 결과는 절대 고난일 리 없다는 가정은 가장 합당하지 못한 신학 중 하나입니다. 왜냐하면 일의 결과가 하루 만에 나올 수도 있고, 100년 후에 나올 수도 있기 때문입니다. 시간 축을 확장하면 실패가 실패가 아니고, 성공이 성공이 아닐 수 있습니다.

바울을 향한 거짓 고소

아시아에서 온 사람들은 이스라엘의 뜰에 있는 다른 유대인들에게 이 바울을 응징하는 일에 참여해달라고 선동합니다.

"외치되 이스라엘 사람들아 도우라" (사도행전 21:28a)

현재분사로 표현한 '외치다' 크라존테스, κράζοντες는 군중들이 여기저기서 같이 소리 지르고 있는 장면을 생생하게 묘사합니다. 성전 바깥에 있는 자들에게 성전 안으로 들어와서 도와달라는 뜻으로 보입니다. "이스라엘 사람들아 도우라"라는 외침은 동참과 단결을 촉구하는 애국주의적 구호입니다. 특히 여기 "이스라엘"은 옛 열두 지파의 나라에 대한 향수를 담은 민족회복의 희망이 강하게 담긴 단어입니다. 이들은 아마도 이미 에베소에서 경험했던 "크도다 에베소 사람들의 아데미여"라는 구호의 위력을 아는 사람들일 것입니다. 비슷한 애국주의 정서로 예루살렘 사람들의 마음에 불을 지르려고 하고 있는 것입니다. 그들은 자신들이 바울을 용납할 수 없고 반드시 제거해야 하는 이유를 다음과 같이 제시합니다.

"이 사람은 각처에서 우리 백성과 율법과 이 곳을 비방하여 모든 사람을 가르치는 그 자인데 또 헬라인을 데리고 성전에 들어가서 이 거룩한 곳을 더럽혔다 하니 이는 그들이 전에 에베소 사람 드로비모가 바울과 함께 시내에 있음을 보고 바울이 그를 성전에 데리고 들어간 줄로 생각함이러라"

(사도행전 21:28b-29)

그들의 고소는 크게 두 가지입니다. 첫째, 바울이 우리 백성, 즉 유대인과 율법과 이곳, 즉 성전을 비방하여 가르쳤다는 것입니다. 각처에서 가르쳤고 유대인뿐 아니라 로마인과 헬라인들에게까지 "모든 사람들을" 가르쳤다고 합니다. 스데반을 죽인 죄목과 비슷합니다(행 6:11, 13, 14). 그의 입을 통해서 바울이 에베소를 중심으로 주변 지역들을 얼마나 활발하게 돌아다니며 전도했는지를 알 수 있습니다. '우리 백성을 비방했다'고 하는데, 바울이 유대인을 비방한 적이 없습니다. 어디를 가든지 유대인 회당을 먼저 찾아 동족 유대인들에게 복음을 전했습니다. 예수 없이는 누구든 다 죄인이라고는 가르쳤지만, 그것을 두고 비방이라고 할 수는 없을 것입니다. 나중에 베스도 총독마저 바울이 무죄하다고 결론을 내리고 있습니다(행 26:30-31). 에베소의 서기장도 소요의 책임이 바울이 아니라 데메드리오에게 있음을 분명히 했습니다(행 19:40). 또 그들은 바울이 '율법을 비난했다'고 주장합니다. 이방인들의 회심에 율법 준수를 요구 사항으로 넣지 않은 것을 두고 이런 주장을 한 것입니다. 끝으로 '이 곳을 비난한다', 즉 성전을 비난한다고 고소합니다. 유대교는 성전에서의 죄 용서 제사가 유대인들을 메시아의 백성으로 유지시켜 준다고 믿었는데, 그리스도인들이 예수 안에 참된 구속이 있다고 가르친 것이 성전을 비난하는 것으로 들렸을 수 있습니다. 둘째, 바울이 이방인을 이 거룩한 곳, 즉 이스라엘의 뜰에까지 데리고 들어와서 성전을 더럽혔다고 고소합니다. 사실이라면, 그들 말대로 바울은 당장 현장에서 처결해도 할 말 없는 중죄인이 됩니다.

우리는 이미 예루살렘 교회가 들었던 바울에 대한 루머를 21절에서 보았습니다. 그런데 이번에 아시아에서 온 유대인들이 선동하는 데 쓰고 있는 바울에 대한 가짜 뉴스는 그 왜곡의 강도가 더 심합니다. 유대민족, 율법, 성전, 이 세 가지는 유대 국가와 유대교를 구성하는 핵심적인 요소였기 때문입니다. 사실상 이 세 가지가 없으면 유대인은 아예 없는 것이나 마찬가지입니다. 그런데 이 셋을 모두 부정하는 사람이면서도 성전에 등장했고, 자기만 아니라 이방인들까지 대동하고 들어와서 대놓고 성전을 더럽혔다면, 그것은 테러나 마찬가지였습니다. 거리의 여인이 바리새인 시몬의 집에 나타나 예수님의 발에 향유를 부어 씻어드린 사건에서, 여인의 출현 자체가 그 자리를 부정하게 만든 일이었던 것과 같습니다. 만약 사실이라면, 엄청난 열정으로 예루살렘까지 순례하러 와서 이 성전을 찾은 보수적인 유대인들에게는 참을 수 없는 일이었습니다. 일순간 바울은 제거의 대상이 되었습니다.

그런데 좀 더 잘 생각하면, 정말 아이러니한 상황입니다. 바울은 유대인 그리스도인들에게 율법을 존중한다는 것을 보여주기 위해서 결례를 했고, 나실인 서원이 끝난 사람들의 제사 비용을 제공하기 위해 성전에 나타났는데, 성전의 유대인들이 정반대로 혐의를 뒤집어씌우고 있으니 말입니다. 그런데 그 아시아의 유대인들에게는 바울이 정말 그런 사람으로 보였을지도 모릅니다. 아니 그 유대인들에게는 바울은 꼭 그런 정도로 나쁜 사람이어야 했습니다. 그래야 바울을 향한 분노와 미움을 정당화할 수 있기 때문입니다. 그런데 그게 바로 죄입니다. 내 의로움을 증명하기 위해, 내 분노를 정당화하기 위해, 누군가를 반드시 악마 같은 존재로 만드는 일이 얼마나 많은지 모릅니다. 그들은 자기 속에 있는 불만과 울분을 정당화하려고 상대방을 악마로 만들기를 주저하지 않습니다.

예수께서 성전에서 장사하는 자들과 환전하는 자들을 쫓아냄으로써 강도의 소굴이 된 성전은 반드시 무너질 것임을 암시하는 선지자적 행동을 하면서부터, 유대인들은 본격적으로 예수를 죽이기로 결정합니다. 또 스데반에게도 같은 성전모독 혐의를 뒤집어씌워 죽인 적이 있었습니다. 이번에는 바울을 성전모독 혐의로 죽이려고 합니다. 율법에 충실하려는 그들의 순결주의에 예수가, 스데반이, 바울이 걸림돌이 되었기에 죽이려 한다면서 자기 정당화를 시도했습니다. 하지만 도대체 그 어떤 논리를 동원하면 하나님의 아들 예수, 메시아를 죽이는 것이 정당한 일이 될 수 있다는 것입니까?

특별히 그들은 바울이 성전을 비방하여 '가르쳤을' 뿐만 아니라 실제로 성전을 더럽혔다고 주장했습니다. 바울이 헬라인을 데리고 성전에 들어갔기 때문이라는 겁니다. 물론 바울은 그런 적이 없습니다. 그들이 본 것도 아닙니다. 그건 추측일 뿐입니다. "무엇이든 속된 것이 없다"(롬 14:14)는 평소 바울의 주장을 알고 있던 유대인들은, 그런 가르침을 받은 이방인 드로비모가 분명히 성전을 출입했을 것이라고 추론한 것입니다.

하지만 이런 추정 역시 실제 일어난 사실이 아닐뿐더러 율법과 성전에 대한 바울의 가르침을 완전히 오해한 데서 비롯된 과장된 추정일 뿐입니다. 만약 이 아시아에서 온 유대인들의 고소가 사실이라면, 유대인들은 바울을 재판 없이 즉시 죽일 수 있었습니다. 로마도 그런 처형에 대해서는 묵인해 주었습니다. 하지만 바울은 예루살렘에 도착한 후 오늘 처음으로 성전을 찾았습니다. 그전까지는 결례를 행하느라 출입하지 못했습니다.

성전의 구조를 보시면, 이방인들은 절대 여인들의 뜰로 나아갈 수 없었습니다. 이방인의 뜰과 여인들의 뜰 사이에는 다음과 같은 경고문이 라틴어와 헬라어로 새겨진 1m 40cm 정도 높이의 칸막이용 돌에 새겨져 일정한 간격으로 세워져 있었습니다. "어떤 외국인도 성전과 주변을 둘러싸고 있는 경계의 울타리를 넘어서 들어가지 못한다. 넘어가다 붙잡히는 자는 누구든지 이로 인해 빚어지는 죽음에 개인적인 책임을 져야 할 것이다." 유대인들만 그 돌들 사이로 들어가 여인들의 뜰에 들어섰습니다. 그런데 만약 저 유대인들의 고소처럼 헬라인 드로비모가 여인의 뜰까지 들어왔다면 이것은 대단히 심각한 상황이었습니다. 하지만 바울이 이렇게 유대인의 정서를 무시한 채 이방인들이 성전 여기저기를 활보해도 괜찮다는 식으로 가르쳤을 리가 없습니다.

물론 주장만 있고 증거는 없습니다. 증인도 없습니다. 바울을 폭행해서라도 자백을 받아내든지, 드로비모를 찾아서 자백을 받아내든지 해야 했습니다. 어느 사안보다 재판이 필요한 일이었지만, 때로 증거나 사실(fact) 여부가 전혀 중요하지 않을 때가 많습니다. 권력자들은 얼마든지 팩트를 조작할 수 있고, 긴급한 상황을 핑계로 재판 같은 것은 생략할 수도 있는 사람들입니다. 언론은 그것을 사실인 양 전하고 퍼뜨려 사람들이 사실이라고 믿게 만들 수 있습니다. 예수님의 십자가형이 결정되는 장면과 비교하여 보십시오. 그때도 주장만 있었습니다. 증인들은 서로 입이 맞지 않았습니다. 예수님의 자백이 없었으면 사형은 어림도 없었습니다. 빌라도는 예수님의 무죄를 확신했습니다. 종교지도자들의 시기 때문에 예수님이 애매한 죽임을 당하게 되었다는 사실을 누구보다도 빌라도는 잘 알고 있었습니다. 종교지도자들은 자기를 속이고 정당화할 근거라도 있었지만, 빌라도에게는 없었습니다. 다만 자신의 총독 자리를 지키기 위해 무고한 예수님의 목숨을 내놓았을 뿐입니다. 빌라도에게도 그건 어렵지 않은 일이었습니다. 일개 정신 나간 청년 하나와 자기 총독 자리를 바꿀 만큼 그렇게 낭만적인 사람은 아니었습니다. 그런 식의 정의는 빌라도 사전에는 없었습니다. 그는 진리와 진실을 따라서 재판하지 않았고, 오직 실리만을 따랐습니다. 그렇게 사람 목숨 하나 제거하면 역사를 자기 뜻대로 만들 수 있다고 생각하겠지만, 사도행전은 세상의 악한 권력들이 제 뜻대로 하고, 하고 싶은 대로 하지만, 결국 하나님의 뜻이 이루어진다는 것을 보여주고 있습니다. 이번에도 그럴 것입니다.

바울을 죽이려고 하는 유대인들

이 유대인들의 고소에 대해 남자들의 뜰에 있던 다른 유대인들은 어떻게 반응합니까? 그들에게는 공정함이란 존재하지 않았습니다. 오직 광적인 만큼의 종교적 열정과 자기 민족을 사랑하는 마음뿐이었습니다. 심지어 그 마음은 순수했습니다. 하지만 순수함, 열정 같은 것이 아무리 많아도 거기에 한 사람에 대한 사랑이 없다면, 그리고 그 한 사람이 바로 하나님이고, 성전이고, 율법이고, 한 종교라는 생각이 없다면, 순수한 신앙, 열정적인 신앙 같은 동기는 악이, 사탄이 가장 좋아하는 마음이고 가장 이용하기 쉬운 마음입니다. 그 한 사람을 위해서 진실을 알고자 하는 수고로운 관찰이 없다면, 그리고 얼른 행동으로 옮기고, 얼른 입 밖으로 무언가 정의로운 말을 하고 싶은 마음을 억누르고, 판단을 유보하고, 나의 생각을 상대화할 수 있는 조심스런 마음이 없다면, 우리의 신앙은 독재나 전체주의나 국수주의의 먹이가 될 것입니다.

오순절에 성전을 찾은 유대인들이 그런 종류의 사람들에 가까웠습니다. 이미 그들에게 바울이라는 존재는 당장 죽여서 하나님의 정의를 세워야 할 못된 죄인에 불과했습니다. 그들은 아무 생각 없이 서둘러 결정했고, 순식간에 그 결정을 확신하게 되었습니다. 단지 자신과 동조하는 사람들이 많다는 이유로, 그들은 그것이 진리이고, 올바른 일이고, 하나님의 뜻이라고 믿어버렸습니다. 그것이 마녀사냥입니다. 누가는 그들의 반응을 이렇게 묘사합니다.

"온 성이 소동하여 백성이 달려와 모여 바울을 잡아 성전 밖으로 끌고[24] 나가니 문들이 곧 닫히더라" (사도행전 21:30)

바울을 잡아 성전 밖으로 끌고 나간 것은 성전을 더럽히는 행위를 중단시키려고 한 것이고, 동시에 바깥에서 그를 죽이기 위해서였습니다(31절). 성전 안에서 피를 흘리는 것 역시 허용되지 않았기 때문입니다. 끌고 나간 후 이방인의 뜰에서 여인의 뜰로 들어오는 문을 닫았습니다. 아마 성전을 수비하고 있던 레위인들이 닫았을 것입니다. 그런데 제 눈에는 "성문이 곧 닫히더라" 유쎄오스 에크레이스쎄산 아히 쒸라이, εὐθέως ἐκλείσθησαν αἱ θύραι는 표현이 예사롭게 보이지 않습니다. 그들은 자신들은 거룩함을 지키려고 성전 문을 닫았지만, 그것은 억울한 목숨, 무죄한 한 명을 구하지 않고 모른 척하기로 결정한 대단히 폭력적인 행위였습니다. 그들은 왜 저 성전이 이제 끝이 났고, 거룩하신 하나님이 거기 임재하실 수 없는지를 스스로 증명하고 있었습니다. 그들은 바울의 복음을 거절함으로써 하나님의 은혜가 들어갈 기회를 스스로 닫아버리고 있었던 것입니다. 즉 '문들이 닫힌' 것은 이방인을 향하여 닫혀 있는 유대인들의 마음을 상징하고, 성전을 더럽히지 않겠다는 그들의 종교적 집착과 폐쇄성이 스스로 자신들의 미래를 닫아 버렸음을 보여줍니다.

오늘 우리 역시 "성전 문을 닫는" 것과 같은 과오를 범하지 않기를 바랍니다. 생명 없는 껍데기 같은 것을 지키려고 진리의 문을 닫고, 생명의 문을 닫고, 사랑의 교제의 문을 닫는 일은 없어야겠습니다. 그 문이 종교적인 위선의 문일 수도 있고, 세상적인 탐욕의 문일 수도 있습니다. 핑계와 변명과 자기 정당화의 논리를 수천 가지, 수만 가지 만들 수 있습니다. 하지만 그 문 안에 나를 가두는 한 우리는 살 수 없습니다. 교회가 스스로 자기들만 들어가는 성전을 만들고, 문을 걸어 잠근 채 세상은 못 들어가게 하고, 들어갈 맘이 전혀 들지 않게 만든다면, 그래서 선교의 문을 가로막는다면, 우리에게 기다리는 것은 저 예루살렘 성전과 같은 멸망과 파괴뿐일 것입니다.

로마 군대의 개입과 바울의 신변 보호

성전 밖으로 바울을 끌고 간 무리는 실제로 현장에서 바울을 죽이려고 했습니다. 성령께서 각 성에서 바울에게, 그리고 여러 공동체의 지체들에게 바울에 관하여 말씀하신 대로 되었습니다. 죽기를 각오한 바울에게 실제로 죽음의 순간이 온 것처럼 보였습니다. 위대한 사도의 삶이 이렇게 비참하게 끝날 수도 있을 만큼 상황은 심각했습니다. 그런데 성전 북쪽에 안토니오 요새가 있습니다. 거기에는 로마 군대가 항상 상주하여 24시간 성전을 감시하고 있었습니다. 천부장이 책임자로 있는 것을 볼 때, 천 명의 로마 군인들이 예루살렘에 있었다는 것을 알 수 있습니다. 안토니오 요새는 계단을 통해 성전의 이방인의 뜰과 바로 연결되어 있었기 때문에, 바울을 폭행하는 모습을 본 즉시 군인들이 개입할 수 있었습니다.

> "그들이 그를 죽이려 할 때에 온 예루살렘이 요란하다는 소문이 군대의 천부장에게 들리매 그가 급히 군인들과 백부장들을 거느리고 달려 내려가니 그들이 천부장과 군인들을 보고 바울 치기를 그치는지라" (사도행전 21:31-32)

로마의 군대가 개입하자 폭행이 그쳤습니다. 하지만 천부장 글라우디오 루시아는 일의 자초지종을 알기 전까지는 바울이 폭행의 원인을 제공했다고 짐작했을 것입니다. 신성한 성전에서 집단폭행이 벌어진 것은 예삿일이 아니고, 아무 이유 없는 폭행일 리가 없다고 생각하는 것이 자연스럽습니다. 그래서 폭행하는 사람들이 아니라, 맞을 짓을 했을 것이 분명한 바울을 체포합니다.

"이에 천부장이 가까이 가서 바울을 잡아 두 쇠사슬로 결박하라 명하고"
(사도행전 21:33a)

두 쇠사슬 중에 하나는 바울의 손에 찼고, 다른 하나는 발에 찼습니다. 여기 "결박"데오마이, δέομαι 이라는 단어가 나옵니다. 성령께서 바울이 예루살렘에서 당할 일을 말씀하실 때 자주 등장하던 바로 그 단어입니다(행 21:13). 예언이 문자 그대로 이루어진 것입니다. 하지만 아직 바울이 죽음에까지 이르지는 않았습니다. 과연 바울은 어떻게 될까요? 천부장은 폭행을 당하고 있는 이 사람이 누구이며, 그가 죽을 만큼 폭행을 당한 이유가 무엇인지를 때리고 있던 유대인 군중들에게 묻습니다.

"그가 누구이며 그가 무슨 일을 했느냐 물으니" (사도행전 21:33b)

천부장의 조치를 나타내는 6개의 동사 가운데 앞의 다섯 동사 "거느리고 가다", "달려 내려가다", "가까이 가다", "잡다", "명하다"는 모두 아오리스트 시제이지만, 여기 '묻다'만 미완료 시제입니다. 천부장이 바울에게 상세히 물었음을 보여줍니다. 두 가지를 묻습니다. 먼저 정체를 묻습니다. "그가 누구인가?" 그는 바울을 애굽에서 반란을 일으킨 사람으로 생각했습니다(38절). 둘째, "그가 무슨 일을 했는가?" 얼마나 큰 잘못을 했기에 죽도록 맞느냐는 것입니다. 바울을 죽이려고까지 했으면, 그들은 당연히 이 사람의 정체와 그가 행한 악행을 알고 있으리라고 생각한 것입니다. 그러나 누구든 한마디씩 했겠지만, 아무도 사건의 전모를 다 말해줄 수 있는 사람은 없었습니다. 아무도 바울이 반드시 죽어야 할 이유와 증거를 댈 사람이 없었습니다.

"무리 가운데서 어떤 이는 이런 말로, 어떤 이는 저런 말로 소리 치거늘"
(사도행전 21:34)

그들이 하는 말을 천부장이 알아듣지 못하는 것이 그들로서는 다행이었습니다. 만약 한 사람씩 세워서 물었다면 아무도 제대로 대답하지 못했을 것이기 때문입니다. 천부장은 침착하게 잘 훈련된 전문가처럼 합리적으로 대처합니다. 그는 바울에게는 이대로 맞아 죽을 만한 이유가 없다는 것을 직감했을지 모릅니다. 바울의 잘못이 분명하다면, 큰 소리와 많은 말이 필요하지 않았을 것이기 때문입니다. 아무도 알아들을 수 없는 말을 하지 않았을 것입니다. 하지만 우리는 바울이 가짜 뉴스에 의해 희생되고 있다는 것을 알고 있습니다. 일방적이고 왜곡된 주장과 근거 없는 추정에 선동이 시작되었고 폭행이 이루어졌으니, 아무도 나서서 그가 죽어야 한다고 분명히 책임지는 주장을 할 수 없었을 것입니다. 예루살렘 교회도, 예루살렘의 유대교도 모두 바울을 가짜 뉴스로 희생시키려고 한 것입니다. "어떤 이는 이런 말로, 어떤 이는 저런 말로 소리 치는" 이런 혼란은 에베소에서 "사람들이 외쳐 어떤 이는 이런 말을, 어떤 이는 저런 말을 하니 모인 무리가 분란하여 태반이나 어찌하여 모였는지 알지 못하더라"(행 19:32)고 말했던 장면을 연상하게 합니다. 천부장은 바울의 신변을 지키기로 결정합니다.

"천부장이 소동으로 말미암아 진상을 알 수 없어 그를 영내로 데려가라 명하니라 바울이 층대에 이를 때에 무리의 폭행으로 말미암아 군사들에게 들려가니 이는 백성의 무리가 그를 없이하자고 외치며 따라 감이러라"(사도행전 21:34b-36)

유대인들이 남긴 것은 '소동'쏘뤼보스, θόρυβος 뿐이었습니다. 혼돈, 소란, 무질서만 남았습니다. 이에 천부장은 더 차분히 진상을 밝히기 위해 두 손과 발이 결박당한 바울의 몸을 들어 안토니오 성안의 막사로 옮기게 합니다. 옮기는 과정에서도 유대인들은 끝까지 바울의 팔다리를 붙잡고 옷을 잡아당기면서 그를 순순히 넘겨주려고 하지 않습니다. 그들 스스로 증폭시킨 분노를 주체하지 못하는 광기를 보여줍니다. 바울의 몸을 놓치자 악에 받쳐서 군인들의 뒤를 따르며미완료 소리를 칩니다현재분사. "그를 없이하자아이레 아우톤, Αἶρε αὐτόν" 그를 죽이라는 요구입니다. "무리가 일제히 소리 질러 이르되 이 사람을 없이 하고아이레 투톤, Αἶρε τοῦτον 바라바를 우리에게 놓아 주소서 하니"(눅 23:18; 참조. 눅 23:23; 요 19:15) "없이 하소서 없이 하소서 그를 십자가에 못박게 하소서아론 스타우로손 아우톤, ἆρον, σταύρωσον αὐτόν." 그렇다면 누가는 앞에 '붙잡다'는 동사를 썼을 때처럼 바울이 지금 당하고 있는 이 고난은 예수님의 고난과 그 성격이 같다고 말해주고 있는 겁니다. 예수님의 이름을 위한 고난이고 하나님 나라를 위한 고난이라는 것을 보여줍니다. 예수님을 십자가 앞에서 살리지 않으셨던 하나님께서 바울은 살리고 계십니다. 바울도 예수님처럼 죽음을 각오했기 때문입니다. 우리는 하나님이 일하시는 방식을 알 수 없습니다. 왜 예수님의 핵심적인 세 제자 가운데 한 명이었던 사도 야고보를 그렇게 허무하게 가장 일찍 순교하게 하셨고, 그의 형제 요한은 가장 오래 살면서 예수님을 증언하게 하셨는지 모릅니다. 바울은 죽음을 결심했지만, 하나님은 지금은 그가 죽을 때가 아니라고 여기셨습니다. 하나님의 생각은 바울이 예루살렘에 가기를 만류했던 형제들의 생각과 같았습니다. 하지만 하나님은 바울이 예루살렘에 올라오기를 바라셨습니다. 살고 죽는 것보다 더 중요한 일이 있었기 때문입니다. 그 일에 바울이 필요했기 때문입니다.

나가는 말

어떤 사랑인가

본문에서 우리는 하나님을 지독하게 사랑하는 세 부류의 사람들을 만나게 됩니다. 다 그 사랑을 위해서는 죽음을 불사할 각오가 되어 있었습니다. 종교적인 열정만 갖고 보면 우열을 가릴 수 없습니다. 하지만 같은 하나님을 믿으면서도 그들 간에는 하나가 된 것도 있고 하나가 되지 못한 것도 있습니다. 그들은 각각 바울과 예루살렘 교회와 예루살렘의 유대교입니다. 바울과 예루살렘 교회는 하나가 되었지만, 바울과 예루살렘의 유대교는 하나가 되지 못했습니다. 그들 간의 차이를 만들어 낸 것은 무엇입니까? 예수 그리스도의 유무입니다. 바울과 예루살렘 교회는 둘 다 예수님이 살고 자신들이 죽는 편을 선택합니다. 바울에 관한 가짜 뉴스가 잠시 그들 사이를 어렵게 했지만, 교회는 바울의 진심을 받아주었고, 이방인 교회들 안에서 하나님께서 하신 일을 인정해주었으며, 바울도 오해를 불식시키기 위해 교회가 원하는 대로 결례를 하는 결단을 내렸습니다. 유대교를 향한 바울의 애정은 변함이 없었지만, 유대교는 바울을 향한 가짜 뉴스와 거짓 고소를 바울 자신의 항변보다 더 지지합니다. 그들에게 바울은 사랑해야 할 한 영혼이 아니라 증거도 필요 없이 확증편향을 따라 죽어서 사라져야 할 대상에 불과했습니다. 그러니 둘은 끝내 하나가 될 수 없었습니다. 사랑은 상대를 위해 내 자유를 내어주는 일, 내 공간을 비워주는 일, 즉 내가 죽는 일입니다. 그 상대를 예수님으로 여기지 않는다면 할 수 없는 일이 사랑입니다. 더 큰 사랑을 얻기 위한 투자로 변질되지 않으려면, 상대를 사랑하는 것이 곧 나를 사랑하는 것임을 알아야 합니다. 가짜 뉴스로 누군가를 함부로 판단하거나 진리를 자기만 독점하고 있다는 생각으로는 아무도 사랑할 수 없습니다.

성육신적 삶

예루살렘 교회의 야고보와 장로들은, 율법에는 열성을 가졌고 예수님도 믿었지만, 율법에 관한 바울의 입장에 동의하지 못하는 유대인 그리스도인들과 바울이 하나가 될 수 있도록 애를 쓰고 있습니다. 이를 위해 그들이 마련한 방법은 무엇입니까? 놀랍게도 신학 논쟁이 아닙니다. 논문을 쓰는 방법도 아니었습니다. 바울이 유대인들처럼 되는 것이었습니다. 바울은 수락합니다. 이방인들을 전도할 때는 이방인처럼 되었던 바울이 이제 유대인들을 얻기 위해 유대인처럼 되었습니다. 그 중심은 변함이 없습니다. 진리에 대한 타협도 없습니다. 율법과 예수님의 관계에 대한 유대인 그리스도인들의 생각을 바꿀 수 없다면, 그들이 갖고 있는 자신에 대한 오해와 불신부터 해소하기로 한 것입니다. 결코 겉과 속이 다른 행보가 아니었습니다. 결코 타협할 수 없는 진리의 문제가 아니라, 얼마든지 상황과 문화 속에서 다르게 적용할 수 있는 문제였습니다. 바울은 자신을 부정하고 그들에게 맞추기로 한 것입니다. 이것이 예수께서 우리를 구원하기 위해 택하신 방법입니다. 성육신과 십자가의 방식입니다.

오늘 우리가 형제를 얻고 세상을 얻는 길도 이 성육신과 십자가입니다. 우리가 전하는 복음이 바로 그 성육신과 십자가의 사랑이요 신비이기 때문입니다. 세상과 타협하는 것이 아니라, 세상 사람들이 알아들을 수 있는 말로, 그들과 눈높이를 맞추어 그들을 사랑할 때, 그들은 우리가 믿고 있는 바를 들어줄 것이고, 복음에 참여하고 싶어질 것입니다. 우리가 예수께 받은 것을 줄 뿐 아니라, 우리가 받은 대로 주어야 합니다. 예수님은 우리에게 강압적으로, 폭력적으로, 위협적으로 구원을 주시지 않았습니다. 무례한 기독교는 결코 사랑의 예수님을 담을 수 없습니다.

광기 가득한 열정

바울이 유대인을 존중하는 마음으로 행한 결례가 끝나는 날, 나실인 서약을 한 유대인들을 돕기로 한 그 날, 자신이 죽기로 각오하고 낮아지기 시작한 바로 그날, 바울은 하나님의 칭찬이나 유대인 성도들의 환대 대신에, 성령이 말씀하신 대로 죽을 만큼 폭행을 당합니다. 그리고 로마 군대의 쇠사슬에 손과 발이 결박당합니다. 물론 거짓 정보와 근거 없는 추정으로 바울을 곤경에 빠뜨린 그 유대인들도 율법과 성전을 목숨 걸고 지키려고 한 사람들입니다. 자기 딴에는 하나님을 사랑한 사람들이었습니다. 유대교의 순결성을 훼손하여 하나님을 욕되게 하는 일은 추호도 용납할 마음이 없는 사람이었습니다.

하지만 그들이 그 마음을 실제로 구현하려면, 바울을 근거 없이 정죄해서는 안 되고, 있지도 않은 사실을 만들어서 무고한 바울의 소중한 목숨을 빼앗으려고 해서도 안 된다는 것은 몰랐습니다. 자신들의 행태가 얼마나 자신들이 목숨처럼 소중히 여기는 율법을 어기는 일인 것을 몰랐고, 성전의 존재 이유를 거스르는 일인 것도 몰랐습니다. 자기들을 위해서는 성전에서 제사를 드리면서도 무고한 형제를 죽이려고 시도했습니다. 그들은 죄인을 죽여야 한다는 율법만 알았을 뿐, 무고하게 형제를 죽인 자는 죽임을 당한다는 율법은 몰랐습니다. 그들은 스스로 성전의 문을 닫아버렸습니다. 그것은 하나님의 은혜의 통로를 막아버린 것과 같았습니다. 그들은 바울을 향한 그릇된 적개심을 하나님을 향한 열정으로 정당화하려고 했습니다. 하지만 하나님은 속지 않으십니다. 그들의 불의가 통하지 않게 하십니다. 그런 불의하고 위선적인 사람들에 의해 하나님 나라 계획이 중단되게 하지 않으십니다.

로마제국을 통하여

바울이 로마제국의 보호를 받고 있습니다. 결국 바울은 이 로마 당국의 보호를 받은 채 가이사랴로 가고, 거기서 다시 황제 가이사의 법정에 서기 위해 로마까지 갈 것입니다. 물론 바울이 로마 시민이기 때문에 가능한 일이었습니다. 그런데 누가복음과 사도행전에서 로마제국은 유대교보다 공정한 모습으로 자주 등장합니다. 그들은 자기 일을 했을 뿐이지만, 로마제국의 공정함이 때로 복음 증거에 큰 도움이 되곤 했습니다. 물론 빌라도가 불의에 굴복하여 예수님을 죽였고, 벨릭스가 바울에게 뇌물을 받으려고 한 것을 보면 그들이 전적으로 긍정적으로만 묘사되고 있는 것은 아닙니다. 하지만 그들에게는 법이 있었고, 법에 호소하여 로마 시민이 권리를 요구했을 때 그 요구를 들어주었습니다. 특히 그들은 복음과 하나님 나라에 적대적인 유대인들로부터 주님의 제자들을 지켜주는 역할을 하고 있습니다. 구브로에서는 총독 서기오 바울이 회심했고(행 13:12), 빌립보에서는 로마제국의 간수가 회심했으며(행 16장), 고린도에서는 총독 갈리오가 유대인들의 소송을 기각시켰습니다(행 18:12 이하). 에베소에서는 서기장이 그리스도인 지도자들에게는 죄가 없다고 선언해 주었고, 도리어 소요를 일으킨 무리를 꾸짖어 집으로 돌려보냈습니다(행 19:35 이하). 예수님은 물론 바울도 여러 번 법정에 서는데, 예수님은 3번, 바울도 3번 로마제국의 법정에서 무죄 선고를 받고 있습니다. 어쩌면 누가는 누가복음과 사도행전을 통해서 기독교는 로마제국에 전혀 해가 되지 않으며, 오히려 로마제국이 무죄하다고 판결해준 종교라고 변호하는 것 같습니다. 그리스도인들이 세상 나라와 적대적으로 지낼 것이 아니라, 세속 나라가 하나님이 정하신 권한 안에서 요구하는 시민의 의무를 잘 이행해야 한다고 말하고 싶은 것 같습니다. 예수 그리스도께서는 그 로마제국마저도 다스리시는 궁극적인 주와 왕이 되시기에, 그 역사의 주권을 하나님께 맡기고 그 역사에 적극적으로 참여하라고 말하고 싶었을 것입니다. 하나님은 로마제국을 사용하여 당신의 계획을 이루십니다. 로마제국이 하나님의 나라는 아닙니다. 그들이 하나님께 순종하는 백성인 것도 아닙니다. 그들 역시 안하무인이고 우상을 숭배하는 멸망할 나라입니다. 하지만 그 나라와 통치자와 그들의 법이 공정하게 집행될 때, 그들은 하나님 나라에 기여할 것입니다. 교회가, 성도들이, 그들에게 박해를 받기도 하겠지만, 그들의 도움으로 보호를 받고, 하나님의 일을 하기도 할 것입니다.

성령께서 바울에게, 그리고 지체들을 통해서 예고한 박해가 현실이 되었습니다. 힘들었고 괴로웠을 것입니다. 하지만 놀랍지 않았고 억울하지도 않았습니다. 하나님이 원망스럽지도 않았습니다. 도리어 예수님을 살리셨듯이 자신을 살리셨으니, 분명 살아난 자신을 통해 하실 일이 있다고 믿었습니다. 어쩌면 로마로 가게 하시고, 거기서 다시 서바나로, 즉 땅끝까지 가서 복음을 전하게 하실지도 모른다고 생각했을 것입니다. 오늘 우리의 형편을 바울처럼 볼 줄 아는 안목을 구합시다. 주님이 걸어가신 길을 따라가고, 주님의 인도를 따라 동행하면 고난도 있겠지만, 반드시 주의 뜻이 이루어질 것을 믿으면서 걸어갑시다.

주께 붙들리고,
주께서 보내시고

사도행전 21:37-22:29

들어가는 말

예수님과 하나님 나라, 복음을 알리기 위하여 우리가 동원할 수 있는 가장 강력한 증인은 자기 자신이며, 가장 강력한 증거는 변화된 자신의 인격과 삶입니다. 또한 변화된 사람들이 세상과 구별된 존재 방식과 관계 방식으로 살아가는 공동체의 존재입니다. 우리에게 다가온 복음, 우리 안에 변화를 일으킨 복음이 다른 어떤 촘촘한 신학적인 논리나 변증보다 더 강력하고 설득력이 있습니다. "너를 보니 네가 믿는 것이 진짜인 것 같구나"라는 말을 듣는다면 그것보다 더 분명한 증거는 없을 겁니다. 더군다나 도대체 변할 것 같지 않은 사람이 변했다면, 그 증거의 파괴력은 더 클 것입니다.

바울만큼 인생이 극적으로 변한 사람은 드물 겁니다. 그를 바꾼 것은 한 탁월한 사상가와의 만남이 아니었습니다. 바울은 메시아 예수님을 만났을 뿐입니다. 바울은 이전에도 예수를 만났습니다. 예수를 알았습니다. 하지만 그 예수가 자신과 상관이 있고 하나님과 상관이 있는 줄은 몰랐습니다. 바울 자신이 알고 있는 지식으로 그를 판단했을 때는 그가 보이지 않았고 들리지 않았습니다. 하지만 자신이 알고 있는 방식대로가 아니라, 그래서 자신이 기대하던 방식대로가 아니라, 전혀 낯설게, 아주 충격적인 방식으로 예수를 만난 후, 그는 생각이 바뀌었습니다. 그는 눈이 열리고 마음이 열렸습니다. 바울 안에 놀랄 만큼의 극적인 논리의 변화가 일어났습니다. 자신이 몸담고 있던 유대교가 다시 보이기 시작했고, 자신이 정의했던 숱한 개념들이 새로운 의미로 다가왔습니다. 잘 알고 있다고 생각했고, 심지어 그 분야에서 가장 탁월한 전문가 중의 하나라고 여겨왔는데, 사실은 까막눈이나 다름없었다는 것을 알게 되었습니다. 예수님을 있는 그대로 만나고 난 후부터 그는 그간 봤던 것들이 달리 보이기 시작했고, 안 보이던 것들도 보이기 시작했습니다. 새로운 진리 앞에 서 있는 자신을 보았습니다. 그 진리가 삶과 역사를 진실히 해석하는 유일한 논리, 이야기라는 것을 알게 되었습니다. 숱한 이데올로기 중의 하나가 아니라, 다른 것과는 양립할 수 없는 유일한 진리가 예수 안에 있음을 안 것입니다.

이것이 다메섹으로 가는 길 위에서 일어난 바울의 변화입니다. 그 순간까지 바울은 그간 자신이 알고 있는 것에 자신의 전부를 걸었던 사람입니다. 이 진리를 훼방하고 왜곡하는 이들을 응징하고 잔멸하기 위해 길을 재촉하던 사람이었습니다. 하지만 이제 부활하신 예수와의 만남을 통해 새롭게 알게 된 그 진리를 위하여 살고 그 진리를 위하여 죽기로 작정할 만큼, 그 진리를 생과 사를 가르는 기준으로 받아들이기로 했습니다.

바울은 유대인 동족들도 자신과 동일한 새로운 안목을 갖게 되기를 바랐습니다. 그것은 유대인들이 현재 몸담고 있던 모든 것들과의 완전히 결별을 뜻하는 것은 아니었습니다. 새 시대가 왔으니 유대인들은 이제 성전 출입도 금하고, 할례도 하지 말고, 정결 규례를 지키지 않고, 안식일도 괘념치 말아야 한다는 뜻이 아니었습니다. 우리는 야고보에게 나실인 서원을 한 네 명의 형제가 있었는데, 그들이 구약을 따라 결례를 행하는 일에 바울이 기꺼이 비용을 지불하는 데 나선 것을 보았습니다. 하지만 유대인들은 예수님의 십자가와 부활로 인해 이제 바울처럼 분명히 버려야 할 것이 있었고, 새롭게 수용해야 할 것이 있었고, 다시 정의해야 할 것도 있었습니다.

그러나 유대교 안에 있던 동족들은 좀처럼 자기 울타리에서 벗어나려고 하지 않았습니다. 그들에게 바울은 체제를 위협하는 적이며, 예수님과 스데반처럼 제거의 대상이었습니다. 예수님을 영접한 예루살렘 교회의 유대인 그리스도인들도 율법과 예수님, 성전과 예수님 사이의 관계를 정립하기 위해 진통하고 있었습니다. 바울처럼 복음이 주는 자유를 많이 만끽하는 이들도 있었고, 여전히 옛 삶의 방식을 고수하려는 경향이 강한 이들도 있었습니다. 바울은 율법과 성전을 존중하되, 본질적으로는 그 모든 것이 실체이신 예수님 안에서 그 본래 의도가 성취되었다는 것만은 분명히 가르쳤습니다. 하지만 율법과 성전에 대한 태도가 직접적으로 하나님의 새 언약 백성이 되는 것과 상관이 없다는 바울의 주장에 대해서, 바울이 성전과 율법과의 관계를 당장 중단해야 한다는 말로 오해하는 이들도 적지 않았습니다. 급진 유대교 성전 우파 사람들로부터 바울을 가장 지지하고 보호해 주어야 할 사람들이 도리어 바울의 이방인 사역에 의구심을 보였으니, 사도 바울이 얼마나 외로웠을까 싶습니다.

지난 본문에서 바울이 이런 유대인 그리스도인 형제들이 갖고 있는 오해를 풀어주기 위해서 노력하던 중 성전에서 유대교의 유대인들에게 거짓 고소를 당하여 수난을 당하는 장면까지 살펴보았습니다. 로마의 천부장이 개입하지 않았다면, 그는 성전과 율법과 유대교를 모독한 죄로 현장에서 죽임을 당했을 것입니다. 로마의 군인들은 "그를 없이 하라"는 유대인 성전 예배자들의 외침을 뒤로 하고 바울을 들어 안전한 곳으로 대피시킵니다.

구조

A 로마군대와 바울의 유창한 그리스어 (37-40절)
  B 조용히 경청하는 유대인 - 바울의 유창한 히브리어 (1-2절)
    C 유대교에 열심이 있던 핍박자 바울 (3-5절)
      X 예수와의 만남 + 아나니아와의 만남 (6-16절)
    C′ 성전에서 이방인의 사도로 보냄 받은 바울 (17-21절)
  B′ 소동하는 유대인 - 바울의 유창한 변론 (22-23절)
A′ 로마군대와 바울의 시민권 (24-29절)

오늘 본문은 로마 군대의 등장으로 시작하여(A, 21:37-40), 로마 군대의 등장으로 끝나고 있습니다(A′, 22:24-29). 둘 모두 바울이 로마군대에 의해 보호를 받고 있는데, 여기서 바울이 로마 군대에게 신뢰를 주는 데 바울의 유창한 헬라어 실력이 쓰이고, 또 채찍의 고문을 피하는 데 로마 시민권이 쓰이고 있습니다. 바울이 변론을 시작할 때는 그의 유창한 히브리어아람어 실력 덕분에 유대인들이 조용히 바울의 연설을 경청하면서 시작합니다(B, 22:1-2). 하지만 그의 변론이 다 끝났을 때, 유대인들은 그가 "이방인"에 대해 거론하며 유창하게 변론하자, 더는 말을 잇지 못하게 막고 그를 없이 해야 한다고 소동을 피웠습니다(B′, 22:22-23). 바울은 자신이 얼마나 율법과 성전에 충실했으며, 심지어 다메섹 망명지에서 예수 믿는 자들을 잡아오려고까지 할 정도로 유대교에 충실한 유대인다운 유대인이었는지를 강조합니다(C, 22:3-5). 예수님을 만난 후에도 그는 예루살렘의 성전에서 기도하는 일을 멈추지 않았는데, 하나님의 임재의 장소이며 그분과 만남의 장소인 성전에서 부활의 주께서 자신을 이방인을 위한 증인으로 부르셨다고 말합니다(C′, 22:17-21). 따라서 자신이 하는 일은 하나님이 불러서 시키신 일이며, 자신의 사역은 유대교를 성취하는 일이라고 말한 것입니다. 바울은 자신이 유대교를 떠난 것이 아니라 유대교가 자신을 인정하지 않은 것이라고 합니다. 이 모든 바울의 변화는 어디에서 시작되었습니까? 바울은 22장 6-16절까지 다메섹으로 가는 길 위에서 부활하신 예수님과 만난 일과 다메섹에서 아나니아라는 신실한 유대인을 만난 일을 말합니다(X). 예수님과 아나니아를 만나서 바울은 '회심'을 경험했고 그리스도인 공동체 안으로 편입되었습니다.

바울은 그간 선교여행을 하는 곳마다 유대인들이 자신이 만난 예수님을 만나기를 원했고, 부활하여 우리의 왕으로 계시는 예수님의 다스림 아래로 들어오길 바랐습니다. 유대인들은 바울의 경험에 대해 듣고, 이것을 지극히 개인적인 종교 체험으로 치부하여 무시할 수도 있고, 자신들에게도 일어날 수 있는 하나님의 역사로 수용할 수도 있습니다. 사람들이 우리가 전한 것에 어떻게 반응했는지가 그 증거의 진실성을 입증해주는 것은 아닙니다. 바르게 전해도 거절당할 수 있습니다. 진리를 수용하는 사람보다 거절하는 사람이 항상 많았습니다.

변론할 기회를 얻는 바울

바울은 성전 뜰에서 안토니오 요새로 들어가는 계단 맨 위에서, 그러니까 병영 안으로 들어가기 직전에 천부장에게 유창한 헬라어그리스어로 이렇게 말합니다.

> "바울을 데리고 영내로 들어가려 할 그 때에 바울이 천부장에게 이르되 내가 당신에게 말할 수 있느냐"(사도행전 21:37)

천부장은 놀랍니다. 죄수가 당돌하게 자기 권리를 주장하는 것에 놀란 것이 아니라 유대인 바울이 로마 군인들이 일상적으로 사용하는 헬라어를 유창하게 구사하는 것에 놀랐습니다. 여기서는 그의 헬라어 구사 능력이 유용하게 쓰였다면, 마지막 장면에서는 그의 로마시민권이 유용하게 쓰일 것입니다. 바울은 만약에 대비하여 어학 실력을 갖춰둔 것이 아닙니다. 천부장처럼 돈을 주고 시민권을 사둔 것도 아닙니다. 그는 태어날 때부터 시민권자였고, 헬라 문화권에서 태어나 자랐기에 그에게 히브리어와 함께 헬라어는 모국어나 다름 없었습니다. 하나님은 바울 인생의 어느 한 조각도 허투루 허비되지 않고 모두 사용하셔서 그가 사명을 감당할 수 있게 하셨습니다. 후에 그의 간증을 들어보면, 이런 자연적인 조건 뿐만 아니라 그가 유대교에서 보냈던 흑역사 시절까지 주님은 요긴하게 사용하고 계십니다.

천부장이 놀라서 되묻습니다.

"이르되 네가 헬라 말을 아느냐"

당시에 헬라어는 문명인의 언어로 인식되고 있었습니다. 따라서 이 말은 "당신은 말이 통하는 사람이군요", "저 소란스러운 군중과는 다른 교양인이군요"라는 뜻도 됩니다. 그런데 천부장은 바울에게 발언권을 줄 것인지 말 것인지에 대해서는 대답하지 않고, 그 대신 바울에게 질문합니다. 이 대답에 따라서 발언권을 줄 수도 있고 혹독한 심문과 재판 과정에 넘겨줄 수도 있었습니다.

"그러면 네가 이전에 소요를 일으켜 자객 사천 명을 거느리고 광야로 가던 애굽인이 아니냐" (사도행전 21:38)

원문으로 보면 "네가"$^{수, σύ}$를 강조하고 있습니다. 또 "우크 아라"$^{οὐκ\ ἄρα}$, 아니냐라는 말로 시작하는 것을 보면 그가 얼마나 놀랐는지를 알 수 있고, 어느 정도 확신을 갖고서 묻고 있다는 것을 보여줍니다. "당신이 바로 그 사람 맞지요?"라고 추궁하듯 질문한 겁니다. 여기 '자객'은 '시카리오스^{σικάριος}' 즉 단검을 갖고 있는 사람들이란 단어입니다. 이들은 유대교 열심당을 뛰어넘는 유다의 극렬 애국주의자들입니다. 이 애굽인이 일으킨 소요에 대해 1세기 유대인 역사가 요세프스Flavius Josephus가 기록해두고 있습니다. 그들에게 거기서 예루살렘 성벽이 무너지는 것을 보게 될 것이라고 장담했지만, 벨릭스 총독이 이끄는 로마 군대에게 참패하여 수천 명이 죽임을 당하고 주동자인 그 애굽 사람은 도주했습니다. 요세프스는 봉기한 사람이 3만 명이라고 한 반면에 누가는 4천 명이라고 달리 말하고 있지만,**25** 둘 모두 이 일이 벨릭스 총독 때 벌어졌다고 말하고 있습니다. 그러니까 이 천부장은 자신이 주요 범죄 혐의자를 체포하여 공을 세웠다고 생각했고, 그래서 서둘러 바울을 두 쇠사슬로 묶었던 것입니다. 천부장은 성전에서 붙잡힌 바울을 보고 그가 헬라 말을 하는 것을 듣는 순간 바로 그 사람이 다시 무언가를 시도하려고 성전까지 왔다가 유대인들에게 발각된 것이라고 확신한 것입니다. 그러자 바울이 즉시 이를 부정합니다.

"바울이 이르되 나는 유대인이라 소읍이 아닌 길리기아 다소 시의 시민이니 청컨대 백성에게 말하기를 허락하라 하니" (사도행전 21:39)

천부장이 "너는 수, σύ … 아니냐?"라고 강조하여 질문하자 바울도 "나는 에고, ἐγώ … 입니다."라고 강조하여 대답합니다. 그러면서 자신을 자세히 소개하는데, 단순한 나열이 아니라 설득을 위하여 점층법을 쓰고 있습니다. "나는 사람입니다. 유대인입니다. 길리기아의 다소 시민입니다. 평범하지 않은 도시의 시민입니다."**26** 첫 단어가 '사람' 안쓰로포스, ἄνθρωπος이고 마지막 단어가 '시민' 폴레오스 폴리테스, πόλεως πολίτης입니다. 자신이 그 소요의 주동자 애굽인과 혈통에서도, 출신지에서도 전혀 상관 없다는 것을 강조합니다. 그러면서도 은근히 자신이 당대의 아주 중요한 도시 '소읍이 아닌' '다소' 출신인 것을 강조함으로써 자신이 유대인 정체성보다는 로마제국 시민의 정체성에 더 가깝다는 인상을 주고 있습니다. 로마제국에 저항하는 세력이기는커녕 친로마적인 사람이라는 인상을 주어서 안심시킴으로써 발언권을 얻으려고 참으로 지혜롭게 수사법을 사용하고 있는 겁니다. 이것은 뒤에 유대인 청중들을 향해 발언할 때는 친유대적인 자신의 출신과 성장 배경을 치우쳐 강조한 것과 대비됩니다. 이에 천부장도 허락할 수밖에 없었습니다.

"천부장이 허락하거늘"(사도행전 21:40a)

이제 바울은 단지 위험한 자리에서 안전한 곳으로 피신하는 것에만 만족한 것이 아니라, 이 자리를 복음을 전할 기회로 만들고 있는 것입니다. 그의 관심은 안전이 아니라 복음 증거였습니다. 친로마적인 사람으로 보이려고 헬라 말을 썼던 바울은 이제 동족 유대인들을 상대할 때는 히브리 말을 쓰고 있습니다. 히브리 말이라고 되어 있지만 실제로는 '아람어'였습니다. 당시에 히브리어는 글자만 남고 일상에서는 쓰지 않는 사어死語가 되었고, 팔레스타인에서는 아람어를 공용어로 쓰고 있었습니다. 바울은 먼저 성전에서 안토니오 요새로 가는 중간에 있는 '층대' 위에서 저 아래에 이방인의 뜰에 모여서 아우성을 치며 바울을 제거해야 한다고 주장하는 이들을 손짓으로 조용히 시킨 후, 아람어 히브리 말로 말하기 시작합니다.

"바울이 층대 위에 서서 백성에게 손짓하여 매우 조용히 한 후에 히브리 말로 말하니라"(사도행전 21:40b)

그리스도인들을 박해하던 열정적인 유대인 바울의 과거

그는 이렇게 시작합니다.

"부형들아 내가 지금 여러분 앞에서 변명하는 말을 들으라"(사도행전 22:1)

"부형들아", "형제들과 아버지이여"라고 친근하게 가족을 대하듯 부르며 시작합니다. 진심이었습니다. 바울에게 유대인들은, 비록 자기를 죽도록 폭행한 사람들이었지만, 자신처럼 주님을 믿기 원하는 형제들이었습니다. 바울은 자신이 할 말의 성격을 "변명"아폴로기아, ἀπολογία이라고 말합니다. 이것은 헬라 수사학에서 법정의 피고 측 발언을 가리킵니다.[27] 이제 바울은 자기 자신과 자신이 전한 메시지 둘 모두를 변호할 것입니다. 발언을 시작하자마자 유대인들이 놀랍니다. 바울이 손짓하여 매우 조용해진 청중석이 그의 히브리 말아람어을 듣고 더욱 숨죽였습니다.

"그들이 그가 히브리 말로 말함을 듣고 더욱 조용한지라 이어 이르되"(사도행전 22:2)

그렇다면 성전의 유대인들은 바울이 헬라 말을 할 줄로 생각했던 것입니다. 그는 겉만 유대인일 뿐 속은 철저히 이방인이라고 본 것입니다. 그래서 이방인들이나 할 수 있는 주장을 펼친 것이고, 이방인을 감히 성전 안으로 데리고 들어오는 악행을 범한 것이라고 생각한 겁니다. 앞서 이방인 천부장은 바울이 히브리 말을 할 줄로 예상했고, 이번에 유대인들은 바울이 헬라 말을 할 줄로 예상했습니다. 둘 모두 바울을 너무 몰랐습니다.

이에 바울은 자신이 누구인지부터 소개하기 시작합니다. 그가 하는 히브리 말에 놀라는 것은 아무것도 아닐 만큼, 그는 성전에서 예배하는 그 어떤 유대인보다 더 철저한 유대인이었음을 강조합니다. 어렵기로 하자면, 여기 유대인 중에 바울보다 더 예수를 메시아로 믿기 어려운 사람은 없었습니다. 사랑하기로 하자면, 바울보다 더 유대교 전통을 사랑하는 사람도 없었습니다. 바울, 그는 누구입니까?

> "나는 유대인으로 길리기아 다소에서 났고 이 성에서 자라 가말리엘의 문하에서 우리 조상들의 율법의 엄한 교훈을 받았고 오늘 너희 모든 사람처럼 하나님께 대하여 열심이 있는 자라"[28] (사도행전 22:3)

우리가 아는 정보입니다. 첫째, 그는 길리기아의 수도 다소에서 태어났습니다. 그가 유대인 중의 유대인, 즉 부모님이 둘 다 유대인입니다. 둘째, 그는 예루살렘에서 자랐습니다. 사도행전 23장 16절에 보면 그의 생질누이의 아들이 등장합니다. 그렇다면 그의 누이의 가족도 예루살렘에 살고 있는 중입니다. 그가 언제 예루살렘에 왔는지, 혼자 왔는지 아니면 가족 중 일부와 같이 왔는지 알지 못합니다. 교육적인 목적에서 왔는지, 아니면 가족의 생계를 위해서 왔는지도 모릅니다. 헬라 철학의 중심지인 다소에서 어린 시절을 보낸 후 성년식을 치르고 나서 그의 부모는 아들에게 랍비 교육을 시키려고 예루살렘으로 조기 유학을 보낸 것으로 보입니다. 만약 그렇다면 바울의 집은 여느 집과 비교해서도 얼마나 유대교에 철저했는지를 엿볼 수 있습니다. 그는 그 후로부터 성인이 될 때까지 예루살렘에서 성장한 유대인입니다. 셋째, 그는 당대 최고의 랍비인 가말리엘의 문하에서 철저하게 율법과 유대교에 대해서 배운 사람입니다. 가말리엘은 힐렐의 손자입니다. 힐렐학파와 샴마이학파는 율법 해석을 두고 자웅을 겨루던 대표적인 학파였습니다. 힐렐학파는 율법에 대해서 좀 더 자유로운 접근을 했습니다. 가말리엘은 사도행전 5장 34절에 등장한 적이 있습니다. 거기서 그는 존경받는 바리새인 율법 선생이면서도 대단히 합리적으로 사안을 볼 줄 알며, 산헤드린 공회가 그의 의견을 따른 것을 볼 때 큰 존경과 신임을 받고 있었음을 알 수 있습니다. 미쉬나에는 그가 죽자 "더 이상 율법에 대한 존중이 없어졌고, 순결과 경건도 함께 죽어 버렸다"는 말까지 나올 정도입니다. 바울이 가말리엘 밑에서 수련했다는 사실만으로 청중들은 바울과 유대교의 긴밀한 연관성을 충분히 이해했을 것입니다. 그런데 바울은 굳이 이 말을 덧붙입니다. "우리 조상들의 율법의 엄한 교훈을 받았고" 따라서 이런 자신이 "우리 백성과 율법과 성전을 비방하여 가르쳤을" 리가 없고, 혹시 바울이 유대교와 다른 어떤 것을 가르쳤다면 그건 율법 전문가인 바울에게는 필시 그럴 만한 사정이 있었기 때문일 것이라고 말하고 싶은 것입니다. 빌립보서에서 바울은 자신을 "율법으로는 바리새인이요"(행 3:5)라고 소개하는데, 그것도 그가 경건의 상징인 바리새인으로서 얼마나 철저하게 율법에 충실했는지를 말한 것입니다.[29] 넷째, 그는 단지 율법을 잘 배운 사람에 그치지 않았습니다. 바울은 자신이 율법에 관하여 책상물림의 사람만이 아니라 그 율법을 열정적으로 실천하는 사람이었다고 말합니다. "오늘 너희 모든 사람처럼 하나님께 대하여 열심이 있는 자라."

비록 유대인들이 경솔하게 바울을 죽도록 때렸지만, 그는 여전히 자극하지 않고 겸손하게 유대인 청중의 입장에서 그들의 진심을 알아봐 주고 있습니다. 여기 "너희 모든 사람처럼"이라는 표현이 그런 태도를 보여줍니다. 그들이 바울을 잘 모르고 있고, 메시아 예수님을 잘 모르고 있어서 그렇지, 그들이 바울을 때린 것은 하나님께 대한 그들의 선한 열심에서 나온 행동인 것만은 인정해 주고 있는 것입니다. 당연히 그들은 비느하스의 열정을 모범으로 삼고 있었을 것입니다. 바울은 유대인의 정체성에 관해서만은 끝까지 그들과 자신을 떼어놓으려고 하지 않고 있습니다. 둘은 비슷한 것만큼이나 다른 것이 많지만, 여기서는 비슷한 점이 많다는 점에만 호소한 것입니다. 듣기 좋으라고 한 소리가 아니라 그건 진심이었습니다. 그는 유대인 문화와 이방인 문화를 어려움 없이 넘나들 수 있는 이중문화권에 속한 사람인데, 여기서는 헬라 문화에 이점이 있는 측면은 아예 언급하지 않고 있습니다.

이어서 바울은 자신이 얼마만큼이나 하나님께 대하여 열심(3절)이 있었는지를 부연하여 설명합니다.

"내가 이 도를 박해하여 사람을 죽이기까지 하고 남녀를 결박하여 옥에 넘겼노니 이에 대제사장과 모든 장로들이 내 증인이라 또 내가 그들에게서 다메섹 형제들에게 가는 공문을 받아 가지고 거기 있는 자들도 결박하여 예루살렘으로 끌어다가 형벌 받게 하려고 가더니" (사도행전 22:4-5)

사도행전 9장에서 보았던 사건을 여기서는 바울 자신의 입을 통해서 다시 듣고 있습니다. 지금 유대인 청중들은 "열심"에 있어서 자신들보다 훨씬 더 심했던 사람의 얘기를 듣고 있습니다. 더군다나 결박당한 상태에서 '결박'이라는 말을 두 번이나 쓰고 있습니다. 바울은 한때 지금 자신이 믿고 있는 "이 도" 즉 그리스도의 길을 따르는 자들을 박해했었습니다. 여기 "사람을 죽이기까지"는 직역하면 '죽음에 이르기까지'아크리 싸나 투, ἄχρι θανάτου입니다. 스데반의 죽음에 찬동했던 자신의 과거를 떠올리는 고백입니다. 바울 자신은 성전에서 폭행을 당했어도 죽음에까지 이르지는 않았으나, 스데반은 똑같은 죄목-성전 모독죄-으로 죽임을 당했고, 그를 죽이는 일에 바울 자신도 가담한 바 있다고 밝히고 있는 겁니다. 남녀를 가리지 않고 결박했다는 것은 그가 인정사정 봐주지 않고 옳다고 생각하는 대로 행동할 만큼 열정적인 사람이었다는 뜻입니다. 이같은 열정은 중도적인 입장을 취했던 스승 가말리엘을 뛰어넘을 만큼 과격했습니다. 바울에게는 그의 말이 진실하다는 것을 증명해 줄 증인들이 있습니다. 놀랍게도 바울이 제시하는 그 증인들은 유대인들이 가장 신뢰하는 "대제사장과 모든 장로들"입니다. 그들은 유대교의 중심 지도자들입니다. 다메섹 형제들유대인 망명자들 가운데서 이 도를 따르는 자들을 체포하여 데려오도록 영장을 발부한 사람들이 바로 이 대제사장과 장로들이었기 때문입니다. 물론 시간 간격은 큽니다. 그가 다메섹으로 향하던 때는 주후 36년이었고 지금은 58년이라서 20년도 더 흘렀습니다. 당시 대제사장은 안나스의 사위 가야바(주후 18-36년)였고 현 대제사장은 아나니아 주후 47-58년입니다. 장로들도 대부분 교체되었을 것입니다. 하지만 유대교에 열심이었던 바울의 명성에 대해서 그들이 모를 리 없습니다. 그는 영장을 가지고 예루살렘에서 다메섹까지 270km를 여행했습니다.

여기까지 말하면서 바울이 강조하고 싶은 것은 한 가지입니다. 지금 자신의 변론을 듣고 있는 유대인 청중들과 자신의 과거는 근본적으로 다를 바 없다는 사실입니다. 어쩌면 청중들은 바울이 이방 지역 출신의 헬라파 유대인이기 때문에 히브리파 유대인들이 소중히 여기던 전통을 경시하고 있다고 여겼을지 모릅니다. 하지만 바울은 청중들보다 율법과 성전에 더 충실한 유대인이었습니다. 그랬던 그가 그 유대교를 달리 보게 되었고, 심지어 유대교를 떠나 예수 그리스도를 믿게 되었습니다. 그런데 그것은 유대교를 배반하는 일이 아니요, 도리어 유대교가 발견하고 알았어야 마땅했는데 그러지 못했고, 그 결과 메시아로 오신 예수를 죽이고 말았는데, 이제 비로소 자신은 늦게나마 유대교를 성취한 이 복음, 이 진리를 바로 알게 되었다고 말하고 싶은 것입니다.

부활하신 예수님을 만나 회심한 바울

바울을 변화시킨 것은 무엇이었습니까? 부활하신 예수님과의 만남이었습니다. 사도행전 9장에서 누가가 바울의 다메섹 도상 회심 사건을 말하는 것을 본 적이 있습니다. 그런데 이제 그 사건을 바울의 입을 통해 그의 관점으로 다시 듣고 있습니다. 큰 흐름은 비슷하지만, 거기에 언급되지 않은 새로운 것들이 언급되기도 하고, 거기에 나온 것이 여기서는 빠지기도 합니다. 주님의 음성을 동행한 사람들이 같이 들었는지, 아니면 바울 혼자 들었는지에 대해서는 9장의 기록과 22장의 기록이 상치되고 있습니다. 그런데 이런 차이에 대해서 이상하게 여길 것은 없습니다. 누가 무슨 목적으로 바울의 회심 이야기를 말하느냐에 따라 그 표현과 구성이 달라지는 것은 당연합니다.

다메섹으로 가던 바울 일행을 멈춘 것은 하늘로부터 비친 "큰 빛"이었습니다.

"가는 중 다메섹에 가까이 갔을 때에 오정쯤 되어 홀연히 하늘로부터 큰 빛이 나를 둘러 비치매"(사도행전 22:6)

그때가 시간적으로 '오정 쯤'이었고, 그 빛이 '큰' 빛이었다는 것은 여기서 새롭게 언급하고 있는 정보입니다. 땅에 엎드러진 바울에게 들려오는 소리가 있었습니다.

"내가 땅에 엎드러져 들으니 소리 있어 이르되 사울아 사울아 네가 왜 나를 박해하느냐 하시거늘"(사도행전 22:7)

말씀하시는 분이 누구냐고 바울이 묻자 다음과 같은 대답이 들려옵니다.

"나는 네가 박해하는 나사렛 예수라 하시더라"(사도행전 22:8)

예수 앞에 '나사렛'이라는 말이 붙은 것도 9장과 달리 새롭습니다. 바울이 핍박한 것은 그리스도를 믿는 남녀였는데, 예수님은 자신이 박해를 받고 있다고 대답하십니다. '나사렛'이라는 말 자체가 당시에 '선한 것이 날 수 없는' 천대받는 지역이라는 뜻입니다. 그 지역 사람들을 향한 천대

이상으로 예수님은 바울에게 천대를 받았습니다.

바울은 예수님의 음성을 들었지만 동행한 사람들은 듣지 못했습니다.

"나와 함께 있는 사람들이 빛은 보면서도 나에게 말씀하시는 이의 소리는 듣지 못하더라"

사도행전 9장 7절에서는 분명 동행자들도 들었다고 했는데 여기서는 바울만 들었다고 하여 서로 상치됩니다. 그런데 누가는 9장 7절에서는 대격으로 표현했다면텐 데 포넨 우크 에쿠산, τὴν δὲ φωνὴν οὐκ ἤκουσαν 여기서 '듣다'라는 동사를 소유격과 함께 사용하여 아쿤테스 멘 테스 포네스, ἀκούοντες μὲν τῆς φωνῆς 동행자들은 듣기는 했어도 그 의미하는 바를 이해하지는 못했다는 뜻으로 쓰고 있는 것 같습니다. 14절에 "그 입에서 나오는 음성을 듣게 하셨으니"라는 말이 이 해석을 지지합니다. 같이 보고 같이 들었지만, 바울만 예수 그리스도의 부활을 증거하는 증인으로 부름받았습니다. 다메섹 도상에서 예수께서 나타나신 사건과 같은 계시 방식은 모든 유대인들을 회심에 이르게 하는 데 쓰이는 통상적인 방법은 아니었습니다. 가장 효과적일 것 같은데, 성경에서 부활하신 예수께서 나타나신 사건은 손꼽아 헤아릴 만큼 제한적입니다. 몇 사람이 바울의 다메섹행에 동행했는지 알 수 없으나, 오직 한 사람 바울의 회심을 위해서만 예수님은 제한적으로 당신의 음성을 사용하고 계십니다. 이것이 바울에게는 필요하고 유효한 방법이었기 때문입니다. 예수님의 부활을 보고 듣는 것을 통해서만 십자가에 달려 저주의 죽음을 당한 예수에 대한 바울의 견해가 바뀔 수 있었기 때문입니다. 부활을 통해서만 그 예수를 십자가에 달아 죽인 율법에 대한 바울의 이해가 근본적으로 바뀔 수 있었기 때문입니다. 다메섹 도상의 사건은 오직 바울 한 사람을 당신의 일꾼으로 부르시기 위해 예수님이 주연을 맡아 만드신 상황극이었습니다.

바울은 예수님의 음성을 듣고 나서부터 예수를 달리 보기 시작했습니다. 이단의 수괴로서 율법의 저주를 받아 죽어 마땅했던 자였는데, 이제는 자신이 명령을 받들어야 하는 하나님의 아들, 메시아가 되었습니다. 바리새인 바울이 갖고 있는 신학 안에서 부활은 종말에 오직 하나님의 거룩한 자, 의로운 자에게만 허락된 일이었습니다. 그렇다면 부활하신 예수는 죄인으로 저주를 받아 죽은 것이 아니라, 하나님의 거룩한 자, 하나님의 의로운 자인 것입니다. 그가 주장한 대로 의로운 이스라엘 백성들을 구원하기 위해 오신 종말의 메시아인 것입니다. 이제 예수는 바울 자신이 그 명령에 순종해야 할 대상이 된 것입니다. 이것을 '회심'이라고 합니다. 회심은 주인을 바꾸는 것, 왕을 바꾸는 것, 충성의 대상을 바꾸는 것입니다.

그래서 바울은 묻습니다.

"내가 이르되 주님 무엇을 하리이까" (사도행전 22:10a)

그는 잠시도 주저하지 않고, 자신이 보고 듣는 이 존재가 메시아 예수라는 것을 인정하고 있습니다. 헛것을 봤다고 생각하지 않았습니다. 꿈을 꾼다고 여기지도 않았습니다. 신을 만난 자는 살아남을 수 없는데, 더군다나 그 예수를 죽이는 데 가담했고 그를 믿는 자들을 향해 갖은 핍박을 했던 바울 자신은 누구보다 앞서 심판을 당해야 마땅한데, 이렇게 자신이 살아 있는 채로 메시아를 대면하고 있는 현실을 그냥 넘기지 않았습니다. 분명히 하나님께서 자신을 통해서 하실 일이 있어서 살려주고 계시다고 생각해서 묻는 것입니다. "주님 무엇을 하리이까?"

이것이 회심한 자가 던져야 할 첫 번째 질문이어야 합니다. 내가 주인이 되어 내 맘대로 살던 삶에서 떠나 이제 주인에게 묻고 주인의 말에 따라 오고가고, 앉고 일어나서, 말하고 침묵하기 시작하는 것이 회심입니다. 그분의 말씀대로 순종하여 창조하고, 또 나 자신이 창조되는 것이 회심입니다.

예수께서 두 가지 명령을 하십니다.

> "주께서 이르시되 일어나 다메섹으로 들어가라 네가 해야 할 모든 것을 거기서 누가 이르리라 하시거늘"(사도행전 22:10b)

"일어나 … 들어가라!" 이것이 주님의 명령이었습니다. 물론 주님은 바울에게 직접 소명을 주실 수도 있었는데, 굳이 다메섹에 가서 바울을 기다리는 어떤 한 사람을 통해서 말씀하실 거라고 하십니다. "네가 해야 할 모든 것을 거기서 누가 이르리라." 우리 생각과 많이 다릅니다. 주님이 직접 말씀하시면 더 분명하고 더 확신이 생길 것 같은데, 주님은 그렇게 하지 않으십니다. 공동체를 통해서 들어야 바울의 회심과 소명이 분명해진다고 여기신 것입니다. 물론 회심은 지극히 개인적인 결단을 요구하는 일이지만, 그것은 동시에 예수님의 몸인 교회 안으로 진입하는 사건이기도 합니다. 따라서 자신의 결단으로 그리스도인이 되었더라도, 교회 공동체가 그의 고백을 듣고 인정하고 그를 공동체의 일원으로 받아들이는 절차가 회심에는 꼭 필요합니다. 또한 우리를 향한 사명을 공동체가 알고 인정하고 그 사명을 이루도록 협력해 주어야 하기에, 공동체를 통해 사명을 일깨워 주시기로 한 것입니다. 특히 바울처럼 기독교 공동체에게 적대적이었던 사람의 회심에는 바울과 예수님 사이의 관계로만 다 해소할 수 없는 요인이 있었습니다. 핍박받던 공동체가 핍박하던 바울을 수용할 때부터 바울의 신앙 여정은 시작되는 것입니다. 구약에서 모든 구원은 이렇듯 특정 세력으로부터from의 구원일 뿐 아니라 새로운 가치를 가진 공동체 안으로into 진입하는 구원입니다. 이것은 오늘 우리의 교회들에게도 참 중요한 메시지를 줍니다. 너무 집단주의적인 한국교회의 특성 때문에 개인이 주체적으로 자신의 신앙을 표현하고 실천하는 측면도 필요하지만, 그렇더라도 신앙을 '나 개인의 문제'라고만 생각하여 교회 밖에서 독자적으로 신앙생활을 영위하려고 하는 시도 역시 신중해야 합니다.

바울은 주님의 명령대로 일어나 다메섹으로 갑니다. 애초에 그가 다메섹으로 갈 때는 그곳의 그리스도인들을 색출하여 예루살렘으로 끌고 가서 투옥하기 위하여 가고 있었는데, 이제 그리스도께서 보내신 빛 때문에 눈이 어두워졌기에 함께 있는 사람들의 손에 이끌려 다메섹으로 들어가고 있습니다.

> "나는 그 빛의 광채로 말미암아 볼 수 없게 되었으므로 나와 함께 있는 사람들의 손에 끌려 다메섹으로 들어갔노라" (사도행전 22:11)

이는 예수 없는 바울은 영적인 소경이나 다름없다는 것을 보여주며,

앞으로 그의 삶이 그리스도의 진리의 빛, 영광의 빛을 따라서 수동적으로 이끌림을 받는 인생이 될 것임을 보여주지 않았습니까?(고후 4:4) 그는 하나님의 형상이신 그리스도의 영광스러운 광채를 보았습니다. 회심은 이 영광의 관점으로 세상의 모든 영광을 평가하고 해석하는 사람으로의 변화를 가리킵니다.

실제로 다메섹에 들어가니 그를 기다리는 한 사람이 있었습니다. 아나니아였습니다. 그런데 바울은 예루살렘의 유대인 청중 앞에서 그를 아주 의미심장하게 소개합니다.

> "율법에 따라 경건한 사람으로 거기 사는 모든 유대인들에게 칭찬을 듣는 아나니아라 하는 이가"(사도행전 22:12)

9장에서는 아나니아를 "형제"라고 소개했는데, 여기서는 "모든 유대인들에게 칭찬을 듣는" 자라고 소개합니다. 그렇게 볼 때 아나니아가 바울을 부르는 "형제"(13절)라는 말은 9장과 같은 단어이지만, 여기서는 유대인들의 형제됨을 말하는 것으로 들릴 수 있고, 예수를 "그 의인"으로 언급하는 것(14절)도 유대적 맥락에서 이해할 수 있습니다. 자신의 회심을 회고하면서도 청중에 따라서 그리고 회고의 목적에 따라서 그 표현과 강조점을 달리하고 있는 것입니다. 아나니아, 그는 이방인이 아니라 유대인입니다. 율법에 따라 경건하게 살아가는 유대인입니다. 거기 다메섹에 있는 다른 유대인들에게 인정받는 유대인입니다. 바울보다 먼저 신실한 유대인으로서 예수님을 메시아로 믿고 있던 사람이었습니다. 9장에 보면, 아나니아는 바울의 회심이 진실한 회심인지에 의문을 제기했지만, 주께서 바울을 이방인과 임금들과 이스라엘 자손들에게 주 예수의 이름을 전하기 위해 택한 그릇이라고 말씀하시자 즉시 순종하고 있습니다. 그런데 여기서는 그가 주저하는 모습을 아예 생략합니다. 바울이 유대인 청중들 앞에서 아나니아를 이렇게 묘사한 이유가 무엇일까요? 아나니아처럼 그리고 바울 자신처럼 과거에 율법에 충실한 경건한 유대인이 예수님을 메시아로 믿는 것은 이상한 일이 아니라는 것입니다. 또한 율법에 따라 경건한 유대인이 예수님을 믿는 것은 바울 자신에게만 예외가 아님을 보여주고 있을 것입니다. 또 예수를 메시아로 믿는 자들은 망측한 이단자로서 무법하고 해를 끼치는 삶을 사는 것이 아니라, 다른 유대인들로부터 칭찬을 받는 삶을 산다는 것입니다.

바울은 그 아나니아를 통해서 눈을 뜨게 됩니다.

"내게 와 곁에 서서 말하되 형제 사울아 다시 보라 하거늘 즉시 그를 쳐다보았노라"(사도행전 22:13)

바울은 아나니아를 통해서 눈을 떴습니다. 시각을 되찾았을 뿐 아니라 새로운 영적인 시각을 얻었습니다. 눈을 떠서 그가 맨 처음 본 것은 신적인 존재인 예수님이 아니라 인간들의 공동체였습니다. 나의 눈을 뜨게 해주는 공동체였습니다.

아나니아는 주께서 왜 바울을 부르셨는지를 바울에게 전해주고 있습니다.

"그가 또 이르되 우리 조상들의 하나님이 너를 택하여 너로 하여금 자기 뜻을 알게 하시며 그 의인을 보게 하시고 그 입에서 나오는 음성을 듣게 하셨으니 네가 그를 위하여 모든 사람 앞에서 네가 보고 들은 것에 증인이 되리라"(사도행전 22:14-15)

사도행전 9장 15절과 비교할 때 "우리 조상들의 하나님이 너를 택하여 너로 하여금 자기 뜻을 알게 하시며 그 의인을 보게 하시고 그 입에서 나오는 음성을 듣게 하셨으니"라는 말을 덧붙이고 있습니다. 이는 바울이 없는 말을 지어낸 것이 아니라, 아나니아가 처음부터 한 말인데, 당연히 예루살렘의 적대적인 청중들을 고려하여 이번에는 인용한 것입니다. 하나님은 이 바울이 단지 회심한 유대인 중 한 명이 아니라, 하나님께서 이 시기에 당신이 예수를 통해서 하신 결정적인 사건을 전하고 가르칠 증인으로 부르신 "택하여" 매우 중요한 존재라고 하십니다. 심지어 지금 자기 말을 듣고 있는 청중들을 위한 부르심임을 분명히 하기 위해 "우리 조상들의 하나님"이라는 표현을 쓰고 있습니다.[30]

다메섹 도상에서 부활하신 나사렛 예수께서 바울에게 나타나시고 음성을 듣게 하신 것은 여호와 하나님이 작정하신 일입니다. 아나니아는 그 사건을 이렇게 해석하고 있습니다. "그 의인을 보게 하시고 그 입에서 나오는 음성을 듣게 하셨으니." 예수님을 '그 의인'이라고 표현합니다. 이것은 '다윗의 후손'을 가리키는 별칭(렘 23:5-6; 33:15)입니다. 십자가에서 하나님의 저주를 받아 돌아가셨다고 생각한 그 죄인 나사렛 예수는 사실은 자기 백성과 맺은 언약을 이루기 위해 그들의 저주를 대신 담당하고 돌아가신 '의인'이었던 것입니다. 바울은 열두 제자들과는 달리 생전에는 그 예수님과 동행하지 못했지만 부활하신 예수님을 뵈었기에 "사도"로서 부활의 증인이 될 수 있었고, 생전에는 그의 가르침을 듣지 못했지만, 부활하신 예수님의 입에서 나오는 음성을 들었기에 증인의 자격을 얻게 된 것입니다. 아나니아는 의인 예수께서 죄인 바울에게 나타나신 이유를 이렇게 밝힙니다.

"네가 그를 위하여 모든 사람 앞에서 네가 보고 들은 것에 증인이 되리라"

(사도행전 22:15)

여기 '모든 사람' 안에 이방인들도 포함되어 있다는 사실을 여기서는 밝히고 있지 않습니다. 아마 아나니아는 바울에게 말했겠지만, 바울은 그 사실을 밝히는 것을 뒤로 미루고 있습니다. 이제 바울은 그 말을 아나니아가 아니라 주께 직접 들은 것으로 말하고 있습니다. 자신이 '이방인의 사도'로 부름받았다는 말을 하면 당장 유대인들이 더는 발언을 하지 못하게 소동을 일으킬 것이기 때문입니다.

다메섹 도상의 사건은 여호와께서 바울을 자신의 일꾼으로 택하신 사건입니다. 바울이 맡게 될 역할이 하나님의 전체 구속사에서 매우 중요하다는 것을 말해주는 두 가지 표현이 있습니다. 첫째, "우리 조상들의 하나님이 너를 택했다"는 표현입니다. 우리 조상들의 하나님은 언약의 하나님입니다. 아브라함과 이삭과 야곱의 하나님입니다. 하나님께서 모세와 시내산에서 맺으셨던 그 언약을 성취하려고 예수 그리스도를 보내셨고, 이제 그 예수님을 통해 도래한 새 언약의 복음을 이방인들에게도 전하게 하시려고 바울을 부르셨습니다. 우리는 하나님의 하나님 나라 계획은 아브라함의 후손들을 통해 온 족속, 천하 만민이 복을 받게 하는 것임을 알고 있습니다(창 12:3; 18:17-18). 하나님은 외모로 사람을 취하지 않으시고, 이방인과 유대인 모두를 차별 없이 사랑하신다는 것도 알고 있습니다. 특히 여기 "우리 조상들의 하나님"이라는 표현은 지금 바울의 말을 듣고 있는 청중들의 하나님과 바울 자신을 부르신 하나님이 같은 하나님이라는 것을 보여주는 표현입니다. 그러니 바울 자신뿐만 아니라 유대인 당신들도 이제 하나님께서 메시아 예수 그리스도를 통해서 새롭게 도래한 새 언약 시대의 축복을 받아들이라고 은근히 설득하고 있는 것입니다.

둘째, "자기의 뜻을 알게 하신다"는 표현입니다. 바울에게 알려주신 하나님의 뜻은 하나님의 하나님 나라 계획과 관련이 있습니다. 예수님을 만나기 전에는 메시아는 오직 선민 유대인들만의 구원자였습니다. 그러나 바울은 이제 이방인까지 자기 백성으로 부르시기 원하는 하나님의 뜻을 알았습니다. 지금 유대인들이 자신을 죽이려고 하는 것은 바울이라는 한 인간에 대한 오해 때문이기도 하지만, 그것은 바로 이 하나님의 뜻에 대한 무지 때문인 것입니다.

이렇듯 아나니아는 바울에게 하나님의 소명과 사명을 대신 전해줍니다. 그것은 사명으로의 부름이면서 동시에 하나님의 백성으로의 부름입니다. 이 사명에 충성하려면, 그는 이전에 살아왔던 모든 삶을 회개하고, 새롭게 자신을 부르신 주님, 죄인 중의 괴수인 자신을 용서하신 하나님께 참회하고 그분의 주권을 인정하는 삶을 살기로 작정해야 합니다. 아나니아는 이제 그 회심의 자리로 바울을 초대하고 있습니다.

"이제는 왜 주저하느냐 일어나 주의 이름을 불러 세례를 받고 너의 죄를

씻으라 하더라"(사도행전 22:16)

4개의 명령을 사용하여 즉각적인 반응을 요구합니다. "일어나다", "주의 이름을 부르다", "세례를 받다", "죄를 씻다." 회심이라는 것이 얼마나 구체적이고 가시적인 가치관과 삶의 방식 변화를 요구하는 일인지를 보여줍니다. "세례를 받고 너의 죄를 씻으라"는 말에서, 만약 청중과 자신을 동일시하는 바울의 수사적 전략이 제대로 작동했다면, 청중들도 같이 회개의 자리에 초대받고 있다고 느꼈을 것입니다. 이런 소명과 사명으로의 부름은 바울에게만 요구되는 일일 수 없습니다. 물론 그가 구속사에서 맡은 역할은 우리와 사뭇 다른 '사도의 직무'이지만, 모든 구원으로의 부름은 동시에 사명으로의 부름인 것이 분명합니다. 구원을 예수 믿고 천국 가는 문제로만 알면, 그 사람은 이 땅에서 그리스도인답게, 천국 백성답게, 복음의 확장과 하나님 나라를 위하여 사는 일에는 관심을 두지 않게 되며, 그러면서도 자신은 구원받았다는 거짓 안전감에 사로잡혀 살게 될 것입니다. 내가 은혜로 구원받았으니, 그 은혜의 복음을 타인에게도 나누며 살도록 우리를 교회로 부르셨습니다. 그래서 모든 교회는 선교적 교회이고, 모든 그리스도인은 증인들, 즉 선교적인 존재입니다. 이 사명을 망각한 사람들은 세례에 합당하게 살아가는 것이 아니며, 따라서 그들에게는 영원한 하나님 나라의 약속은 해당하지 않습니다. 반대로 지나치게 사명만을 강조하는 경향도 있습니다. 교회가 성도들을 대할 때 그들이 세례를 받아 하나님의 소유가 된 한 '영혼'으로 생각하지 않고, 교회라는 기관을 유지하는 데 필요한 자원으로 취급하는 것을 말합니다. 그들의 존재 방식과 인격, 그들이 맺는 관계가 그들이 해야 할 일보다 훨씬 더 중요하고 또 앞서야 합니다. 그런데 구원받지 않은 목사나 회심하지 않은 교인들은 근사하고 명분 있어 보이는 일들에만 골몰하는 것을 볼 수 있습니다. 두 경향 모두 그 사람의 영혼을 위태롭게 하고, 교회의 참된 정체성을 훼손하는 일입니다. 우리는 구원으로의 부르심과 사명으로의 부르심을 모두 공평하게 강조해야 합니다.

성전에서 부활하신 주님께 이방인을 향한 증인의 소명을 받은 바울

바울은 계속해서 9장에는 나오지 않는 한 사건을 소개합니다 주후 33-34년. 그것은 그가 예루살렘에 방문했을 때 일어난 일입니다. 사도행전 9장을 보면, 회심 직후 바울은 예루살렘으로 돌아가지 않고 다메섹을 중심으로 아라비아 지역에서 복음을 전하며 지낸 것을 알 수 있습니다. 갈라디아서를 보면 바울이 예루살렘을 방문한 것은 그로부터 3년 후의 일입니다. 그 일이 사도행전 9장에도 나옵니다. 바울이 예루살렘에 가서 제자들과 사귀고자 했지만 다들 바울을 두려워하여 그가 예수의 제자가 되었다는 사실을 믿지 않았습니다 (행 9:26). 이때 바울과 예루살렘의 사도들 사이를 중재해 준 사람이 나중에 안디옥 교회에서 같이 동역한 바나바입니다. 바울은 예루살렘의 제자들에게 자신이 어떻게 주를 보았고, 또 어떻게 다메섹에서 예수의 이름으로 담대히 복음을 증거하며 살았는지를 나누어주었습니다. 그 나눔을 듣고서야 제자들이 그를 받아들였고 교제를 나누기 시작했습니다. 바울은 예루살렘에서도 자신이 새롭게 깨달은 복음을 나누었습니다. 당연히 유대교와 예수 그리스도의 관계에 대한 복음이었을 것입니다. 그것이 바울의 전문 영역이었기 때문입니다. 그런데 그때 과거에 자신이 몸담았던 유대교의 헬라파 유대인들과 논쟁을 벌였습니다. 그들에게 바울은 절대 용서할 수 없는 변절자입니다. 바울과의 논쟁에서 이기지 못하자 바울을 죽이려고 할 정도로 분노하게 됩니다. 아마 예루살렘 교회의 지도자들은 바울을 지키기 위해 급히 예루살렘을 떠나 가이사랴로 내려가게 했을 것이고, 바울은 가이사랴도 안전하지 않자 고향 다소로 내려갔습니다.

그런데 여기서는 바울이 예루살렘에 머물던 무렵 경험한 다른 한 가지 일을 더 소개하고 있습니다. 예수를 메시아로 영접한 후에도 그는 다른 유대인들처럼 예루살렘 성전에 가서 기도했습니다. 성전에서 기도하는 모습은 자신의 유대적 신실함을 보일 수 있는 대목입니다. 바울 자신은 성전과 율법을 재해석했을 뿐 무시하거나 모독한 적이 없음을 보여준 것입니다.

"후에 내가 예루살렘으로 돌아와서 성전에서 기도할 때에"(사도행전 22:17)

그는 성전이 예수님에게서 완성되었다는 것도 알았지만, 저 건물 성전이 무너지기 전까지는 여전히 하나님을 향한 신앙을 표현하는 공간으로 유효하다고 믿었습니다. 바울의 회심을 하나님께서도 인정해주신 한 사건이 바로 그 성전에서 아마 솔로몬 행각에서 벌어집니다. 다메섹 도상에서 나타나셨던 주께서 성전에서 기도하는 바울에게도 나타나셨습니다. 둘 다 계시 사건을 위한 나타나심입니다. 주께서 나타나서 바울에게 신탁을 주십니다. 당신의 신적인 뜻을 계시합니다. 이것이 구약에서 선지자들에게나 일어났던 일입니다. 지금 바울은 스스로 자신을 선지자로 소개하고 있는 겁니다.

"황홀한 중에 보매 주께서 내게 말씀하시되 속히 예루살렘에서 나가라 그들은 네가 내게 대하여 증언하는 말을 듣지 아니하리라 하시거늘" (사도행전 22:17b-18)

예수님은 예루살렘에서 아무리 부활의 예수를 전해도 들을 사람이 없으니 속히 서둘러서, 엔 타케이, ἐν τάχει 예루살렘에서 나가라고 하십니다. 주께서는 "예루살렘에서 나가라"ἔξελθε고 하시는데, 하나님께서 소돔을 심판하시면서 롯에게 나가라ἔξελθε, 창 19:15 하실 때 똑같은 말로 명령하셨습니다. 요한계시록에서 하나님 백성들에게 바벨론에서 나오라 할 때도 같은 동사가 사용되었습니다ἐξέλθατε, 계 18:4. 하나님이 그 음성을 들려주시는 이들에게 어떤 도시에서 나가라 하시는 것은 그 도시에 대한 인내의 때가 다했으며, 이제 그 도시를 포기한다는 이미지가 강합니다. 특히 성전에서 하나님의 음성을 듣는 이 장면은 이사야의 소명 기사를 떠올립니다(사 6장). 여호와께서 이사야 선지자에게 '나가서' 아무리 하나님의 뜻을 전해도 듣지 않을 사람들에게 전하라고 하신 것과 맥락이 비슷합니다(사 6:8-9). 주께서 도우시면 회개 못 시킬 사람이 없는 것 아닙니까? 아닙니다. 도리어 예수께서 예루살렘 유대인들은 가망이 없으니 다른 데로 가라고 바울의 등을 떠밀고 계십니다. 참 신앙은 하나님의 무능과 마주하는 일입니다. 달리 어쩔 도리가 없어서 당하기만 하시는 예수님을 보지 못한다면 우리는 진정한 신앙의 세계로 들어가 본 적이 없는 겁니다. 하나님은 하실 수 있는 모든 것을 다 하셨습니다. 자기 아들을 우리를 위하여 내어주신 가장 큰 사랑을 행하셨기 때문입니다. 그러고도 받아들이지 않으면 강제로 회심시킬 수 없고 기다려야 합니다. 그들이 스스로 자기 죄의 결과를 받도록 무능한 하나님처럼 지켜보고 있어야만 할 때가 있습니다.

어쩌면 이것은 바울의 생각과 다른 명령이었을지 모릅니다. 바울은 이방인의 사도로만 부름받은 것이 아니었습니다. 그는 동료 유대인들에게 어서 이 부활하신 예수를 소개하고 싶은 마음이 컸을 것입니다. 얼마든지 그들과 변론하여 설득할 실력도 있고 열정도 있다고 생각했을 것입니다. 다메섹과 아라비아에서 보낸 지난 3년의 시간은 사실상 바울의 신학이 거의 형성된 시기였을 것입니다. 그는 이제 부활하신 예수 그리스도의 빛에서 자신이 알고 있던 구약의 율법을 새롭게 해석할 수 있게 되었습니다. 보름 동안(갈 1:18)의 첫 예루살렘 방문 기간에, 그는 사도 베드로를 만나 공생애 기간의 예수님에 대해 집중적으로 묻고 배웠을 것입니다. 예수님께서 공생애 기간에 하신 말씀을 모아놓은 어록도 접했을지 모릅니다. 그랬다면 그의 신학은 더욱 풍성해졌을 것입니다. 이렇게 잘 준비되었으니, 예루살렘에 머물러 더 오래 사역하고 싶었을 것입니다. 하지만 주님의 생각은 달랐습니다. 지금은 유대교의 심장부인 예루살렘에서 사역할 때가 아니라고 하십니다. 헬라파 유대인들이 바울을 죽이려고 한다는 사실은 바울은 미처 몰랐지만, 하나님은 그들의 그릇된 열정을 이미 간파하셨기에 낙향 명령을 내리셨을지 모릅니다.

예루살렘을 떠나라는 주님의 말씀에 바울은 이렇게 대답합니다.

"내가 말하기를 주님 내가 주를 믿는 사람들을 가두고 또 각 회당에서 때리고, 또 주의 증인 스데반이 피를 흘릴 때에 내가 곁에 서서 찬성하고 그

죽이는 사람들의 옷을 지킨 줄 그들도 아나이다"〈사도행전 22:19-20〉

바울은 당연히 주께서도 알고 계시는 지난 일을 열거하고 있습니다. 그가 3년 전 예루살렘에 있을 때, 그리스도인들에게 행한 악행을 나열하고 있습니다. 자신이 얼마나 극렬한 유대주의자였는지를 자백합니다. 앞에서 "오늘 너희 모든 사람처럼 하나님께 대하여 열심이 있는 자라"고 했던 말을 풀어서 설명하고 있는 듯합니다. 그런데 바울이 무슨 뜻으로 이 말을 하고 있을까요? 바울 자신은 예루살렘을 떠나지 않고 남아서 사역하는 것이 더 낫지 않겠느냐는 식으로 주님을 설득했다는 것입니다. 왜 그런가 하면 그렇게 그리스도인들을 핍박한 바울 자신이 회심했다는 것은 예수께서 이스라엘의 메시아요 구원의 주님이라는 너무도 확실한 증거라는 것을 자기 과거를 아는 유대인이라면 다들 인정할 것이기 때문입니다. 하지만 예루살렘의 유대인들은 바울이 생각하는 것보다 훨씬 더 완악했습니다. 메시아 예수님의 말씀이 부족해서 안 믿은 것이 아니고 기적이 모자라서 죽인 것이 아니었습니다. 하물며 예수를 핍박했던 바울이 이제 예수님을 믿었다고 해서 유대인들이 감동하여 같이 믿겠다고 나설 리가 없다는 것입니다. 바울이 그렇게 순진했습니다. 바울은 때리는 자에서 맞는 자로, 죽이는 자에서 죽임을 당할 수 있는 자로 변했습니다. 그래서 지금 바울이 예루살렘의 청중들에게 하고 싶은 말은 무엇입니까? 그때처럼 지금도 동료 유대인들에게 하나님께서 무엇을 원하시는지를 알려주려고 목숨을 걸고 이 성전에 나타났다는 것입니다. 자기가 과거에 하나님께 대하여 범했던 죄를, 나사렛 예수를 박해하던 악행을 유대인 형제들은 하지 말라고 호소하려고 다시 동족들 앞에 섰다는 것입니다. 이런 바울의 설득에 주께서는 대답하십니다.

> "나더러 또 이르시되 떠나가라 내가 너를 멀리 이방인에게로 보내리라 하셨느니라"(사도행전 22:21)

하나님은 예루살렘에서 더 머물러 사역하고 싶었던 바울의 청을 거절하십니다. 한때 유대교의 가장 탁월한 논객이던 바울보다 유대교를 상대하여 복음을 변증할 사람은 없어 보이는데, 하나님은 기회를 안 주십니다. 아니 지금은 때가 아니라고 하십니다. 그게 몇 달도 아니고 몇 년도 아니고 10년이나 이어질지는 아무도 몰랐을 것입니다. 바울 자신도 몰랐습니다. 예루살렘의 유대인들 입장에서는 3년간 안 보이다가 보름 정도 잠시 얼굴 비쳤던 바울이 그 후로 10년이나 사라진 사정을 알 리 없었을 것입니다. 바울은 자신이 이렇게 오랫동안 예루살렘을 떠나서 이방인들에게로 간 것은 유대인 동족들을 사랑하지 않아서가 아니라, 하나님의 명령에 따른 것임을 말하고 있는 것입니다.

바울은 하나님께서 자신을 "이방인"에쓰노스, ἔθνος에게로 보냄을 받았다는 사실을 맨 마지막에 언급합니다. 이 단어가 유대인들을 가장 자극하는 말이기 때문입니다. 물론 인종적인 의미로만 사용된 것이 아니라, 팔레스타인 이외의 '나라들'을 뜻하는 단어로 쓰이기는 했지만 말입니다. 성전에 나타나신 주께서, 기도하는 바울에게 나타나신 주께서, 바울을 짐승 같은 존재인 부정한 이방인에게 보낸 것이 사실이라면, 유대인들이 신봉하던 신학 전체를 부정하는 것이었습니다. 유대 신학에서는 이방인들이 회개하고 예루살렘에 올라와 예물을 드리는 일은 가능하지만, 하나님의 사람들이 이방인들 가운데로 가서 복음을 전하는 일은 상상할 수 없었습니다. 더군다나 간혹 바리새인들이 이방인들에게 하나님을 전한 적은 있지만, 그들은 이방인들이 유대인처럼 되어야 언약 백성이 될 수 있다고 가르쳤습니다. 여호와 신앙보다도 그들이 지켜야 할 것을 더 먼저 가르쳤습니다. 그런 바리새인들과 서기관들을 향해서 예수께서는 이렇게 책망하십니다. "화 있을진저 외식하는 서기관들과 바리새인들이여 너희는 교인 한 사람을 얻기 위하여 바다와 육지를 두루 다니다가 생기면 너희보다 배나 더 지옥 자식이 되게 하는도다"(마 23:15).

하지만 우리가 알듯이 바울은 이방인들에게는 더는 할례나 음식법, 안식일, 성전 제사 같은 것을 요구하지 않았습니다. 오직 예수 그리스도를 믿는 믿음만 요구했습니다. 이제 그들은 율법이나 성전을 모두 그리스도 안에서 완성된 의미로 받아들이고, 그들의 문화 속에서 재해석하여 적용하도록 했습니다. 그것이 유대인들 눈에는 율법과 성전을 모독하는 것으로 들렸을 수 있습니다. 예수님을 모르는 서기관과 바리새인들의 기준을 따라서 평가하면 그렇게 보입니다. 바울은 만약 유대인들이 예수 그리스도를 통해서 주신 하나님의 은혜를 거절하면, 그 은혜가 이방인에게로 향할 것이라는 경고를 지금 성전의 유대인들에게 들려주고 있는 것입니다.

바울은 이 명령을 따라서 예루살렘을 떠나 고향 다소로 가서, 바나바가 안디옥 교회에 불러줄 때까지 10년가량 거기서 지냈습니다. 참으로 오랫동안 하나님은 예루살렘 유대교를 가장 잘 상대할 것 같은 바울에게 예루살렘의 유대인들을 만날 기회를 주시지 않았던 것입니다.

예루살렘 유대인들의 반응

성전에 나타나신 주께서 바울을 이방인들에게로 보내신다고 말씀하셨다는 말을 들은 성전의 유대인들은 더는 참고 들어줄 수가 없었습니다. 그들은 바울의 말을 단 한 조각도 사실로 받을 수 없었습니다(참조. 눅 4:22-29). 바울에게 나타나신 하나님, 그에게 말씀하신 하나님은 유대인 자신들이 평생 믿고 의지해온 모든 것을 부정하는 하나님이었기 때문입니다. 그들의 반응을 보십시오.

"이 말하는 것까지 그들이 듣다가 소리 질러 이르되 이러한 자는 세상에서 없애 버리자 살려 둘 자가 아니라 하여"(사도행전 22:22)

'세상에서'는 직역하면 "땅에서"아포 테스 게스, ἀπὸ τῆς γῆς입니다. 땅에서 두 발 딛고 살 수 없게 하겠다는 뜻입니다. "없애 버리자"아이레, Αἶρε는 예수님을 죽이라고 군중이 아우성칠 때 나왔고(눅 23:18; 21:36), 바울이 로마 군대에 들려 안토니오 성으로 피신할 때도 뒤따르던 무리가 외치던 소리입니다(행 21:36, '없이 하자'). 그러나 이번에는 더 강력한 의지를 표명합니다. "살려 둘 자가 아니라." 직역하면 "왜냐하면 그 자는 살아서는 안 되기 때문이다"우 가르 카쎄켄 아우톤 젠, οὐ γὰρ καθῆκεν αὐτὸν ζῆν입니다. 죽일 대상이 '바울'아우톤, αὐτὸν이라는 사실을 강조합니다. 좀더 신랄하게 번역하면 '이 작자' 혹은 '이 놈'일 것입니다. 바울 같은 작자가 살면 자신들이 부정되기 때문입니다. 바울이 하나님 앞에서 옳은 사람이라면, 자기들이 죽을 죄인이 되기 때문입니다. 거대한 성전 체제나 위대한 유대교 역사가 통째로 잘못하고 있다는 사실을 압도적인 다수의 청중이 일개 바울이라는 논객 앞에서 인정한다는 것은 처음부터 불가능한 일이었습니다.

예수님은 믿는 일은 항상 그렇습니다. 신앙은 선택의 행위인데, 그것이 그럴듯한 조건들끼리 힘의 균형을 유지하여 자웅을 겨루는 상황에서 어느 것 하나를 선택하는 문제가 아닙니다. 너무나 분명해 보이는 것과 말도 안 되는 것들 사이의 선택입니다. 절대적 주류/중심과 하찮은 변방/비주류 사이의 선택입니다. 엄청난 안정감과 특권을 보장하는 것과 무시와 편견과 불편을 감수하는 것 사이의 선택입니다. 그래서 예수를 믿는 삶의 선택은 늘 어리석은 일이 될 수밖에 없습니다. 기존의 세계관이 다 죽어야 새로운 세계관인 예수님을 영접할 수 있습니다. 그것은 이 유대인들이 생각하는 것처럼 살고 죽는 문제입니다. 회심은 나의 하나님이 옳으면 다른 모든 신은 다 거짓일 수밖에 없고, 나의 하나님과 그 신들을 동시에 섬길 수 없다고 말하는 것입니다. 이 유대인들은 바울을 선택하신 하나님, 바울을 이방인에게 보내신 그 하나님을 인정할 수 없었습니다. 그들은 바울을 향한 적의를 다음과 같이 온몸으로 표현했습니다.

"떠들며 옷을 벗어 던지고 티끌을 공중에 날리니"(사도행전 22:23)

흥분한 사람들의 아우성으로 무슨 말을 하는지 분간할 수 없었을 것입니다. 당장에라도 바울을 향해 돌을 던질 기세로 "옷을 벗어 던졌"습니다. 분노의 몸짓으로 티끌을 공중에 날렸습니다. 셋 다 현재분사를 써서 그 생생함을 더하고 있고, 이 소요가 한참이나 지속되었음을 보여줍니다. 이것이 예루살렘 유대인 동족들을 향한 바울의 마지막 설교였습니다. 적어도 바울로부터 예루살렘의 유대인들이 들을 수 있는 마지막 복음이었습니다. 바울의 사역은 실패했습니다. 하지만 그것은 바울의 실패가 아니라 예루살렘 유대인들의 실패였습니다. 이제 하나님의 은혜의 복음은 "멀리 이방인에게로"(21절) 갈 수밖에 없게 되었습니다.

로마 군대의 반응

히브리 말을 알아들을 수 없었던 천부장은 바울의 발언 이후에 유대인들의 반응이 이전보다 훨씬 더 거칠어지고 맹렬해지자 속히 이 사태를 수습하려고 했습니다. 가장 손쉬운 방법은 인내를 갖고 사건의 진실을 파헤치는 것보다는, 약자이며 소수자이며 원인 제공자 바울를 다수가 바라는 대로 제압하는 것이었습니다. 권력자들에게는 정의를 추구하기 위해서 꼭 있어야 하는 것, '인내'가 없습니다. 자신에게 불이익만 돌아오지 않으면 굳이 수고롭게 인내할 필요가 없기 때문입니다. '인내'는 사람에 대한 존중과 예의가 있을 때만 나옵니다. 천부장에게 바울은 헬라 말도 할 줄 아는 똑똑한 유대 청년에 불과했습니다. 그의 관심은 눈앞에 당장 귀찮고 소란스러운 일들이 일어나지 않게 하는 것이었습니다. 그 과정에서 누가 억울하고 누가 부당한 이익을 얻게 되는지에는 관심이 없습니다. 그래서 그는 많은 군중보다는 바울 한 사람을 제압하기로 결정합니다.

> "천부장이 바울을 영내로 데려가라 명하고 그들이 무슨 일로 그에 대하여 떠드는지 알고자 하여 채찍질하며 심문하라 한대 가죽 줄로 바울을 매니"
>
> (사도행전 22:24-25a)

여기 채찍질은 일종의 고문입니다. 매질을 해서 기어코 듣고 싶은 자백을 받아내는 로마제국의 전형적인 심문 방법입니다. 채찍의 손잡이는 나무이고, 채찍에는 금속이나 동물의 뼈를 달아 무겁게 만들었습니다. 채찍질에 살이 찢기고 뼈가 부러지는 일이 다반사이고 심지어 죽기까지 했고, 살아도 장애를 면할 수 없을 만큼 혹독했습니다. 채찍질하기 위해 가죽끈으로 바울을 결박하려고 했습니다. 이때 바울이 자신의 히든카드를 꺼냅니다. 바로 로마시민권입니다.

"바울이 곁에 서 있는 백부장더러 이르되 너희가 로마 시민 된 자를 죄도 정하지 아니하고 채찍질할 수 있느냐 하니" (사도행전 22:25b)

앞서는 유창한 헬라 말로 천부장의 마음을 사서 발언권을 얻었다면, 이번에는 로마시민권으로 부당한 채찍질을 면하고 있습니다. 빌립보에서는 심하게 매를 맞고 감옥에 갇힌 다음 날에야 로마 시민임을 밝혔는데, 이번에는 채찍질을 당하기 전에 밝힙니다. 어쨌든 그는 로마 시민의 특권을 마지막까지 사용하기를 미뤘습니다. 로마 시민들에게는 합당한 절차 없이 채찍질을 해서는 안 되었습니다. 예루살렘에 올라가면 결박과 환난을 당한다는 것을 알면서도 예루살렘행을 고집했던 사도 바울, 그가 지금 목숨이 위태로운 고문 앞에서는 로마시민권을 써서 고난을 모면하고 있습니다. 그리스도인으로서 사명을 감당하기 위해 마땅히 감수해야 할 고난이 있고, 또 지혜롭게 피해야 할 고난이 있습니다. 그것을 매 순간 잘 분별하기가 쉽지 않지만, 둘 중 어느 한쪽만을 강조하는 태도는 경계해야 합니다. 목회자는 무조건 가난하고 고생해야 한다면서 청빈을 강요하거나, 국가의 여행 제한 지역이나 경고를 무시한 채 소위 '믿음으로' 선교팀을 보낸다거나, 감당이 안 될 만큼 큰 빚을 내서 건물을 지어 교인들에게 큰 어려움을 주는 것을 피해야 합니다. 반면에 어렵거나 시련이 닥치거나 당장 결과가 좋지 못할 때, 그것을 하나님의 뜻이 아닌 증거로 삼는 것도 경계해야 합니다. 바울은 로마 시민으로서의 정체성보다는 하나님 나라 시민으로서의 정체성이 더 강했던 사람이지만, 자신의 언어 능력, 받은 교육, 시민권 등을 하나님의 선교를 위해서 효과적으로 사용하고 있었습니다. 다만 언제, 어떤 상황에서 사용할 것인지는 바울과 하나님 간의 관계에서만 결정되었을 것입니다.

로마의 군인들에게 두려운 것은 그가 하나님의 선택 받은 종이라는 사실보다는 그가 로마시민권자라는 사실이었습니다. 그것은 바울을 죽이려는 유대인 청중들에게는 자신들이 선민이라는 사실이 가장 중요한 문제였던 것과 다를 바 없습니다. 그를 고문하고 심문하려고 했던 백부장은 이 사실을 즉시 천부장에게 알립니다(26절). 그러자 천부장은 와서 바울에게 확인합니다.

"천부장이 와서 바울에게 말하되 네가 로마 시민이냐 내게 말하라 이르되 그러하다" (사도행전 22:27)

여기 원문에는 "네가"가 맨 앞에 나와 강조되고 있습니다수 흐로마이오스 에이, σὺ Ῥωμαῖος εἶ. 천부장은 바울 같은 유대인이 로마시민권을 갖고 있다는 사실이 믿기지 않았던 것입니다. 바울이 로마 시민인 것을 확인한 천부장은 뜬금없이 자기가 어떻게 로마 시민이 되었는지를 말합니다.

"천부장이 대답하되 나는 돈을 많이 들여 이 시민권을 얻었노라"(사도행전 22:28a)

제국의 서기관들이나 지방 행정관들에게 많은 돈을 주어서 황제에게 제출하는 시민권 후보 명단에 자기 이름이 올라가게 했다는 뜻입니다. 그럴 때 이 돈은 뇌물의 성격이 강합니다. 천부장의 이름글라우디오 루시아 안에 '글라우디오'라는 황제의 이름이 들어간 것을 보면 글라우디오 황제 때에 돈을 주고 시민권을 산 것이 분명해 보입니다. 천부장은 로마 황제가 직접 임명하는 자리이고, 그는 예루살렘에서는 가장 높은 직위에 있었습니다. 천부장은 물어보지도 않았는데 왜 시민권 획득 경로를 실토하는 것일까요? 분명 바울이 더 열등한 방식으로 시민권을 얻었을 것이라는 생각으로 물은 것입니다. 그러면 가벼운 벌을 내리거나 선심을 베풀어 풀어줄 요량이었을 것입니다. '얻었노라' 다음에 '그럼 너는?'이라는 말이 생략되어 있는 것입니다. 이에 바울은 대답합니다.

"바울이 이르되 나는 나면서부터라 하니"(사도행전 22:28b)

천부장에게 바울의 대답은 놀라웠습니다. 바울은 이미 시민권자였던 아버지의 아들이었기 때문에 나면서부터 시민권자가 되었다고 합니다.[31] 천부장이 직급은 더 높지만 시민권에 있어서는 더 열등했습니다. 바울의 가문은 아주 이른 시기부터 로마제국의 영토로 이주하여 살았던 것 같습니다. 바울이 천막 만드는 일을 업으로 하고 있는 것을 볼 때, 그것이 가업이었던 것 같습니다. 그렇다면 다소에서 그의 집안은 천막을 만들어서 로마 군대에 납품하는 방식으로 기여하여 시민권을 획득했을 가능성이 있습니다. 이런 바울의 태생적인 로마시민권은 돈을 주고 산 로마 시민보다 더 합법적이었습니다.

이 말을 듣는 즉시 로마 군대는 바울에게서 손을 뗍니다.

> "심문하려던 사람들이 곧 그에게서 물러가고 천부장도 그가 로마 시민인 줄 알고 또 그 결박한 것 때문에 두려워하니라" (사도행전 22:29)

이제 천부장이 걱정하는 것은 유대인들의 소요가 아니라, 자신들이 로마시민권자인 바울에게 부당한 대우를 했을지 모른다는 것이었습니다. 바울이 강력하게 문제를 제기하면 불이익을 당할 수도 있었기 때문입니다.[32] 로마시민권 하나 때문에 순식간에 바울은 고문의 대상에서 두려움의 대상이 되었습니다. 세상이 두려워하는 것은 로마시민권이지 하늘 시민권이 아닙니다.

이것이 세상의 자격증, 졸업장, 혹은 시민권의 힘입니다. 이것이 권력의 맛입니다. 그래서 집안에 의사나 판검사나 변호사 한 사람쯤 있으면 인생이 편하다고 말하는 겁니다. 그래서 다들 자식들을 출세시키려고 하는 겁니다. 하지만 바울에게 로마시민권은 단지 '수단'이나 '도구'였을 뿐입니다. 심지어 그는 극도로 이 시민권 사용을 자제하고 있습니다. 아예 시민권이 없는 사람처럼 불이익을 다 당하고 있습니다. 십자가의 예수를 전하면서, 그도 예수처럼 로마의 식민지 백성의 초라한 조건까지 그대로 수용한 것입니다. 그래서 앞서 유대인들에게 죽도록 맞는 순간에는 이 시민권을 주장하지 않았습니다. 천부장에게 압송되는 시점에도 헬라 말을 구사했을 뿐 시민권을 주장하지 않았습니다. 로마에 의한 죽음 혹은 죽음을 방불할 만한 고문이 '주님을 위한 고문'이라고는 생각하지 않았기에, 그 순간에는 시민권을 사용한 것입니다. 바울에게 시민권은 예수 그리스도를 아는 지식에 비하면 '배설물'에 지나지 않았습니다.

로마시민권 때문에 바울은 이렇게 가까스로 고문의 위기에서는 벗어났지만, 피의자 신분을 면한 것은 아니었습니다. 그가 통과해야 할 죽음의 위기와 환난은 아직도 한참 남았습니다. 다음 날 천부장은 바울을 예루살렘 최고 의회에 넘깁니다. 로마시민권자의 권리를 따라 바울이 정식 재판을 받게 하려는 뜻이었습니다. 이를 위해서 잠시 결박을 풀고 공회 앞에 바울을 세우고 있습니다.

나가는 말

자신의 이야기로 복음을 전하는 바울

바울의 관심은 무사히 유대인의 손에서 빠져나가서 안전을 확보하는 것이 전부가 아니었습니다. 그랬다면 아예 예루살렘에 오지도 않았을 것입니다. 그는 죽음에 이를 만큼 무서운 폭행에서 겨우 빠져나온 즉시 유창한 헬라 말을 이용하여 자신을 죽이려고 했던 유대인들을 향해 자신이 믿는 도를 변론할 기회를 얻습니다. 그가 한 말은 그 어떤 신학이나 성경 해석이 아니었습니다. 지금 자신과 마주하고 있는 유대인들과 다를 바 없었던 것이 바울의 과거였습니다. 아무도 말릴 수 없었던 하나님께 대한 열심이었습니다. 그리고 그랬던 자신을 변화시키신 부활하신 예수님에 관한 것이었습니다. 자신을 선택하신 하나님에 관한 것이었습니다. 자신을 이방인의 사도로 부르신 하나님의 뜻에 관한 것이었습니다. 그는 먼저는 성전의 유대인들에게 붙들렸고, 지금은 로마 군대에게 붙들려 있지만, 그가 그런 사람으로 변한 것은 부활하신 주께 붙들렸기 때문입니다. 오정쯤에 그에게 비친 큰 빛에 그는 눈이 멀었습니다. 눈이 멀어 다메섹으로 이끌려 가는 동안, 아나니아가 찾아오기까지 다메섹에서 사흘 동안 캄캄한 어둠 속에서 지내는 동안, 그는 자신의 그 열정적인 과거가 사실은 영적인 어둠 가운데 살아왔던 삶이었고, 그 어둠 때문에, 그 무지 때문에, 스데반과 다른 그리스도인들에게 억울한 죽음과 고통을 안겨주었다는 사실을 알게 되었습니다. 그 큰 빛은 자신을 어둡게 한 빛이었지만, 동시에 자신의 영적인 어둠을 깨닫게 해준 참된 빛, 진리의 빛이었습니다. 그가 만난 그 예수님 때문에 바울은 자신을 죽이려고 하는 자들의 원수가 되지 않고, 도리어 끝까지 그들에게 생명의 주님을 전하는 증인이 될 수 있었습니다.

사랑하는 여러분, 우리가 지식으로 복음을 잘 정리하고 있지는 못하더라도, 적어도 내 삶에 찾아오셔서 나를 변화시켜 주시고, 나와 동행하여 주시고, 나의 삶을 인도하여 주신 하나님, 예수님, 성령님에 대한 이야기만은 분명하게 가지고 있기를 바랍니다. 성경 속 인물들의 하나님이 아니라, 내 삶 속에 살아계신 하나님에 대한 이야기를 할 수 있기를 바랍니다. 그것이 그 어떤 변론보다, 논리보다 더 진실하고 더 설득력 있는 복음이 될 것입니다. 어쩌면 성경의 지식보다, 촘촘한 신학보다 그 이야기가 내 삶의 방식과 삶의 목표를 결정하는 요인이 될 것입니다. 훌륭한 신학자들이, 걸출한 목회자들이, 참 똑똑한 친구들이 하나둘씩 미끄러지고 넘어지고 무너지는 것을 보면서, 삶으로 검증되고 몸으로 새겨지지 않은 진리는 도리어 우리 자신을 더욱 위태롭게 할 수 있다는 것을 확인하고 있습니다. 바울처럼 주께 붙들린 사람만이 주께서 명령하신 대로 살 수 있습니다. 사는 것이 아무리 힘들어도 예수님만큼 힘들고 바울만큼 힘들겠습니까? 저희가 그들만큼 믿음이 못 미칠 뿐입니다. 그러니 사정이 나아지기를 구하기 전에 믿음이 좋아지기를 구합시다. 주님을 더욱 선명하게 경험하고, 그래서 더 깊이 주님을 알아가고, 그래서 더 진실히 주님과 교제하는 자녀가 되도록 기도합시다.

진실을 외면하는 유대인들

결과적으로 바울의 변론은 실패했습니다. 그런데 정말 실패라고 볼 수 있을까요? 그가 전해야 할 것을 전했다면 실패가 아닙니다. 바울은 진실하게 말했지만, 유대인들은 더 격렬하게 분노했습니다. 한 사람의 놀라운 변화를 보고도, 그를 변화시킨 그 부활의 주님에 대해서 귀를 기울이지 않았습니다. 그것이 우리가 맞닥뜨리는 현실입니다. 아무리 진실하게 우리가 만난 예수님을 전해도 세상은 좀처럼 귀를 기울이지 않을 것입니다. 꼭 우리가 자격이 모자라거나 논리를 갖추지 못해서가 아닙니다. 전하는 사람보다 듣는 사람들에게 문제가 있어서 반대를 당하고 고난도 당할 수 있습니다.

유대인들을 가장 분노하게 한 것은 이방인들도 하나님의 백성이 될 수 있다는 말이었습니다. 하나님이 한 명이라도 더 자비를 베푸셔서 자기 백성으로 삼기를 원하신다는 사실을 그들은 죽어도 받아들일 수 없었습니다. 자신들의 영적인 가족이 한 명이라도 더 늘어나는 것을 좋아하지 않았습니다. 그들은 하나님 나라는 유대인들만의 나라, 선민만의 나라여야 한다고 생각했습니다. 적어도 자신들만큼 율법에 충실하고, 예루살렘 성전까지 순례하여 예배드려야 한다고 생각했습니다. 그들은 자신들이 얼마나 큰 은혜를 입어 하나님의 선민이 되었는지 몰라서 그랬습니다. 진실로 하나님을 사랑하고 이웃을 사랑하는 사람, 진실로 나의 연약함과 죄와 직면할 줄 아는 사람은 기본적으로 관대하고 겸손할 수밖에 없습니다. 나에게 베푸신 은총을 타인에게도 베풀어주시기를 구할 수밖에 없습니다.

그렇다면 하나님께 대한 유대인들의 열정은 사실 하나님을 위한 것이 아니라, 자신들만 배타적인 사랑을 받기 위한 일이었습니다. 자신들만 은총을 받을 자격을 구비하고 있다는 영적 자만심에 빠져 있었습니다. 그러나 하나님의 사랑과 축복을 독점하려는 마음에는 진리가 들어설 수 없습니다. 그 마음으로는 일상에서도 하나님이 하시는 신비한 일들을 볼 수 없고, 성경 말씀도 제대로 들을 수 없습니다. 그런 탐욕의 마음에는 성령께서 역사하실 수 없습니다. 오직 은혜의 마음으로만 진리가 들리고 주님이 보일 것입니다.

로마시민권과 하나님의 선택

바울의 유창한 헬라어와 히브리어, 가말리엘의 수하에서 랍비 교육을 받은 것, 그리고 로마시민권은 오늘 그가 그리스도의 증인으로 사는 데 요긴하게 쓰이고 있습니다. 그중에 어느 것도 그가 이 일을 할 줄 알고 처음부터 미리 준비한 것은 없습니다. 태생적으로 갖고 있었고, 살면서 우연히 얻은 조건들이었습니다. 그런데 하나님께서는 느닷없이 그를 선택하여 부르신 순간부터, 그 모든 조건이 하나님 나라의 증인으로 사는 데 요긴한 연장이 되었습니다. 다메섹 도상에서 주께서 바울에게 나타나신 사건은 바울 한 사람을 위한 하나님의 드라마였습니다. 성부 하나님 연출, 성자 하나님 주연, 아나니아 조연의 작품입니다. 그 드라마 하나로 바울의 지나온 삶이 다시 조명되었고, 그가 배운 모든 것들이 다시 해석되었습니다. 그리고 과거의 삶에서 떠났습니다. 하지만 주님은 그 삶을 쓸모없이 여겨서 폐기하신 것이 아니라 하나님 나라를 위하여 다시 유익하게 하셨습니다.

오늘 우리가 겪는 다채로운 시간들, 고난들, 번민들, 시행착오들이 우리 자신과 우리 교회와 이 땅의 모든 교회들을 위한 하나님의 작품, 하나님의 드라마가 되면 좋겠습니다. 살아온 지난 시간들을 깊이 돌아보아 정말 돌아서야 할 지점이 있다면 돌아서고, 돌아가야 할 지향점이 있다면 돌아가서, 어디서든 어떤 모양으로든 주님 나라의 신실한 증인으로 살아갈 수 있기를 바랍니다. 우리에게는 바울이 가진 저 로마시민권이나 언어 능력과 같은 것에는 무엇이 있을까 모르겠지만, 그것들이 로마의 천부장이 부러워하고 두려워하는 세상의 자랑거리가 아니라, 우리 주님의 손에서 아름답게 쓰임 받기를 바랍니다. 또한, 그것이 무엇이든, 우리 주님을 아는 지식에 비하면 배설물에 지나지 않다고 진심으로 고백하기를 바랍니다.

로마에서도 증언하리라

사도행전 22:30-23:35

들어가는 말

신영전 한양대 의대 교수는 한 신문의 칼럼에서 "의대생은 학교를 떠나라"는 제목으로 기고했는데, 그는 학교를 떠나서 여행을 마치고 돌아와 훌륭한 의사가 된 체 게바라Che Guevara를 예로 들면서, 그가 낡은 오토바이에 몸을 싣고 학교를 떠나 칠레, 페루, 콜롬비아, 베네수엘라 국경을 넘으면서 마음의 경계를 하나하나 지워 나갔고, 마침내 생각이 온 세계만큼 커졌고, 결국 여행에서 돌아왔을 때 그는 '진짜 의사'가 되어 있었다면서, 기성세대가 만들어놓은 잘못된 의사상에서 탈피하려면 이제 의대생들은 먼저 학교를 떠나 세상을 돌아보라고 권합니다.

전체 안에서 작은 일부인 사람들

신영전 교수는 기성세대가 의대생들에게 지은 죄목을 다음과 같이 열거합니다. "공부만 잘하면 집안일, 학교 청소까지도 면제해 준 죄, 한 반에서 대학 가는 몇 명을 위해 수십 명의 학생을 엑스트라로 만든 죄, 체육·음악·미술 시간을 빼앗은 죄, 새벽까지 학원 뺑뺑이 돌리고 잠 못 자게 한 죄, 마시멜로를 먹지 않고 오래 참은 아이가 성공한다고 거짓말한 죄, 사춘기조차 심하게 앓지 못하게 한 죄, 장편소설 요약본만 읽게 한 죄, 3등급 이하의 아이와는 놀지도 말라고 한 죄, 가고 싶던 수학과·천체물리학과를 못 가게 한 죄, 부실한 예과 교육과정 운영한 죄, 편법과 불법으로 큰돈 번 의사들을 성공한 선배로 소개한 죄, 인턴과 전공의를 피교육자가 아니라 임금 싼 노동자로 대한 죄, 괜스레 젊은 전공의와 의대생 부추겨 파업하고 자신들은 쏙 빠진 죄." 한 마디로 기성세대는 의대생들에게 자기들이 제일 잘났다고 생각하게 하고, 자기밖에 모르는 아이들로 만든 죄가 크다고 말한 것입니다.

마이클 샌델Michael Sandel 교수의 『정의란 무엇인가』의 초반부에는, 탁월한 농구 재능을 가진 마이클 조던Michael Jordan이 과연 거대한 부를 소유할 만한 충분한 자격을 갖추었는지에 대한 논쟁이 나옵니다. 그의 부는 그의 재능이 고대나 중세가 아닌 NBA가 존재하는 현대의 시대적 사회적 필요와 만났기 때문에 형성된 것이며, 그의 노력 역시 그의 천부적 재능에 비하면 기여도가 낮을 수 있고, 비인기종목의 재능을 가진 자들이나 공립학교 교사의 재능이 커다란 부로 연결되지 않는다고 해서 열등한 가치라 판단할 수는 없다고 말합니다. 나아가 하버드대학교의 신입생들은 통계적으로 대부분 집안의 큰아들이나 큰 딸이며, 그래서 부모와 가정과 학교로부터 정서적 물질적 사회적 지원을 차별적으로 특권처럼 누린 학생들이었습니다. 그들이 가진 천부적 지능도 유전자로 인해 또는 확률적으로 거저 얻은 것들입니다. 물론 그들도 노력했겠지만, 재능과 지원이 뒷받침되었기에 노력할 동기부여도 된 것입니다. 그들은 그들이 속한 크고 작은 공동체에 큰 빚을 졌습니다. 따라서 샌델 교수는 하버드 학생들은 졸업 후에 그 빚을 되갚는 자세로 진로를 개척해야 정의에 부합하다고 주장합니다. 의사를 비롯하여 요즘 각계에서 영향력을 떨치는 사람들도 마찬가지입니다. 그들이 충분한 자격이 있어서라기보다, 그의 말과 행동, 그들이 제공하는 정보들을 원하는 이들이 때마침 우리 시대에 존재했기에 그들이 영향력 있는 사람들이 된 것입니다. 의대생들 역시 그들이 젊은 날 잠을 줄이며 노력하는 것 이상으로 이 사회의 구조가 의사를 비롯한 자격증 전문가들에게 매달릴 수밖에 없는 사정이 있었기에 대접을 받게 된 것입니다. 어떤 영역에서든 무언가를 성취했다면, "보란 듯 여기에 있게 된 것은 나를 필요로 하는 다른 이들과 공동체 덕분"이라고 생각해야 합니다.

이것은 사도 바울이 고린도 교회에 하신 말씀과 다르지 않습니다.

"그런즉 아볼로는 무엇이며 바울은 무엇이냐 그들은 주께서 각각 주신 대로 너희로 하여금 믿게 한 사역자들이니라. 나는 심었고 아볼로는 물을 주었으되 오직 하나님께서 자라나게 하셨나니 그런즉 심는 이나 물 주는 이는 아무 것도 아니로되 오직 자라게 하시는 이는 하나님뿐이니라. 심는 이와 물 주는 이는 한가지이나 각각 자기가 일한 대로 자기의 상을 받으리라"(고린도전서 3:5-8)

우리 각자는 전체 가운데 어느 한 부분만 감당할 뿐입니다. 그것이 그 일의 결과에 어떤 영향을 미칠지 알 수 없습니다. 사실 주님이 보시는 것은 그 영향력이나 쓸모 자체가 아닙니다. 우리가 얼마나 진실하고 성실하고 신실하게, 그리고 얼마나 겸손하게 감당했는지를 보십니다. 왜냐하면 각양각색의 사람들이 자기 자리에서 제한된 안목으로 행한 것을 작품이 되게 하시고 의미를 만들어내시는 분은 하나님이시기 때문입니다. 심지어 그것은 우리가 의도한 것과 전혀 달랐을 수 있습니다. 일을 시작할 때 의도하거나 기대한 것과 일의 결과가 정확히 같은 적은 거의 없었을 것입니다. 심지어 그것이 30년 혹은 100년 후에 어떤 결과로 이어질 것인지는 더욱 상상할 수도, 통제할 수도 없습니다. 그러니 나의 공로나 기여를 굳이 언급할 것도 없고, 누군가의 쓸모를 감히 논하기도 어렵습니다. 수많은 우연과 변수가 만나고 연결되고 화학반응을 일으켜 한 작품이 창조되고 한 역사가 형성되기 때문입니다. 그러니 한 개인을 지나치게 띄울 것도 없고 지나치게 쓸모없는 것으로 취급할 것도 없습니다.

사도행전을 보면서 이 사실을 확인할 수 있습니다. 얼마나 많은 등장인물들이 나옵니까? 그런데 우리는 사도행전 안에서 유독 베드로와 바울에게 주목하려고 합니다. 마치 그들이 없었다면 하나님 나라는 없었고 복음 전도도 없었을 것처럼 평가합니다. 하지만 그렇지 않습니다. 얼핏 그들을 주인공처럼 조명하고 있는 듯 보이지만, 그들만이 초대교회 선교 역사를 성공으로 이끈 주역은 아닙니다. 사도행전은 그들 곁에서 함께한 사람들을 잊지 않고 있으며, 궁극에는 그 모든 수고와 노력을 의미 있게 하시는 삼위 하나님의 섭리를 가장 비중 있게 다루고 있습니다. 그 하나님의 섭리를 돋보이게 하는 것이 숱한 등장인물들입니다. 그들이 각자의 자유의지로 만들어내는 '경우의 수'는 수없이 많습니다. 그 모든 경우의 수들이나 변수들을 가지고 주님께서 어떻게 하나님 나라를 이루어가시는지를 사도행전은 보여주고 있습니다. 바로 그 주권과 섭리와 계획 안에서 바울은 신실하고 겸손하게 자기가 깨달은 만큼, 또 할 수 있는 만큼 역할을 감당했습니다. 오늘 본문이 그 사실을 확인해 줄 것입니다.

구조

바울은 두 번이나 로마군대의 천부장 루시오의 도움으로 유대교의 유대인들로부터 벗어났습니다. 루시오는 성전에서 바울을 폭행한 사람들에게서는 바울이 도대체 무슨 연고로 죽도록 맞았는지를 알 수 없었습니다. 더군다나 늘 하던 대로 유대인 바울을 고문하여 손쉽게 자백을 받아내려 했지만, 그가 로마시민권자임을 알고는 주춤합니다. 하지만 아무리 로마시민권자라도 천부장에게는 맘대로 바울을 풀어줄 권한이 없었습니다. 이에 천부장은 유대교 최고 사법기관인 산헤드린 공의회에 맡겨서 바울이 심문을 받도록 결정합니다.[33]

본문의 구조를 보면, 이번에는 어떻게 하나님께서 바울을 도와서 유대교의 폭행과 살해 위협으로부터 구해주시는지를 알 수 있습니다. 바울의 위험은 갈수록 커지고, 동시에 그를 도우시는 하나님의 손길도 더 촘촘해집니다. 바울은 그 위험의 중심부인 예루살렘으로부터 벗어나고 있습니다. 예루살렘을 벗어날 뿐만 아니라 바울이 로마에 가서 복음을 증거할 것이라는 하나님의 말씀을 듣게 됩니다. 그리고 실제로 로마로 떠나는 항구가 있는 가이사랴로 이동하는데, 비록 피고인 신분이었지만 아직 죄가 확정되지 않은 비교적 자유로운 미결수가 되어 무려 470명의 로마의 기병과 마병의 호위를 받으며 이동하고 있습니다. 바울, 그는 혼자가 아니었습니다. 혼자 자신의 능력과 지혜를 동원하여 갖은 어려움을 헤쳐 나간 것이 아닙니다. 여기서 바울의 신실함과 함께 언약의 하나님께서 하나님 노릇을 충실히 해주시는 모습에도 주목하기 바랍니다. 본문의 구조만 살펴도 전체의 흐름을 짚을 수 있습니다.

사도행전 22:30-23:35의 구조

배경: 바울이 공회 앞에 서다(22:30)
A 바울의 증언과 대제사장의 폭행 지시(23:1-5)
  B 바리새인의 도움으로 위기 모면하다(23:6-9)…바울의 기지
    C 천부장이 바울을 영내로 피신시키다(23:10)…바울의 로마시민권
      X 주께서 바울에게 로마에서 증언할 것이라고 말씀하시다(23:11)
A′ 바울을 죽이기로 맹세한 유대인들(23:12-15)
  B′ 생질의 도움으로 위기 모면하다(23:16-22)…바울의 판단
    C′ 천부장이 바울을 가이사랴로 피신시키다(23:23-30)…
       바울의 로마시민권
배경: 바울이 벨릭스 총독 앞에 서다(23:21-25)

바울이 유대인들의 연이은 폭행 지시와 살인 모의 가운데서도(A, A′) 동족 바리새인(B)과 로마군대의 천부장(C, C′)과 그의 생질(B′)의 도움으

로 위기를 모면하고 있습니다. 바리새인은 바울이 속했던 유대교 분파이며, 생질은 바울의 누이의 아들, 즉 그의 친족입니다. 여기서 바울은 바리새인에게는 그들이 동의하는 부활의 교리를 고백하는 기지를 발휘하고, 생질이 준 정보를 로마 백부장에게 알려서 그가 비밀리에 천부장을 만나도록 주선하고 있습니다. 두 장면 모두에서 바울의 지혜와 순간 판단 능력이 돋보입니다. 천부장의 도움은 바울의 로마시민권이 다시 빛을 발한 결과입니다. 무엇보다도 주께서 그 배후에서 바울을 지키고 계시고, 바울이 갖고 있는 조건을 사용하여 도우시며, 궁극에 그를 통해서 이룰 일을 계획하고 계셨음을 보여줍니다(X). 본문은 바울이 예루살렘의 산헤드린 공회 앞에 서는 것으로 시작하여 가이사랴에 있는 총독 관저에서 벨릭스 총독 앞에 서는 이야기로 끝나고 있습니다.

공회 앞에 서다

천부장 루시오는 아직도 사태 파악을 못하고 있습니다. 바울의 신변을 어떻게 처리해야 할지, 유대인들의 폭행에 대해서 어떤 판단을 내려야 할지 정하지 못했습니다. 폭행에 가담한 유대인들에게 직접 묻고 바울의 변증을 듣고 나니, 더욱 바울에게 어떤 혐의도 찾을 수 없었습니다. 바울을 고문하여 찾아내려 했지만, 바울이 로마시민권자임을 알고는 그만두었습니다. 우리 생각에는 바울을 최초로 고소한 아시아에서 온 유대인들을 찾아서 심문해야 마땅할 것 같은데, 천부장은 그 대신 유대인의 공회를 소집합니다.[34] 유대인의 공회를 '원고'로 간주한 것입니다.

"이튿날 천부장은 유대인들이 무슨 일로 그를 고발하는지 진상을 알고자 하여 그 결박을 풀고 명하여 제사장들과 온 공회를 모으고 바울을 데리고 내려가서 그들 앞에 세우니라" (사도행전 22:30)

바울의 손에서 결박이 풀립니다. 아직 죄가 확정되지 않은 로마시민 권자이기 때문입니다. 산헤드린 공의회는 유대인 지도자들로 구성된 원로원 같은 곳입니다. 종교와 민사를 다루는 범민족적, 사법적 의회 기구입니다. 지방의 산헤드린이 다룰 수 없는 것을 다루는 상급법원 역할을 예루살렘 산헤드린이 담당했습니다. 로마는 총독이 관여해야 하는 특별한 상황이 아니면 산헤드린에게 형사와 민사 사건을 자율적으로 처리할 권한을 위임했습니다. 그래서 종교와 사법과 입법까지 산헤드린이 담당했습니다. "무슨 일로 그를 고발하는지[현재시제]"라는 표현을 볼 때, 이미 바울은 고발당한 상태였는데 그 고발 내용을 자세히 알아보기 위해 정식 재판 전에 예비 재판 형식으로 산헤드린을 소집한 것으로 보입니다. 산헤드린 회의실은 성전 서쪽 벽 아래 있었습니다.

바울의 변증과 대제사장의 폭행 지시

이번에도 바울이 자신을 변론하는 말로 시작합니다.

"바울이 공회를 주목하여 이르되 여러분 형제들아 오늘까지 나는 범사에 양심을 따라 하나님을 섬겼노라 하거늘" (사도행전 23:1)

앞서 성전의 유대인들에게 했던 말을 요약하고 있습니다. 바울이 유대인과 율법과 성전을 비방하여 가르쳤다(행 21:28)는 비난은 터무니없습니다. 그는 "하나님께 대하여 열심이 있는 사람"(행 23:3)이었습니다. 그는 "하나님 앞에서"토 쎄오, τῷ θεῷ, 즉 하나님의 율법을 따라 살았습니다. "양심을 따라"쉰네이데세이, συνειδήσει 살았습니다. 율법에 근거하여 신앙 양심을 지켰습니다. 결과적으로는 그리스도의 도를 핍박했지만, 당시에는 그것마저도 양심을 따른 열정의 발로였습니다. "범사에"파세, πάσῃ, 즉 삶의 전 영역에, 모든 판단마다 율법과 양심이 영향을 미쳤습니다. 하나님의 눈앞에서 판단했습니다. 에베소의 장로 디모데에게 보낸 마지막 유언 서신에서도 바울은 로마 감옥에서 처형을 앞두고 자신의 삶을 이렇게 회고합니다(딤후 1:3). "나는 밤낮으로 기도를 할 때에 끊임없이 그대를 기억하면서 하나님께 감사를 드립니다. 나는 조상들을 본받아 깨끗한 양심으로 하나님을 섬깁니다." 여기 사도행전 23장 1절에 나오는 "섬기다"라는 단어는 '폴리튜오마이'πολιτεύομαι입니다. 직역하면 '시민답게 살다'입니다. 바울은 자신이 하나님의 언약 백성답게 살았다고 고백한 것입니다. 이 단어가 나온 대표적인 구절이 빌립보서 1장 27절입니다. 이 구절이 빌립보서의 요절인데, 바울은 여기서 이렇게 말합니다. "오직 너희는 그리스도의 복음에 합당하게 생활하라." 여기 '합당하게 생활하다'라고 번역한 단어가 '폴리튜오마이'입니다. 원래는 로마의 시민답게 살라는 뜻입니다.

그런데 바울의 첫 마디가 떨어지자마자 산헤드린 공회 의장인 대제사장 아나니아가 발끈합니다.

"대제사장 아나니아가 바울 곁에 서 있는 사람들에게 그 입을 치라 명하

니"(사도행전 23:2)

더 들을 필요가 없다는 뜻입니다. 그는 바울의 첫 마디가 자신의 잘못을 시인하는 말일 줄 기대했을 것입니다. 산헤드린은 이미 바울이 어떤 악행으로 성전에서 폭행을 당했는지 들어 알고 있었고, 그것을 기정사실로 믿고 있었을 것입니다. 그렇다면 사실상 공회를 통해서 진실을 규명할 수는 없는 상황이었습니다. 그런데 바울이 "오늘날까지"라고 하자 바울에게는 더는 개선의 여지가 없다고 보고 발언 자체를 중단시킨 것입니다. 더 듣더라도 변명만 늘어놓을 게 뻔하다고 본 것입니다. 그래서 교만하여 망언을 일삼고 감히 대제사장 앞에서 신성모독적 발언을 하는 바울의 입을 치라고 지시합니다. 하지만 이것은 불법적인 명령이었습니다. 그래서 바울은 즉각적으로 반발합니다. 평소답지 않습니다.

"바울이 이르되 회칠한 담이여 하나님이 너를 치시리로다 네가 나를 율법대로 심판한다고 앉아서 율법을 어기고 나를 치라 하느냐 하니"(사도행전 23:3)

대제사장이 바울의 "입을 치라"튑테인 아우투 토 스토마, τύπτειν αὐτοῦ τὸ στόμα고 명령하자, 바울도 똑같은 '치다'튑토, τύπτω라는 동사를 사용하여 "하나님이 너를 치시리로다"라고 응수합니다(참조. 신 28:22). 누가는 직접화법을 사용하여 그의 강력한 저주 선언을 생생히 전달합니다. 그런데 원수까지 사랑하라고 하신 예수님의 말씀을 생각하면 바울이 이렇게 반응하는 것이 옳은 걸까요? 예수님도 정식 재판을 하기 전에 대제사장 앞에서 맞고 희롱당하셨던 것을 기억하실 겁니다. 누가는 이렇게 기록한 바 있습니다 (눅 22:63-65). "지키는 사람들이 예수를 희롱하고 때리며 그의 눈을 가리고 물어 이르되 선지자 노릇 하라 너를 친 자가 누구냐 하고 이 외에도 많은 말로 욕하더라." 요한은 더 자세하게 기록하고 있습니다 (요 18:22-23). "이 말씀을 하시매 곁에 섰던 아랫사람 하나가 손으로 예수를 쳐 이르되 네가 대제사장에게 이같이 대답하느냐 하니 예수께서 대답하시되 내가 말을 잘못했으면 그 잘못한 것을 증언하라 바른 말을 했으면 네가 어찌하여 나를 치느냐 하시더라." 예수님도 하실 말씀을 하셨지만, 바울보다는 더 차분하고 침착하게 말씀하셨습니다. 그런데 바울은 저주에 가까운 말로 대제사장을 쏘아붙이고 있습니다. 분노가 폭발한 것입니다. 여기 바울이 "회칠한 담"이라고 한 것은 에스겔 13장 8-15절을 배경으로 하고 있는데, 멸망을 눈앞에 두었는데도 "평강이 있다"고 외친 거짓 지도자들처럼, 곧 무너질 담이 겉으로는 든든하게 보여도 사실은 회칠한 담이라고 비난한 것입니다. 이는 그가 레위기 19장 15절에서 말한 공의를 저버린 위선적인 재판관이라는 비난입니다. 아직 제대로 들어보지도 않고 폭행부터 지시하는 것은 율법을 어긴 불법적인 태도이며, 이는 하나님의 심판을 불러올 일이라는 것입니다. 그들은 자신들이 마치 율법을 만든 입법자인 듯 행세하고 있습니다. 그런 태도 때문에 나중에 율법의 완성으로 오신 하나님의 아들 메시아 예수를 죽였으면서, 이제 예수의 사도인 바울마저 폭행하여 죽이려고 하는 것입니다. 실제 역사적으로 이 대제사장 아나니아는 그런 사람이었습니다. 그는 철저히 로마와 결탁하여 자기 이익과 권력만을 탐했기에, 심지어 동족 유대인들로부터도 지지와 존경을 받지 못하고 있었습니다. 나중에 주후 66년 유대인들이 반로마 반란을 일으켰는데, 그때 이 아나니아는 로마와 결탁했다는 이유로 동족 유대인들에게 사태 초반에 암살을 당했습니다.[35]

바울의 비난에 즉시 곁에 있는 사람들이 바울을 책망하는 일을 거들었습니다. 권력에 기생하는 자들입니다.

"곁에 선 사람들이 말하되 하나님의 대제사장을 네가 욕하느냐"(사도행전 23:4)

그런데 바울의 대답이 흥미롭습니다.

"바울이 이르되 형제들아 나는 그가 대제사장인 줄 알지 못했노라 기록했으되 너의 백성의 관리를 비방하지 말라 했느니라 하더라"(사도행전 23:5)

바울은 그가 대제사장인 줄 모르고 비난했다고 합니다. 알았다면, 하나님의 말씀도 있는데, 어찌 자기가 욕을 했겠느냐고 대답합니다. 사실일까요? 바울이 정말 그가 대제사장인 줄 몰랐을까요? 많은 이들이 바울의 명백한 거짓말이라고 주장합니다. 바울도 한때 산헤드린 공회 일원이었고, 대제사장은 앉는 위치와 복장부터가 달라서 못 알아볼 리 없다는 것입니다. 존 스토트John Stott는 바울이 눈이 안 좋아서 발언하는 사람이 정확히 누구였는지 몰랐을 수 있다고 제안합니다. 개연성 있는 추측입니다. 그러나 그것보다는 바울이 이 아나니아를 하나님이 세운 대제사장으로 인정하지 않는다는 뜻으로 그렇게 말했다고 생각합니다. 아나니아는 율법이 비난하지 말라고 한(출 22:28) 그런 사람이 아니라는 것입니다. 그는 바울이 존중해 줄 필요가 없는 사람이었던 겁니다. 그렇다면 "나는 그가 대제사장인 줄 알지 못했노라"는 말은 비꼬는 어조입니다. 그가 평소에 대제사장답지 않고 회칠한 담처럼 살았고, 지금도 율법을 어기는 방식으로 재판하고 있으니, "하나님이 세우신 대제사장일 리 없다"는 것입니다. 이것을 '객관적인 무지가 아니라 주관적 무시'라고 보고 싶습니다.[36]

종교지도자들에 대한 신뢰도 하락은 종교가 타락했을 때 나타나는 전형적인 현상입니다. 생계형 종교인들이 많아지기 때문입니다. 목사 하면 떠오르는 연관 검색어는 무엇일까요? 혹시나 '말 많은 사람', '회칠한 담', '위선', '권위주의', '돈', '태극기부대', '세습' 같은 것이 아닐까 우려됩니다. 유진 피터슨Eugene H. Peterson 목사님이 아들과 주고받은 편지를 묶은 책인 『젊은 목사에게 보내는 편지』를 읽으면서, 목사에 대해 부정적인 인식이 팽배한 이 사회의 눈치를 보면서 살고 있는 저의 모습이 보였습니다. 어쨌든지 목사스러운 사람이 되지 않으려고만 애를 썼을 뿐, 목사답게 살려는 노력은 상대적으로 많이 부족했다는 것을 알고 크게 뉘우쳤습니다. 유진 피터슨 목사님은 말합니다.

"목사직은 이렇듯 하나님 나라의 맥락과 어휘를 갖춘 채 인격적이고 상대를 존중하고 환영하고 존엄을 부여하는 방식으로 사람들을 만나고 상대할 수 있는 독특한 직책이란다…. 우리 문화에서는 교회 안에서든 밖에서든 사람을 존귀한 영혼으로 대하는 이들이 사실상 전무하지. 사람은 소비자와 자원과 피해자로 축소되고, 사람의 문제나 지위나 기능이 그들을 규정하곤 하지. 그러나 적어도 우리 목사들은 사람을 존귀한 영혼으로 대할 수 있는 맥락과 어휘를 갖추고 있단다."

권위적으로 살지 않기 위해 애쓴 것은 맞지만, 그래도 목사 직분의 고귀함, 신성함, 또 영광을 회복하려는 노력을 직분을 남용하지 않으려는 노력보다 더 중요하게 여겨야겠다는 생각이 들었습니다.

바리새인의 도움을 받다

바울은 더는 자신의 변론만으로는 이 상황을 모면할 수 없겠다고 판단했습니다. 개나 돼지에게 진주를 주지 말라고 하신 예수님의 말씀을 떠올렸을까요? 들을 귀가 없는 자에게는 말을 섞을수록 변론은 변명으로 전락합니다. 진심의 소리에 귀를 기울이지 않으려고 작정한 자기중심적인 이들에게는 어떤 해명도 통하지 않습니다. 그들은 자기 생각만큼 타인의 생각도 '역사'와 '사연'을 갖고 있고, 선 자리가 다르면 보이는 것도 달라진다는 상식조차 갖고 있지 못한 사람들입니다. '사실' 자체가 왜곡되어 있으면 바로 잡을 수 있지만, '진실'을 독점하려고 하는 태도는 가망이 없습니다.

바울은 위기를 돌파할 기지를 발휘합니다. 기지이지 거짓은 아닙니다. 유대인 중의 유대인이요 전에 공회 의원이었던 바울은 산헤드린의 구성을 잘 알고 있었습니다. 그곳은 다수의 사두개인과 그보다 적은 수의 바리새인들로 구성되어 있습니다. 그 둘은 겉으로는 바울을 제거하는 데 한마음이 된 듯 보이지만, 실상은 서로 혐오와 배제의 관계인 것을 바울은 알고 있었습니다. 서로 신학적 입장이 달랐고, 로마와 성전과 대제사장을 바라보는 시선도 달랐습니다. 무엇보다 바리새인들에게 사두개인들은 비난과 멸시의 대상이었습니다. 평신도 경건 운동을 펼치는 바리새인들은 자기 직업을 가진 채 유대교를 정결하게 하고 율법을 연구했습니다. 그래서 바울도 일찌감치 천막 만드는 기술로 생계를 꾸렸던 것입니다. 물론 바리새인들도 위선이나 권력을 추구하는 것 때문에 예수님의 비난을 피하지 못했지만, 그래도 자신들은 사두개인들과는 차원이 다르다고 생각했습니다. 상대적인 의에 취해 사는 것이 바리새인들의 특징이었습니다. 사두개인들은 종교적 기득권자들로서 로마와 결탁하여 온갖 부와 권력을 누리고 있었습니다. 예수님의 성전 척결 퍼포먼스는 주로 사두개인들을 겨냥한 도전이었는데, 그들은 만민의 기도하는 집을 강도의 소굴로 만들었다는 책망을 들었습니다.

　그래서 바울이 대제사장을 욕할 때, 바리새인들은 겉으로는 분노해도 속으로 박수를 쳤을 것입니다. 자기들이 하고 싶었던 말을 대신해 주어서 속이 후련했을 것입니다. 무엇보다 둘은 교리적으로 크게 달랐습니다. 모세오경만을 하나님의 말씀으로 인정하는 사두개인들을 바리새인들은 인정할 수 없었습니다. 사두개인들은 모세오경에는 몸의 부활에 대한 직접적인 가르침이 없다는 이유로 부활을 믿지 않았고 천사와 영의 존재도 믿지 않았지만, 바리새인들은 그것을 철저히 믿었습니다.

　우리는 바울에게 가장 중요한 교리가 예수님의 십자가와 부활인 것을 알고 있습니다. 그 부활의 예수님을 알았고 전했기 때문에, 그간 바울은 유대인들에게 박해를 받았습니다. 부활 자체가 일어날 수 없는 일이었다면 예수님도 하나님의 저주를 받아 죽은 자로 남았겠지만, 부활이 일어날 수 있는 일이었기에 그는 주와 메시아가 될 수 있었습니다. 하지만 사두개인들은 이 교리를 용납하지 않았습니다. 부활 현상 자체를 믿지 않는 자들이었기에 예수의 부활은 물론이고 그가 메시아라는 사실도 받아들이지 않았습니다. 그가 부활했다는 소문을 들었지만 조금도 그것이 사실일 리 없다고 확신한 것은 부활 자체를 믿지 않았기 때문입니다. 그래서 바울은 진리를 전하면서도 두 종교 분파 간의 차이를 이용하기로 했습니다. 바울은 이렇게 주장합니다.

"바울이 그 중 일부는 사두개인이요 다른 일부는 바리새인인 줄 알고 공회에서 외쳐 이르되 여러분 형제들아 나는 바리새인이요 또 바리새인의 아들이라 죽은 자의 소망 곧 부활로 말미암아 내가 심문을 받노라"(사도행전 23:6)

여기 "바울이 … 알고"그누스 데 호 파울로스, $Γνοὺς\ δὲ\ ὁ\ Παῦλος$는 이유를 나타내는 분사구문으로 바울이 두 지파 간 교리 차이를 십분 활용했음을 보여줍니다. 그렇다고 해서 바울이 발언한 주목적이 이 재판 자리에서 자신의 안위를 지키는 것이라는 말은 아닙니다. 그것을 위해 메시지 내용을 '부활'로 했다는 뜻도 아닙니다. 부활은 늘 그가 증거하는 복음의 핵심 내용이었습니다. 하지만 바울의 말과 달리 부활의 복음을 전한 것이 그가 심문받는 직접 원인은 아닙니다. 아시아에서 온 유대인들의 거짓 고소 때문에 곤욕을 당하는 중입니다. 하지만 그렇다고 그가 거짓말로 지어낸 것도 아닙니다. 아시아에서 온 유대인들이 바울을 노린 것은 그가 아시아에서 부활하신 예수님을 전했기 때문입니다. 이 부활 때문에 바울 인생이 정반대로 바뀌었고, 결과적으로 유대교의 원수가 되었습니다. 그는 자신의 소속을 강조하여 밝힙니다.

"여러분 형제들아 나는 바리새인이요 또 바리새인의 아들이라"

현재동사 에이미 εἰμι를 쓴 것을 볼 때, 그는 여전히 자신을 바리새인의 신앙고백의 어느 부분을 따르는 바리새인으로 여기고 있었습니다(빌 3:5). 여기 "바리새인의 아들"이라는 말은 바리새인의 제자, 즉 가말리엘의 제자였다는 뜻입니다. 이는 부활을 믿는 과거의 동료 바리새인들의 지지를 이끌어내려고 의도적으로 이렇게 말한 것입니다. 바울의 말이 끝나자 순식간에 반바울 진영으로 똘똘 뭉쳐 있던 산헤드린 공회가 둘로 갈렸습니다. 그들은 사실 처음부터 하나가 아니었고, 자신들의 이익을 대변하기 위해 잠시 하나인 척했다는 사실이 드러납니다.

"그 말을 한즉 바리새인과 사두개인 사이에 다툼이 생겨 무리가 나누어지니 이는 사두개인은 부활도 없고 천사도 없고 영도 없다 하고 바리새인은 다 있다 함이라"(사도행전 23:7-8)

사두개인들은 부활은 물론이고 천사나 영의 존재도 부정했고(참조. 마 22:23; 눅 20:27)[37] "영혼이 죽음과 함께 멸망한다"고 믿었습니다.[38] 그러니 오직 이 세상만 중요했고, 나중에 메시아가 회복할 나라도 지금 사는 이 나라에서 메시아가 통치하는 상태로 기대하고 있었습니다.[39] 바울의 발언으로 산헤드린 공회는 순식간에 아수라장이 되었습니다. 양측이 삿

대질하며 목소리를 높였습니다. 여기 '다툼' 스타시스, στάσις이란 단어는 '민란', '소유' 같은 극단적인 폭력을 연상케 하는 단어입니다. 사도행전 19장 40절에서 에베소의 평민들이 '소요'를 일으키는 것을 봤는데, 여기서는 산헤드린 공회 의원들이 주도하고 있습니다.

상황이 이럴 때는 대제사장이 자기 권위를 주장할 수 없었을 것입니다. 이때 바리새파 출신의 서기관 몇 사람이 일어나 이렇게 다투어 말합니다 디에마콘토 레곤테스, διεμάχοντο λέγοντες.

"크게 떠들새 바리새인 편에서 몇 서기관이 일어나 다투어 이르되 우리가 이 사람을 보니 악한 것이 없도다 혹 영이나 혹 천사가 그에게 말했으면 어찌 하겠느냐 하여" (사도행전 23:9)

철저히 바리새파 입장에서 바울을 이해하려고 시도한 것입니다. 바울이 주장하는 부활 교리가 (예수님의) 영이나 천사가 해준 말이라면, 그리고 율법에 어긋나는 것이 없다면, 그를 처벌하는 것이 오히려 하나님의 뜻을 거스르는 것이 될 수 있다고 주장한 것입니다. 이런 서기관의 발언에 따르면 6절에서 바울이 '죽은 자의 소망 곧 부활'을 언급한 것으로만 나오지만, 실제로는 그가 영광 가운데 만난 부활의 주님에 대한 경험과 그분이 이스라엘의 메시아요 주님이시라는 메시지도 전했을 것이라고 짐작할 수 있습니다.

일전에 가말리엘이 부활의 복음을 전한 사도들을 처리할 때 조언했던 말과 비슷합니다 (행 5:38, 39). 가말리엘도 바리새파 출신의 랍비이기 때문에, 그들을 엄하게 다스리려는 사두개파 성전 당국자들보다는 부활의 복음을 전하는 사도들의 가르침에 대해서 관대하지 않았을까 생각합니다.

이런 바리새인들의 주장은 사실상 무죄 선언이나 다름없습니다. 누가복음에는 예수님의 재판이 다섯 번 나오고, 거기서 다섯 번 모두 무죄 선언을 받습니다(행 23:4, 14, 15, 22, 41). 나중에 나오는 백부장의 고백(눅 23:47)까지 합치면 여섯 번입니다. 사도행전에도 바울도 다섯 번 무죄 선언을 받고 있습니다(행 22:9; 23:29; 25:18; 25:25; 26:31). 나중에 멜리데에서 뱀에게 물렸다 살아난 후에도 한 번 더 듣는데, 그것까지 합치면 여섯 번입니다(행 28:4-6). 그러니까 예수님과 바울이 모두 다섯 번의 재판과 여섯 번의 무죄 선언을 받은 겁니다. 이는 예수님과 함께하신 하나님께서 바울과도 함께하신다는 것을 보여줍니다. 바울의 길이 예수님이 걸어가신 길이었던 것입니다.

천부장이 바울을 보호하다

바리새인들의 주장에 사두개인들이 가만있었을 리 없고, 아주 강하게 반발했을 겁니다. 양쪽 진영에서 바울의 신병을 확보하려고 했습니다. 한편에서는 당장 처형하기 위해서였고, 다른 한편에서는 지키기 위해서였습니다. 이제 바울과 산헤드린 공회의 대결이 공회 안의 사두개인과 바리새인의 대결로 전환되었습니다. 사태의 추이를 지켜보던 천부장은 지금이 자신이 개입할 때라고 판단했습니다.

"큰 분쟁이 생기니 천부장은 바울이 그들에게 찢겨질까 하여 군인을 명하여 내려가 무리 가운데서 빼앗아 가지고 영내로 들어가라 하니라"(사도행전 23:10)

"그들에게 찢겨질까"라는 표현을 보면 양측이 바울을 뺏으려고 몸싸움까지 벌인 상황을 상상할 수 있습니다. 바울이 '찢겨질까' 염려할 정도로 교양과 품위를 내팽개친 개싸움 수준의 모임으로 격화된 상황이었습니다. 이것은 로마의 관점에서는 부끄러운 광경입니다. 이는 유대의 법정에 대한 성경 저자의 평가가 반영된 묘사입니다. 사태가 이 지경에 이르자 지켜보던 군인들이 개입합니다. 그들에게서 바울을 강제로 "빼앗았"습니다. 그리고 안토니오 요새 영내로 옮겨 그를 안전하게 보호해 주었습니다. 물론 발에 쇠사슬을 채우지 않았을 것이고, 나중에 생질과 자유롭게 만나는 것을 볼 때 어느 정도 예우를 받은 것처럼 보입니다. 여기까지 전개된 상황을 지켜본 천부장은, 좀 전에 바울이 성전에서 폭행당한 이유를 짐작할 수 있었을 것입니다. 그것이 29절에 총독에게 보낸 편지 안에 나옵니다. "고발하는 것이 그들의 율법 문제에 관한 것뿐이요 한 가지도 죽이거나 결박할 사유가 없음을 발견했나이다." 이것은 유대교 내 율법 해석의 차이에서 생긴 갈등이므로 로마 당국이 개입할 일이 아닌 것을 알게 된 것입니다. 천부장 입장에서는 자기들끼리도 합의가 안 된 일을 두고 로마시민권자 바울을 폭행한 것은 잘못이었습니다. 아무리 종교적인 문제라고 해도 더는 바울의 신변을 유대교에게 맡겨서는 안 되겠고, 로마 총독의 관할 아래서 해결해야 한다고 판단했습니다. 유대교 법정의 자격 없음이 천부장을 통해 평가받고 있는 순간입니다. 유대인들은 예수 재판도 종교적인 사안이었는데도 정치적 사안으로 둔갑시켜 죽인 바 있습니다. 빌라도 역시 그것을 알면서도 유대교의 요구대로 예수를 처형했습니다. 하지만 천부장은 달랐습니다. 그럼 현 로마 총독도 이 천부장의 생각에 동의할까요? 빌라도와 다른 결정을 내릴까요? 이것을 23장 맨 끝에서 다루고 있습니다.

주께서 바울의 로마행을 예고하시다

예루살렘에 당도한 후부터 바울은 철저히 수동적이었습니다. 시키는 대로 했고 상황에 이끌려 살았습니다. 그가 지킨 것은 그의 마음뿐이었습니다. 변함없이 양심을 따라 하나님을 섬겼습니다. 그에게는 그것만 중요했습니다. 누구든 자신이 상황을 주도하지 못하면 견디지 못하는 데서 불신이 싹틉니다. 돈과 권력에 길들어서 자신이 명령하고 지시하고 영향을 미치고, 그래서 자신이 대접받아야 살아 있다고 느낀다면, 그는 절대 하나님을 믿을 수 없는 죄인입니다. 하지만 바울은 자신이 하나님 앞에 있는 것만 확실하다면, 상황은 그에게 결정적인 것이 아니었습니다. 안토니오 요새에 구금된 바울은 자신의 앞날을 전혀 몰랐습니다. 이렇게 갇혀 복음을 전하지도 못하는데, 왜 하나님께서는 예루살렘에 오게 하셨는지 그 뜻을 알 수 없었을 것입니다. 분명 하나님께서 역사하신다는 것은 믿었지만, 그 하나님의 뜻이 어떻게 이루어지는지는 몰랐습니다. 나중에 로마에 가서 복음을 전할 수는 있을지, 또 그 후에 서바나까지 가서 복음을 전할 수 있을지도 궁금했을 것입니다.

그렇게 한결같은 마음으로 양심을 지키면서 하나님을 섬기고 있는 바울에게 주님이 나타나십니다.

"그 날 밤에 주께서 바울 곁에 서서 이르시되 담대하라 네가 예루살렘에서 나의 일을 증언한 것 같이 로마에서도 증언하여야 하리라 하시니라" (사도행전 23:11)

"그 날 밤"은 '다음 날 밤'이라고 번역해야 더 적절합니다. "에페이미"ἐπειμι는 신약에서 사도행전에서만 나오는데, 5번 모두 '다음 날'을 가리키는 표현으로 나오기 때문입니다(행 7:27; 16:11; 20:15; 21:18; 23:11). 부활하신 주님은 이번에는 바울에게 "담대하라"는 말씀부터 하십니다. 그럼 바울이 앞으로 닥칠 환난에 대해 두려워하고 있었던 것일까요? 앞으로 겪을 일이 만만치 않을 것이란 뜻일 수도 있습니다. "담대하라"는 말씀은 복음을 전하는 데 있어서 담대하라는 뜻일 것입니다. 또한 지금 바울이 수동적으로 당하는 상황에서도 주님의 뜻은 이루어지고 있음을 담대히 믿으라는 뜻일 수도 있습니다. 바울은 언제까지 담대해도 괜찮습니까? 로마에 도착할 때까지입니다. 거기서 복음을, 주 예수를 전하는 순간까지는 담대해도 괜찮다고 하십니다. 바울의 개인적 열망의 차원이었던 로마에서의 복음 증거 계획(행 19:21)이 이제 드디어 하나님의 계획으로 전환되고 있습니다. 그러니 바울은 더욱 담대해도 괜찮았습니다.

'담대해도 괜찮다'는 이 말씀은 사역자에게는 정말 큰 선물 중의 하나입니다. 이것은 주님이 나를 인정하신다는 뜻이고, 나를 사용하신다는 뜻이고, 내가 하는 일이 하나님의 뜻을 이루는 일이라는 뜻이고, 나의 부족함과 숱한 장애물에도 불구하고 내가 가는 길이 주님 앞에서 인생 낭비가 아니라는 뜻이기 때문입니다. 속절없이 당하기만 하는 것 같은 바울의 상황을 하나님께서 해석해 주신 것입니다. 이것은 현재의 시간과 과거의 시간을 연결하는 해석이고, 후에 있을 무기력하게 보이는 시간들에 미리 의미를 부여해 주는 말씀이었습니다. 이것이 바울에게 얼마나 큰 위안이 되었을지 짐작할 수 있겠습니까?

주님은 그냥 '갈 예정이다'라고만 하시지 않고 '반드시' 가야 한다$_{세 데}$ 이 카이 에이스 흐로멘 마르튀레사이, σε δεῖ καὶ εἰς Ῥώμην μαρτυρῆσαι고 하십니다. 여기 '네가'를 강조하여 '다름 아닌 네가' 반드시 가야 한다고 꼭 집어서 말씀해 주셨습니다. 그렇다면 이것은 바울 편에서의 의지가 아니라 하나님 편에서의 의지입니다. 반드시 로마에 갈 수 있도록 그 과정 전체를 하나님께서 책임지시겠다는 뜻입니다. 다만 '언제', '어떤 방식으로' 로마에 가게 될지는 말씀하지 않으십니다. 예루살렘에서 환란과 결박이 기다린다고 성령을 통해 알려주신 후, 주께서 미래의 일을 직접 말씀하신 것이 이번이 처음입니다. 우리 삶에서도 주께서 직접 앞일을 보여주시는 경우는 거의 드뭅니다. 따라서 하나님의 뜻을 구할 때, 바울처럼 보여달라고 기도한다고 해서 응답을 보장받는 것은 아닙니다. 바울에게 주신 예외적 계시였고, 바울에게조차 거의 드물게 주시는 계시 방식이었습니다.

우리는 바울이 예루살렘에 와서 제대로 사역을 시작하기도 전에 소동에 휩쓸렸다고 생각했는데, 주님은 바울이 "예루살렘에서 나의 일을 증언했다"$_{호스 디에마르튀로 타 페리 에무 에이스 예루살렘,}$ ὡς διεμαρτύρω τὰ περὶ ἐμοῦ εἰς Ἰερουσαλήμ고 말씀하십니다. 이 말을 듣고 바울이 가장 놀랐을 것입니다. 그는 단지 심문받고 재판받았을 뿐인데, 주님은 그가 자신을 증언했다고 인정하셨기 때문입니다. 하나님에게 바울의 이 예루살렘 재판 경험은 로마에서 할 본 공연의 리허설이었던 것입니다. 예루살렘에서처럼 로마에 가서도 재판을 받겠지만, 주님은 그 재판의 자리를 예수님을 증거하는 기회가 되게 해주시겠다고 약속하시고 있습니다. 이것은 우리가 어떤 상황, 어떤 장소, 무슨 일을 통해서든지 그것을 주님을 드러내고 증거할 자리로 만들 수 있음을 보여줍니다. 성경을 펼쳐 복음을 전하지 않더라도, 때로는 암시적으로 또 때로는 비유적으로, 그 복음을 받는 사람에게 적합하게 그리고 전하는 우리 자신이 입은 옷에 어울리게 복음을 성육화하여 전하도록 우리 모든 그리스도인들은 부름을 받은 것입니다. 바울은 피고 신분으로도 복음을 전했습니다(참조. 빌 1:12-18). 로마에서 그가 어떤 형식과 신분으로 복음을 전할지는 중요하지 않았습니다.

예루살렘에서 모진 시련을 당했으니 이제 로마에서는 좀 편안한 사역을 할 것이라고 말씀하셔야 지금 바울에게 위로가 되지 않을까요? 그런데 주님의 위로 방식은 우리 기대와 너무 다릅니다. "로마에서도 증언하여야 하리라!" 그런데 이런 고난을 받지 않고 전할 것이라는 약속은 없습니다. 그럴 리가 없기 때문입니다. 그래서 예루살렘에서 담대함이 필요했듯이 로마에서도 담대함이 필요하게 될 것입니다. 복음 증거의 사명이 그가 사는 목적이고 이유가 아니었다면, 이와 같은 고난이 로마에서도 기다린다는 말씀이 바울에게는 전혀 위로가 되지 않았을 것입니다.

이렇듯 부활하신 주님의 등장이 바울에게는 예루살렘에 온 이후 그가 겪은 시간을 해석하고 향후 계획을 세우는 일에 큰 방향타 역할을 했을 것입니다. 바울에게 고난이 없고 방해가 없고 살해 위협도 사라지지 않을 것입니다. 하지만 이 환상을 통해서 바울은 그 시련이 실패가 아니고 여전히 주님을 전하는 과정이라고 해석할 수 있을 것입니다. 그래서 낙심하거나 좌절하지 않을 수 있는 근거가 될 것입니다.

유대인들이 바울을 살해하려고 모의하다

산헤드린 공회 안에서는 사두개파가 다수를 차지하고 있었고, 바리새파가 그들의 영향력을 제한하는 역할을 했습니다. 사두개파의 영향을 받은 유대인들은 바울이 공회를 거치고도 무사하다는 소식을 듣고 분기탱천했습니다. 이대로 두고 볼 수 없다고 여긴 자들이 들고일어났습니다.

"날이 새매 유대인들이 당을 지어 맹세하되 바울을 죽이기 전에는 먹지도 아니하고 마시지도 아니하겠다 하고 이같이 동맹한 자가 사십여 명이더라" (사도행전 23:12-13)

그들의 굳은 의지는 '맹세하다' 아네쎄마티산 헤아우투스, ἀνεθεμάτισαν ἑαυτοὺς 라는 표현을 통해서 확인됩니다. 금식 결의는 단기간에 해치우겠다는 의지의 표명이며, 성공하지 않으면 죽을 각오가 되어 있다는 뜻입니다. 만일 실패하면 하나님께 처벌받고, 성공하면 로마 당국으로부터 처벌을 받을 위험한 일인데도 바울을 죽이겠다고 했으니 얼마나 의지가 단호합니까? 바울은 이전 그 어느 때보다 더 실제적인 위험에 빠졌습니다. 그들은 산헤드린 공회원들에게 찾아가서 바울을 살해할 계획을 전하고 도움을 청합니다.

"대제사장들과 장로들에게 가서 말하되 우리가 바울을 죽이기 전에는 아무 것도 먹지 않기로 굳게 맹세했으니[40] 이제 너희는 그의 사실을 더 자세히 물어보려는 척하면서 공회와 함께 천부장에게 청하여 바울을 너희에게로 데리고 내려오게 하라 우리는 그가 가까이 오기 전에 죽이기로 준비했노라 하더니"(사도행전 23:14)

저자는 그들의 맹세 내용을 직접화법으로 언급함으로써 그들의 굳센 의지를 강조합니다. 그들은 매우 구체적이고 치밀하게 계획을 세웠습니다. 하지만 유대교나 로마의 사법체계 안에서 이것은 명백한 불법이었습니다. 우선, 아시아에서 온 유대인들의 주장이 사실로 확인되지 않았기 때문입니다. 그런데 그들은 이미 바울을 죽어 마땅한 죄인으로 단정을 지었습니다. 아시아 유대인들의 고소는 구실에 불과했습니다. 유대교에게 전부터 유대교 최고 논객 출신인 바울의 배신은 그를 죽여 마땅한 충분한 명분이었습니다. 하나님의 명예를 지키겠다는 순수한 의도도 있었습니다. 그들은 실제로 하나님을 사랑했고 자기 나라도 사랑했습니다. 하지만 그것이 바울 살해 모의를 정당화해 주지는 못합니다. 교회 역사 내내 그리고 현재 우리 시대에도 변함없이, 선한 의도와 지나친 확신에서 나온 그리스도인들의 결정이 자신은 물론이고 공동체를 망가뜨리고, 이 세상을 더 깊은 갈등과 혐오 속으로 빠뜨려왔습니다. 무지와 무논리와 타인의 고통에 대한 무감수성의 사람들에게 순수한 의도와 강한 확신은 사태를 악화시키는 조건일 뿐입니다.

오랫동안 알고 지낸 한 권사님이 하루는 저에게 한 정치인을 두고 말하기를 "기도하는 중에 성령님께서 아무개는 빨갱이라고 하셨습니다. 그 사람이 교회를 말살하려고 한다고 하셨습니다."라고 하시는 것이었습니다. 그래서 "그가 제거되도록 기도해야 한다"는 것이었습니다. 이게 바울을 죽이려 한 유대교 금식 결사대와 다르다 할 수 있겠습니까? 여기 대제사장과 장로들을 보십시오. 사법 권력을 쥔 자들입니다. 종교적인 권위를 행사하던 자들입니다. 그들은 그 권력을 눈엣가시 같은 무고한 사람을 제거하는 데 쓰고 있습니다. 바울의 말대로 하나님께서 이들의 악행을 치실 것입니다.

생질의 도움으로 위기를 모면하다

하나님께서는 바울이 로마에서 주님을 증거할 것이라고 말씀해 주셨는데, 바울이 그 약속을 듣자마자 그를 죽일 구체적인 모의가 진행되고 있다는 소식을 들었습니다. 저자는 우리가 앞으로 하나님께서 어떤 식으로 자신의 약속을 성취하시는지 지켜보게 하고 있습니다. 그런데 종교 최고 권력자들까지 가담한 이 치밀한 모의가 참 어처구니없는 계기로 탄로 나고 맙니다.

"바울의 생질이 그들이 매복하여 있다 함을 듣고 와서 영내에 들어가 바울에게 알린지라"(사도행전 23:16)

바울의 생질, 그러니까 바울의 누이의 아들이 그들의 도모를 알게 되었습니다. 단지 친척이라서 도운 것은 아니고, 그 역시 바울의 영향으로 예수님을 믿는 제자가 되었을 것입니다. 바울의 나이가 50대 중후반이라면, 생질은 삼십 대 초반의 '청년'네아니아스, νεανίας, 17절이었을 것입니다. 당연히 두 진영 간의 대화를 직접 엿들은 것은 아니었겠지만, 바울을 단검으로 죽이려고 40명 이상의 결사대들이 매복해 있다는 사실만은 분명히 인지했습니다. 어떤 경로를 통해서 알게 되었는지는 미궁입니다. 사실상 우연에 가깝습니다. 이 모의가 새어 나가기도 어렵거니와 그것을 알게 된 사람이 하필 바울의 생질인 것도 우연입니다. 하지만 바울에게 나타나신 주님의 말씀을 기억하는 우리에게는 얼마든지 가능한 일로 다가올 것입니다. 약속을 지키시는 하나님의 역사로 알 것입니다. 그분 앞에서 우연은 없기 때문입니다. 그때 그 장소에 생질이 없었다면 다른 방법으로라도 바울을 보호하셨을 것입니다. 바울도 소중하지만 그를 통해서 하실 일이 남아 있고 살릴 영혼들이 많았기 때문입니다.

앞에서는 바울이 속한 바리새파 사람들이 바울을 도와주었는데, 이번에는 바울이 속한 육신의 가족 중 한 명이 도와주고 있습니다. 여기서 생질의 정보를 다루는 바울의 지혜가 돋보입니다. 앞에서는 부활을 언급하여 두 진영 간의 다툼을 야기한 바 있는데, 이번에는 생질에게 들은 정보를 백부장을 통해서 천부장에게 은밀히 전달되도록 세심히 주선하고 있습니다. 가장 믿을 만한 경로로 즉시 조치할 방안을 제시한 것입니다. 당연히 하나님께서 도와주실 것을 믿었지만, 바울은 손 놓고 있었던 것이 아니라 마땅히 할 일을 했습니다. 그는 이것이 하나님이 역사하신 증거라고 보았고, 자신이 행동해야 할 때라고 여겼습니다. 이것이 지혜입니다. 그래서 로마의 백부장과 생질에게 그들이 할 일을 적절히 지시한 것입니다. 믿음은 적극적인 수동성을 요구합니다. 순종의 수동성입니다. 하지만 그것은 나태와 안일의 수동성은 아닙니다.

바울이 취한 기민하고 지혜로운 조치를 보십시오.

"바울이 한 백부장을 청하여 이르되 이 청년을 천부장에게로 인도하라 그에게 무슨 할 말이 있다 하니 천부장에게로 데리고 가서 이르되 죄수 바울이 나를 불러 이 청년이 당신께 할 말이 있다 하여 데리고 가기를 청하더이다 하매" (사도행전 23:17-18)

"죄수 바울"이라고 부르고 있지만, 감금이나 결박 상태는 아니었기에 생질이 바울을 직접 찾아와 정보를 줄 수 있었습니다. 이 정도 고급 정보라면 부패한 공무원이 유대인들에게 큰돈을 받고 팔 수도 있었기에, 바울은 이 정보를 몹시 조심스럽게 다루고 있습니다. 바울은 로마시민권을 이용하여 백부장을 불러서 이 생질을 천부장에게 데려가 달라고 청합니다. 천부장만이 매복한 유대인 결사대로부터 자신을 구할 수 있다고 보았기 때문입니다. 경우에 따라서는 로마 군대와 유대인 결사대 사이에 무력 충돌이 벌어질 수도 있는 사안이었습니다. 만약 이송 중에 습격하기로 한 원래 계획대로 실행된다면, 무력 충돌과 인명피해는 불가피했을 것이고, 만약 유대인들의 음모가 성공하여 바울이 죽임을 당한다면, 천부장은 무거운 책임을 질 수밖에 없었습니다. 따라서 이것은 바울 개인의 문제만이 아니라 천부장의 문제이기도 했습니다.

천부장은 바울의 말대로 생질을 만나서 밀담을 나눕니다. 새어 나가면 안 되는 중요한 기밀이었습니다. 그래서 천부장은 이 바울의 생질을 따로 데리고 가서 둘만의 대화를 나눕니다.

"천부장이 그의 손을 잡고 물러가서 조용히 묻되 내게 할 말이 무엇이냐 대답하되 유대인들이 공모하기를 그들이 바울에 대하여 더 자세한 것을 묻기 위함이라 하고 내일 그를 데리고 공회로 내려오기를 당신께 청하자 했으니 당신은 그들의 청함을 따르지 마옵소서 그들 중에서 바울을 죽이기 전에는 먹지도 않고 마시지도 않기로 맹세한 자 사십여 명이 그를 죽이려고 숨어서 지금 다 준비하고 당신의 허락만 기다리나이다 하니 이에 천부장이 청년을 보내며 경계하되 이 일을 내게 알렸다고 아무에게도 이르지 말라 하고"(사도행전 23:19-22)

둘 사이의 은밀한 대화는 "손을 잡고", "물러가서", "조용히 묻다"라는 세 동사를 연달아 사용하여 묘사하고 있습니다. 하나님의 기적적인 도움과 당사자들의 신중하고 조심스런 처리 과정을 통해 바울의 목숨이 지켜지고 있습니다. 생질은 유대인들의 계획을 천부장에게 알린 후 끝에 "그들의 청함을 따르지 말라"[41]는 조언까지 덧붙이고 있습니다. 그만큼 이 정보의 신뢰성에 대해서 확신하고 있었던 것입니다. 보고를 받은 천부장도 이 정보의 신빙성을 절대적으로 신뢰하고서 이 사실을 자신에게 알렸다는 것을 아무에게도 알리지 말라고 단단히 일러줍니다. 떠들썩한 40명의 결사 대원들과 조용하게 이에 대처하는 한 명의 바울의 생질이 대조되고 있습니다. 로마군의 입장에서 이는 매우 중대한 사안이었습니다. 로마군의 보호 아래 있는 로마시민권을 가진 자를 살해하려고 한다는 것은 사실상 로마 권력을 향한 정면 도전에 해당하기 때문입니다.

천부장은 대제사장과 장로들이 바울에 대한 추가 심리를 요구하기 전에 바울을 가이사랴로 빼돌리려는 계획을 세웠습니다. 바울의 살해 음모를 사전에 발각했기 때문이 아니라, 자신이 몹시 중립적인 행정적 판단으로 그를 가이사랴로 보낸 것처럼 꾸미기 위해서였습니다. 그러고 나서 유대인들이 찾아오면, 이미 자신 앞에서는 심문을 한 번 했으니 가이사랴에 가서 총독에게 직접 심문하라고 말해줄 참이었습니다(행 23:30).

왜 이런 식으로 문제를 풀려고 했을까요? 천부장은 유대인들의 원성을 사서 그들과 대립하고 싶지 않았기 때문입니다. 바울을 죽이기 전에는 먹지도 마시지도 않겠다고 할 정도의 극렬분자들이라면, 천부장 자신을 암살하겠다고 맘먹는 것도 어려운 일이 아니었을 것입니다. 당시에 로마 군인이나 관리가 시해당하는 사례는 드문 일도 아니었습니다. 그래서 천부장은 그들의 계획이 원칙적이고 관례적인 천부장의 일 처리 때문에 무산된 것처럼 보이고 싶었던 것입니다. 그가 얼마나 용의주도한 군인인지 알 수 있습니다. 그렇게 수완이 좋으니 피지배국 사람이면서 로마시민권을 돈 주고 사서 이렇게 높은 자리까지 오를 수 있었을 것입니다.

바울이 가이사랴로 이송되다

이런 일을 겪은 후 천부장은 더욱 바울이 무죄하다는 사실을 확신했을 것입니다. 자신에게 권한만 있었다면 당장 풀어주었을 것입니다. 하지만 그랬다가는 이 또한 유대교로부터 강력한 반발을 사게 될 것이고, 그럴 경우 천부장으로서의 지위가 위태로워질 수도 있었습니다. 그래서 천부장은 최대한 공식적으로, 합법적으로, 절차를 지켜가며 바울의 문제를 처리한 것입니다. 지금 천부장이 자기 권한을 이용하여 바울을 지킬 방법은 무엇입니까? 그는 바울이 로마시민권자라는 사실에도 주목해야 했습니다. 양 진영 모두를 만족시킬 그만의 선택은 무엇입니까? 그는 당장 밤을 이용하여 바울을 가이사랴로 이송하기로 결정합니다.

"백부장 둘을 불러 이르되 밤 제 삼 시에 가이사랴까지 갈 보병 이백 명과 기병 칠십 명과 창병 이백 명을 준비하라 하고, 또 바울을 태워 총독 벨릭스에게로 무사히 보내기 위하여 짐승을 준비하라 명하며"(사도행전 23:23-24)

무려 470명을 동원하여 바울 이송 작전을 감행합니다. 이것은 예루살렘에 주둔하고 있는 병력의 거의 절반에 해당합니다. 따라서 어느 학자든지 이것을 과장이라고 봅니다.

여기서 우리가 주목할 것은 천부장이 바울을 안전하게 가이사랴로 이송하기 위해 지나칠 정도로 신경을 쓰고 있다는 점입니다. 상식적으로는 이해할 수 없을 만큼의 과잉보호입니다. 하지만 사십 명이 무력 충돌을 불사하겠다는 정보에 당연히 천부장은 긴장했을 것입니다. 어떻게 하든지 전면전은 피하고 싶었을 것입니다. 이를 위해 그가 고안한 방법은 압도적인 군사적 우위를 보여주는 것이었습니다. 그래서 유대 결사대의 충돌과 도전을 사전에 봉쇄하는 것은 로마 군대의 오랜 전략이었습니다. 돌발 상황이 아예 일어나지 않도록 하려고 막대한 군사들을 동원한 것 같습니다.

그런데 이건 누가 보더라도 죄수의 호송대열이 아니라 총독을 호위하는 행렬로 착각할 정도였습니다. 천부장은 어떻게 생각했든지 간에, 하나님은 바울에게 최고의 대우를 해주시면서 그를 가이사랴로 이동시키고 있습니다. 바울은 가이사랴로 가는 긴 여정 동안에 하나님께서는 자신이 로마에 당도할 때까지 그 걸음을 책임져주실 것임을 깊이 확신했을 것입니다. 가끔 해외로 강의를 하러 가다 보면 뜻밖의 행운을 만나기도 합니다. 이코노미 좌석을 예약했는데 비즈니스 좌석으로 승급해 주는 경우가 있는데, 특히 선교하고 돌아오는 길에 그런 행운을 만나면 하나님께서 수고했다면서 나를 친절히 위로하시는 느낌을 받습니다. 바울도 가이사랴를 출발하여 예루살렘에 올라갈 때는 걸어서 갔는데, 그 예루살렘에서 주의 이름을 위하여 증인으로 살다가 가이사랴로 내려갈 때는 비즈니스 클래스에 앉아서 가고 있었던 것입니다.

우리는 여기서 저자가 예루살렘에 대해서는 더는 미련을 갖지 못하도록 너무 혹독하게 묘사하고 있는 것을 볼 것입니다. 예수님의 죽음은 말할 것도 없고, 성전에서의 소동, 대제사장의 가벼운 처신, 산헤드린 공의회의 다툼, 무죄한 바울 살해 계략 등은 이제 저 예루살렘보다는 로마가 더 낫다는 인상을 주고 있습니다.

천부장은 야밤삼시, 밤 9시을 이용하여 급히 바울을 보내야 했던 피치 못할 사정을 가이사랴에 있는 총독에게 알려야 했습니다. 총독 벨릭스주후 52-59년에게 보낸 편지의 내용이 여기 요약되어 있습니다. 그는 먼저 총독에게 정중하게 문안합니다.

"또 이 아래와 같이 편지하니 일렀으되 글라우디오 루시아는 총독 벨릭스 각하께 문안하나이다"(사도행전 23:25-26)

그러고 나서 이 바울과 자신이 어떻게 엮이게 되었는지를 설명합니다.

"이 사람이 유대인들에게 잡혀 죽게 된 것을 내가 로마 사람인 줄 들어 알고 군대를 거느리고 가서 구원하여다가 유대인들이 무슨 일로 그를 고발하는지 알고자 하여 그들의 공회로 데리고 내려갔더니" (사도행전 23:27-28)

우리는 이것이 사실이 아니라는 것을 잘 알고 있습니다. 의도적으로 자신에게 유리한 것만 발췌해서 보고하고 있습니다. 유대 군중의 소요나 그가 바울을 유대-애굽인 반란군으로 의심한 일은 생략합니다. 바울이 로마시민권자라고 하는 것을 안 것은 바울이 성전 바깥뜰에서 유대인들에게 불법적으로 폭행을 당하고 난 후의 일입니다. 그를 고문하여 자백을 받아내기 위해 가죽 줄로 묶으려고 하는 순간에 바울이 로마시민권자임을 밝혔습니다. 천부장 그가 예루살렘 유대인들의 손에서 로마 시민 한 사람을 구원한 적이 없었는데도 천부장은 자신이 얼마나 탁월하게 그리고 합법적으로 로마시민권자와 유대인들 사이에서 행정 처리를 잘했는지에 초점을 맞춰서 보고서를 작성했습니다.[42] 공회까지 거치면서 심문한 결과, 천부장은 바울에 대해 다음과 같은 결론을 내렸습니다.

"고발하는 것이 그들의 율법 문제에 관한 것뿐이요 한 가지도 죽이거나 결박할 사유가 없음을 발견했나이다" (사도행전 23:29)

그는 바울과 유대인들 사이의 문제는 종교의 문제일 뿐(참조. 행 18:14-15, 고린도의 갈리오 총독의 입장) 로마가 관여할 정치나 민사의 문제가 아니며, 따라서 그가 죽어야 할 이유도, 그를 중죄인처럼 결박해야 할 이유도 없다고 못 박습니다. 사실상 천부장은 총독에게 재판의 가이드 라인을 준 것입니다. 총독이 앞으로 유대인들에게 직접 고소 내용을 듣겠지만, 그들이 무슨 말을 하든지 액면 그대로 받아들이지 말고 같은 로마제국의 관리이면서 예루살렘 사정에 밝고 또 총독에게 충성하는 천부장 자신의 판단을 참조하여 들으라고 충언한 것입니다. 그러면서 그 유대인들이 로마시민권자인 바울에게 얼마나 감정적으로 대했고, 또 재판도 거치지 않은 채 부당한 일을 하려고 했었는지를 알려줍니다.

"그러나 이 사람을 해하려는 간계가 있다고 누가 내게 알려 주기로 곧 당신께로 보내며 또 고발하는 사람들도 당신 앞에서 그에 대하여 말하라 했나이다 했더라" (사도행전 23:30)

바울을 총독에게 보내는 직접적인 이유를 밝히고 있습니다. 여기서 천부장은 총독으로 하여금 바울이 억울한 일을 당한 것처럼 생각하게 만들려고 애를 쓰고 있고, 동시에 유대인들이 얼마나 무법한지를 말하고 있습니다. 유대인들이 바울을 죽이려고 세운 계획을 "간계"라고 정의합니다. 그리고 이렇게 야밤을 이용하여 급히, 그것도 수많은 군대를 동원하여 바울을 가이사랴의 총독에게 보낼 수밖에 없었던 것도 바로 이 유대인들의 간계와 관련이 있다고 말해줍니다.

루시아는 다시 한번 심문할 기회를 달라고 하는 유대인들에게는 총독에게 직접 가서 바울에 대하여 말하라고 조치했다고 전합니다. 이제 바울에 이어 그를 고소하려는 유대인들이 예루살렘으로부터 올 것인데, 그들이 도착하면 정식 재판을 시작하라고 말해줍니다. 천부장 덕분에 정식 재판 일정이 지연되지 않고 신속히 진행될 수 있게 되었습니다. 어떻습니까? 바울에 관한 지극히 행정적이고 사무적인 보고 편지이지만, 이 안에 합법적이고 균형 있게 일을 처리한 천부장 자신에 대한 과시도 들어 있고, 이를 위해서 사실 아닌 것도 끼워 넣었습니다. 또 바울과 그를 폭행하고 고소하는 유대인들에 대한 천부장 나름의 평가도 들어 있습니다. 이를 통해 다시 한번 분명히 드러난 것은 바울이 무죄하다는 사실입니다. 로마제국에 의해 바울은 정치적으로 아무 불법을 행하지 않은 사람으로 인정받고 있습니다. 그가 로마제국에 전혀 해로운 존재가 아님이 드러난 겁니다.

이런 언급은 로마제국에 사는 누가-행전의 1차 독자들에게는 큰 의미가 있었을 것입니다. 한편으로 로마제국은 기독교를 박해하고 음녀 바벨론의 역할을 하고 있습니다. 하지만 다른 한편으로 로마제국은 여전히 하나님이 사용하시는 도구가 될 수 있음을 보여주고 있습니다. 그리스도인이 세상 나라를 대할 때, 그들에게 협력할 때와 저항할 때를 분별하되 역사 주권이 하나님께 있다는 사실만은 늘 염두에 두어야 합니다. 또한 하나님 나라와 그 의를 먼저 구하지 않는다면, 그리고 하나님 나라 가치관을 제대로 따르지 않는다면, '애국심', '애사심', '애교심', '자식 사랑', 심지어 '교회 사랑'마저 하나님 영광이나 하나님의 뜻이라는 미명 아래 참혹한 폭력과 오만, 이기적인 마음에 이용될 수 있음을 알아야 합니다. 교회가 나치즘이나 파시즘, 군국주의의 만행과 인종차별에 협력한 흑역사는 지워지지 않습니다. 선교를 앞세운 제국주의의 침탈과 착취를 정당화해 준 것이 교회였고, 이 땅에서 독재정권의 방패막이가 되어 준 것 역시 교회였음을 기억해야 합니다. 그리스도인은 모든 종류의 정치, 경제적인 이념들이 얼마나 하나님 나라 가치와 부합하는지를 고민해야 합니다. 우리의 결론이 정답일 리 없겠지만, 그 숙고의 과정을 통해서 지지나 비판, 행동 방침을 정해야 합니다. 사도행전을 통해서 저자가 로마제국과의 관계에서 '거리 두기'를 하고 있음을 확인할 수 있습니다.

총독 벨릭스 앞에 서다

예루살렘에서 가이사랴까지는 100km가 조금 넘습니다. 밤중에 출발한 바울과 군대가 도보로 단번에 걷기에는 먼 길입니다. 그래서 일행은 60km 지점에 있는 '안디바드리'에서 쉽니다.

"보병이 명을 받은 대로 밤에 바울을 데리고 안디바드리에 이르러 이튿날 기병으로 바울을 호송하게 하고 영내로 돌아가니라" (사도행전 23:31-32)

거기서 보병 400명은 예루살렘으로 되돌아가고, 기병 70명만 바울을 호송하여 가이사랴까지 갔습니다. 안디바드리에 이르자 유대인 자객들의 공격에 대해 안심해도 괜찮다고 판단한 것입니다. 다음 날 가이사랴에 도착합니다. 도착하자마자 바울을 총독 앞에 세우고, 천부장이 보낸 보고 편지를 총독에게 전달합니다.

"그들이 가이사랴에 들어가서 편지를 총독에게 드리고 바울을 그 앞에 세

우니"(사도행전 23:33)

총독은 의례적인 질문으로 바울을 대면합니다.

"총독이 읽고 바울더러 어느 영지 사람이냐 물어 길리기아 사람인 줄 알고"(사도행전 23:34)

바울 재산이 자신의 소관인지 확인하려고 출신지를 물었습니다.[43] 바울은 길리기아의 다소 출신이라고 대답했을 겁니다. 그러자 총독은 천부장이 일러준 대로 다음 재판 일정을 알려줍니다.

"이르되 너를 고발하는 사람들이 오거든 네 말을 들으리라 하고 헤롯 궁에 그를 지키라 명하니라"(사도행전 23:35)

헤롯 궁은 주전 6년부터 총독의 관저로 이용되고 있었습니다. 천부장은 바울이 로마시민권자이며, 그에게는 한 가지도 죽이거나 결박할 죄가 없다며 몹시 호의적으로 소개했기 때문에, 헤롯 궁에서 결박되지 않은 채 비교적 자유롭게 연금되어 있었을 것입니다. 로마에 도착해서도 이런 정도 수준의 자유를 누렸을 것입니다. 총독은 바울을 헤롯 궁에 두고 지키라고 명령합니다. 얼핏 보면 감금이나 감시로 보이지만, 생각하기에 따라서는 헤롯 궁에서 보호를 받으며 지내고 있다고 할 수도 있습니다. 저자가 두 가지 뉘앙스를 모두 주고 있는 것 같습니다. 그는 죄수가 아니라 마치 왕실의 사람처럼 대접받고 있습니다. 로마군인 470명의 호위를 받

아 가이사랴까지 왔는데, 가이사랴에서 바울을 기다린 숙소는 '헤롯 궁'이었던 것입니다.[44]

현실은 당연히 고달팠겠지만, 여기서 우리는 '중의적'인 의미를 읽어내야 합니다. 하나님께서는 고달픈 인생 가운데서도 바울의 순종하는 삶에 어울리는 영광으로 화답하고 계십니다. 11절에서 약속한 것, 즉 로마 제국의 심장부에 가서도 기어코 주님을 증언하게 할 것이라는 약속이 이미 이뤄지고 있음을 보여줍니다. 바울은 총독부가 있어서 사실상 로마와 다름없는 도시인 가이사랴에 도착했습니다. 그것도 총독 관저가 있는 헤롯 궁에서 머물고 있습니다. 아무도 그를 죄수라고 여길 수 없는 상태입니다. 그는 차비 한 푼 안 들고 가이사랴까지 왔고, 또 로마까지 갈 겁니다. 그는 앞으로 가이사랴에서 2년 넘게 비교적 자유로운 신분으로 두 명의 로마 총독을 상대로 복음을 전할 것이고, 헤롯 아그립바 2세 왕에게도 복음을 전할 것입니다. 보기에 따라서는 총독들과 왕이 복음을 듣겠다고 바울을 초청한 것으로 생각할 수도 있습니다. 비록 죄수 신분이었지만, 그를 통해서 하나님께서 하려고 하신 일은 다 하셨고, 그 과정에서 그는 이미 하늘의 영광에 참여하고 있었던 것입니다.

나가는 말

누가 봐도 이 시대의 팔레스타인 땅의 상식은 유대교였습니다. 그들이 모든 사법 권력과 언론 권력을 장악하고 있었습니다. 겉으로는 로마 제국의 위용과는 비교가 되지 않았지만, 주님은 우선 유대교의 심장부를 향해서 복음을 전하도록 바울을 보내셨습니다. 그때는 유대교가 진리를 정했습니다. 그게 당연했습니다. 그런데 하나님께서 바울에게 주신 사명은 그 당연한 것에 균열을 내는 일이었습니다. 그들에게 충격을 주고 도전을 줘서 자신이 얼마나 주님으로부터 멀어져 있는지를 알게 하는 것이었습니다. 바울은 그들을 "회칠한 담", "위선자"라고 책망했습니다. 이것이 유대교의 상태를 가장 잘 대변하는 표현입니다. 자신은 율법을 지키지도 않으면서 율법대로 남을 심판하려 했고, 그것을 자신들만의 권리라고 여겼습니다. 그럼으로써 스스로 하나님 노릇한 첫 조상의 범죄를 반복했습니다.

유대인들의 광기

위선은 스스로 하나님이 되려는 범죄입니다. 유대인 결사대는 먹고 마시는 것까지 중단하면서 정당한 재판도 거치지 않은 채 바울을 죽이려고 했습니다. 그러고도 그것이 하나님을 위하고 하나님을 보호하고 하나님께 영광이 된다고 여겼습니다. 흠잡을 데 없는 진심이었지만 광기였습니다. 무고한 바울을 죽이려고 한 유대교는 메시아 예수님을 죽인 데서 단 한 발짝도 나아가지 못했습니다. 자신들은 율법을 잘 모르고 율법을 지키지 않으면서 율법을 사용하여 율법으로 판단하는 태도를 보였습니다.

광기 어린 진심이 얼마나 무서운지 이데올로기의 광풍에 산산이 망가지고 쪼개진 교회와 조국을 보면서 우리는 경험했습니다. 두고두고 기독교 신앙을 훼손하는 가장 큰 세력은 제국이 아니라 제국에 포박된 유사기독교 세력이었고, 교회를 무너뜨린 것은 진심과 순수를 앞세운 광기 어린 유사교회였고, 선교를 가로막은 것도 무지와 맹목적 열정으로 달려든 유사그리스도인들이었습니다. 그들이 그리스도 예수의 복음을 왜곡했고, 그분이 계실 자리를 빼앗았습니다. 대신 하나님 노릇을 했고, 진리를 제작했기 때문입니다. 로마제국은 그런 유대 권력자들을 포기했고, 그들도 로마제국을 포기했습니다. 오늘날 기독교가 중세 말의 타락한 형태로 돌아갔다고들 합니다. 저는 오히려 바울 시대의 유대교와 더 흡사한 듯 보입니다. 이제 우리 교회가 회복해야 하는 것은 광기 가득한 열정이 아니라, 소박하고 단순한 복음에 대한 사랑과 실천입니다. 공감과 연대의 마음입니다. 눈물과 통증입니다. 염치와 도리입니다. 위선을 멈추고 진실하게 하나님과 사람을 대하는 마음입니다.

고난이 이룬 일들

바울과 그가 전한 복음은 환영받지 못했습니다. 환난과 결박을 당하면서까지 성령께서 예루살렘에 가게 하신 뜻을 이루지 못한 듯 보였습니다. 마치 고난 그 자체가 목적인 듯이 보일 정도였습니다. 그 고난이 도대체 하나님 나라의 확장과 복음 증거에 어떤 의미가 있는지 잘 드러나지 않습니다. 그렇게 아무것도 이루지 못하고 고난만 당한 것 같았는데, 부활하신 주님의 평가는 달랐습니다. "담대하라 '네가 예루살렘에서 나의 일을 증언한 것 같이' 로마에서도 증언하여야 하리라"고 하십니다. 그가 예루살렘에서 '나의 일', 즉 예수님의 삶과 십자가와 부활을 증거했다고 평가하십니다. 우리가 보기에는 수동적으로 당하기만 한 것 같은데 그 과정에서 하나님은 당신이 하실 말씀을 바울을 통해서 하셨다는 것입니다.

바울이 고난받는 중에 예루살렘 교회가 한 일은 거의 나타나지 않습니다. 개입하기도 어려웠을 것입니다. 그것은 명절에 순례하러 온 유대인들을 소수의 유대인 그리스도인들이 대놓고 대적하는 것으로 비칠 수 있었기 때문입니다. 하지만 예루살렘 교회의 유대인 그리스도인들은 바울이 동족 유대인들에게 고난당하면서 복음을 변증하는 과정을 보면서, 복음을 향한 바울의 순수한 열정만은 높이 평가했을 것입니다. 그가 선교지에서 어떤 복음을 전했고, 회당의 유대인들을 어떻게 상대했고, 또 그들로부터 어떤 고난을 당했는지 이제 직접 눈으로 확인하는 기회였을 것입니다. 그가 얼마나 성전과 율법을 존중하는지도 알았을 겁니다. 이렇게 바울은 다만 고난을 받았을 뿐인데, 하나님은 예루살렘의 유대인 교회와 이방인 교회들을 하나로 묶고 계셨습니다. 오늘 우리가 그리스도인으로서 불편을 자초하며 산다면, 그리고 좀더 나누고, 좀더 정의롭게 약자들의 공간을 마련하면서 산다면, 그리고 어눌하고 서툴더라도 그리스도의 복음으로 자신의 정체성을 형성하고 있음을 드러낸다면, 하나님께서는 그것을 통해 우리를 다른 누군가와 연결하시고, 생각지 못했던 일들에 우리의 순종을 사용하실 것입니다.

결과보다 과정

하나님은 바울이 로마에서도 주 예수님을 증거해야 할 것이라고 약속하십니다. 그리고 주님의 말씀은 곧장 이루어지기 시작했습니다. 주께서 바울을 보호하셨습니다. 놀랍게도 그 일에 바리새인들을 사용하셨습니다. 그들은 예비 재판에서 순식간에 바울의 대적자에서 바울의 보호자로 변합니다. 바울을 사랑해서가 아니라 바울처럼 죽은 자의 부활과 천사의 존재를 믿고 있었기 때문입니다. 바울은 복음을 전하면서도 자신이 바리새파 출신인 것과 그들과 교리적으로 일치하는 지점을 지혜롭게 활용했습니다. 그것은 천부장 앞에서는 로마시민권을 사용한 것과 같은 방식입니다. 하지만 바울의 지혜가 통할 수 있었던 것은 주님의 역사 덕분입니다. 또한 주님은 바울의 생질을 통해서 유대인들의 엄청난 바울 살해 음모가 발각되게 하십니다. 이 우연도 하나님의 장중에 있었습니다. 바울이 그 하나님의 손길을 가장 먼저 감지했을 것입니다. 이에 바울은 이 기회를 지혜롭게 활용하여 이 비밀정보를 천부장에게 잘 전달되게 합니다.

바울의 죄수 신분이 변한 것은 아닙니다. 살기가 더 편해진 것도 아닙니다. 만약 바울이 환경 개선에 연연했다면, 그래서 삶의 조건이 안락해지고 수고에 어울리는 대접을 받는 것을 하나님이 함께해주시는 증거로 여겼다면, 그는 선교를 이어가지 못했을 것이고, 환난이 기다리는 예루살렘에 와 있지도 않았을 것입니다. 바울은 스스로 통제할 수 없는 고난 속에서도 하나님께서 함께하신다는 것을 민감하게 확인하고 있었습니다. 하나님과의 관계에서 그와 같은 감과 촉을 갖는 것이 사역자의 가장 큰 자질일 것입니다. 비단 사역자만이 아니라 성도에게도 필요한 특징적인 자질입니다. 하나님과 교제하는 것, 하나님으로 만족하는 것, 그것이 세상과 하나님 백성을 구분하는 가장 결정적인 차이입니다. 따라서 우리가 말씀과 기도와 예배와 성도의 교제를 통해서 하나님과 교제하며, 그분으로 기뻐하고, 그 안에서 삶의 의미를 찾는 법을 모른다면, 우리는 사실상 아무것도 아닙니다. 바울은 자신이 주께서 인도하시는 걸음을 걷고 있다는 사실만 확인되면 어떤 일도 견뎌낼 수 있었습니다. 죄수 신분이든 사도의 신분이든 교회의 기둥 같은 지도자 신분이든 상관없었습니다. 나머지는 그에게 다 껍데기였습니다.

살아온 인생을 결산할 때 우리가 만들어낸 결과로만 판단해서는 안 됩니다. 우리는 그렇게 하지 못하도록 금지된 존재들입니다. 세상이 값어치 있게 여기고 칭송하는 기준을 갖고 감히 그리스도인의 삶을 평가해서는 안 됩니다. 내가 전적으로 뭔가를 해낸 것처럼 착각해서도 안 됩니다. 심지어 얼핏 보면 신앙적인 것 같은 기준에 대해서도 속아서는 안 됩니다. 결국 남는 것은 존재뿐입니다. 내가 맺고 있는 관계뿐입니다. 그 관계의 질뿐입니다. 그 관계의 방향성뿐입니다. 내가 하나님과의 관계에서, 이웃과의 관계에서 어떤 존재인지만 남습니다. 어떤 인격의 사람인지가 중요합니다. 다른 것들은 다 숨겨야 합니다. 주께서 아예 고려하지 않으실 것입니다. 그러니 지금부터 사람들이 주목하지 않게 해야 합니다.

설교를 전공한 친구가 영국의 존경 받는 설교자 마틴 로이드 존스 Martyn Lloyd Jones의 무덤을 찾아갔습니다. 왕실 의사였던 그는 끝까지 목사 안수도 받지 않은 채 20세기 위대한 복음주의 평신도 설교자로 살다 가셨습니다. 그렇게 위대한 설교자는 지금 고향 웨일즈의 한 시골 마을 공동묘지에 다른 평범한 동네 사람들과 함께 묻혀 있습니다. 친구는 처음에는 무덤을 찾지 못해 다시 마을로 들어가서 물어야 했습니다. 그랬더니 사람들은 그 유명한 목사님에 대해서 아예 알지 못했고, 그의 무덤 위치도 특정하지 못했다고 합니다. 다만 마을에 공동묘지는 거기 하나뿐이라고만 말해주더랍니다. 친구는 다시 가서 샅샅이 뒤진 끝에 겨우 무덤을 발견했습니다. 그가 그의 묘비를 찾을 수 없었던 것은 너무 평범했기 때문입니다. 다소 화려한 동네 주민들의 다른 무덤들에 비해서도 소박했기 때문입니다. 저는 분명히 평소에 로이드 존스 목사님의 유언에 따라 그같이 소박한 묘비가 거기에 세워졌을 것이라고 생각합니다. 그의 묘비에는 그가 가장 좋아하는 성경 구절만이 기록되어 있을 뿐이었습니다. "내가 너희 중에서 예수 그리스도와 그가 십자가에 못 박히신 것 외에는 아무것도 알지 아니하기로 작정했음이라"(고전 2:2). 그는 자신이 화려한 비석으로 장식된 무덤을 가질 자격이 없다고 여긴 것이 분명합니다. 이 소박한 묘비가 그가 평생 드러내고 싶어 했던 그리스도의 십자가와 너무 어울렸습니다. 어떤 성취든, 어떤 결과든, 그것이 하나님의 은혜와 역사의 결과였다고 고백하는 것만으로는 충분하지 않습니다. 그것을 증명할 만한 '과정'이 있어야 합니다. '간증'이 있어야 합니다. 경우에 따라서 당장 나타난 결과는 사람들 보기에 참담할 수 있습니다. 아무것도 아닐 수 있습니다. 어떤 이들은 아무것도 이룬 것 없이 선교하러 가자마자 죽을 수도 있습니다. 우리나라에 들어온 첫 외국인 개신교 선교사인 토마스Robert J. Thomas의 아내는 중국에 도착하자마자 아이를 낳다가 아이와 함께 죽고 맙니다. 토마스 선교사가 영국 웨일즈에 보낸 첫 선교 편지는 아내와 딸의 부고였습니다. 성실히 신앙생활 하며 살았는데 사업에 실패하여 자식들에게 빚만 물려주고 간 신앙의 선배도 있습니다. 배운 것도, 가진 것도 없이 이 사회에 기념할 만한 것을 남기지 못한 채 지나치게 평범하게 살다 떠난 신앙의 어른들이 계십니다. 하지만 그 과정에서 하나님께서 동행하신 역사를 기억하고 간증할 것이 있다면, 하나님 앞에 엎드린 시간들이 많다면, 그 이야기를 자녀들에게 유산으로 남겨줄 수 있다면, 우리는 잘 산 겁니다. 그 순간들을 함께한 숱한 사람들을 기억하며 감사할 수 있다면, 우리는 잘 산 겁니다. 바울에게 중요한 것은 예루살렘의 유대인들과의 변증 대결에서 승리하여 그들을 변화시키는 것이 아니었습니다. 심지어 로마에 가서 주님을 증거하는 것도 그의 궁극적인 존재의 목표가 아니었습니다. 오늘 이 복음을 위해서 주님이 허락하신 자리에 늘 있는 것이 목표였고, 주님께서 남기신 고난을 감당하는 것이 목표였습니다. 그는 그렇게 살았고 순종했으며, 그 과정에서 주님은 이미 당신이 하실 일을 다 하고 계셨습니다.

사랑하는 여러분, 오늘 바울처럼 주께서 직접 나타나 우리 앞일을 미리 보여주시는 것은 아닐지라도, 세상 끝날까지 함께하시겠다는 약속만은 여전하니, 우리도 담대하게 그리스도인으로, 그리스도의 증인으로, 그리스도의 제자로 살아가기를 바랍니다. 우리가 그렇게 사는 동안, 주님은 우리의 교회를 통해서, 우리를 통해서 당신의 나라를 일구고 계실 것이고, 당신의 백성을 부르고 계실 것입니다.

하나님과 사람에 대하여
거리낌이 없기를 힘쓰나이다 — 사도행전 24:1-27

들어가는 말

　사도행전에서 복음 증거를 위해 돌파해야 할 대상이 셋입니다. 첫째는 로마제국입니다. 그들은 때로 바울의 선교를 돕기도 하고 가로막기도 합니다. 마냥 우호적인 것만도, 적대적인 것만도 아닙니다. 어느 때는 친구 같다가 다음 순간에는 박해자가 되기도 합니다. 둘째는 유대교입니다. 복음은 유대교에서 시작되었지만 유대교는 그림자를 붙잡는 데 머물고 말았습니다. 그들은 약속된 메시아가 가져온 새 시대를 받아들이지 않았습니다. 그래서 메시아를 품고 낳았던 유대교가 결국 메시아를 죽였고, 메시아를 전하는 사람들의 가장 큰 걸림돌이 되었습니다. 셋째는 유대인 출신의 그리스도인들입니다. 그들은 이방인들을 같은 그리스도인으로 수용해야 할지를 두고 주저했습니다. 예수님이라는 렌즈를 통해 율법과 성전을 재해석하지 못했기에 좀더 온전한 의미를 알고 있는 바울의 이방인 선교를 수용하는 데 시간이 걸렸던 것입니다. 사도행전 전반부, 즉 예루살렘 중심의 사역에서는 베드로를 위시한 열두 사도의 사역을 통해, 그리고 9장 이후부터는 바울의 선교를 통해 복음이 장애물들을 넘어 땅끝까지 전해지는 모습을 보여주고 있습니다.

바울의 마지막 예루살렘 방문 이후부터 사도행전에는 예루살렘 교회와 바울 간의 긴장이 더는 나오지 않습니다. 주로 유대인들과의 갈등과 로마제국과의 관계가 등장합니다. 이런 배경을 알고 의식하는 것이 중요한데, 이는 복음은 바로 아주 구체적인 대상과 상황을 향하여 전해지기 때문입니다. 또 갖은 반대 속에서 복음에 대한 변증은 한층 논리와 체계를 갖추게 되었고, 역사의 주인이신 하나님께서 이 과정에서 역사의 실권자로 군림한 로마제국을 어떻게 활용하시는지를 볼 수 있습니다.

본문에서 바울은 벨릭스 총독 앞에서 재판을 받습니다. 가이사랴에 도착하고서 오 일 후 예루살렘으로부터 대제사장 아나니아와 장로들과 변호인 더둘로가 도착합니다. 물론 그들을 수행하는 유대인들이 적잖게 왔을 것입니다. 유대교의 대변인 더둘로의 고소가 9절까지 이어지고, 바울의 변론이 21절까지 이어집니다. 그리고 이에 대한 로마제국의 대표 벨릭스의 다양한 반응이 27절까지 나옵니다.

더둘로의 고발

도입

바울이 야밤을 틈타 가이사랴로 호송된 지 오 일이 지났습니다. 공회에서 만났던 대제사장 아나니아와 장로들이 변호사[45] 더둘로를 대동하고서 바울을 고발합니다. 더둘로가 라틴 이름인 것을 볼 때 그가 이방인일 가능성도 있고, 디아스포라 출신 유대인일 수도 있습니다. 유대인 대제사장들이 직접 바울을 상대하지 못하고 변호사를 샀다는 것은 그들의 낮은 지적 수준을 보여줍니다. 천부장은 바울의 사안이 "죽이거나 결박할 사유가 없"는 종교적 문제인 것을 알았지만, 그러다가는 로마 시민인 바울이 죄가 있어서가 아니라 단지 다수의 유대인들의 심기를 거슬렀다는 이유로 죽임을 당할 수 있기 때문에, 이 문제를 총독의 관할로 넘겼습니다. 바울과 유대인 그룹 모두를 만족하게 하는 조치였습니다. 유대교가 바울 한 사람과 상대하기 위해 금식 결사대를 구성하고 대제사장까지 나서서 가이사랴로 내려온 것을 보면, 그들에게 바울은 살려두어서는 절대 안 되는 위험하고도 중요한 인물이었던 것이 분명합니다. 바울이 유대교의 존립 근거를 뒤흔들 만큼 강력한 영향을 미칠 것이라고 생각한 것입니다. 그들은 바울을 제대로 평가했습니다. 그들의 판단은 옳았습니다. 후대를 사는 우리는 예수님 이후 기독교 역사에서 바울만큼 영향을 미친 사람을 찾아보기 어려울 것입니다. 유럽의 기독교 문명은 사실상 그의 이방인 전도에서 시작되었고, 오늘 우리 역시 그 영향을 받고 있습니다.

부활을 믿기에 죽음을 두려워하지 않았던 그리스도인 한 사람을 세상이 감당할 수 없었습니다(참조. 히 11:35-38). 세상이 그리스도인들에게 할 수 있는 것은 고작 그들의 목숨을 빼앗는 일이었습니다. 하지만 그럴수록 그들은 더 많은 것을 내놓아야 했습니다. 부활을 믿는 그리스도인을 폭력으로 죽이는 일은 그들이 얼마나 대안이 없고, 사랑이 없고, 생명에 관심이 없는지를 드러내는 것이기 때문입니다. 그래서 이 복음이 더 퍼지기 전에 바울 죽이기를 포기할 수 없었습니다. 그런데 총독 앞에서는, 예수를 죽일 때처럼 종교적인 죄목으로 고소할 수는 없었습니다. 이제 바울은 유대인 바울만이 아니라 로마 시민인 바울이기 때문입니다. 그들이 직접 심문한 산헤드린 공회와는 달리 이번에는 더둘로를 변호사로 세웁니다. 그는 로마법을 잘 숙지하고 있고 수사법을 익힌 사람이며, 대제사장의 대변인 역할을 하고 헬라어에 능한 디아스포라 유대인 출신의 사람이었을 것입니다. 또다시 바울과 유대교 대표단이 총독 앞에서 마주했습니다.

인사

더둘로는 유창한 말로 벨릭스 총독의 통치를 치하하면서 시작합니다.

"벨릭스 각하여 우리가 당신을 힘입어 태평을 누리고 또 이 민족이 당신의 선견으로 말미암아 여러 가지로 개선된 것을 우리가 어느 모양으로나 어느 곳에서나 크게 감사하나이다"(사도행전 24:3)

당대의 수사학에서는 캅타티오 베네볼렌티아에*Captatio benevolentiae*, 독자 또는 청중의 환심을 사려는 언행라고 하여 청중과의 좋은 관계를 맺기 위해 칭찬하는 것을 중요하게 여겼습니다. 그런데 너무 과도하게 칭찬하면 역효과가 나기도 합니다. 바클레이William Barclay는 이 더둘로의 총독 칭찬이 "메스꺼운 정도"라고 말하고 있습니다. 그는 벨릭스가 들으면 좋아할 말을 유려한 헬라어를 동원하여 늘어놓고 있습니다. 가령 '태평'에이레

네, εἰρήνη은 로마의 핵심 가치 *Pax Romana*였고, '선견'프로노이아, πρόνοια은 아우구스투스를 칭송하는 비석에 쓰인 단어입니다. 또 여기 "우리가 어느 모양으로나 어느 곳에서나 크게 감사하나이다"는 헬라어로 "판타 테 카이 판타쿠"πάντῃ τε καὶ πανταχοῦ 입니다. 비슷한 소리들이 연이어 나오게 하는 일종의 말놀이입니다. 그럼 벨릭스가 선정을 베풀었고, 그의 선견지명으로 많은 개혁을 이룬 것이 사실일까요? 벨릭스는 주후 52-60년까지 비교적 장기간 총독으로 있었습니다. 이것은 빌라도26-36년에 이어 두 번째로 긴 재임 기간입니다. 유대 역사가 요세푸스의 기록을 보면, 실제 시카리 교도들을 없애고 평화를 이룩했다고 쓰고 있습니다. 하지만 그의 잔혹한 통치 때문에 폭동이 자주 일어났고, 결국 66년 반로마 반란의 원인을 제공했다고 전하고 있습니다*Wars* 2.13.2 §252. 또 뇌물 수수와 폭력으로 유대인들에게 혐오감을 던져준 인물이었습니다.

따라서 더둘로의 말은 전혀 사실이 아니며 단지 아첨에 불과했습니다. 하지만 상관없습니다. 벨릭스는 실제로 그렇게 믿을 것이고, 로마제국의 입장에서는 사실이었습니다. 박정희의 유신독재를 한편에서는 우리를 가난에서 구해준 업적으로 칭송하기도 하고, 광주를 학살한 전두환의 군사독재도 정의 사회를 구현하고 올림픽을 성공적으로 치르도록 준비한 성공적인 통치로 찬양하는 이들이 있고, 일제강점기마저도 우리에게 기독교 신앙을 주고 조국의 근대화를 가져온 은총의 사건으로 보는 이들이 있는 것처럼 말입니다. 더둘로의 찬사가 제국의 입장에서는 맞는 말이었습니다. 심지어 아첨이고 거짓인 줄 알면서도 그런 말 듣기를 좋아하는 것이 부패한 권력의 특징입니다. 더둘로는 권력의 생리를 잘 알고 있었습니다. 이런 재판에서 권력자가 고려하는 것이 정의만은 아닙니다. 제국의 국익이나 혹은 자신의 권력 유지에 보탬이 되는지가 더 큰 관심사입니다. 그래서 말합니다.

"당신을 더 괴롭게 아니하려 하여 우리가 대강 여짜옵나니 관용하여 들으시기를 원하나이다"(사도행전 24:4)

총독을 귀찮게 하고 싶지 않으니 간단히 "대강" 말씀드리겠다는 뜻입니다. 한편으로는 재판 준비를 성의 없이 한 채 번지르르한 수사법으로 때우려고 하는 인상을 주고, 다른 한편으로는 이 재판은 요식일 뿐 자기편을 들어주는 것이 총독과 제국에게 유리할 것이라고 말하고 있을 것입니다. 예수님을 죽일 때와 같은 논리입니다. 그들은 로마제국에게 대항하는 자칭 왕을 살려두면 로마의 국익에 보탬이 안 될 것이라는 논리로 예수를 죽였습니다. 종교적인 죄목은 뒷전이었습니다.

고발

그들이 먼저 제시한 죄목은 이것입니다.

"우리가 보니 이 사람은 전염병 같은 자라 천하에 흩어진 유대인을 다 소요하게 하는 자요 나사렛 이단의 우두머리라"(사도행전 24:5)

"염병 같은 자"는 우리 시대로 하면 '악성 바이러스' 같은 존재라는 뜻입니다. 바울이 행한 구체적인 악행은 거론하지 못한 채 다만 그의 존재 자체가 얼마나 치명적인지만 강조합니다. 바울은 단지 죄수 한 명에 불과한 것이 아님을 알라는 투입니다. 가만두면 그 영향력이 삽시간에 퍼질 수 있는 전염병 같은 존재라고 합니다. 벨릭스가 태평을 가져온 왕이라면, 바울은 사회 불안을 가져오는 염병 같은 존재이니, 그를 가만 놔둔다면, 여태 이룬 총독의 평화가, 로마제국의 평화가 손상될 것이라는 경고도 들어 있습니다. 특히 바울이 마음을 뒤흔들고 사회를 진동시킨 대상은 "천하에 흩어진 유대인들"입니다. 당연히 왜곡이고 과장입니다. 바울은 선교하는 곳마다 먼저 유대인 회당에 들어가서 복음을 전했습니다. 바울은 나사렛 예수에 대해 전했는데, 그는 유대인들이 기다리던 그 메시아인데도 유대인들이 십자가에 매달아 죽였지만, 하나님께서 그를 살려 주와 왕으로 삼으신 분이라고 전했습니다. 그래서 많은 유대인들이 반발했고 박해했지만, 적어도 유대 사회에는 적잖은 충격을 주었습니다. 더둘로는 바울이 그 나사렛 출신 예수 믿는 자들의 우두머리라는 뜻으로 그를 "나사렛 이단의 우두머리"라고 부르고 있습니다. '우두머리'보다 더 실감나는 표현은 '수괴'일 것입니다. 실제 바울이 교회의 우두머리는 아니었지만, 영향력 면에서는 예루살렘이나 팔레스타인 땅에 국한된 열두 사도들에 비해 아시아와 유럽을 종횡무진 다니며 활약한 바울이 유대교의 눈에는 더 실질적인 우두머리처럼 보였을 것입니다. 그렇지 않더라도 더둘로는 바울을 로마제국이 좌시해서는 안 되는 거물로 만드는 중입니다. 하지만 그는 불온한 자라는 딱지labelling를 붙이려 할 뿐 하나도 증거를 제시하지 못한 채 주장만 나열했습니다.

실상은 교리적인 차이가 바울과 회당 유대인들 간 갈등의 원인이었는데, 더둘로는 정치적인 사안으로 오해하도록 의도적으로 표현하고 있습니다.[46] 여기 "소요"라는 단어 스타시스στάσις는 '폭동'을 뜻합니다.[47] 가는 곳마다 유대인들에게 폭동을 사주하는 사람이라고 바울을 고발한 것입니다. 그러나 실제로는 그렇지 않았습니다. 유대인들이 분기탱천한 것은 바울을 향한 것이었지 로마제국을 향한 것이 아니었습니다. 그런데 더둘로는 바울이 숭배하는 나사렛 예수가 반란 혐의로 로마제국에 의해 죽임을 당했으니, 그 나사렛 이단파당, 아히레시스, αἵρεσις[48]의 우두머리인 바울 역시 같은 혐의로 처형되어야 한다고 주장한 것이었습니다. 그는 '예수'라는 이름을 거론하지 않고 '나사렛'이라고만 부름으로써 벨릭스가 스스로 예수의 이름을 떠올리게 하는 탁월한 수사법을 동원하고 있습니다. 짧지만 몹시 설득력 있는 논리와 용의주도한 표현을 구사한 것입니다.

더둘로가 고발하는 바울의 죄는 거기서 그치지 않습니다. 이런 정치적인 죄목에다가 종교적인 죄목까지 더합니다.

"그가 또 성전을 더럽게 하려 하므로 우리가 잡았사오니" (사도행전 24:6)

정치적인 죄목을 인정받으면 충분히 바울을 사형에 처할 수 있는데 왜 군이 종교적인 죄목을 더했을까요? 두 가지 가능성이 있습니다. 첫째, 이미 바울의 죄목이 종교적임을 총독이 알고 있을 거라고 전제한 것입니다. 그런데 종교적 죄목을 빠뜨리면 진실성을 의심받을 수 있기 때문입니다. 둘째, 더둘로는 자신이 총독 앞에서 꼼짝 못 하는 것처럼 인사했지만, 유대인들이 바울 때문에 얼마나 심기가 불편한지 상기시키기 위해서 죄목을 언급했을 수 있습니다. 만약 바울을 풀어준다면, 종교적인 사안을 매우 엄중히 다루는 유대교가 로마 당국을 향해, 특히 총독을 향해 어떻게 나올지 장담할 수 없다고 말한 것입니다. 그렇다면 이것은 일종의 블랙 메일 같은 경고입니다. 둘 다 가능성이 있습니다. 사실 이런 것들은 다 말장난에 불과합니다. 재판은 요식행위입니다. 더둘로는 이미 총독이 자기들이 무얼 원하는지를 알고 있다고 생각했고, 실제 총독은 더둘로를 앞세운 유대교가 무엇을 원하는지 알고 있었습니다. 그렇다고 해서 총독 으로서는 죽일 만한 일을 하지 않은 로마시민권자를 함부로 죽일 수는 없었습니다.

더둘로는 더 길게 고소하지 않아도 총독이 자기들이 원하는 대로 해 줄 것을 믿는다는 의미로 이렇게 마무리합니다.

"당신이 친히 그를 심문하시면 우리가 고발하는 이 모든 일을 아실 수 있 나이다 하니"(사도행전 24:8)

이것은 진실을 확신한 사람만 할 수 있는 말입니다. 더둘로도 바울이 무죄하다는 것을 알고 있었습니다. 자신의 고소가 거짓이라는 것을 알고 있는데, 어떻게 이렇게 말할 수 있을까요? 심문하라고 했지만, 사실 채찍 이라도 때려서 억지 자백을 받아내라는 뜻으로 한 말입니다. 심문을 해 봐야 거짓을 말할 테니 그의 말을 믿지 말고 자신들 뜻대로 해달라는 것 입니다. 권력의 의중을 잘 안다고 생각하는 사람들은 늘 이런 식으로, 자 기들끼리만 통하는 방식으로 대화를 나누고, 은밀하고 음흉하게 일을 처 리하곤 합니다. 이심전심입니다. "총독님 아시죠? 잘해 주실 줄 알고 긴 말하지 않겠습니다!" 당연히 그들은 총독이 좋아하는 뇌물을 이미 건넸 을 것입니다.

유대인들의 지지

유대교 당국자들은 자신들의 견해를 지지하는 자들까지 동원했습니다.

"유대인들도 이에 참가하여 이 말이 옳다 주장하니라"(사도행전 24:9)

예수님의 재판 때도 이른 시간부터 고용된 사람들이 참석하여 예수를 십자가에 처형하고 바라바를 대신 살리라고 소리쳤습니다. 이번에도 동원된 듯 보이는 유대인들이 더둘로의 말을 지지해 주었습니다. 일종의 실력행사입니다. 이 팔레스타인 땅에서 태평성대를 누리고 싶으면 유대교의 요구를 들어줘야 한다면서 은근히 협박한 것입니다. 빌라도처럼 벨릭스가 황제를 대신하는 전권을 갖고 있지만, 실제로는 식민지 사람들의 눈치를 살필 수밖에 없는 존재였던 것입니다. 돈과 아첨에 잘 속고 휘둘리는 사람이었습니다. 이것이 이 땅의 권력 속성입니다. 권력을 군림하는 도구로 여길수록 그는 권력을 위임해 준 자들의 노예가 됩니다. 하지만 권력이 섬김의 수단이 되면, 그는 그 권력을 위임해 준 자들에게 섬김을 받을 것입니다.

바울의 변론

더둘로는 일목요연하게 바울이 얼마나 유해한 인물인지, 그리고 그를 당장 처형하지 않으면 벨릭스가 이뤄온 태평성대가 어떻게 훼손될지, 그리고 실제 유대교의 요구대로 그를 처형하지 않으면 유대교가 어떻게 반응할지 모른다는 말을 짧은 고발 속에 다 넣어서 말했습니다. 거기에는 아첨도 들어 있고, 거짓과 왜곡과 과장도 들어 있고, 은근한 압력도 들어 있습니다. 대단한 언변입니다. 이걸 듣고 있던 바울의 반론이 이제 시작됩니다. 전에는 바울이 반론을 시작하자마자 대제사장이 바울의 입을 치라고 명령하여 제대로 말을 못했습니다. 이번에는 충분히 반론을 펼 수 있을까요? 용의주도한 더둘로의 고발에 바울은 어떻게 자신의 입장을 변호할까요? 그는 이 변론의 자리를 어떻게 복음 증거의 자리로 바꿀까요?

증거 없는 고발

총독은 바울에게 반론할 기회를 줍니다.[49]

"총독이 바울에게 머리로 표시하여 말하라 하니"(사도행전 24:10a)

정중하게 명령할 필요도 없을 만큼 총독에게 바울은 대수롭지 않은 인물이었습니다. 아니면 유대인들 앞에서 의도적으로 바울을 하찮게 대했을지 모릅니다. 발언 기회를 얻은 바울은 더둘로의 주장을 조목조목 비판합니다. 우선 그도 벨릭스에게 예의를 갖추어 인사하면서 시작하고 있습니다.

"그가 대답하되 당신이 여러 해 전부터 이 민족의 재판장 된 것을 내가 알고 내 사건에 대하여 기꺼이 변명하나이다"(사도행전 24:10b)

더둘로의 인사에 비하면 짧고 과장 없고 아첨도 없습니다. 사실관계만 말하고 있습니다. 여기 '여러 해'라는 표현은 직역하면 '많은 해'인데, 이것은 수사적인 표현으로 벨릭스에 대한 바울의 신뢰를 보여주는 말입니다. 벨릭스가 재판할 자격이 있는 사람이라고 인정해준 것입니다. 이것은 또한 뇌물이나 정치적 역학관계에 휘둘리지 말고 사실관계에 기초하여 재판해달라는 무언의 압박입니다. 바울이 맨 먼저 언급한 것은 이것입니다.

> "당신이 아실 수 있는 바와 같이 내가 예루살렘에 예배하러 올라간 지 열이틀밖에 안 되었고" (사도행전 24:11)

바울은 자신이 말하는 것은 벨릭스 총독이 확인하면 금방 알 수 있는 명확한 증거가 있는 발언이라고 전제하고 시작합니다. "당신이 아실 수 있는 바와 같이" 이것은 더둘로도 썼던 수법입니다. 그런데 바울에게 다른 점은 심문을 통해서 진술을 받아내는 것이 아니라 명확한 물증을 제시한 것입니다. 바울은 자신의 예루살렘 방문 목적을 "예배"라는 순수한 종교적인 이유로 한정합니다. 의도적으로 '온 천하에서 범죄했다'는 자신을 향한 고발에 대해서는 아예 변론하지 않습니다. 그건 벨릭스의 권한 밖의 영역에서 벌어진 일이고, 확인할 수도 없는 사안이기 때문입니다. 바울은 당장 반박할 수 있는 것에만 집중합니다. 야고보와의 만남, 결례, 체포, 가이사랴 이송, 구금, 벨릭스 앞에서의 심문 등 예루살렘에 올라온 이래로 지난 12일간의 일을 상세히 보고합니다.[50] 정확한 수치까지 제시하면서 알리바이의 신빙성을 더하고 있습니다. 더둘로의 고발의 특징이 모호함이라면, 바울의 변론의 특징은 구체성입니다.

바울이 이 '12일'이라는 짧은 기간을 언급한 이유는 분명합니다. 이 기간은 더둘로의 고발 내용과 달리 바울이 폭동 같은 것을 도모하기에는 너무 짧은 시간입니다. 바울의 말을 들어보십시오.

> "그들은 내가 성전에서 누구와 변론하는 것이나 회당 또는 시중에서 무리를 소동하게 하는 것을 보지 못했으니"(사도행전 24:12)

바울은 순례하러 온 유대인들에게 복음을 전할 기회마저 없었습니다. 복음을 전했다면 분명 유대인들과 논쟁을 벌였을 것인데변론하다, 디아레고마이, $διαλέγομαι$, 7일 동안 유대인 그리스도인들의 요구대로 결례를 행하느라 제대로 복음 증거할 짬조차 얻지 못했습니다. 그런데 하물며 무리를 소동했을까요? 더둘로는 바울이 전염병과 같은 존재라고 했지만, 그는 회당이나 시중에서 작은 소동을 일으킨 적도 없었습니다. 본 사람이 있다면 누구든 나와서 증언하라고 당당하게 말합니다. 그러고는 이렇게 말합니다.

> "이제 나를 고발하는 모든 일에 대하여 그들이 능히 당신 앞에 내세울 것이 없나이다"(사도행전 24:13)

분명 그들에게는 물증이나 증인이 없을 것이라는 말입니다. 더둘로는 바울을 심문해보면 알 거라고 했지만, 바울은 그들의 고발은 증거나 증인이 없는 무고일 뿐이라고 맞섰습니다. 이 지점에서 하나님의 섭리에 놀라지 않을 수 없었습니다. 예루살렘에 가면 '환난과 결박'이 있을 것이라고 성령께서 말씀해 주셨습니다. 그 말을 들으면, 누구든 바울이 복음을 전하다가 고난을 받을 것이라는 말로 알아들었을 것입니다. 그런데 그는 산헤드린 공회 앞에서 '부활을 믿는다'고 한 것과 유대인들에게 나도 너희가 믿는 하나님을 믿고 율법을 존중한다고 말한 것이 전부입니다. 그것은 유대인들의 잘못을 지적하면서 기독교의 차별성을 드러내는 본격적인 복음 증거는 아닙니다. 그러니까 바울은 예루살렘에서는 선교지에서 유대인들을 상대할 때 전했던 방식으로는 단 한 번도 복음을 증거해 보지 못했습니다. 그럼 도대체 하나님은 왜 이런 고생을 굳이 하게 하셨을까요? 구제헌금은 교회 대표들을 통해서 전달하고 바울은 곧장 로마로 가게 할 수도 있었을 것입니다. 그런데 재판받는 장면에 와서야 하나님께서 유대인들과의 사소한 충돌마저 피하게 하신 이유를 알 것 같습니다. 박해만 일방적으로 받게 하신 이유 말입니다. 그것도 예루살렘의 유대인 교회가 바울에게 시킨 대로 실천하다가 초래된 일이었습니다. 이 과정을 보면서 그간 바울을 향해 의심의 눈초리를 보냈던 예루살렘 교회는 얼마나 바울에게 미안했을 것이며, 이제 그를 걱정하며 얼마나 기도했겠습니까? 아무리 다투는 동생이라도 바깥에서 맞고 오면 형은 동생 편을 들지 않습니까? 바울은 아주 당당하게 예루살렘에서 자신은 단 한 차례도 유대교 관련자들과 논쟁을 벌인 적도 없고, 당연히 소동을 일으킨 적도 없다고 말하고 있습니다.

바울은 자신이 정치적인 죄목으로 고발을 당한 것에 대해서 반박하는 중입니다. 바울은 참 지혜롭게 논쟁이 될 만한 말을 피해가고 있습니다. 더둘로는 바울이 "천하에 흩어진 유대인들을 다 소요하게 하는 자"라고 고소했는데, 바울은 누구나 다 확인할 수 있는 '예루살렘' 한 지역만을 한정하여 거기서 자신은 질서를 깨뜨릴 만한 아무 일을 한 적이 없다고 반박합니다. 그렇게 일단 더둘로의 거짓말을 드러냄으로써 그의 말의 신뢰성을 떨어뜨렸으며, 다른 지역에서의 일을 확인할 필요가 없게 만들었습니다. 더둘로가 얼마나 믿을 만한 사람이 못 되는지를 드러냄으로써 그의 고발 자체의 신뢰성도 의심하게 한 것입니다. 더둘로 못지않게 바울도 로마법을 잘 이해하고 있고 또 로마의 수사법에 능했기에 가능한 시도였을 것입니다.

종교적인 문제

그러면서 바울은 자신과 유대교 사이의 문제는 정치적인 사안이 아니라 종교적인 사안 때문에 생겼다고 한정합니다. 그러면서 그는 이 종교적인 공세 역시 근거가 없다고 반박합니다.

"그러나 이것을 당신께 고백하리이다 나는 그들이 이단이라 하는 도를 따라 조상의 하나님을 섬기고 율법과 선지자들의 글에 기록된 것을 다 믿으며 그들이 기다리는 바 하나님께 향한 소망을 나도 가졌으니 곧 의인과 악인의 부활이 있으리라 함이니이다"(사도행전 24:14-25)

놀랍게도 바울은 더둘로가 자신을 고발할 때 썼던 "이단"분파, 아히레시스, αἵρεσις이라는 말을 받아서 대답합니다. 자신이 믿는 바와 유대교 사이의 차이를 부정하지는 않고 있습니다. 그렇다고 유대교 전체를 부정한 것이 아니며, 도리어 유대교를 완성하는 것을 믿고 있다고 말합니다.

바울은 자신의 가르침을 "이단이라고 하는 도"라고 부릅니다. 이 "도"는 나사렛 예수 그리스도의 도 호도스, ὁδός입니다. 유대교도였던 바울은 이 나사렛 예수 그리스도의 도를 따라서 이 도道의 관점으로 조상들, 즉 아브라함과 이삭과 야곱의 하나님을 믿는 사람이 되었습니다. 그는 유대인들의 조상들이 섬기던 하나님을 떠나거나 버린 것이 아닙니다. 그 하나님과 예수님을 연결하는 방식이 다를 뿐입니다. 이제 바울에게는 예수님에 대한 바른 이해와 하나님께 대한 예배나 섬김은 불가분의 관계가 되었습니다. 하나님의 아들을 인정하지 않으면서 하나님을 예배할 수는 없었기 때문입니다. 그렇지 않았다면 그가 유대교를 떠나는 일은 없었을 것입니다.

또한 그는 유대교처럼 "율법과 선지자들의 글에 기록된 것을 다 믿는" 사람입니다. 하지만 그것을 나사렛 예수 그리스도의 관점으로 믿는 자입니다. 그 율법과 선지자가 약속한 메시아가 바로 자신이 믿는 나사렛 예수라고 말합니다. 이 믿음 피스튜오, πιστεύω은 율법과 선지자가 전하는 메시지에 대한 헌신과 충성을 포함하는 단어입니다. 흠 없는 유대인의 삶과 인격, 즉 에토스ethos에 호소하여 자신은 결코 소동을 일으킬 사람이 아니라고 주장합니다.

바울은 유대인들이 갖고 있는 장래 부활의 소망을 갖고 있습니다.[51] 유대교에서는 메시아가 오는 즉시 의인은 부활하고 악인은 심판받는다고 믿었습니다. 그런데 예수 믿는 자들이 예수가 메시아이며 그가 부활했다고 주장하는데, 정작 그들 중에 아무도 부활한 사람이 없는 것을 보면서 그리스도인들의 주장이 거짓이라고 생각했습니다. 하지만 유대인들은 메시아 예수와 함께 이미 하나님 나라가 도래했고 예수의 부활로 첫째 부활이 시작되었지만, 이제 몸의 부활은 그리스도께서 재림하실 때 이루어진다는, 이 종말의 시간표를 알지 못했습니다. 유대교의 종말에서는 이 세대와 오는 세대의 구분밖에 없습니다. 메시아의 부활과 함께 모든 의인들의 부활이 일제히 벌어질 것이라고 믿고 있었습니다. 그래서 바울도 부활을 전하는 자들을 잔멸했던 것인데, 그랬던 그가 부활하신 예수님을 만나고 나서 변했습니다. 한편으로 그는 유대교가 지금 기다리던 그 의인과 악인의 부활, 최후의 심판을 자신도 기다리고 있다고 말합니다. 이 몸의 부활을 믿고 심판을 믿는 자신이 어찌 하나님께 심판받을 짓을 했겠느냐는 것이 바울의 숨은 논리입니다. 바울이 말하려고 하는 것은 이미 시작된 부활과 그가 소망하는 미래의 부활은 모두 첫 열매 나사렛 예수의 부활로 가능해졌다는 것입니다. 이것이 유대교와 바울의 공통점이자 결정적인 차이점입니다. 바울은 단지 무죄 방면을 위해서 유대교와 자신은 사실상 다른 점이 없다는 식으로 말하지 않았습니다. 공통점만큼이나 차이점을 분명히 밝히고 있습니다. 그들의 입장에서 보면 바울은 스스로 자신이 '이단'이 분명하다고 인정하고 있는 중입니다. 이 '소망'은 바울이 자신의 삶을 설명하는 핵심 용어입니다. 후에 로마에 도착했을 때 그는 유대인 지도자들에게도 "이스라엘의 소망으로 말미암아 내가 이 쇠사슬에 매인 바 되었"(행 28:20)다고 말합니다.

거리낌이 없는 양심

바울의 결론은 이것입니다.

"이것으로 말미암아 나도 하나님과 사람에 대하여 항상 양심에 거리낌이 없기를 힘쓰나이다"(사도행전 24:16)

"이것으로 말미암아" 즉 앞에서 밝힌 그 나사렛 예수를 따른 믿음과 소망으로 말미암아, 바울이 지금도 애쓰고 있는 것이 있습니다. 그것은 하나님과 사람 앞에서 거리낌 없는 양심을 유지하려는 노력입니다현재시제. 죄를 지어서 양심이 정죄하는 일을 만들지 않도록 힘쓰고 있는 중입니다. 여기 '힘쓰다'아스케오, ἀσκέω는 달리기 경주자가 애쓰는 모습을 표현할 때 쓰는 단어입니다. 바울이 여기서 '하나님 앞에서' 뿐만 아니라 '사람 앞에서'도 거리낌 없는 양심을 따라 살았다고 한 것은, 그가 유대인들 앞에서 복음을 전한 것이 결코 사적인 이익을 위한 것이 아니었음을 밝힌 것입니다. 사랑의 발로였습니다. "항상" 그렇게 살았다고 하여 예수 믿기 이전과 이후에 변함없는 그의 신앙의 일관성을 밝히고 있습니다. 결코 동족 유대인들을 불편하게 하거나 유대 사회의 질서를 무너뜨리려는 의도로 한 것이 아니었습니다. 바울은 로마서에서 이방인들을 많이 주께 돌아오게 한 것은 이 유대인들이 시기나게 하여 그들을 얻기 위해서라고 하면서, 자신은 물론이고 하나님도 결코 이 유대인들을 포기하지 않고 계심을 절절하게 표현하지 않았습니까? 그것이 바울의 진심입니다. 바울이 깨끗한 양심으로 당당히 할 수 있는 말이었습니다.

사람 앞에서 떳떳하지 못하면서 하나님 앞에서 떳떳할 수는 없는 일입니다. 그런데 하나님한테는 잘하면서 사람들에게는 모질게 하고 부정직하게 하면서도 태연한 사람들이 적지 않습니다. 우리가 하나님께 잘한다고 하는 것들은 대부분 심리적인 것들입니다. 그래서 심리적인 보상을 다 받습니다. 하지만 사람에게 잘하는 것은 정말 나를 포기하고 자존심을 내려놓고 또 조율하기 위해 속도를 늦추고 때로는 오해를 받고 불편함을 감수해야 합니다. 바울은 '항상' 그렇게 하고 있고, 또 '지금도' 그렇게 하고 있다고 말합니다. 이런 성도, 이런 사역자로 산다면, 우리의 삶, 우리의 일상 자체가 사실은 재판일 것인데, 그 재판에서 하나님을 옹호하고 변론하는 자로 잘살 수 있을 것입니다.

아시아의 유대인들과 공회에 대해 무죄하다

바울은 17-21절까지 다시 한번 앞에서 했던 변론을 반복하고 있습니다. 자신을 정치범으로 몰만 한 증거가 그들에게 없고(17-20절), 이 사안은 종교적인 차원의 문제라고 말하고 있습니다(21절). 앞서는 자신이 예루살렘에 온 지 12일밖에 안 되었기 때문에 소요를 일으킬 시간도 없었고, 목격자들도 없다고 했습니다. 그런데 이번에는 어떻게 자신을 변호합니까? 자신이 예루살렘에 온 목적을 밝힙니다.

"여러 해 만에 내가 내 민족을 구제할 것과 제물을 가지고 와서" (사도행전 24:17)

기근으로 고생하는 예루살렘의 동족들 "내 민족"을 돕기 위해 마게도냐와 아가야 지방에서 구제할 것을 가져온 일을 가리킵니다. 바울의 지난 방문(행 18:22)은 주후 51년 경이며, 이번 방문은 57년 경일 것입니다. '구제할 것과 제물'에서 '과'를 동격으로 볼 수도 있고 따로 볼 수도 있습니다. 동격으로 본다면 구제헌금 자체를 제물로 보는 것이고, 제물을 따로 본다면 유대인 형제들의 나실인 서원 종료를 위한 제물을 바울이 대신 제공하는 것(행 21:26)을 말할 것입니다. 바울이 말하려는 바는 분명합니다. 자신은 소요를 일으키기 위해서 온 염병 같은 존재가 아니라, 도리어 곤경에 빠진 동족을 도우려는 선한 뜻으로 예루살렘에 왔다는 것입니다. 물론 그것을 통해서 의도했던 유대인 교회와 이방인 교회 간의 하나 됨이라는 더 근본 목적은 굳이 밝히지 않고 있습니다. 바울이 돈 이야기를 하는 이 순간 '돈'을 사랑하는 벨릭스의 귀가 큼지막해졌을 것입니다(행 24:26). 그는 이렇게 덧붙입니다.

"드리는 중에 내가 결례를 행했고, 모임도 없고 소동도 없이 성전에 있는 것을 그들이 보았나이다"(사도행전 24:18a)

실제 자신이 예루살렘에 온 목적에 충실하게 시간을 보내고 있는 것을 본 목격자들은 차고 넘친다는 것입니다. 더둘로가 주장한 것을 뒷받침할 만한 증인들은 없지만, 자신의 주장을 증언해줄 만한 증인들은 많다는 뜻입니다. 앞에 12절에서는 자신이 성전에서 변론하는 것이나 무리를 소동하게 하는 것을 본 증인을 한 사람도 찾을 수 없을 거라고 했던 말을 달리 표현하고 있습니다. 이것은 성전을 더럽혔다고 한 더둘로의 고발에 대한 반론입니다. 그가 성전에서 한 일은 소동이 아니라 유대인의 '결례'였습니다. 이것은 유대교가 지키는 일이며, 따라서 자신은 유대교의 질서를 존중하는 사람이었고 정결한 상태였다는 완료시제, 헤그니스메논, ἡγνισμένον 주장입니다. 그가 고발을 당한 시점은 바울이 소동을 일으킨 후의 일이 아니라 결례를 행하여 정결한 상태였던 것입니다.

그런데 어떻게 오늘 이 재판에까지 이르게 되었습니까?

"그러나 아시아로부터 온 어떤 유대인들이 있었으니 그들이 만일 나를 반대할 사건이 있으면 마땅히 당신 앞에 와서 고발했을 것이요"(사도행전 24:18b-19)

이 자리에서 자신을 고발해야 할 사람은 대제사장이 아니라 자신이 이방인을 성전 안에까지 데리고 들어왔다고 한 아시아에서 온 유대인들이라는 것입니다. 그들이 최초로 자신을 고발했기 때문에 그들을 심문하고 증거를 확인해야 합당한 절차라고 주장합니다. 그런데 지금 그들은 자취를 감춘 채 대제사장과 산헤드린 공회 뒤에 숨은 것은 고발을 뒷받침할 만한 증거가 없기 때문이라고 말하고 싶은 겁니다. 원 고소자들이 소송을 포기한 것이나 다름없는 상황입니다. 로마법에서 소송을 포기할 때는 재판석에 나타나지 않는데, 아시아에서 온 유대인들이 재판정에 나타나지 않은 것은 이를 입증한다는 것입니다. 얼마나 설득력 있는 주장입니까? 바울은 변호사 더둘로는 이 일을 직접 경험하지 않았고 소문으로만 들어 알고 있을 뿐이니 잘 모를 것이라고 넌지시 비난하고 있기도 합니다.

그들이 총독 앞에 나와서 고발할 수 없었다면, 최소한 산헤드린 공회 앞에 나와서라도 자신을 고발하고 증거를 제시했어야 하는데 그마저도 하지 않았습니다. 여기에 더하여 바울이 총독에게 더 확인하도록 요구하는 것이 있습니다.

"그렇지 않으면 이 사람들이 내가 공회 앞에 섰을 때에 무슨 옳지 않은 것을 보았는가 말하라 하소서"(사도행전 24:20)

직전에 산헤드린 공회 앞에서 예비 심문을 할 때 지금 자신을 고소하는 이 제사장 아나니아와 장로들이 참석했으니, 그 자리에서나마 자신이 무슨 옳지 않은 일을 했거나 혹은 분명한 증거를 통해 유죄 판결을 받은 적이 있는지 확인하라고 합니다. 만약 그 재판에서 유죄 판결을 받았다면, 더둘로는 틀림없이 그 결과를 총독 앞에 보고했을 것입니다. 이것은 바로 이 자리에서 확인할 수 있는 대목입니다. 확인할 필요가 없었는데, 이는 이미 천부장이 보낸 편지를 통해 총독은 파악하고 있었기 때문입니다. 지금 바울이 얼마나 당당하게 재판에 임하고 있는지 느껴집니까? 우리는 그 산헤드린 재판 자리에서 바울이 바리새파의 도움으로 무죄 선언을 받았던 것을 기억할 것입니다. "우리가 이 사람을 보니 악한 것이 없도다"(행 23:9). 물론 사두개파 사람들은 인정하지 않았지만, 그렇다고 바울이 공식적으로 유죄 판결을 받은 것도 아니었습니다.

더둘로의 말만 들으면, 그리고 그의 유려한 언변과 제사장을 등에 업은 권위를 생각하면, 그의 말이 사실일 거라고 믿고 싶어집니다. 하지만 바울은 조금도 흔들리지 않았습니다. 사실에 기초한 진실이 화려한 수사보다 더 힘이 있다는 것을 알고 있었기 때문입니다. 그는 더둘로의 화려하지만 모호한 말과 장담 속에 얼마나 많은 왜곡과 겁박과 정치적 타협의 의도가 담겨 있는지를 간파했습니다. 본질을 꿰뚫어 보는 이같은 안목을 지혜라고 부릅니다. 지혜는 사랑과 진리 안에 거할 때 가질 수 있습니다. 진실을 갖고 있지만 동시에 사랑도 있는 사람은 상대방을 제압하려는 마음으로만 임하지 않고, 훨씬 더 폭넓고 깊게 사람을 움직일 수 있는 지혜로운 말과 행동을 선택할 수 있습니다. 사실에 지혜가 더해질 때 진실이 되는 것입니다.

죽은 자의 부활에 대하여 말하다

바울은 자신이 예루살렘 산헤드린 공회 앞에서 그들의 심기를 불편하게 한 것이 있다면 단 하나뿐이었다고 말합니다.

"오직 내가 그들 가운데 서서 외치기를 내가 죽은 자의 부활에 대하여 오늘 너희 앞에 심문을 받는다고 한 이 한 소리만 있을 따름이니이다 하니"

(사도행전 24:21)

지금 바울은 자신의 소송 문제가 전적으로 종교적인 사안이며, 따라서 벨릭스 총독이 우려할 사항이 아니라고 말하고 싶은 것입니다. 바울은 자신을 정죄하는 주제들은 이미 공회에서 다루어졌고, 산헤드린도 제대로 판결하지 못한 난해한 종교적 사안을 로마인의 법정에서 다루는 것은 적절하지 않다는 뉘앙스로 말하고 있는 것입니다. 바울은 이미 율법과 선지자들의 말씀을 따라서 자신이 갖고 있는 부활 신앙에 대하여 15절에서 말한 바 있습니다. 그 부활 신앙이 바울을 유대교로부터 떠나게 했고, 그 부활 신앙 때문에 죽음을 두려워하지 않고 복음을 전할 수 있었습니다. 부활 신앙은 유대교의 소망을 성취하는 것일 뿐만 아니라, 유대교와 기독교를 차별화하는 가장 강력한 사건이었습니다.

벨릭스의 반응

이제 유대교의 고발과 바울의 반론에 이어서 로마제국이 이 문제를 어떻게 다루는지가 22-27절에 나옵니다. 이것이 세속권력이 기독교에 대해서 대하는 태도와 늘 일치하지 않겠지만 적어도 세속권력의 속성이 무엇인지는 잘 보여주고 있습니다. 따라서 세속권력에 대하여 지나치게 낙관적인 기대를 걸어서 그들이 기독교의 수호자인 것처럼 여겨서도 안 되고, 반대로 지나치게 비관적으로 여겨서 그들이 기독교와 늘 대척 관계에 있는 것처럼 생각해서도 안 됩니다. 그것은 그리스도인들과 교회가 세속권력을 향해서 무엇을 기준으로 지지와 비판을 보내야 하는지, 어느 정도의 거리감을 갖고 상대해야 하는지를 보여줍니다.

정치적 책임회피

바울을 처벌하거나 소송을 기각하거나 증거를 더 수집하는 등 다양한 판결 가능성이 있었습니다. 그런데 총독 벨릭스가 취한 반응은 세 번째였습니다. 이것은 사실상 정치적 책임회피입니다. 그는 양측의 주장을 듣고 충분히 판결을 내릴 수 있는 위치에 있었습니다. 더둘로의 주장이 전적으로 거짓은 아니지만, 로마시민권자 바울을 처벌할 정도로 설득력 있는 것도 아니었습니다. 더군다나 이미 천부장이 보낸 편지도 읽어보았습니다. 그래서 천부장을 내려오게 하여 직접 확인하지 않더라도 바울에 대한 천부장의 입장이 무엇인지는 이미 알고 있습니다. 그런데도 어떤 결정을 내립니까?

"벨릭스가 이 도에 관한 것을 더 자세히 아는 고로 연기하여 이르되 천부장 루시아가 내려오거든 너희 일을 처결하리라 하고" (사도행전 24:22)

판결을 내리지 않고 천부장 루시아가 내려오면 판결하겠다고 미룹니다. 그런데 판결을 미룬 진짜 이유를 누가는 이렇게 밝힙니다. "벨릭스가 이 도에 관한 것을 더 자세히 아는 고로" 벨릭스는 바울이 믿는 '도', 유대교가 "이단"이라고 말하는 그 나사렛 예수에 관한 것을 자세히 알고 있었습니다. 총독으로서 전에 있었던 예수의 십자가 사건을 자세히 보고 받았을 것이고, 그렇게 죽은 예수가 부활했다고 믿고 전하는 자들이 예루살렘과 유대 곳곳에 퍼졌다는 소식도 알고 있었을 것입니다. 특별히 그의 아내 드루실라가 유대인이기에, 그가 "이 도", 즉 예수 그리스도의 도에 대해서 관심을 갖고 이해할 수 있는 배경이 되기도 했습니다. 그는 이 "도"가 결코 로마 사회에 유해하지 않다는 것을 이미 파악하고 있었다는 뜻입니다.

그런데도 그가 이 도에 대해 자세히 알고 있는 것과 천부장 루시아가 도착할 때까지 판결을 연기하는 것은 무슨 관계입니까? 총독은 바울의 재판이 종교적 성격의 재판임을 알았습니다. 그는 유대교와 기독교의 차이 정도는 알고 있었습니다. 그러니까 총독 벨릭스는 더둘로의 고소와 바울의 변론을 모두 이해하고 있었는데도 판결은 미룬 겁니다. 루시아의 보고를 받았기 때문에 최종 결정을 위해 그의 의견을 다시 물을 필요도 없었습니다. 다만 당장 바울을 옹호하는 것이 정치적 실익이 되지 못한다고 판단하여 연기한 것입니다. 천부장 루시아도 자신과 의견이 같을 것이라고 확신했기에 그가 도착할 때까지 시간을 번 것입니다. 총독은 진리를 따라서도 결정하지 않고 실리를 따라서 결정하고 있습니다. 벨릭스가 유대교 편에 서서 바울을 제거한다면, 바울의 영향을 받은 로마제국 각지에서 그의 추종자들을 통해서 소요가 발생할 것이고, 그러면 그 책임을 벨릭스 자신이 져야 했기 때문에 섣불리 다루지 않았을 것입니다. 물론 '돈'을 향한 그의 욕심도 이 결정 연기에 한몫했을 것입니다. 이것이 권력의 전형적인 속성입니다.[52]

총독 벨릭스가 바울의 무혐의를 확신했다는 증거는 또 있습니다. 처벌할 혐의가 명백히 입증되었다면 즉시 처결했을 것입니다. 하지만 그의 무죄를 확신했기에 총독은 지난 5일 동안과 달리 바울에게 호의를 베풀고 있습니다.

"백부장에게 명하여 바울을 지키되 자유를 주고 그의 친구들이 그를 돌보아 주는 것을 금하지 말라 하니라" (사도행전 24:23)

그는 거처만 제한되었을 뿐 비교적 자유롭게 사람을 만날 수 있었습니다. 자유와 돌봄은 천하를 어지럽게 한 죄수에게 줄 수 있는 호의는 결코 아니었습니다. '돌보다'는 음식과 옷과 책과 필기도구들을 챙겨주는 것을 의미할 것입니다. 이런 배려가 마냥 좋기만 한 것이 아닌 이유는, 그는 바울에 대한 껄끄러운 판결을 최대한 미루려는 의도에서 나온 것이기 때문입니다.

영적 책임회피

벨릭스가 보인 두 번째 반응은 영적인 책임회피입니다. 며칠 후 벨릭스와 그의 아내 유대 여자 드루실라가 따로 바울을 부릅니다. 재판을 위해서가 아닙니다. 이번에는 바울이 전한 그리스도 예수 믿는 도에 대해 더 들으려고 불렀습니다. 재판 때는 '이단의 도'라고 불명예스럽게 불리던 그 예수 그리스도의 진리에 대해 총독 부부는 더 듣고 싶었습니다. "이 도에 관해 자세히 안다"고 했지만, 그들은 자신들의 통치를 위해서 필요한 만큼만 알고 있을 뿐이었습니다. 그래서 바울이 무엇을 가르쳐주고 있습니까?

"바울이 의와 절제와 장차 오는 심판을 강론하니" (사도행전 24:25)

이것만으로는 바울이 도대체 무엇을 어떻게 전했는지 알 길이 없습니다. 하지만 여기서 우리가 말할 수 있는 것이 있습니다. 복음의 전모는 워낙 방대하고 심오한 내적 체계를 갖고 있습니다. 바울 서신들만 봐도 알 수 있습니다. 바울이 이 모든 이론을 매번 다 전할 수 없습니다. 그는 상황에 따라, 청중에 따라 내용과 강조점을 달리하여 복음을 전했을 것입니다. 복음은 모든 시대 모든 사람에게 상관있으며, 그것은 단지 지적으로 동의하는 것에 그치지 않고 그 복음이 열어가는 새로운 세계, 새로운 시대, 새로운 통치 체계, 새로운 삶의 방식에 참여하는 문제이기 때문입니다.

바울이 왜 벨릭스와 드루실라 부부에게는 '의와 절제와 심판'을 예수 그리스도의 도로 제시했는지는 이 두 사람이 어떤 사람인지를 알면 이해하는 데 도움이 될 것입니다. 드루실라의 아버지, 즉 벨릭스의 장인은 헤롯 아그립바 1세입니다 (행 12장). 드루실라는 그의 막내딸입니다. 그녀는 언니들도 시기할 만큼 미모가 빼어났습니다. 그의 아버지는 드루실라가 6살 때 죽습니다. 그녀의 이름도 로마 황제 가이우스의 누이 드루실라를 따라서 지은 것입니다. 그녀는 12살에 콤마게네의 왕자 에피파네스와 정혼했지만, 그가 유대교로 개종하지 않았다는 이유로 파혼했습니다. 오빠 헤롯 아그립바 2세는 동생을 시리아 에메사의 왕인 하지즈와 결혼시킵니다. 그런데 드루실라를 본 총독 벨릭스는 한눈에 반해 버립니다. 그 후로 이 여인을 뺏기 위해 온갖 노력을 기울입니다. 결국 구브로 출신의 유대인 마술사 아트모스를 통해 그녀를 설득하여 남편을 버리고 총독인 자신과 결혼하게 만듭니다. 그때 그녀의 나이 16세였습니다. 드루실라는 벨릭스의 세 번째 아내가 됩니다. 그의 다른 아내 중 한 명은 그 유명한 마르쿠스 안토니우스와 클레오파트라의 손녀입니다. 결혼을 세 번 한 총독과 멀쩡한 남편을 버리고 외간 남자에게 시집간 드루실라, 여러분 누가 생각납니까? 헤롯 안티파스와 헤로디아입니다. 안티파스는 이웃 나라 나바테아의 공주 파샬리스와 결혼했지만 이혼하고 이복동생 헤롯 빌립보 2세의 아내이자 또 다른 이복동생 아리스토불루스 4세의 딸인 헤로디아와 결혼했습니다. 이 결혼으로 결국 그는 파멸하게 되는데, 나중에 파샬리스의 아버지인 나바테아의 왕 아레타스 4세가 딸의 복수를 위해 쳐들어왔기 때문입니다. 세례 요한 역시 이 부도덕한 결혼을 강하게 비판했고, 결국 안티파스에 의해 투옥되고 처형되었습니다. 바울은 바로 세례 요한이 헤롯 안티파스 부부에게 전했던 "의와 절제와 심판"의 메시지를 전했을 것입니다.

의에 대하여

그렇다면 여기서 '의'는 단순히 바울 신학에서 말하는 '칭의'를 가리키기보다는 '정의' 혹은 도덕적으로 '의로운 삶'을 가리킬 것입니다. 이것은 그의 통치에도 적용될 수 있고, 그의 결혼에도 적용될 수 있습니다. 바울은 총독이 정말 예수 그리스도의 도를 믿는다면, 바울 자신의 재판을 공정하게 다루어야 마땅하다고 가르쳤을 것입니다. 더둘로는 그가 태평성대를 이루었고 탁월한 선견지명으로 많은 개혁 조치를 단행했다고 칭송했지만, 바울의 생각은 달랐습니다. 바울은 벨릭스가 얼마나 잔인하게 팔레스타인 땅을 통치했는지를 환기시켰습니다. 부패하고 무법한 군사정권이나 그 후예들이 주는 권력에 호의호식하고 정의와 공의가 사라진 법의 횡포에 저항하지 않고 그 법이 주는 혜택을 향유한다면, 주님은 그 삶을 어떻게 보실까 두렵습니다. 세상 법정과 상식이 그것을 정의로 포장하고 심지어 성공이라고 칭송할지라도, 주님의 법정에서는 불의라고 부를 수 있기 때문입니다.

절제에 대하여

욕망의 절제를 가르쳤습니다. 총독의 권력욕, 재물욕, 남의 아내까지 빼앗아 자기 아내로 만든 음욕이나 소유욕 모두를 지적하는 가르침입니다. 신앙은 곧 욕망의 문제입니다. 신앙은 '사랑'의 문제이기 때문입니다. 무엇을 믿는가의 문제나 무엇을 아는가의 문제보다 더 근본적인 것은 무엇을 원하느냐의 문제가 신앙입니다. 신앙은 하나님을 가장 갈망하는 것을 말합니다. 하나님을 향한 갈망의 빛으로 나의 갈망과 세상의 갈망을 해석하고 평가하는 것이 신앙입니다. 단지 옳다고 인정하는 정도나 신념의 문제가 다는 아닙니다. 하나님이 기뻐하시는 것을 나도 기뻐하고 그분이 싫어하는 것을 나도 싫어하는 것이 신앙입니다. 자기가 원하는 것을 하나님의 힘을 동원해서라도 기어이 이루려고 한다면, 그것은 하나님을 우상으로 삼는 일일 뿐입니다. 아무리 그 열정이 대단하다 해도, 아무리 큰 희생을 보인다 해도, 그것은 더 큰 것을 얻기 위한 투자일 뿐 신앙은 아닐 수 있습니다. 예수님의 삶이 아래로 향하는 삶이었다면, 벨릭스의 삶은 권력 지향적인 삶이었습니다. '절제'에 대한 가르침은 '참된 사랑', '참된 욕망'에 대한 가르침입니다. 먼저 그의 나라와 그의 의를 구하는 신앙입니다. 바울은 하나님의 나라를 찾고, 구하고, 두드리는 것이 신앙이라고 가르친 것입니다.

심판에 관하여

바울은 '장차 오는 심판'을 가르쳤습니다. 앞에서 말한 '의인과 악인의 부활'에 대한 것이 여기에 포함되었을 것입니다. 지금껏 벨릭스가 유일하게 눈치 보는 심판자는 로마 황제뿐입니다. 그러나 신앙을 갖는다는 것은 예수님을 유일하신 참된 주로 인정하는 것을 말합니다. 벨릭스 부부가 관심을 기울여야 하는 것은 권력의 향배가 아니라 자신의 영원한 운명이어야 했습니다. 오늘 정의와 공의로 살지 않는 자가 장차 올 심판의 날에 그분의 정의롭고 공의로운 심판 아래서 무사할 수는 없기 때문입니다.

'의와 절제와 장차 올 심판', 이것은 비단 권력자들에게만 필요한 메시지가 아니라 오늘 이 자본주의 시대를 사는 우리 모두에게도 필요한 메시지입니다. 그리스도를 믿는 것과 그리스도를 따라 사는 것을 별개로 취급하고 있는 시대, 성도들에게 영적인 둔감함을 용인하는 시대, 그리하여 거짓 안전감과 그릇된 구원의 확신 속에서 스스로 속이며 안주하도록 만드는 시대에, 여전히 우리가 들어야 하는 복음이 의와 절제와 장차 올 심판입니다. 밝고 환하고 긍정적이고 희망적인 메시지만 중독적으로 찾고 있지만, 뼈아프게 자신을 바라보게 하는 복음이 우리와 교회를 살릴 것입니다.

벨릭스는 이 복음에 어떻게 반응합니까?

"벨릭스가 두려워하여 대답하되 지금은 가라 내가 틈이 있으면 너를 부르리라 하고"(사도행전 24:25b)

두려워했습니다 엠포보스, ἔμφοβος. 이는 단순한 무서움이 아니라 공포 수준의 두려움입니다(눅 24:5, 37; 행 10:4; 계 11:13). 계시록에서 이 단어가 이렇게 쓰이고 있습니다. "그 때에 큰 지진이 나서 성 십분의 일이 무너지고 지진에 죽은 사람이 칠천이라 그 남은 자들이 '두려워하여' 영광을 하늘의 하나님께 돌리더라" 이 두려움이 회개로 이어지기도 하지만, 벨릭스의 경우엔 영적인 책임회피를 낳았습니다. 그는 말씀이 정면으로 자신을 비추는데도 시선을 피했습니다. 날카로운 메스가 암덩어리를 향하는 순간 그 메스를 거절한 환자와 같았습니다. 그는 말합니다. "가라 내가 틈카이로스, καιρός이 있으면 너를 부르리라!" 이것이 총독의 권력입니다. 바울은 한 인간의 장래 운명에 대해 말할 수 있는 사람이지만, 당장에는 총독이 오라고 하면 오고 가라고 하면 가야 하는 사람에 불과했습니다. 세상은 총독 같은 사람을 선망하고, 반대로 바울처럼 권력자의 말 한

마디에 오고 가는 사람, 앉고 일어서는 사람, 그 말이 무시당하기도 하는 사람이 되고 싶지는 않을 것입니다. 하지만 이 장면에서 진정한 권력자가 누구이며 진정한 권위자가 누구인지를 알아보는 것이 신앙입니다. 겨우 사람을 오라 가라 하는 정도의 권세나 권력의 맛에 취해 자신이 죽어 가고 있다는 경고조차 들으려고 하지 않는 자가 어떻게 부러움의 대상이 될 수 있단 말입니까? 그는 자신의 참 실상에 눈감아버린 유약하고 비겁한 사람입니다.

"내가 틈이 있으면 너를 부르리라!" 이 '틈' 카이로스는 질적인 시간, 따로 할애한 특별한 시간을 가리킵니다. 지금 이 두려움의 시간이 사실상 하나님이 주신 '틈'일진대, 벨릭스는 그 틈을 회피하고 자신이 만든 새로운 '틈'을 예고하고 있습니다. 하지만 결국 그 틈은 오지 않았고, 그가 만든 틈은 오직 뇌물을 위한 틈이었을 뿐입니다. '틈이 있으면…' 우리가 자주 쓰는 핑계이기도 합니다. "시간 나면 한번 보자"는 말은 대개 "지금 너에게 내줄 시간은 없다"는 뜻입니다. 벨릭스는 지금 자신에게는 회개하는 것, 삶의 방향을 교정하는 것, 욕망을 재조정하는 것, 세계관을 뒤엎는 것, 즉 하나님 믿는 것이 가장 중요한 관심사는 아니라고 말하고 있는 것입니다. 회개와 회심 요청을 완곡하게 거절했습니다. 그런데 살고 죽는 것을 결정하는 일보다 더 급한 일이 있을까요? 그런데 그런 급하고 중요한 일을 할 만큼의 틈도 없다면, 나는 사탄의 노예로 갇혀 있거나 세속적 욕망에 매여 있는 것입니다. 눈이 가려 있고 귀가 닫혀 있는 겁니다. 신앙을 최우선 순위로 삼지 않는 사람에게 신앙은 결코 차선순위가 되지 않습니다. 앞으로도 줄곧 '틈'이 나지 않을 것이기 때문입니다. 왜 그렇습니까? 우리의 욕망은 만족하는 법을 모르기 때문입니다. 채워진 한 욕망이 필경 더 큰 욕망을 잉태하기 때문입니다. 그러다가 결국 내 욕망이 내 주인이 된 줄도 모른 채 살 것입니다. 내가 무엇을 위해서 틈도 없이 살았으며, 이웃과 세상과 특히 내 도움이 절실한 사람들을 외면하면서 살았느냐고 자문하면 대답할 말을 못 찾을 겁니다. 예배할 틈도 없고, 교회를 섬길 틈도 없고, 전도할 틈도 없고, 말씀을 보고 기도할 틈도 없을 만큼 열심히 살아서 무엇을 이룰 수 있을까요? 하나님을 믿는다면서 하나님을 위해서 원 없이 섬겨본 기억도 없이 세상을 마무리한다면, 그것만큼 안타까운 일이 더 있겠습니까? 하나님 앞에서 그보다 더 민망한 일이 있겠습니까? 험한 세상에서 살아남으려면 어쩔 수 없었다고요? 그럼 우리는 자기 자식들 하나 건사할 수 없는 무능한 하나님을 믿고 살았다는 뜻입니까? 그런 하나님이 여러분을 영원한 죄와 사망에서 구원해 줄 거라는 사실은 어떻게 믿을 수 있었습니까? 그분은 종교적 영역에서만 도움 줄 수 있는 '틈새 하나님'입니까? 하나님을 위해 틈을 안 내주면 우리는 아예 신앙이 없는 사람입니다.

인생에서 고난은 하나님께서 친히 '틈'을 여시는 시간입니다. 삶에 균열을 가져옵니다. 늘 다니던 외길에 큰 나무둥치 하나 넘어뜨려 걸음을 멈추게 하십니다. 우리가 세운 숱한 계획들을 물거품이 되게 하십니다. 그렇게 강제로 틈을 주시고 광야로 몰아가십니다. 그때 벨릭스처럼 우리도 어떻게 될지 몰라서 두려워하고 놀라고 공포스러워합니다. 하지만 그런다고 다 회개에 이르는 것은 아닙니다. 하나님이 주신 틈 덕분에 정신없이 질주하던 삶을 멈추고 자신을 돌아보는 이들이 있고, 그 틈을 감추어 메우느라 틈을 주신 분의 뜻을 헤아리지 못할 수도 있습니다. 때로는 우리 삶을 뒤집고 우리의 속을 시끄럽게도 하셔서 우리를 주님이 기뻐하시는 대로 창조하실 수 있도록 틈여지을 스스로 마련하는 것도 필요합니다. 사람들의 영광을 뒤로하고 산으로 올라가거나 광야로 물러나셨던 예수님처럼, 스스로 자신을 유폐시키고 가두는 선택 말입니다.

탐욕과 탐닉

벨릭스는 틈을 마련하여 바울을 불렀습니다. 자주 불렀습니다. 자주자주 틈을 마련했습니다. 그런데 하나님이 의도하신 틈이 아니었습니다. 권력자는 언제든 원할 때 그 틈을 마련할 수 있습니다. 원하는 것이 있으면 원하는 대로 해야 직성이 풀립니다. 그래서 자기 욕망이 향하는 곳으로 시간을 내고 장소를 마련합니다. 벨릭스의 욕망은 무엇이었습니까? 복음이 아니었습니다. 영원한 생명이 아니었습니다. 예수 그리스도의 사람이 되는 것이 아니었습니다. 안타깝게도 돈이었습니다.

> "동시에 또 바울에게서 돈을 받을까 바라는 고로 더 자주 불러 같이 이야기하더라" (사도행전 24:26)

돈이 목적인 사람은 아무리 복음을 자주 들어도 그것은 복음으로 들을 수 없습니다. 돈을 약속하는 복음으로 변질시킬 것입니다. 돈이 목적인 사역자는 얼마든지 돈을 벌 수 있는 방식으로 복음을 왜곡하여 교회를 자기 이익의 방편으로 삼을 것입니다.

평소에 벨릭스가 어떤 식으로 통치해왔는지를 잘 알았을 유대교 지도자들은 가이사랴에 내려올 때 빈손으로 오지는 않았을 것이고, 모르긴 몰라도 재판 전에 거래가 있었을 것입니다. 총독이 요구하지 않아도 알아서 돈을 좋아하는 총독에게 뇌물을 건넸을 것입니다. 그런데 바울은 도통 눈치가 없어서 총독이 직접 받아내려고 수작을 부렸습니다. 벨릭스는 바울이 예루살렘 교회를 위해 구제헌금을 많이 모아왔다는 말을 들었기에 뇌물을 받으려고 그를 자주 불렀습니다. 그가 천하에 영향을 미치는 예수 운동의 유력한 지도자라면 당연히 상당한 재정 지원도 받으리라 예상했을 겁니다. 당연히 뇌물은 불법이었지만 관행이기도 했습니다.[53] 역사가 타키투스Publius Cornelius Tacitus와 요세푸스 모두 벨릭스의 재물욕에 대해 기록하고 있는데, 사도행전의 기록과 너무나 잘 들어맞습니다.[54] 그는 바울도 오해했고 복음도 오해했습니다. 바울이 전한 것을 전혀 듣지 않았습니다. 의와 절제와 심판의 복음은 뇌물과 양립할 수 없습니다. 그는 복음을 듣고 두려워했을 뿐, 자기 소유를 다 팔아 보화가 묻힌 밭을 살 만큼 복음의 값어치를 깨달은 것은 아니었습니다. 자신의 영혼이 백척간두에 서 있다는 사실도 보지 못했습니다. 벨릭스, 그는 돈과 영생을 바꾼 어리석은 사람 중의 어리석은 사람이었습니다. 예수님의 제안을 뿌리치고 돌아선 부자 청년이 생각납니다. 예수님을 팔아넘긴 가룟 유다가 생각납니다. 아나니아와 삽비라도 생각납니다. 또한 돈의 힘을 빌어 간신히 인생을 살려는 벨릭스의 비열하고 저열한 권력을 절대 부러워해서는 안 될 것입니다.

불의와 불공정

권력자들은 자신이 법이라고 생각합니다. 그들에게 법은 준수 대상이 아니라 통치 수단이었습니다. 경우에 따라, 욕망에 따라, 있는 법도 무시할 수 있고 없는 법도 만들 수 있고 온전한 법도 뒤틀 수 있습니다. 법을 맘대로 해석하여 법이 자신의 권력에 복종하게 만들 수도 있습니다. 법이 정의를 세우는 것이 아닙니다. 법 해석은 시대에 따라 달라집니다. 누구 손아귀에 들어가는지가 많은 것을 결정합니다. 그런데 법을 만들고 집행하는 사람이 준법에 덜 민감할 수 있고, 의사가 환자의 고통에 가장 덜 민감할 수 있고, 목사가 말씀에 가장 덜 민감할 수 있습니다. 이것을 "전문가적 변형"이라고 부릅니다. 복음이 저절로 우리를 하나님의 사람을 만들어주지 못합니다.

그런데 여기서 우리는 아이러니 하나를 보게 됩니다. 그렇게 강한 권력자가 가장 눈치 보는 대상이 자신이 지배하는 피지배자들이라는 사실입니다. 그들의 반란과 저항이 권력자들에게는 가장 큰 불안과 근심 요소입니다. 더 불안하면 더 혹독하게 다룹니다. 관대한 지배자는 피지배자에게 덜 의지합니다. 벨릭스의 악명 높은 통치는 그가 피지배자인 유대인들을 두려워했다는 방증입니다. 그는 하나님보다 유대인들을 더 두려워했기에 하나님을 소개하는 바울보다 바울을 고소하는 유대인들을 더 의식했습니다. 그런 그가 이 바울의 사건을 처리하는 방식을 보십시오.

"이태가 지난 후 보르기오 베스도가 벨릭스의 소임을 이어받으니 벨릭스가 유대인의 마음을 얻고자 하여 바울을 구류하여 두니라" (사도행전 24:27)

실제 59년 가이사랴 유대인 공동체는 로마에 가서 벨릭스의 부패를 고발했고, 그 결과로 총독직에서 물러났습니다. 헬라인 시리아인들과 유대인이 충돌하는 사건을 처리하는 과정에서 엄청난 폭력을 행사하여 유대인들을 죽이고 재산을 약탈했기 때문입니다.[55]

가이사랴 2년의 의미

총독은 무려 2년 동안 회피했고 방치했습니다. 짧다면 짧고 길다면 긴 시간입니다. 총독은 다룰 수 없었던 것이 아니라 다루지 않은 것입니다. 바울의 무죄함을 몰랐던 것이 아니라 인정하지 않은 것입니다. 누가는 그 이유를 "유대인의 마음을 얻고자" 함이었다고 알려줍니다. 총독은 권력자였지만, 사실은 심약하고 비겁한 인간이었을 뿐입니다. 2년이라니요. 이 귀한 사람 바울에게는 참으로 아까운 시간이고 허송한 세월이었습니다. 그럼 하나님이 직접 개입하셔서 문제를 해결하실 수는 없었을까요? 사도들이 감옥에 갇혔을 때는 기적을 일으키셔서 빼내기도 하셨습니다. 빌립보 감옥에 있을 때는 지진을 일으키시고 차꼬가 풀리게 하신 일도 잊을 수 없습니다. 그런데 왜 가이사랴에서는 침묵하셨을까요? 모릅니다. 다만 분명한 것은 있습니다. 이 2년이 바울에게는 꼭 필요했을 거라는 겁니다. 그것이 바울을 향한 하나님의 장기 계획, 즉 그가 로마에서도 나의 일과 복음을 전하게 하실 것이라는 하나님의 비전이 성취되는 것과 밀접하게 관련이 있을 것입니다. 우리에게는 정체나 낭비로 보이는 이 시간이 하나님 편에서는 생산적이고 의미 있는 시간이었습니다.

사도 바울에게도 이 시간이 안식년이 되었지 싶습니다. 아무것도 하지 않고 쉬는 시간을 말하는 게 아닙니다. 요셉에게 2년 궁중 감옥 생활이 그 이후 궁중에서 총리로 행정을 펼칠 때를 준비한 기간이었듯이, 바울에게 2년은 한 큰 사역을 마무리하고 이제 로마를 중심으로 생애 마지막 사역을 시작하기 전에 주어진 잠깐의 브레이크 타임이었을 것입니다.

지난 사역을 정리하고 다음 사역을 준비하고 개인적으로 재충전하는 시간으로 적절한 곳이 가이사랴였습니다. 바울은 비교적 자유로운 환경에서 사람들과 만나 교제하고 글도 쓰고 신학도 정립했을 것입니다.

가이사랴에서 쓴 서신들[56]

가이사랴에서 보낸 2년 동안 선교지를 향한 그의 목회는 중단되지 않았습니다. 가이사랴의 전도자 빌립과의 교제와 가이사랴 성도들과의 교제는 말할 것도 없고, 그는 서신들을 통해서 선교지를 돌봐주었습니다. 우선 주인에게서 도망했다가 가이사랴 감옥에 들어와 있던 오네시모를 전도했습니다. 또 빌립보서와 골로새서를 통해 유대주의자들의 공격으로부터 교회를 보호하려고 애를 썼습니다. 특히 직접 가서 교회를 개척하지 않은 골로새 교회에게는 그들이 공격받던 이단적 가르침을 염두에 두고 예수님이 누구이신지, 그 예수께 합당한 삶이 무엇인지를 가이사랴 옥중 서신을 통해 가르쳐 주었습니다. 두기고가 이 골로새서를 전달하는데, 그는 그 길로 에베소까지 가서 서신(에베소서)을 전달하기도 했습니다. 또한 골로새 출신의 회심자 오네시모는 그의 전 주인인 빌레몬에게 보내는 바울의 개인적인 편지를 전달하고 있습니다. 벨릭스 총독이 바울에게 자유를 주고 친구들을 돌볼 수 있도록 허락한 덕분에(행 24:23) 그는 찾아온 사람들을 섬겼고, 서신을 통해 교회들을 챙길 수 있었습니다. 사도행전의 저자 누가와 디모데, 구제헌금을 갖고 같이 예루살렘에 온 동역자들, 그리고 빌립보 출신 에바브로디도와 골로새 출신 에바브라 등이 바울을 곁에서 지켜주었으니(빌 2:25-30; 골 4:12), 그의 2년은 결코 외롭지 않았을 것입니다.

나가는 말

우리는 유대교의 대변인인 더둘로가 바울을 고발하는 말을 들었습니다. 하마터면 그의 권위와 말솜씨에 반해서 그의 말을 믿을 뻔했습니다. 탁월한 언술입니다. 하지만 그 고발은 사실에 기초하지 않았습니다. 유대교 측에게 중요했던 것은 바울과 관련한 진실이 아니었습니다. 바울이라는 한 사람을 진리 가운데로 돌아오게 하는 것도 아니었습니다. 단지 체제 유지에 위협이 되는 바울을 제거하는 것만이 관심사였습니다. 그것을 위해서 동원된 수단과 방법은 다 정당화되었습니다.

거짓과 아첨의 세력, 유대교

거짓말도, 아첨도, 증거 조작도, 증인 조작도, 뇌물도 상관없습니다. 이미 나사렛 예수를 제거할 때 통했던 수법이었습니다. 이런 거짓을 동원한 정적 제거 행태 자체가 유대교가 얼마나 하나님과 율법과 성전으로부터 멀어져 있는지를 자증했습니다. 성전과 율법을 모독하고 있는 것은 바울이 아니라 유대교 자신들이었습니다. 어찌 하나님의 이름을 부르고, 성전을 밟고, 율법을 읽고 가르치면서 그 같은 악행을 범할 수 있단 말입니까?

이런 불의한 고발이 통하는 곳이 이 세상입니다. 이 나라 안에서도 그간 사법살인이나 불법한 국가권력이 숱하게 자행되었습니다. 강대국들이 약자들을 겁박하여 땅과 자원을 강탈하는 만행을 고상한 자들이 잘도 동조하거나 용납하고 최소한 침묵하는 것을 여전히 보고 있습니다. 우리는 그런 세상의 시민으로 살면서 동시에 그리스도인으로 살도록 부름받았는데, 그 두 신분이 어떻게 양립될 수 있는지를 죽을 때까지, 주님 오실 때까지 고민해야 합니다. 사람들은 선진국과 후진국을 나누지만, 하나님을 거역한다는 점에서는 어디든 다를 것이 없습니다. 그러니 제대로 살겠다고 하면, 어디서든 언제든 부당한 일을 당할 것이고, 타협하지 않는다면 주의 이름 때문에 시련을 겪을 겁니다. 당연히 하나님께서 함께하시고 도우시겠지만, 우리 역시 세상의 생리를 이해하고 악착같이 의의 길을 걸어가야 합니다. 함께 그렇게 살아가라고 우리를 교회 공동체로 부르신 것입니다.

거침없고 거리낌 없는 양심의 사람, 바울

바울은 거침이 없었고 거리낌이 없었습니다. 그는 재판 결과에 따라 자신이 죽을 수도 있다는 생각을 추호도 하지 않았기 때문입니다. 그는 이미 너무 많은 것을 알고 있었습니다. 하나님의 약속을 믿었고, 약속을 이루실 그분의 능력을 믿었습니다. 그분의 뜻을 따라 자신은 반드시 로마에 이를 것을 확신했습니다. 언제 갈지, 어떻게 갈지는 모릅니다. 그날이 올 때까지 진리를 말하되 지혜롭게 말했고, 하나님께서 맘대로 일하시도록 자신을 내드렸습니다. 2년을 가이사랴 감옥에 있었지만, 그것을 낭비나 정체나 지체로 여기지 않았습니다. 그는 여전히 자신이 로마로 가고 있는 중이라고 여겼습니다.

그는 유대교가 고발했던 정치적인 소요 혐의뿐만 아니라 종교적인 모독 혐의까지도 조목조목 반박했습니다. 그는 유대교를 버린 사람이 아닙니다. 유대교가 본래 지향하던 목표가 이미 이루어지기 시작했고, 그 성취를 가져온 분이 나사렛 예수라고 주장한 것뿐입니다. 바울은 유대교에 있을 때나 지금이나 하나님과 동족 유대인들을 향한 사랑은 변함이 없었습니다. 그가 지키고 싶은 것은 목숨이 아니라 진리였고 신앙 양심이었습니다. 그 어떤 빛나는 성취를 이루었거나 혹은 그 반대라고 해도 우리는 하나님과 사람 앞에 끝까지 신앙 양심을 잘 지켰다고 인정받는 성도가 되길 바랍니다.

초라한 욕망의 노예, 벨릭스

총독 벨릭스는 부도덕하게 아내를 빼앗았고 폭력적으로 식민지를 통치했지만, 이미 알고 있는 그리스도의 도를 통해서, 바울에게서 수차례 들은 '도'를 통해서, 그리고 유대인 아내 드루실라를 통해서, 하나님의 사람으로 돌이킬 기회가 얼마든지 있었습니다. 바울이 가이사랴에 구금되어 있던 2년은 어쩌면 한 사람 벨릭스 총독과 그 가정을 향한 하나님의 인내의 기간이었습니다. 하지만 그는 돈과 권력을 탐하느라 허송했습니다. 기회는 항상 열려 있지 않습니다. 벨릭스는 끝내 그 기회를 걷어찼습니다. 그에게 중요한 것은 권력이었기에, 그가 마음을 얻고 싶은 대상은 예수 그리스도가 아니라 로마 황제였고 유대인들이었습니다. 그가 갖고 싶은 것은 하늘에 쌓는 보화가 아니라 땅에 쌓는 썩고 녹이 스는 재물이었습니다. 그가 두려워한 것은 하나님의 심판이 아니라 총독의 지위가 위태로워지는 것이었습니다. 그는 로마제국의 권한을 위임받은 총독이었지만, 사실은 권력의 노예, 정욕의 노예, 물질의 노예에 불과했고, 그래서 아첨이나 뇌물에 쉽게 마음을 빼앗기는 유약하고 심약하고 담대함이 없는 사람이었습니다. 폭력적인 방법으로 반란을 진압했고 남의 아내를 빼앗기도 했습니다. 이따위 비루한 권력에 눈이 어두워 하나님의 은총을 못 보고 못 누리는 인생은 되지 맙시다. 하나님의 대사로서의 품격과 자긍심을 갖고 살아가길 바랍니다.

가이사에게 심문을 받을 것이라

사도행전 25:1-22

들어가는 말

총독 벨릭스의 후임으로 베스도가 새로운 유대 총독으로 부임하면서 바울의 재판이 새로운 국면을 맞이하게 됩니다. 로마시민권자는 재판을 위해 구금할 수 있는 최대 기간이 2년입니다. 전임 총독 벨릭스는 시민권자 바울과 유대인들 모두를 만족시킬 수는 없었습니다. 그래서 둘 모두를 크게 자극하지 않기 위해서 바울을 구금 가능한 최대 기간인 2년 동안 선고를 하지 않은 채 두었습니다.

얼마나 자주 바울을 불러 그가 주장하는 예수의 부활에 관한 이야기를 들었는지 알 수 없지만, 그에게서 뇌물을 받고자 하는 마음도 있었기 때문에, 벨릭스는 목숨값을 치르고 인류를 구원하신 주 예수를 믿을 수 없었습니다. 예수님은 우리를 향해 단 한 줌의 에누리도 없이 소유권 전부를 주장하시기 때문입니다. 그는 회심이라는 것이 내게 필요한 신神

하나를 고르는 문제가 아니라, 나의 주인을 바꾸는 일, 황제를 바꾸는 일, 충성의 대상의 바꾸는 일임을 바울에게 분명히 들었을 것입니다. 언제가 될지는 몰라도 반드시 로마에 가서도 살아계신 주 예수 그리스도를 선포할 것임을 믿었기에, 바울은 감추거나 숨기거나 완곡하게 표현하지 않았을 것입니다. 벨릭스가 받아들일지 그렇지 않을지가 그의 관심이 아니었습니다. 그가 듣든지 안 듣든지 복음을 복음으로 제대로 전하는 것이 중요했습니다.

구금 기간 2년이 바울 본인에게는 어떤 의미가 있었을까요? 여기에 있는 동안 내내 그의 촉수는 로마를 향하고 있었습니다. 하나님께서 언제, 어떤 방법으로 자신을 가이사랴에서 로마로 옮기실지 궁금했을 것입니다. 그 뜻을 알게 하시는 방법도, 실현하시는 방법도 셀 수 없이 많습니다. 하나님의 뜻에 관해 100% 알거나 확신한 후에 무언가를 결정해 본 기억이 매우 드뭅니다. 49만큼의 의심이 있어도 51만큼의 믿음과 근거가 있으면 결정했습니다. 그리고 그 49만큼의 불확실한 공간을 '신비'로 남겨두었습니다. 그 신비는, 사람이든 하나님이든 상황이든, 그것들이 내 인생을 간섭하거나 도움을 주거나 방해할 수 있게 하고, 그래서 내 삶을 지연시키기도 하고 진전시키기도 할 모종의 '영향력'의 공간으로 허용합니다. 계획이 너무 촘촘하거나 기대나 확신이 강하면 과정을 즐기기 어렵고, 과정에서 만나는 숱한 변수들에 대해 능동적으로 반응하기 어렵습니다. 어긋난 기대 때문에 마음이 너무 상하기도 하고, 마음이 너무 들떠 냉정하게 판단하지 못하기도 합니다. 내 생각대로 되어야 한다는 강박감에 늘 긴장하며 예민하게 살 것이 아니라, 퍼질러 앉아서 좀 느긋하게 인생이 스스로 만들어가는 것을 지켜보면서 살 필요가 있습니다. 그러면서도 우리에게 꼭 필요한 것은 '사명'에 대한 자각과 기억입니다.

무슨 일을 하든 제 사명은 '성서 한국'을 만드는 것입니다. 어떤 이들은 찬양이나 예배나 전도에, 어떤 이들은 교육이나 정의의 실현에, 또 다른 이들은 구제나 교회 개척에 사명이 있을 것입니다. 저는 '성서 위에 조국을 세우는 일'을 필생의 사명으로 여기고 있습니다. 그것이 저의 '업'業, calling입니다. 그것을 이루기 위해서 필요한 것이 '직'職, occupation입니다. '직'은 살면서 얼마든지 바뀔 수 있습니다. 하지만 '업'은 주님이 부르실 때까지 한결같습니다. 그런데 여기서 '업'은 단지 어떤 '일'을 가리키지 않고 '가치'를 가리킵니다. 하나님이 우리를 통해서 무언가를 이루시기 위해 우리를 부린다는 생각이나 우리를 사용한다는 생각은 '거의' 잘못입니다. '거의' 잘못이라고 하고 '완전히' 잘못이라고 하지 않은 것은, 우리가 실제적으로 하나님의 '일'을 감당하는 측면이 분명히 있기 때문입니다. 그런데 그 과정에서 더 중요한 가치가 무엇인가 하면, 바로 우리가 하나님의 사람으로 완성되는 것입니다. 일이 아니라 존재가 모든 그리스도인의 '업'입니다. '나'라고 하는 한 인간이 하나님 나라 가치관을 가진 사람으로, 사랑의 사람으로, 정의와 공의의 사람으로, 긍휼의 사람으로 완성되어 가는 것이 우리의 영원한 '업'입니다. 그것이 바울에게는 로마에 가서 복음을 전하는 일보다 더 중요했습니다. 우리가 인생에서 다양하게 경험하는 '직'들은 그것을 위해 필요한 것입니다. 이 사실을 잊어버리면, 우리는 '직업' 생활이 아니라 '직장' 생활만 하다가 끝이 날 것입니다. 생명이 아니라 돈을 위해서 살게 될 것이고, 돈을 추구하는 한 우리 존재는 조금도 차원을 달리하며 성장하지 못할 것입니다.

　바울의 현재 '직'은 가이사랴의 미결수입니다. 그런데 바울에게 하나님께서 예고하신 다음 '직'은 '로마의 복음 전도자'입니다. 하지만 가이사랴에 있든지 로마에 있든지, 미결수로 있든지 자유로운 로마 시민으로 복음을 전하든지, 그가 '하나님의 복음을 살고 드러내는 주 예수의 사도'라는 것만은 변함없는 '업'입니다. 바울이 로마에 갈 생각만으로 살았을 리가 없습니다. 그것이 인생 목표였다면, 가이사랴의 2년은 그야말로 '희망고문' 속에 사는 괴로운 시간이었을 것입니다. 좋은 대학에 들어가는 것만을 목표로 삼는 학생처럼 말입니다. 제대할 날만을 기다리는 군인처럼, 담임 목사가 되는 것만을 목표로 하는 사역자처럼 말입니다. '업'이 없이 오직 '직'만을 목표로 삼는 인생들이 이룰 수 있는 것이 별로 없습니다. 그들이 볼 수 있는 세계는 너무 좁고, 그들이 통제할 수 있는 삶은 그리 많지 않습니다. 그런 자들은 남이 해놓은 것을 따라가고 남들의 평판에 기대어 살아갈 뿐 자신만의 고유한 것이 없습니다. 자기만의 색깔도 없고 목소리도 없습니다.

　그러나 바울은 사상과 신앙이 드높은 사람이었습니다. 로마가 그의 몸을 가이사랴에 구금해 두었고, 그를 수시로 자기 이익을 위해 오라 가라 명령할 수는 있었지만, 그들이 바울에게서 빼앗을 수 있는 것은 하나도 없었습니다. 바울은 로마제국의 사람으로 산 것이 아니라 변함없이 하나님 나라의 사람으로 살았습니다. 하지만 그는 변함없이 하나님의 다음 단계, 즉 로마에 가서 복음을 전하게 하실 그 계획이 언제 어떻게 이루어질 것인지에 대해서 관심을 놓지 않았을 것입니다. 업과 직 모두를 붙잡고 살아갔던 사람이 바울이었습니다.

이제 드디어 오늘 본문에서 바울은 지금이야말로 자신이 로마에 갈 때이고, 갈 기회라고 여기는 순간을 맞이합니다. 본문은 바울이 그렇게 결정한 명확한 이유는 말해주지 않지만, 하나님께서 꿈이나 환상 같은 직접적인 사건을 통해서가 아니라 바울이 자유의지를 따라 내린 결단을 통해서 그의 로마행이 결정되게 하셨다는 사실을 보여줍니다.

신임총독 베스도가 예루살렘을 방문하여 유대인의 고소를 듣다

2년 후 유대의 총독이었던 벨릭스가 로마에 소환당했습니다. 가이사라에서 벌어진 유대인과 수리아인들 사이의 싸움을 잔인하게 진압한 것에 대해서 로마에 해명하기 위해 불려 갔습니다. 그의 형 팔라스가 네로에게 간청하지 않았다면, 그는 가혹한 처벌을 받았을 것입니다.[57]

예루살렘 방문

총독 재임 기간 내내 문제가 되었던 그의 잔인한 통치, 돈을 지나치게 밝히는 탐욕의 통치가 결국 그의 발목을 잡았고, 그를 추락하게 만든 것입니다. 후임 총독 베스도 역시 겨우 2년을 재직하다가 중도에 죽습니다. 그는 벨릭스에 비해서는 공정하고 온건하게 통치한 것으로 알려져 있습니다. 베스도는 부임한 지 사흘 만에 자신의 통치 영역 가운데서 가장 중요한 도시 예루살렘을 시찰합니다.[58] 노독이 풀리지도 않았을 텐데 즉시 예루살렘에 올라간 것만 봐도 그가 얼마나 성실한 관료인지를 알 수 있습니다. 그곳 책임자들을 가이사랴 총독 관저로 불러서 보고 받아도 충분했을 텐데, 그는 중동의 화약고 같은 곳 예루살렘을 직접 방문한 것입니다. 총독은 이 예루살렘을 어떻게 관리하느냐에 자신의 운명이 걸려 있다는 것을 잘 알고 있었습니다. 이 시점까지만 해도 그는 가이사랴 감옥에 2년 동안이나 구금되어 있던 바울에 대해서는 거의 아는 바가 없었을 것입니다. 당연하지 않습니까? 신임 총독이 일개 유대인을 신경 써야 할 이유는 없었습니다.

유대인들의 고소

하지만 예루살렘에 도착하자마자 그는 놀라운 민원을 듣습니다.

"대제사장들[59]과 유대인 중 높은 사람들이 바울을 고소할새 베스도의 호의로 바울을 예루살렘으로 옮기기를 청하니" (사도행전 25:2-3a)

당연히 성전 당국자들이 베스도에게 여러 민원을 제기했을 것입니다. 하지만 그들이 빼놓을 수 없었던 민원이 바로 바울 제거였습니다. 그것은 해도 좋고 안 해도 좋은 문제가 아니었습니다. 총독 베스도는 유대인 성전 권력자들이 그 권력을 유지하는 데 필요한 민원을 해결하는 것을 최우선 과제로 여겼을 것입니다. 그래서 로마의 간섭을 최소화하고 유대교가 자율적으로 종교활동을 하게 해주고, 유대교가 로마에 최대한 협조하도록 유도하고, 그러면서도 유대교 나름대로 정치 행위를 할 수 있도록 보장해 주는 것이 자신이 베풀 수 있는 최선의 선정이라고 생각했을 것입니다.

하지만 그게 다가 아니었습니다. 아무리 당대의 유대교가 타락했다

하더라도 그들에게 가장 중요한 것은 정치적이고 종교적인 자유가 아니라, 자신들의 교리와 신념을 지키는 것이었습니다. 그것이 무너지면, 지배 세력인 로마에 의해서가 아니라 내부로부터 붕괴될 수 있었습니다. 그들은 예수가 죽은 후 그 잔당들이 사라지지 않고 날이 갈수록 규모가 커지는 것을 보면서 큰 위협을 느꼈습니다. 즉 '교회'의 존재를 큰 부담으로 여겼습니다. 로마제국은 둘 사이의 차이를 알고 있었지만, 그 차이가 로마의 관심사는 아니었습니다. 둘 사이의 갈등과 긴장에 대해서도 예의 주시하고 있었지만, 규모 면에서 유대교와 기독교는 비교할 수 없을 만큼 차이가 컸기 때문에, 큰 충돌로 이어지지만 않는다면 기독 교회를 묵인하는 정책을 펴왔습니다.

그런데 우리는 유대인 자객 40명 이상이 바울을 죽이기 전에는 먹지도, 마시지도 않겠다고 맹세한 일을 알고 있습니다. 대제사장이 변호사를 앞세우고 가이사랴까지 와서 바울을 고소하고 재판한 일도 기억하고 있습니다. 그들에게 바울은 단지 불편한 눈엣가시 정도가 아니라 반드시 제거해야 할 유대교의 가장 큰 장애물이었습니다. 예수를 제거하지 않으면 안 되었듯이 바울도 마찬가지였습니다.

그래서 베스도가 예루살렘을 방문하자 유대교 대표들은 바울을 고소합니다. 베스도가 "호의카리스, χάρις를 베풀어"[60] 그를 예루살렘에 와서 재판을 받게 해주도록 요청했습니다. 하지만 세상에는 대가나 조건이 없는 호의는 없습니다. 주고받기식 호의만 있을 따름입니다. 2년이 지났지만 바울을 향한 유대교의 적개심은 사라지지 않았습니다. 그들의 숨은 의도가 저자에 의해 폭로됩니다.

"이는 길에 매복했다가 그를 죽이고자 함이더라" (사도행전 25:3b)

미결수를 살해하는 것은 로마를 향한 강력한 저항의 표시입니다. 이것이 성공하든 실패하든 유대교는 로마에게 큰 대가를 치러야 할 대단히 위험한 계획입니다. 더군다나 이 바울 살해 계획이 이전에도 있었다는 사실을 로마 당국이 알고 있었기 때문에(베스도 역시 보고 받았을 것이다. 그들은 아무도 모르게 거사를 치를 수 없는 상황이었습니다. 그런데도 유대교가 로마와의 충돌을 불사하고라도 바울을 죽이려고 했다면, 그들에게 바울이 얼마나 요주의 인물인지 알 수 있습니다.

이제 베스도는 존재 자체조차 몰랐던 유대인이며 로마시민권자인 바울이라는 사람에 대하여 주목하기 시작했을 겁니다. 도대체 어떤 자이길래 유대교 전체가 나서서 제거하기를 원할까 하고 궁금했을 것입니다. 꼭 바울이 아니더라도, 유일한 참 하나님이신 여호와 하나님을 알고 있는 우리 그리스도인 한 사람을 결코 세상은 과소평가해서는 안 될 것입니다. 누구보다 성도인 우리 자신부터 부활의 예수님을 왕으로 모시며 사는 자신을 존엄하게 생각하고 세상 앞에 당당하게 살아가야 합니다. 돈이 없다고, 직장이 변변치 않다고 해서 절대 세상에 고개를 숙여서는 안 됩니다. 세상의 법을 어기고 부끄러운 일을 하여 고개를 숙여서도 안 됩니다. 사명을 갖고 사는 우리를 세상은 절대 어찌할 수 없음을 굳게 믿어야 합니다.

베스도의 공정한 처리

하지만 갓 부임한 총독으로서는 예루살렘의 사정이나 바울에 관하여 잘 알지 못한 채로 무조건 유대교의 말만 듣고 원하는 대로 해줄 수는 없었습니다. 그랬다가는 초반에 유대인들에게 기선을 제압당하는 꼴이 될 것입니다. 그래서 그는 대단히 원칙적으로 일을 처리하고 있습니다.

> "베스도가 대답하여 바울이 가이사랴에 구류된 것과 자기도 멀지 않아 떠나갈 것을 말하고 또 이르되 너희 중 유력한 자들은 나와 함께 내려가서 그 사람에게 만일 옳지 아니한 일이 있거든 고발하라 하니라"(사도행전 25:4-5)

베스도는 다양한 이유를 들어 민원을 거절합니다. 총독은 예루살렘에 장기간 거주하지 않고 가이사랴로 내려갈 것이니, 가이사랴에 있는 바울을 굳이 예루살렘까지 압송할 필요가 없다고 합니다. 그러면서 만약 자기 앞에서 바울에 대해 고소하고 싶으면 유대교 대표들도 같이 내려가서 가이사랴에서 재판하라는 지침을 주고 있습니다. 여기 "만일 옳지 아니한 일이 있거든"이라는 표현은 그가 선입견이나 감정을 섞지 않고 주어진 상황에서 가장 적절한 조치를 취하려고 했음을 보여줍니다. 권한을 정당하게 사용한 총독의 결정으로 이번에는 극적인 기적이 없이도 유대교의 바울 살해 계획은 좌절되고 말았습니다.

지금도 성도들이 하나님과 사람 앞에서 신앙 양심을 따라서 법을 지키고, 사심 없이 공익을 위하여 자신의 역할을 잘 담당한다면, 그것을 통하여 하나님은 많은 기적을 일으키실 수 있습니다. 저는 기도는 많이 하지만 메스만 들면 진땀을 흘리는 의사보다는 기도는 많이 하지 않아도 수술을 잘하는 의사에게 제 몸을 맡길 것입니다. 아이들을 사랑하는 교사에게 우리 아이를 맡길 것입니다. 땅을 사랑하는 농부의 쌀을 먹을 것입니다. 성령님은 우리가 설교할 때와 복음을 전할 때만 역사하시는 분이 아닙니다. 믿는 자들에게만 생명의 성령께서 일하시는 게 아닙니다. 생명은 스스로 존재할 수 없으니 모든 것이 기적입니다. 성령의 역사입니다. 성령은 주일에 교회에서나 선교지에서만 역사하시는 분이 아닙니다. 성령은 날마다 역사하십니다. 직장에서도, 가정에서도 역사하십니다. 믿는 자의 일뿐만 아니라 믿지 않는 자들의 일에도 주님은 도움을 주십니다. 그들이 생명을 위해서 하는 모든 선한 일, 의로운 일에 주님은 축복하십니다. 그것을 통해 기적을 만들고 계십니다. 구원과 해방의 역사를 행하고 계십니다.

베스도의 원칙적인 행정을 통해서 바울은 또다시 구원을 경험했습니다. 바울은 그것이 기적이라는 것도 모르고 있었습니다. 우리가 지금 우리가 모르는 하나님의 숱한 기적들을 통해 하루하루를 이어가고 있는 것처럼 말입니다.

유대교의 고소와 바울의 상소

베스도는 8일에서 10일쯤 예루살렘에 머물러 업무를 파악한 후 가이사랴로 내려갑니다. 그는 예루살렘에 있는 동안 천부장 루시아가 계속 복무하고 있었다면, 그를 통해서 예루살렘의 '바울'에 대해서 분명 조사했을 것입니다. 유대교가 주시하고 있는 인물에 대해 그가 파악하지 않을 수 없었을 겁니다. 이는 그가 가이사랴에 내려간 바로 다음 날 가장 먼저 한 일이 바울을 재판하는 일이었다는 사실만 봐도 알 수 있습니다.

> "베스도가 그들 가운데서 팔 일 혹은 십 일을 지낸 후 가이사랴로 내려가서 이튿날 재판 자리에 앉고 바울을 데려오라 명하니"(사도행전 25:6)

유대교가 바울을 고소하다

가이사랴로 돌아오자마자 베스도가 첫 번째 행한 직무가 바울 재판이었습니다. 이 해묵은 문제를 해결하고 싶었던 것입니다. 그가 예루살렘에서 8-10일 정도 머물면서 예루살렘의 상황을 파악하는 동안 이미 대제사장들을 포함하여 유대교 당국자들은 가이사랴로 내려와서 재판 준비를 다 마친 상태였습니다.[61] 그들의 바울 제거 의지 또한 얼마나 확고한지를 알 수 있습니다.

총독과 함께 예루살렘에서부터 같이 내려온 유대교 대표들이 바울을 고소하기 시작합니다.

> "그가 나오매 예루살렘에서 내려온 유대인들이 둘러서서 여러 가지 중대한 사건으로 고발하되 능히 증거를 대지 못한지라"(사도행전 25:7)

고발의 내용을 누가가 다 기록하고 있지는 않습니다. 다만 그들은 바울을 한두 가지가 아니라 "여러 가지"를, 그리고 사소한 문제가 아니라 "중대한 사건"으로 고발했습니다. 그들은 분명 바울을 벨릭스에게 고소할 때처럼, 베스도에게도 천하를 어지럽게 하는 전염병 같은 존재라고 고소했을 것입니다. 하지만 문제는 그들에게는 주장만 있고 증거가 없다는 점입니다. "ἰσχυον"이스퀴온이 미완료 시제인 것을 보면, 그들이 증거를 제시하기 위해 계속 시도했지만 실패했음을 말해줍니다. 2년이 흘렀지만, 그들은 여전히 증거를 확보하지 못했습니다. 증거가 원래 없었기 때문입니다. 고소는 정치적인 사안인데 증거는 죄다 종교적인 것들뿐이고, 그것마저도 로마에는 별 관심 없는 같은 종교 안에서 흔히 있을 수 있는 이견처럼 보이는 사안일 뿐이었습니다. 다신교 사회인 로마제국이, 그리고 광대하고 강대한 나라 로마제국이 다양한 종교에 대해 관용 정책을 펴는 것은 불가피한 일이었습니다. 황제숭배를 지나치게 강요한 것도 특정 시기에 국한되었습니다. 로마는 진리에 관심이 없었습니다. 유대교를 자극하지 않는 것도 중요하지만, 아무리 적은 수라도 기독교인들을 로마에 적대적인 세력으로 만들 필요는 없었습니다.

바울이 변론하고 가이사에게 상소하다

2년 만에 다시 고소 내용을 듣자 바울은 대답합니다. 그의 답변이 직접화법으로 제시되고 있습니다.

> "바울이 변명하여 이르되 유대인의 율법이나 성전이나 가이사에게나 내가 도무지 죄를 범하지 아니하였노라 하니" (사도행전 25:8)

바울의 변론을 통해 유대인들의 고소를 짐작할 수 있습니다. 벨릭스 때 고소했던 내용과 다르지 않습니다. 두 가지는 종교적인 문제이고, 다른 한 가지는 정치적인 문제입니다. 유대인의 율법과 성전을 향한 범죄와 가이사를 향한 범죄입니다. 바울은 총독이 덜 관심을 기울이는 문제

율법과 성전부터 자신의 무죄함을 호소합니다. 아마 본문에 나온 것보다 더 길게 왜 자신이 무죄한지를 변론했을 것입니다. 정말 그가 하고 싶은 이것입니다. "가이사에게나 내가 도무지 죄를 범하지 아니했노라." 바울은 자신이 제국에게 위협적인 존재가 아니라고 주장한 것입니다. 그러나 그가 믿는 예수가 로마의 반란자들에게만 내려지는 십자가형을 받고 죽었기 때문에, 바울도 같은 혐의를 의심받을 수 있었습니다. 당시 로마 황제는 네로였습니다. 아마 유대인들은 바울이 소요를 일으킨 것이 가이사를 향한 반역죄에 해당한다고 고소한 것 같습니다(행 24:5). "천하에 흩어진 유대인들을 소요케 한 자"라는 고소가 맞다면 이는 여러 총독들과 황제까지도 주목해야 할 심각한 사안이었습니다. 하지만 나중에 바울은 자신이 가이사를 두려워할 만한 어떤 죄도 짓지 않았음을 증명하기 위해 되려 가이사에게 항소하고 있습니다.

우리는 세상 권력이 예수 그리스도를 부인하라고 요청하지 않는다면, 그리고 그들이 불법으로 하나님이 사랑하는 사람을 압제하도록 명령하지 않는다면, 그 세상을 통한 하나님의 통치를 수용해야 합니다. 우리가 하늘 시민으로서 신앙 양심을 따라 땅의 시민으로 살아가는 것이 세상에 위협이 되고, 그래서 박해를 당한다면 어쩔 수 없지만, 그렇지 않다면 세상을 기피나 전복의 대상으로 삼아서는 안 됩니다. 한 번도 이 세상 전체가 하나님의 나라가 되어 본 적이 없고, 적어도 그것이 하나님의 목표도 아닙니다. 도리어 세상에서 하나님 나라의 백성들은 늘 남은 자, 그루터기, 소수에 불과할 것입니다. 그러나 열렬히 환영받지 못하더라도, 결코 없어서는 안 될 소금과 빛이 되어 결국 세상을 이롭게 하고 세상을 빛으로 인도하는 자가 되어야 합니다. 세상보다 더 강한 자가 되어 그 위에 군림하기보다, 세상보다 더 낮은 자리에서 더 많이 사랑하고 더 희생적으로 섬기도록 부름받았습니다. 여러분의 직장 전체를 복음화할 목표로 직장생활을 하지 마십시오. 그 대신에 그리스도인들은 믿지 않는 이들에게 우리가 어떤 소망을 갖고 사는지, 그래서 얼마나 세상과 다르게 살 수 있는지를 보여주어야 합니다.

  2년 전 예수를 죽일 때처럼 유대 당국자들은 바울을 고소했지만 증거가 없었습니다. 바울은 유대인들의 고소를 전면적으로 부정합니다. 전임 총독 벨릭스는 2년 동안이나 결정을 내리지 않았습니다. 그것이 그의 결정이었습니다. 바울과 유대교 당국자들을 모두 만족시키지 못하는 결정이었지만, 둘 모두로부터 격렬한 반발을 사지 않을 만큼의 결정이기도 했습니다. 그것은 벨릭스 총독이 특별히 더 부도덕해서가 아닙니다. 그것이 가장 지혜롭고 가장 상식에 가까운 총독의 통치 기술이었습니다. 통치자들은, 권력자들은 피의자들의 기분이나 감정 따위를 신경 쓰지 않습니다. 자기들이 결정하는 것이 정의일 뿐, 정의가 따로 있다고 생각하지 않기 때문입니다. 그런 점에서 베스도도 크게 다르지는 않았습니다.

> "베스도가 유대인의 마음을 얻고자 하여 바울더러 묻되 네가 예루살렘에 올라가서 이 사건에 대하여 내 앞에서 심문을 받으려느냐" (사도행전 25:9)

  여기 "유대인의 마음을 얻고자 하여"는 직역하면 '유대인의 호의를 얻고자 하여'입니다. 이 '호의'라는 단어가 앞서 3절에도 나왔습니다. 거기서는 유대인들이 총독의 호의를 얻고 싶어 했습니다. 그렇다면 유대인들은 총독에게, 총독은 유대인들에게 호의를 얻고 싶어 합니다. 그 호의를 위한 거래 목록은 '바울'입니다. 베스도는 유대인들의 요구대로 바울을 예루살렘으로 압송하여 가고 싶었습니다. 그는 바울의 문제가 정치적인 사안이 아니라 종교적인 사안이라고 판단했기 때문입니다. 하지만 그는 바울이 예루살렘에 가서 재판을 받는다는 것이 어떤 의미인지에 대해서는 충분히 몰랐습니다. 베스도는 재판장소와 관계없이 자신은 소신껏 재판할 수 있다고 생각했을 것입니다. 더군다나 예루살렘에서 재판을 진행한다면, 유대인들의 마음도 얻을 수 있어서 일거양득이었습니다. 하지만 그는 유대인들이 재판 없이 바울을 죽이려고 모의했다는 사실은 몰랐을 것입니다. 따라서 이 질문은 바울의 의견을 묻는 것이라기보다는 자신의 계획을 완곡하게 전달하는 질문일 수 있습니다. 베스도가 바울에게 재판장소 변경에 대해 동의를 구하는 것은 지극히 합법적인 절차였습니다.[62] 그는 지금 바울이 아니라 유대인들의 마음을 얻고 싶은 사람입니다. 예루살렘에 올라가서 재판하는 것이 로마시민권자인 바울에게 불법이 되는 것도 아니었습니다.

어쩌면 바울이 예루살렘에 올라온 이후 이 질문을 받은 지금이 가장 긴박한 순간이었을지 모릅니다. 바울은 유대인들이 여전히 자신을 죽일 모의를 거두지 않았다는 것은 모르고 있었겠지만, 그래도 이 예루살렘행이 얼마나 위험을 무릅써야 하는지 정도는 알고 있었습니다. 로마에서 복음을 전할 것이라는 약속은 유효하지만, 당장 눈앞에 닥친 위기를 타개할 지혜를 동원해야 하는 것은 바울의 몫이었습니다. 하나님이 전날 꿈에 나타나 지침을 주시지 않았습니다. 자고 일어나 보니 로마에 당도해 있게 하시지도 않았습니다. 우리의 수많은 선택과 판단과 결단을 통해서 하나님께서는 바울을 로마로 보내실 당신의 뜻이 이루어지게 하십니다.

때로는 넘어지기도 하고, 돌아가기도 하고, 때로는 머물러 있어야 합니다. 그래도 하나님은 그냥 두십니다. 하나님은 가장 편하고 빠른 길을 마련하실 수 있으셨지만, 빨리 가고 편하게 가는 것이 하나님의 뜻을 이루는 것과 늘 상관이 있는 것은 아니라서 그냥 두십니다. 심지어 그렇게 해주시는 것이 하나님 사랑의 증거도 아닙니다. 그래서 만약 누군가 자기는 하나님 믿은 다음부터는 고생 없이 형통하게만 살았다고 간증한다면, 또 기도한 것을 다 들어주셨고 자식들도 알아서 잘 커 주었다고 간증한다면, 그래서 자기는 마냥 감사하기만 하다고 말한다면, 저는 그 간증의 진실성을 의심할 수밖에 없습니다. 그런 인생은 아예 없거니와, 그렇게 형통하기만 한 인생에서 하나님을 제대로 만나는 것 또한 쉽지 않기 때문에, 그것은 심지어 축복도 아닙니다. 그럼 고난 가득한 인생을 허락하신 하나님에 대해서는 삿대질해야 한단 말입니까? 모든 인생에는 고난과 형통이 뒤범벅되어 있습니다. 그래도 변함없이 동행하시는 하나님 덕분에 끝까지 믿음의 삶을 살 수 있는 것입니다. 우리의 판단이 늘 얼마만큼은 오류가 있고, 욕심도 들어가고, 사심도 들어가고, 편견도 들어가고, 그래서 온전하지 못해도, 하나님은 굳이 우리의 판단력과 결단을 통해서 당신의 뜻을 이루어가십니다. 그것이 지금 바울을 통해 이어가시는 역사 진행의 방식입니다.

바울이 예루살렘행을 피할 수 있는 길이 있을까요? 가이사랴에 구금된 채로 남아 있을 수도 없다면, 바울이 선택할 수 있는 것은 무엇일까요? 그는 말합니다.

"바울이 이르되 내가 가이사의 재판 자리 앞에 섰으니 마땅히 거기서 심문을 받을 것이라 당신도 잘 아시는 바와 같이 내가 유대인들에게 불의를 행한 일이 없나이다" (사도행전 25:10)

바울은 종교적인 죄목에 대해서는 무죄를 확신했기에 "내가 유대인들에게 불의를 행한 일이 없나이다" 더는 자기 운명을 유대인들이나 유대 총독의 손에 맡길 필요가 없다고 보았습니다. 그뿐 아니라 바울은 베스도 역시 자신의 종교적인 고소에 대해서는 무죄함을 알고 있음을 확신하고 있다고 생각하고 있습니다 "당신도 잘 아시는 바와 같이". 그래서 자신의 정치적인 죄목에 대해 공정한 재판의 의지가 없는 베스도 대신에 가이사 황제에게 직접 판단을 맡기기로 한 것입니다. 아무도 생각하지 못한 창의적인 제안입니다. 바울은 황제에게 재판을 받을 수 있는 로마 시민의 권리인 '프로보카치오' *provocatio* 제도를 활용하고 있습니다. 이를 통해 그는 유대인 법정과 베스도 법정을 모두 기피하고 있습니다. 가이사의 도시 가이사랴에서 그는 가이사에게 호소하기로 한 것입니다. 바울에게 지금은 로마가 예루살렘보다 나았습니다. 서글픈 현실입니다. 많은 성도들이 교회로부터 탈출하여 세상을 더 의지하고 있습니다. 그곳이 교회보다 더 안전하다고 여기고 있기 때문입니다. 교회가 살기 가득한 예루살렘처럼 되었기 때문이 아니겠습니까?

그러나 바울의 가이사 호소가 단지 재판에 유리하기 때문만은 아니었음이 분명합니다. 항상 사명을 먼저 생각했고 하나님께서 자신에게 주신 '업'을 따라서 살아온 바울은, 지금이 로마행을 요청할 때라고 판단한 것입니다. 또한 이것은 로마법을 제대로 이해한 사람만이 할 수 있는 제안입니다. 물론 더 일찍 벨릭스 재임 기간에도 이런 제안을 할 수 있었을 텐데, 바울은 왜 지난 2년 동안은 이런 제안을 하지 않고 구금 상태로 머물러 있다가 이제야 했는지는 알 수 없습니다. 다만 그 2년이 하나님의 일에 방해된다고 여겼다면 좀더 일찍 가이사 황제에게 상소했을 것입니다. 하지만 우리가 짐작한 대로, 바울에게 이 2년은 결코 허비하는 시간이 아니었습니다. 벨릭스는 뇌물을 바라고 바울을 자주 불렀을지 모르지만, 바울은 그에게 복음을 전하기 위해서 찾아갔습니다. 총독은 유대교의 마음을 얻기 위해서 바울을 미결수로 두었지만, 바울은 오직 하나님의 마음을 얻기 위해서만 살았습니다.

바울은 총독이 교체되면 좀 더 공정하게 자기 문제를 해결해 줄 것으로 기대했을지 모릅니다. 인지상정입니다. 그래서 가이사랴 성도들의 기도와 성원을 받고 로마로 떠날 수 있을 것으로 기대했을 것입니다. 더욱이 2년 전에 로마로 갈 것이라는 약속을 직접 주님께 듣기도 했기 때문입니다(행 23:11 "담대하라 네가 예루살렘에서 나의 일을 증언한 것 같이 로마에서도 증언하여야 하리라"). 하지만 유대교의 호의를 얻는 데만 혈안이 된 베스도의 제안을 듣고는 더는 기대할 것이 없고, 더는 기다릴 필요도 없다고 판단한 것입니다. 뇌물을 기대하기는 했지만, 자신에게서 복음을 듣고자 했던 벨릭스와 그의 아내 드루실라와 달리, 베스도는 탁월한 행정관료였을지는 몰라도 복음에 대해서는 일절 관심이 없다는 것을 확인했습니다. 하지만 동시에 베스도의 공정한 행정 처리가 바울에게는 가이사에게 항소할 계기를 주었을 수 있습니다. 즉 벨릭스에게 상고를 요청했다면 어떤 식으로든 자기 선에서 기각시켰을 수 있지만, 베스도는 공정하게 처리해 줄 것이라고 기대한 것입니다.

바울은 자신에게는 가이사에게 항소할 권리가 있음을 다음과 같이 추가로 밝히고 있습니다.

"만일 내가 불의를 행하여 무슨 죽을 죄를 지었으면 죽기를 사양하지 아니할 것이나 만일 이 사람들이 나를 고발하는 것이 다 사실이 아니면 아무도 나를 그들에게 내줄 수 없나이다 내가 가이사께 상소하노라 한 대"(사도행전 25:11)

바울은 유대인 고발자들의 말대로 율법이나 성전을 거스르는 죄를 범했다면 사형당할 용의가 있지만, 종교적인 죄목은 무죄이고 정치적인 죄목만 남았다면, 자신은 예루살렘의 유대인들에게가 아니라 가이사에게 판결을 받겠다는 것입니다. 이는 가이사에게 상소한 이상 당장 명백한 혐의가 입증되지 않는 한 자신을 유대인들에게 넘겨주어서는 안 된다는 뜻입니다. 그는 지금 총독에게 로마법에 충실하라고 촉구하고 있는 것입니다. 바울이 얼마나 지혜롭고 상황 판단 능력이 뛰어난지 엿볼 수 있지 않습니까? "예루살렘에서 재판을 받겠느냐"는 총독의 제안이 총독의 생각이 아니라 유대교 당국자들의 생각이라는 것을 금방 눈치채고 있습니다. 또 바울은 베스도가 자신이 악한 일 한 것이 없다고 믿고 있다는 사실도 알았습니다(10절). 베스도가 예루살렘에서 재판을 받는 일이 다름 아니라 "자기 앞에서 재판을 받는 일"이라고 말했음에도 불구하고, 그는 자신이 예루살렘에 올라가는 것은 결국 "그들유대인들에게 자신을 내주는 일", 즉 사형에 해당한다고 말하고 있습니다. 바울은 총독의 의중유대인들을 향한 불법적인 편의 제공을 간파했을 뿐 아니라, 총독이 모르는 것 유대인들의 살해 의지까지 파악하고 있었습니다. 이런 상황 판단 능력이 있었기 때문에, 그는 어떤 제안도 받아들이지 않고, 그렇다고 거절하지도 않고, 제3의 대안을 총독에게 창의적으로 제안할 수 있었던 것입니다.[63]

이 제안이 얼마나 절묘한지 모릅니다. 이 제안은 바울 자신이 유대인들의 위협에서 벗어날 수 있고, 또 로마로 갈 것이라는 하나님의 계획이 이루어질 수 있어서 좋은 제안입니다. 총독은 로마법을 핑계로 자신의 손에 피를 묻히지 않고 이 사건에서 손을 뗄 수 있어서 좋았습니다. 부임하자마자 지난 2년 동안 미제未濟로 남은 골칫덩이 사건을 순식간에 해결할 수 있는 기막힌 제안이었습니다. 오직 유대인들만이 바울을 눈앞에서 놓치게 되었습니다. 하지만 유대인 입장에서도 그를 죽일 수 없어서 아쉽기는 하지만, 팔레스타인 땅에서 그를 더는 안 봐도 되기 때문에 절반의 성공을 거둘 수 있었습니다. 그가 가이사 앞에서 유죄 선고라도 받으면 더할 나위 없는 결과로 여길 것입니다. 따라서 바울의 항소는 관련 당사자 모두에게 손해될 것이 없고, 도리어 유익을 기대할 만한 제안이었습니다. 묘수 중의 묘수였습니다. 사실 바울은 늘 부활하신 그리스도 예수의 심판대 앞에서 살고 있었기 때문에, 재판장소가 가이사랴든지 로마든지 예루살렘이든지 상관없었습니다.[64] 그 담대함과 여유로 인해 그는 더욱 창의적인 발상을 할 수 있었을지 모릅니다.

베스도는 이 제안을 받고 무척 당황했을 것입니다. 바울처럼 가이사에게 상소하는 일은 제국의 변방에서 흔히 경험할 수 있는 일이 아니었습니다. 그래서 정말 바울이 가이사에게 상소하는 것이 가능한지, 그리고 이 상황에서 승낙하는 것이 맞는지 베스도는 참모들과 상의했습니다. 물론 그가 이 요청을 반드시 승낙해야 하는 것은 아니었습니다. 하지만 베스도는 절차를 성실하게 준수하고 있습니다. 그의 결론은 승낙이었습니다.

"베스도가 배석자들과 상의하고 이르되 네가 가이사에게 상소했으니 가이사에게 갈 것이라 하니라" (사도행전 25:12)

베스도는 "유대인의 마음을 얻고자", 유대인의 호의를 얻고자 하는 정치적인 셈법이 있었지만, 바울의 정당한 요청을 무시하지 않았습니다. 전임 벨릭스가 공의롭지 못한 법 집행 때문에 결국 로마로 소환당한 후 추방되었던 최근의 경우가 반면교사가 되었을 것입니다. 물론 항소할 경우 이동 및 숙박을 포함하여 상소에 필요한 비용은 상소하는 사람이 부담해야 했습니다.[65]

무려 2년 만에 바울에게는 로마로 갈 길이 열렸습니다. 이렇게 미결수 신분으로 가게 되리라고 예상한 사람은 없었습니다. 하나님도 예상하지 못하셨습니다. 예상할 필요가 없었기 때문입니다. 하나님은 바울을 통해서, 즉 바울의 고유한 '바울다움'을 통하여 그의 길을 인도하기를 원하셨습니다. 이것이 얼마나 중요한지 모릅니다. 그래서 우리는 누군가를 모델로 삼을 수도 있고 멘토로 둘 수는 있어도, 아무도 다른 누군가의 길을 그대로 따라갈 수는 없습니다. 그래서 진정한 스승, 진정한 멘토는 특정한 길을 제시하거나 정해주기보다는 멘티로 하여금 자신을 바로 이해할 수 있도록 도와주어야 합니다. 그가 참 주인이신 하나님에게 민감하도록 도와주어야 합니다. 그리고 그 관계 속에서, 그 관계의 질과 깊이에 따라서, 그는 하나님의 뜻을 분별하고 순종하게 될 것입니다. 우리도 하나님의 일을 하려면, 바울이 갖고 있는 자질과 조건을 갖추는 것보다 바울이 알고 있고 의지하는 하나님과 더 친밀한 관계를 맺고 살아야 합니다.

아그립바 왕과 총독

그렇게 결정되고 나서 수일이 지난 시점에서 유대의 아그립바 왕이 여동생 버니게와 함께 가이사랴를 찾았습니다.

> "수일 후에 아그립바 왕과 버니게가 베스도에게 문안하러 가이사랴에 와서 여러 날을 있더니"(사도행전 25:13-14a)

누가는 그들이 가이사랴에 온 것은 신임 총독 베스도에게 문안하기 위해서라고 밝힙니다. 이 아그립바 2세 왕은 사도행전 12장에서 죽은 아그립바 1세의 아들이며, 예수님을 죽이려고 했던 헤롯 대왕의 손자입니다. 벨릭스의 아내 드루실라의 오빠이기도 합니다. 그는 어렸을 때 로마에서 컸습니다. 아버지가 죽었을 때 그의 나이가 17세였습니다. 아버지의 뒤를 잇기에는 나이가 어렸기 때문에, 로마 총독이 그의 영토를 관할했고, 그에게는 현재의 레바논 지역인 칼키스만 주었습니다. 후에 장성하면서 네로 황제는 그에게 가이사랴 빌립보 지역을 포함하여 갈릴리 호수 주변을 다스리도록 주었습니다. 그는 아버지처럼 유대와 사마리아와 갈릴리 지역을 다 다스린 것은 아니었지만, "위대한 왕 아그립바, 가이사의 친구, 독실한 로마인의 친구"라는 호칭을 받았습니다. 특히 황제는 그에게 대제사장의 옷을 관리하고 대제사장을 임명할 수 있는 권한을 부여했습니다. 엄청난 권세입니다. 그것은 유대교를 장악할 수 있는 권한이었기 때문입니다. 하지만 동행한 여동생 버니게와는 근친상간 관계라는 소문을 들을 만큼 복잡했습니다. 전임 총독 벨릭스의 부인 드루실라가 이 버니게의 언니입니다. 버니게는 세 명의 남편과 결혼한 후 사별하거나 이혼했으며, 마지막에는 훗날 로마 황제가 되는 티투스의 애인이 됩니다. 유대인이라는 이유로 결혼까지 이어지지는 못했지만, 그녀가 티투스와 결혼했다면, 팔레스타인의 운명은 분명 역사와 같지 않았을 것입니다.

누가는 그들이 가이사랴에서 여러 날 보냈다고 기록하고 있습니다. 이것은 베스도와 충분히 시간을 보내면서 우애를 다졌다는 뜻이고, 베스도가 팔레스타인의 사정에 대해서 아그립바에게서 많은 조언을 들었을 것이라고 예상하게 합니다. 그렇게 관계가 깊어지자 총독 베스도는 바울에 관한 이야기를 꺼냅니다. 총독에게도 이 바울이 최근에 초미의 관심사였습니다. 14-21절까지 베스도의 입장에서 바울 사건이 정리되고 있습니다. 이 가운데서 우리가 몰랐던 새로운 내용은 거의 없습니다. 다만 그때그때 베스도의 속마음이 어떠했는지, 그가 바울 사건을 어떻게 평가했고, 어떤 마음으로 임했는지를 엿볼 수 있습니다. 이를 통해서 우리는 베스도의 됨됨이를 파악할 수 있습니다.

"베스도가 바울의 일로 왕에게 고하여 이르되 벨릭스가 한 사람을 구류하여 두었는데 내가 예루살렘에 있을 때에 유대인의 대제사장들과 장로들이

그를 고소하여 정죄하기를 청하기에"(사도행전 25:14b-15)

사도행전 25장 2절에서 봤던 내용입니다. 그때 유대인 대제사장들과 장로들이 바울을 예루살렘에 데려와서 재판해 달라고 요청한 바 있습니다. 그를 데려오는 길에 죽이려는 계획을 숨긴 채 말입니다. 그런데 베스도는 그런 유대인들의 음모는 몰랐기 때문에 여기 언급하지 않습니다. 그때 그는 유대교 대표들에게 이렇게 대답했습니다.

"내가 대답하되 무릇 피고가 원고들 앞에서 고소 사건에 대하여 변명할 기회가 있기 전에 내주는 것은 로마 사람의 법이 아니라 했노라"(사도행전 25:16)

그는 정치적인 고려를 전혀 하지 않았습니다. "로마 사람의 법"이 요청하는 범위 안에서 공정하게 일을 처리했습니다. 이어서 유대교 대표들이 가이사랴에 내려와서 재판했던 일을 소개합니다.

"그러므로 그들이 나와 함께 여기 오매 내가 지체하지 아니하고 이튿날 재판 자리에 앉아 명하여 그 사람을 데려왔으나 원고들이 서서 내가 짐작하던 것 같은 악행의 혐의는 하나도 제시하지 아니하고 오직 자기들의 종교와 또는 예수라 하는 이가 죽은 것을 살아 있다고 바울이 주장하는 그 일에 관한 문제로 고발하는 것뿐이라"(사도행전 25:17-19)

여기서 베스도가 재판장으로서 바울에 대해서 무언가를 짐작했다는 것을 알 수 있습니다. 유대교가 그렇게 적극적으로 한 사람을 제거하려고 한 것을 보면, 그는 도저히 용납할 수 없는 심각한 악행을 범했을 것이고, 그 증거도 명백할 것이라고 예상했던 겁니다. 그런데 그 결과는 놀라웠습니다.

"원고들이 서서 내가 짐작하던 것 같은 악행의 혐의는 하나도 제시하지 아니하고"(사도행전 25:18)

베스도는 이렇게 증거가 없는 사람을 어떻게 2년 동안이나 미결수로 두었는지 의아하게 생각했을 것입니다. 그리고 죄도 없는 사람을 유대교가 맹렬하게 한통속이 되어 제거하려고 하는 것에도 놀랐을 것입니다. 베스도는 점점 진상을 파악하기 시작했습니다. 유대교가 바울을 불편하게 여긴 것은 그들 사이의 종교적인 차이 때문만은 아니었습니다. 로마제국을 향한 바울의 영향력 때문도 아니었습니다. 유대교는 로마제국에 대해, 총독 자신의 통치에 대해서는 아무 관심이 없다는 것을 알아차렸습니다.

"오직 자기들의 종교와 또는 예수라 하는 이가 죽은 것을 살아 있다고 바울이 주장하는 그 일에 관한 문제로 고발하는 것뿐이라"(사도행전 25:19)

유대교에게는 바울이 예수의 부활을 주장했다는 것이 그가 죽어야 할 이유였습니다. 베스도는 이것이 왜 그렇게 유대교에게, 그리고 바울에게도 중요한 사건인지는 추호도 모르고 있습니다. 이것이 유대인 부인 드루실라를 둔 벨릭스와 베스도의 차이였습니다. 둘 사이의 문제는 정치적인 사안이 아니라 종교적인 사안입니다. 그는 왜 예루살렘의 바울이 가이사랴까지 와서 재판받을 수밖에 없었는지에 대해서 저간의 사정까지는 파악하지 못하고 있습니다. 바울을 암살하려던 계획이 바울의 생질에 의해 발각되었고, 천부장이 바울의 신변을 보호하기 위해 가이사랴로 보낸 사건을 모르고 있는 듯합니다. 그래서 베스도는 바울에게 묻습니다.

"내가 이 일에 대하여 어떻게 심리할는지 몰라서 바울에게 묻되 예루살렘에 올라가서 이 일에 심문을 받으려느냐 한즉" (사도행전 25:20)

베스도 역시 전형적인 정치인입니다. 자기에게 유리한 것만 말하고 있습니다. 유대인들에게 호의를 받기 위해서(행 25:9) 이 제안을 했다는 사실은 말하지 않습니다. 하지만 한 가지 새로운 사실을 우리에게 알려줍니다. 앞에 나온 "로마 사람의 법이 아니라"(15절)는 말에 로마 법체계에 대한 베스도의 자부심과 유대인 사회의 관행에 대한 비하가 담겨 있었는데, 여기 "내가 이 일에 대하여 어떻게 심리할는지 몰라서"라는 표현 역시 자신의 무지와 무능을 인정하는 말이 아니라 선명한 로마 법에 비해서 유대인들의 법과 관행이 복잡하고 종잡을 수 없다는 불평의 뉘앙스가 담긴 표현으로 보입니다. 초임 총독으로서 로마시민권자인 바울을 배려하는 것이 맞는지, 아니면 식민지의 유력한 세력들의 요구를 들어주는 것이 맞는지 몰랐습니다. 사실 로마법에 이런 것까지 세세하게 정해놓았을 리가 없습니다. 대개는 통치자가 자기에게 편한 대로 재판을 하기 마련입니다. 이는 베스도가 유대교를 의식하면서도 할 수 있는 만큼 공정하게 일을 처리하려고 했음을 보여줍니다.

그런데 그 순간 바울이 놀라운 제안을 한 일을 나눕니다.

"바울은 황제의 판결을 받도록 자기를 지켜 주기를 호소하므로 내가 그를 가이사에게 보내기까지 지켜 두라 명했노라 하니" (사도행전 25:21)

바울이 유대인들에게 자기를 넘겨주지 말라고 요청한 것을 자신을 "지켜 달라"는 부탁으로 알아들었습니다. 그래서 베스도 총독은 로마로 보내기까지 그를 "지켜 두라"고 명령을 해놓은 상태였습니다.

베스도가 여기까지 상세히 바울의 케이스를 알려준 이유가 27절에 나옵니다.

"그 죄목도 밝히지 아니하고 죄수를 보내는 것이 무리한 일인 줄 아나이다." (사도행전 25:27)

하위법정이 상급법정에 사건을 보내면서 상소하는 사람의 이름, 사건의 개요, 선고 내용, 관련 인물들의 이름 등이 포함된 릿테라 디미소리아 *littera dimissoria*를 보내야 하는데, 이 조서 작성에 아그립바의 도움을 받고 싶다는 것입니다. 바울을 2년 동안이나 구금한 것은 죄수인 것을 전제로 한 것입니다. 그런데 베스도는 바울의 죄를 찾지 못했습니다. 로마법이 종교적인 이견을 죄로 규정하지 않고 있기 때문입니다. 또 종교적인 죄목은 로마 황제 가이사가 판결할 사항도 아닙니다. 현지 종교지도자들에게 맡겨진 일입니다. 황제가 다룰 만한 죄목도 없는 사람을 황제 앞에 보낼 수는 없는 노릇이었습니다. 황제 앞에서는 이 유대교 당국자들이 아니라 로마 총독이 대리인으로서 바울을 고소해야 하는데, 바울의 죄목을 특정할 수가 없었던 것입니다. 베스도의 고민을 아시겠습니까? 증거도 없는 사람을 황제 앞에서 죄인으로 고소해야 하는 입장이 되었습니다. 그래서 그는 아그립바의 도움을 받고 싶었던 것입니다. 그러자 아그립바가 반응합니다.

"아그립바가 베스도에게 이르되 나도 이 사람의 말을 듣고자 하노라 베스도가 이르되 내일 들으시리이다 하더라" (사도행전 25:22)

여러분, 그리스도인의 죄를 찾지 못해서 쩔쩔매는 세상 권력자를 보면서 어떤 생각이 듭니까? 누가복음은 로마제국 안에서 이런 일을 다반사로 겪는 독자들을 대상으로 쓴 책입니다. 세상의 법을 어기지 않았음에도 그리스도인이라는 이유만으로 핍박을 당하고 있었습니다. 그들이 합법적으로 하는 일이 세상에게 큰 불이익을 주기도 했기 때문입니다. 유대인들의 거짓 고소처럼 사회 불안을 야기한 것도 아닙니다. 세상에게 이익이 되었으면 되었지 절대 사회의 암적인 존재들이 아니었습니다. 그런데도 세상은 그리스도인들을 환영하기만 한 것이 아니었고, 오히려 핍박하기도 했습니다. 왜 그랬을까요? 자신들의 어둠이 드러나기 때문입니다. 자신들의 불의에 그리스도인들이 동조하지 않기 때문입니다.

그런 성도들을 향해서 저자 누가는 말하고 있는 겁니다. "세상이 우리의 허물을 찾지 못하게 하라! 그렇게 살았는데도 고난을 받을지라도 낙심하지 말라! 보라, 바울이 결국 갖은 방해에도 불구하고 하나님의 약속대로 로마로 가고 있지 않은가! 하나님의 역사는 계속되고 하나님의 뜻은 이루어지고 있다!"

나가는 말

하나님께서는 신임 총독으로 하여금 바울이 로마에 갈 때까지 그를 안전하게 보호할 수 있도록 조치하시고 있습니다. 바울이 재판을 받고 있고 가택 연금 상태에서 활동이 제약받고 있지만, 누가의 기록만 읽으면, 그는 사실상 자유민이나 다름없습니다. 바울 말고 누가 이렇게 자유롭게 총독을 만날 수 있습니까? 누가 이렇게 자주 만날 수 있습니까? 누가 총독에게 예수님의 부활에 대해서 감히 말할 수 있습니까? 물론 귓등으로도 안 듣고 분노했지만, 바울은 재판 기회를 통해서 예수님이 죽은 자 가운데서 부활하셨다는 소식을 유대교 최고 지도자들에게 전할 수 있었습니다. 죄수 신분임에도 '불구하고' 그는 복음을 전한 것이 아니라, 죄수 신분이었기 '때문에' 복음을 전할 수 있었습니다. 일반 서민들에게 전한 것이 아니라 예루살렘에 올라온 후부터는 유대교의 심장부를 향해서, 그리고 로마제국 식민지의 최고 권력자인 총독과 천부장과 백부장 앞에서 복음을 전하고 있습니다. 복음 전파와 확산은 바울의 신변과 상관없이 단 한 번도 중단된 적이 없었습니다.

불구하고가 아니라 때문에

그러는 동안에도 세상의 역사는 그저 흘러갑니다. 세상의 시간은 도도히 흘러갑니다. 로마를 승자로 추앙하며 흘러갑니다. 유대교의 강력한 세력들이 목소리를 높이며 흘러갑니다. 하지만 그들은 단 한 순간도, 단 한 몸짓도, 복음의 장엄한 흐름에 영향을 주지 못하고 있습니다. 도리어 세속의 역사는 자기도 모르는 사이에 그 복음 전파와 확산에 기여하고 있습니다. 유대교의 포기할 줄 모르고 지칠 줄 모르는 복음에 대한 적개심과 바울 개인을 향한 분노마저도 하나님 나라에 도움이 되었습니다. 예루살렘에서 재판을 받게 하려는 음모 때문에 바울은 가이사에게 항소하는 결정적 기회를 잡았기 때문입니다. 벨릭스의 무책임하고 탐욕적인 행정으로 바울의 가이사랴 생활이 2년동안 지속되었지만, 베스도의 원칙주의 행정 덕분에 바울은 로마에 갈 수 있게 되었습니다.

하나님께서 우리 각자에게 주신 환경에 대해서 이런 안목이 필요합니다. 환경에 순응하며 살라는 말은 아닙니다. 다만 인생 끝까지 더 나은 환경을 만들기 위해서 사는 것은 인생을 허비하는 것임이 분명합니다. 신앙생활하기 더 좋은 환경이 따로 있는 것은 아닙니다. 더 하나님께 영광을 돌리고 더 큰 일을 할 수 있는 교회 환경이 따로 있지 않습니다. 아무리 어려워도 바울의 시대만큼 어렵지 않았습니다. 로마제국의 박해 아래서 신앙과 죽음 사이에서 선택해야 했던 상황만큼 힘들지는 않습니다. 그런 환경에서도 하나님의 복음은 전해졌고, 하나님의 뜻은 이루어졌고, 하나님은 영광을 받으셨습니다. 환경을 개선할 수 있거든 애를 쓰십시오. 하지만 그 조건이 갖춰지기 전까지 신앙생활을 미루는 일은 없어야 합니다. 박해가 교회의 교회다움을 훼손할 수 없습니다. 예배다운 예배를 방해할 수 없습니다. 복음은 여전하기 때문입니다. 바울을 둘러싼 모든 환경이 하나님 나라를 향해 기여하게 하시는 살아계신 하나님이 우리에게 계십니다. 부디 이 어려움의 시기에, 이 광야의 시기에 더욱 그 하나님의 능력을, 그 하나님의 선하심을 맛보아 알아가기를 바랍니다.

사명을 따라서, 사랑을 따라서

베스도가 예루살렘에 가서 재판받을 의향이 있느냐고 묻는 순간, 바울은 기다렸다는 듯이 로마에 가서 가이사에게 재판을 받겠다고 대답합니다. 예상 질문이 아니었고, 그가 미리 준비한 대답도 아니었습니다. 하지만 사실상 준비된 대답이라고 해도 과언은 아닙니다. 바울의 관심은 안전이 아니었습니다. 무죄방면이 아니었습니다. 심지어 로마에 가는 것 자체도 아니었습니다. 저에게 '성서 한국'이 사명이고 평생의 '업'이듯이, 바울에게도 "주 예수 그리스도의 십자가와 부활의 복음, 즉 하나님 나라를 전하는 것"이 그의 업이었습니다. 가이사랴에 있는 동안 그 업이 위축되거나 변한 것은 아니었습니다. '직'이 달라졌을 뿐입니다. 사역지가 달라졌을 뿐입니다. 하지만 그에게는 약속받은 '직'이 있었습니다. 그것은 로마에서 복음을 전하는 '직'이었습니다. 바울 자신이 정하지 않았습니다. 부활하신 바울의 주인이신 예수 그리스도께서 정하셨습니다.

그래서 자신의 업을 가이사랴에서 죄수의 신분으로 감당하는 동안에도, 하나님께서는 로마에서 직을 감당하는 때를 언제 어떤 방법으로 열어주실지에 촉수를 세우고 있었습니다. 그랬기에 원칙주의 행정을 펴고 있는 베스도가 예루살렘에서 재판받을 의향이 있는지를 묻자 단호하게 거절하고 가이사에게 재판을 받겠다고 제안할 수 있었습니다. 놀라운 판단력이고 과감한 주장이었습니다. 베스도마저도 판례를 찾아볼 겨를이 없어서 참모들에게 조언을 구해야 할 만큼 기습적이고 전격적인 요청이었고, 바울의 로마법 실력이 유감없이 발휘된 요청이었습니다. 평소에 가이사에게 항소하는 방식에 대해 연구하고 준비하지 않았다면, 임기응변만으로 생각해 낼 수 있는 제안이 아니었습니다.

불광불급不狂不及이라는 말이 있습니다. '미쳐야 미친다'는 뜻입니다. 무언가에 미친 사람이 누군가에게 의미있는 영향을 끼친다는 뜻입니다. 미친 사람에게만 보이는 것이 있습니다. 어떤 분야에 미치면, 그 분야에 대해서는 눈이 환해지는 축복이 있습니다. 바울이 로마에서의 복음 증거라는 사명에 미치자, 그는 로마 총독보다 로마법에 대해 정통한 사람이 될 수 있었습니다. 하나님께서 유능한 사람을 더 크게 쓰신다는 말을 저는 믿지 않습니다. 그 유능함이라는 것이 세상적인 조건이나 외모를 가리키는 말이라면 더욱 믿지 않습니다. 하지만 그 유능함이라는 것이 사랑의 결과라면, 사명감의 결과라면, 저는 하나님이 그런 유능한 사람을 통해서 일하실 것이라고는 믿습니다. 한 분야에서 수십 년 몸담았어도 능숙하게 해낼 실력이 없다면, 재능이 부족한 것이 아니라 애정이나 열정이 부족한 것입니다. 신앙생활을 오랫동안 했어도 기도하지 못하고 성경을 모르고 예배 시간에 늘 졸기만 한다면, 그리고 전도 한 명 해보지 못했다면, 실력이 부족한 것이 아니라 애정이 부족한 것입니다. 그래서 우리에게 필요한 것은 더 많은 지식과 더 많은 기도가 아니라, 이제 우리 자신을 정직하게 직면하는 일입니다. 자신을 인정하는 일입니다. 그리고 이제 더욱 정성을 기울여서 나를 사랑하고, 나를 사랑하는 마음으로 하나님께 나아가는 것입니다. 그래서 나를 사랑하시는 그 하나님과 진실한 관계를 맺는 일입니다. 그분이 나의 하나님이 되시고, 이제 나는 그분의 자녀가 되고 종이 되고 제자가 되는 관계를 시작해야 합니다. 그것이 신앙의 기초입니다. 그 기초가 튼튼하지 않고서는 그 위에 무엇을 쌓는다 한들 사상누각이 되고 말 것입니다.

그 사랑의 관계에서 나의 사명mission이 보이고 업calling이 보입니다. 다 쏟아서 사랑하고 미칠 만한 값진 것들이 보입니다. 그러면 분별력이 생기고, 눈이 밝아지고, 욕심이 사라집니다. 그러면 인생을 향한 통제력이 강화됩니다. 이제 사람들의 이런저런 말들에게 휘둘리지 않고, 수시로 변하는 외부 환경에 덜 영향을 받고, 좀더 위에서 내려다보고 좀더 멀리까지 내다보면서 속도를 조절하며 살 수 있습니다. 잔잔하게 하나님과 일상에서 동행하다가 결정적인 순간이 오면 작살꾼이 단 한 순간 고래를 향해서 작살을 던지듯이, 하나님이 기뻐하시는 선택을 과감하게 할 수 있게 될 것입니다. 어떤 이들은 선교지로 나가기도 하고, 다른 이들은 자신의 유산을 하나님 나라를 위해서 내어놓기도 합니다. 어떤 이들은 귀농을 결심하기도 하고, 누군가를 용서하기로 결정하기도 할 것입니다. 어떤 이들은 고난과 박해를 무릅쓰더라도 맞설 결심을 하기도 합니다. 어떤 이들은 불의한 직장을 떠날 결심을 하기도 하고, 단호히 관계를 끊을 결심을 하기도 합니다. 그런 결정을 할 때 엄청난 에너지가 필요합니다. 그래서 아무나 못합니다. 잔물결에 마음이 올라갔다 내려갔다를 하루에도 수십 번 반복하는 사람들은 그런 결정을 내릴 수 없습니다. 하나님을 의지하는 삶들이 쌓이고 쌓인 사람들만 할 수 있습니다. 그런 사람들을 통해서 하나님은 비교적 크고 의미 있는 일들을 하십니다. 하지만 세상에서 그런 사람들이 반드시 큰 사람들은 아닙니다.

하나님께서 자기 일을 맡길 일꾼들은 이렇게 집중된 에너지를 가지고 큰 결정을 일상적인 결정처럼 호들갑 떨지 않고, 과시하지 않고, 큰 두려움 없이 해낼 수 있는 사람입니다. 계산하지 않고 몸을 던지는 사람입니다. 하나님께 장래를 맡기고 그것이 옳은 일이고 또 바로 지금 하나님께서 필요로 하시는 일이라고 확신하면, 뒷일은 하나님께 맡기고 결단하는 사람, 하나님은 그런 믿음의 사람을 통해서 당신의 나라를 이어가십니다. 바울이 그런 사람이었습니다. 그의 결단력과 판단력은 하루아침에 형성된 것이 아니라 이렇게 사명과 소명을 따라서 하루하루 하나님과 교제하며 신실하게 동행해온 시간의 결과물입니다. 오늘 우리에게도 이런 지혜와 담력을 주시기를 바랍니다. 주님을 너무나 사랑한 나머지, 주님을 너무나 신뢰한 나머지, 주님을 너무나 좋아한 나머지, 주님의 말씀이라면 즐거이 따라나서는 믿음의 사람들이 되길 바랍니다.

다 나와 같이
되기를 원하나이다   사도행전 25:23-26:32

들어가는 말

신임 총독 베스도는 아그립바 왕에게 황제에게 상소한 바울의 문제를 상의했습니다. 베스도는 황제 앞에서 고소인을 대리하여 그를 고발해야 하는데, 그의 죄목을 만들기가 쉽지 않았습니다. 그가 황제에게 상소하지 않았다면, 당장 방면해도 이상할 것이 없을 만큼 베스도는 바울이 로마법을 어긴 죄를 찾을 수 없었기 때문입니다. 전임 벨릭스가 바울의 살릴 수도 죽일 수도 없어서 골칫거리였다면, 후임 베스도는 바울을 풀어주어야 하는데 풀어줄 수 없어서 골치 아팠습니다.

다음 날 아그립바와[66] 그의 누이 버니게와 천부장과 시중의 높은 사람들이 총독 베스도와 한자리에 모였을 때, 바울이 그 자리에 불려 갑니다. 베스도가 바울의 무죄를 확신하고 있고 바울도 로마로 가는 것이 법적으로든 혹은 예수님의 약속대로든 이미 정해진 상태에서 만났기 때문에, 어느 때보다 편하고 부담이 없었습니다. 바울이 마음껏 자신이 믿고 전해온 복음을 팔레스타인의 중요한 정치 지도자들 앞에서 전할 수 있는 절호의 기회를 맞았습니다. 그동안 우리는 바울이 모두 네 번에 걸쳐서 자신과 복음을 변호하는 것을 보았고, 이번에 다섯 번째입니다. 다양한 처지에서 그 형편에 맞게 다양하게 복음을 전했습니다. 그때마다 강조점을 달리하며 전했습니다. 이번이 복음과 자신에 대한 가장 절정에 해당하는 변증입니다.

구조

A 베스도가 아그립바에게 도움을 청하다(25:23-27)
 B 재판의 도입: 아그립바가 발언을 허용하고 바울이 이에 응하다(26:1-3)
  C 유대교에 충실한 바울(26:4-12)
  C' 그리스도에게 충실한 바울(26:13-23)
 B' 재판의 마무리: 베스도와 아그립바의 반응과 바울의 설득(26:24-29)
A' 아그립바가 베스도에게 예수의 무죄 의견을 전달하다(26:30-32)

본문의 구조를 보면 전체 변론이 어떻게 흘러가는지 알 수 있습니다. 베스도의 부탁을 받은 아그립바는 바울을 청문하는 자리에 함께합니다(A). 아그립바의 허락을 받아 바울은 자신의 발언을 시작합니다(B). 바울은 먼저 자신이 유대교에 얼마나 충실한 사람이었는지를 역설합니다(C). 그런데 부활하신 예수님을 만난 후 그는 이 예수님이 자신이 유대교 아래 있을 때 소망했던 하나님의 약속을 성취하신 분이라는 것을 깨달았습니다. 그래서 이후에는 부활하신 예수님의 부르심과 받은 사명을 거스르지 않고 자신이 얼마나 충실하게 살았는지를 소개합니다(C′). 바울의 의견을 끝까지 들은 아그립바는 비록 그가 전하는 복음을 받아들일 수 없었고 베스도도 마찬가지였지만(B′), 자기 생각에는 바울에게는 사형이나 결박을 당할 만한 아무 행위가 없다면서 무죄 의견을 전달하고 있습니다(A′).

베스도가 아그립바에게 도움을 청하다

아그립바 왕과 부인 버니게가 위엄을 과시하는 예복을 갖춰 입고 수행원들"천부장들과 시중의 높은 사람들"과 함께 등장합니다. 접견 장소로 쓰인 곳은 과거 헤롯궁이었던 총독 관저였습니다. 이들이 지켜보는 가운데 바울이 소환됩니다. 다수의 화려한 귀인들과 바울 한 사람이 극적으로 대조됩니다.

> "이튿날 아그립바와 버니게가 크게 위엄을 갖추고 와서 천부장들과 시중의 높은 사람들과 함께 접견 장소에 들어오고 베스도의 명으로 바울을 데려오니"(사도행전 25:23)

정식재판이 아니라 예비 심문 정도의 자리입니다. 대개 로마 사람들이라면 간편한 복장을 하고 왔을 것인데, 아그립바와 버니게가 '크게 위엄을 갖추고 왔다'는 것에서 우리는 이 사람들의 '허영'을 읽을 수 있습니다. 여기 위엄판타시아, φαντασία은 영어 fantasy의 어원이 되는 단어로 "공상, 상상, 실속 없이 지나치게 꾸민 의식, 사람의 눈을 속이는 외양" 등의 의미가 있습니다. 로마가 아그립바 왕에게 적당히 허영을 부릴 수 있도록 허용해주는 방식으로 통치했음을 보여줍니다. 이 심문 자리에서 바울의 초라한 죄수복과 아그립바의 화려한 복장이 대조되었겠지만, 정작 심문의 주도권은 바울이 쥐고 있음을 확인할 것입니다. 베스도가 바울을 심문하는 목적을 밝히는 연설을 시작합니다. 먼저 바울이 왜 죄수의 신분이 되었는지 공식적으로 밝힙니다.

> "베스도가 말하되 아그립바 왕과 여기 같이 있는 여러분이여 당신들이 보는 이 사람은 유대의 모든 무리가 크게 외치되 살려 두지 못할 사람이라고 하여 예루살렘에서와 여기서도 내게 청원했으나" (사도행전 25:24)

베스도는 유대인들이 바울 한 사람을 향해 얼마나 극렬한 반응을 보여왔는지를 소개합니다. '유대의 모든 무리'라고 하여 과장하고, '살려 두지 못할 사람'이라고 하여 타협의 여지가 없음을 보이고, '더 이상'메케티, μηκέτι⁶⁷이라고 하여 그 인내가 임계점에 이른 상황임을 소개합니다. 유대인들이 그를 예루살렘뿐만 아니라 가이사랴에서도 청원한 것은 여기에만 나온 정보입니다.

유대인들은 바울을 사형에 처해 달라고 요청했지만, 베스도에게 바울은 사형에 해당하는 죄를 지은 사람이 아니었습니다. 그래서 자기는 바울을 석방하려고 했는데, 바울이 황제에게 상소하는 바람에 보낼 수밖에 없는 사정이 생겼다는 듯이 설명합니다.

"내가 살피건대 죽일 죄를 범한 일이 없더이다 그러나 그가 황제에게 상소한 고로 보내기로 결정했나이다"(사도행전 25:25)

무죄한 사람을 아그립바 왕을 통해 심문하는 이유는 그가 가이사에게 보낼 편지에 정확한 죄목을 적어 보내야 하는데, 그것을 찾을 수 없어서 아그립바 왕에게 도움을 청는 것이라고 합니다.

"그에 대하여 황제께 확실한 사실을 아뢸 것이 없으므로 심문한 후 상소할 자료가 있을까 하여 당신들 앞 특히 아그립바 왕 당신 앞에 그를 내세웠나이다 그 죄목도 밝히지 아니하고 죄수를 보내는 것이 무리한 일인 줄 아나이다 했더라"(사도행전 25:26-27)

여기 "무리한 일"은 알로고스 ἄλογος, 즉 "말이 되지 않는", "터무니 없는"이라는 뜻입니다. 베스도는 행정절차상 무리가 된다는 말을 하고 있지만, 사실 우리는 예루살렘에서 지금까지 2년 이상 진행되어온 모든 과정이 다 '말이 안 되는' 일이라는 것을 알고 있습니다. 베스도는 바울에게 뚜렷한 정치적 죄목이 없는데도 그를 놓아주지 않고 2년 동안이나 구류한 이유와, 가이사의 재판정에 상소한 이유를 만들고 싶었던 것입니다. 죄 없는 줄 알면서도 죄목을 만들어야 하는 이 상황이 황당하고 우스꽝스럽기까지 하며, 그래서 총독의 말은 궁색하기 그지없습니다. 권력자들의 우유부단함과 무원칙이 자초한 일입니다.

재판의 도입

아그립바는 바울에게 발언하도록 허락하자, 바울은 손을 들어[68] 변명을 시작합니다. 여기 손을 드는 행위는 분명 시선을 끌기 위한 제스처일 것입니다.

"아그립바가 바울에게 이르되 너를 위하여 말하기를 네게 허락하노라 하니 이에 바울이 손을 들어 변명하되" (사도행전 26:1)

바울은 앞서 베스도에게처럼 아그립바에게도 정중하게 그러면서 과하지 않게 예의를 갖춰서 그가 공정한 판단을 할 자격이 있는 사람이라고 말합니다.

"아그립바 왕이여 유대인이 고발하는 모든 일을 오늘 당신 앞에서 변명하게 된 것을 다행히 여기나이다 특히 당신이 유대인의 모든 풍속과 문제를 아심이니이다 그러므로 내 말을 너그러이 들으시기를 바라나이다." (사도행전 26:2-3)

이것이 아그립바가 누구인지를 표현하는 전부는 아니지만, 적어도 바울이 인사치레로 한 말은 아니었습니다. 바울은 이 발언 기회가 유대인들이 고소한 내용에 대해서 변호하는 자리인 것을 알고 있었습니다. 바울은 염병처럼 온 세상을 소란케 한다는 정치적 범죄와 유대교와 율법과 성전을 모독한다는 종교적 범죄로 고소를 당했습니다. 하지만 이번에 발언을 듣는 대상이 유대인 아그립바 왕이기 때문에, 그는 주로 종교적인 범죄에 한정해서 변호하고 있습니다. 바울은 아그립바에게 재판을 공정하게 할 수 있는 자격이 충분하다는 점을 강조합니다. 아그립바는 "특히 유대인의 모든 풍속과 문제"에 대해 전문가이기 때문입니다. 그것은 참 까칠한 땅인 팔레스타인을 통치하는 지도자가 갖추어야 할 마땅한 자격이었습니다. 아그립바는 로마와 팔레스타인을 모두 잘 알고 있었으며, 로마로부터 상당한 신임을 얻고 있는 갈릴리 지역의 통치자였습니다. 그렇다고 해서 그가 기독교에 대해 호의적이었던 것은 아닙니다. 그의 증조할아버지 헤롯 대왕은 아기 예수님을 죽이려고 했고, 그의 할아버지 헤롯 안티파스는 세례 요한을 죽였고, 그의 아버지 헤롯 아그립바 1세는 사도 야고보를 죽였습니다. 이제 아그립바 2세는 사도 바울을 상대하고 있습니다.

바울은 부디 왕이 자신의 "말을 너그러이 들으시기를 바라나이다"라고 부탁합니다. 그의 발언이 간단하지는 않을 것이고, 복음을 비교적 자세히 전달하려는 맘을 먹었음을 보여줍니다. 바울이 이 순간을 위해서 얼마나 기도했을 것이며, 특히 유대인 왕에게 적합한 복음을 전하기 위해 어떻게 전개할지를 밤새 고민했을 것입니다. 특히 맨 마지막에 "오늘 내 말을 듣는 모든 사람도 다 이렇게 결박된 것 외에는 나와 같이 되기를 하나님께 원하나이다"(29절)라고 발언하는 것을 보면, 그는 단지 아그립바 한 사람을 설득하여 자신의 무죄를 증명하려는 데 그치지 않고, 그 자리에 있는 모든 자들이 복음을 듣고 바울 자신처럼 어둠에서 빛으로 나아오고, 사탄의 권세에서 하나님께로 돌아오는 생명의 역사, 회개의 역사가 일어나기를 간절히 바라고 있었음을 알 수 있습니다. 그는 얼른 발언을 끝낼 맘이 없었습니다. 그래서 전할 내용에 대해서 뿐만 아니라 충분히 전달할 수 있도록 너그럽게 마크로쒸모스, μακροθύμως**69** 들어주기를 부탁한 것입니다.

유대교에 충실한 바울

4절부터 바울의 변론이 시작되는데, 23절까지 길게 이어집니다. 4-12절까지는 바울이 유대교 안에 있을 때 얼마나 자신이 믿는 바에 충실하게 살았는지를 말하고, 13-23절까지는 부활하신 예수님을 만난 후 자신이 어떤 사명을 받았고 어떻게 충실하게 사역했는지를 말해주고 있습니다. 유대교에 충실했던 바울의 모습은 크게 두 가지로 묘사하고 있습니다. 하나는 바리새인으로서 엄격하게 율법과 경건한 삶에 충실했던 삶을 회고하고 있고(4-8절), 다른 하나는 부활의 예수를 믿는 기독교를 열정적으로 박해했던 삶을 회고하고 있습니다(9-12절).

율법에 충실한 바리새인 바울
먼저 바리새인 바울의 삶에 대해 들어보겠습니다.

"내가 처음부터 내 민족과 더불어 예루살렘에서 젊었을 때 생활한 상황을 유대인이 다 아는 바라" (사도행전 26:4)

바울은 다소 출신인데, 부모가 모든 유대인인 가정에서 태어났습니다.

헬라철학의 중심지인 길리기아의 수도 다소에서 헬라인으로서의 소양에 필요한 교육을 잘 받았습니다. 그런 그가 예루살렘까지 와서 유학한 것은 분명 랍비로 키우고 싶은 그의 부모의 바람 때문이었을 것이고, 이 사실만으로도 바울은 물론이고 그의 가정이 얼마나 유대교에 철저했는지를 알 수 있습니다. 이런 식의 유학이 흔치 않았기에 유대 풍습을 잘 아는 아그립바는 바울이 말하고자 한 바를 금방 이해했을 것입니다. 이것은 유대인이면 누구든 당장에 확인할 수 있는 사실입니다 "유대인이 다 아는 바라".

예루살렘에 온 이후 그가 살아온 삶을 이렇게 약술합니다.

"일찍부터 나를 알았으니 그들이 증언하려 하면 내가 우리 종교의 가장 엄한 파를 따라 바리새인의 생활을 했다고 할 것이라" (사도행전 26:5)

바울은 가장 보수적인 "엄한" 바리새파에 속한 사람입니다. 스스로도 "바리새인 중에 바리새인"이라고 자신있게 소개할 정도였고, 가말리엘이라는 유대교의 제일가는 석학 랍비 문하에서 율법을 배웠습니다(행 22:3). 그를 고발하는 유대인들도 바울을 "일찍부터" 알고 있었습니다. 30년 전부터 같이 공부했고, 같이 회당에서 지냈고, 같이 산헤드린 공회 의원으로서 기독교를 박해하는 데 참여했기 때문입니다. 고발하는 그들이 바울 자신의 과거에 대해서, 특히 그가 얼마나 경건한 유대인으로 율법을 철저하게 지키며 살았는지 '생활'이라는 뜻의 쓰레스케이아(θρησκεία)는 바리새인들의 믿음과 삶의 신앙적·예식적·공식적 측면을 강조하는 예배를 의미한다[70]를 -물론 인정하지 않겠지만- 증언할 수 있다고 합니다 "그들이 증언하려 하면".

물론 그런 증언을 안 할 것이라는 예상을 하고 하는 말입니다. 4절에서는 자신의 엄격한 생활양식βίωσις, 비오시스, "생활한"을 말하고 5절에서는 "바리새인의 생활을 했다"ἔζησα Φαρισαῖοςς고 말함으로써 그는 단지 바리새인의 가르침이나 신념을 따르는 데 그치지 않고 삶의 방식을 갖추어 살았음을 강조하고 있습니다. 처음부터 바울에게 신앙은 신념 체계이면서 동시에 삶의 체계였습니다.

조상들의 약속을 소망한 바울

바울은 율법이 약속한 메시아를 누구보다도 간절히 기다린 사람이었습니다. 그 메시아가 오시면 성지 이스라엘을 더럽힌 저 로마제국은 물론이고 그들에게 협력하여 성전을 유린하고 있는 종교권력자들까지 심판하실 것이고, 자신 같은 율법으로 흠이 없는 의인들이 먼저 구원받고 부활할 것이라고 믿었습니다. 바울은 그 약속을 따라 살았습니다. 처음에는 예수님이 그 약속을 이루려고 오신 메시아인 줄 몰랐는데, 부활하신 예수님을 만난 후 그가 하나님께서 약속하신 그 메시아임을 알게 되었습니다. 그래서 그분이 바로 우리가 바라고 기다리던 그분이라고 전했습니다. 하나님께서 우리가 죽인 메시아를 살리셨다고 전했습니다. 바울은 이 메시지가 자신이 유대인들에게 고소당한 이유라고 밝힙니다. 그의 말을 들어보십시오.

"이제도 여기 서서 심문 받는 것은 하나님이 우리 조상에게 약속하신 것을 바라는 까닭이니 이 약속은 우리 열두 지파가 밤낮으로 간절히 하나님을 받들어 섬김으로 얻기를 바라는 바인데 아그립바 왕이여 이 소망으로 말

미암아 내가 유대인들에게 고소를 당하는 것이니이다"(사도행전 26:6-7)

'이제도'라는 말로 유대교에 몸담았던 과거와 현재의 바울을 대조합니다. 이제 6-8절에서 바울은 자신이 고발당한 사안이 신학적인 문제라고 말합니다. 한 마디로 바울은 자신이 유대교를 배반하거나 떠난 것이 아님을 강조합니다. 유대교와 예수님의 십자가와 부활 사이의 연속성을 강조한 것입니다. 그가 사용한 표현에 주목하십시오. '우리 조상'(6절), '우리 열두 지파'(7절), '내 민족'(4절), '우리 종교'(5절), 유독 '우리'를 강조하고 있습니다. 자신이 유대교를 배반한 것이 아니라 유대인들의 신앙과 얼마나 공통점이 많은지를 강조한 것입니다. 바울 당시 유대인들이 '우리'라고 말할 때, 이웃의 범위가 어디까지인지는 유동적이었습니다. 같은 유대인이라도 죄인은 '우리' 바깥에 있었으며, 이두매 출신인 헤롯 가문도 경우에 따라서는 '우리' 바깥으로 간주되기도 했습니다. 그런데 바울 자신은 "우리 종교의 가장 엄한 파"에 속했기 때문에 동심원의 가장 안쪽에 속했다는 것입니다. 즉 '유대성'Jewishness으로 말한다면 아그립바 2세보다도 자신이 더 유대인들에게 가깝다는 것입니다. 자신이 예수 안에서 발견한 소망"이 소망으로 말미암아"은 유대인들의 소망과 다르지 않고 오히려 그것을 성취한 소망이라고 주장합니다. "우리 이스라엘 열두 지파"는 이미 흩어져 없어졌지만, 바울은 하나님께서 종말에 그 열두 지파 백성들을 다시 모으실 것이라는 소망이 있는데, 그 소망 때문에 자신이 갇힌 것이라고 아그립바 왕에게 호소하고 있습니다.

루터Martin Luther를 포함한 16세기 종교개혁자들도 가톨릭과의 연속성을 강조한 점에서는 비슷했습니다. 루터는 "우리는 전혀 새로운 것을 가르치는 것이 아니며, 우리 이전에 사도들과 모든 경건한 교사들이 가르쳤던 옛것을 반복하고 확증하는 것"이라고 말합니다. 랜스롯 앤드류스Lancelot Andrewes는 "우리는 새로운 것을 받아들이는 사람innovator이 아니라 회복시키는 사람renovator"이라고 했습니다.

바울이 지금 목숨을 걸고 이 선교를 하는 이유가 무엇이라고 합니까?

"하나님이 우리 조상에게 약속하신 것을 바라는 까닭이니" (사도행전 26:6)

우리 조상에게 약속하신 것은 새 언약의 약속이고, 곧 하나님 나라의 약속이고, 마침내는 이루어질 부활의 약속, 새 하늘과 새 땅의 약속입니다(참조. 행 2:39; 13:23, 32). 그것은 유대인들을 향한 약속이며, 동시에 그 제사장 나라를 통해 온 인류가 함께 누리기를 바라는 약속입니다. 그것을 이렇게 표현합니다.

"이 약속은 우리 열두 지파가 밤낮으로 간절히 하나님을 받들어 섬김으로 얻기를 바라는 바인데" (사도행전 26:7)

이스라엘을 '우리 열두 지파'라고 부름으로써 아그립바와 고소인 유대인들과 자신이 한 뿌리임을 강조합니다. 또한 비록 유대교가 자신을 죽이려고 하지만, 사실 그들도 밤낮으로 하나님을 받들어 섬김으로 이 약속종말의 하나님 나라을 얻기를 바라고 있는 사람들이라고 아주 긍정적으로 말해주고 있습니다. 하지만 그들은 예수께서 하나님이 보내신 메시아인 것을 알아보지 못하고 죽였고, 그를 따르는 자신도 핍박하고 있습니다.

바울을 로마서에서 유대인들의 문제를 지적한 바 있습니다(롬 10:2-3). 신앙에서 열정은 너무도 중요하지만, 열정이 올바른 신앙의 증거는 아닙니다. 믿음의 대상을 바르게 아는 것이 믿음의 열정보다 항상 더 우선하고 더 중요합니다. 하나님은 자신만 사랑하고 자신에게 충성하기 원하실 뿐 그 순종과 사랑을 우상과 나누기를 바라지 않으십니다. 바울과 유대인들의 차이는 무엇입니까? 예수님에 대한 이해입니다. 하나님을 향한 열정에는 누가 더 낫다고 할 수 없을 만큼 인정할 만했지만, 유대인들은 자신들이 간절히 받들어 섬긴 하나님의 아들을 죽였고, 그를 믿는 자들을 핍박했고, 그 아들을 전하는 바울을 고발하여 죽이려고 했습니다. 하지만 바울은 그 아들 예수님의 부름에 죽기까지 순종함으로써 그 하나님을 간절히 받들어 섬겼습니다. 이 모든 차이는 유대인들, 특히 바울의 고발을 주도한 종교권력자들이 부활을 믿지 않아서 생겼습니다. 그것은 하나님의 능력을 지나치게 제한한 불신앙이며, 부활의 증거가 있어도 부활을 믿을 수 없게 만드는 치명적인 신학적인 편견이고 오류의 시작이었습니다.

바울은 아그립바 왕을 비롯하여 그 자리에 함께한 자들에게 이렇게 도전적인 질문을 던짐으로써 자신과 유대인들의 차이를 더 선명하게 부각시킵니다.

"당신들은 하나님이 죽은 사람을 살리심을 어찌하여 못 믿을 것으로 여기나이까"(사도행전 26:8)

우리 조상에게 약속하신 것, 열두 지파가 간절히 얻기를 바라는 것, 그것은 하나님의 능력으로만 성취될 수 있습니다. 예수를 죽은 자 가운데서 살리시는 부활을 통해서만 이룰 수 있습니다. 무에서 유를 창조하신 하나님께서 어찌 죽은 사람을 살리실 수 없겠습니까? 지금 바울을 고발하는 유대인들도 하나님이 죽은 사람을 살리실 수 있다는 사실을 믿고 있습니다. 그런데 그들이 바울을 다루는 방식을 보면, 마치 하나님이 부활을 못 하실 분처럼 여기는 사람 같다고 도전하는 것입니다. 하나님의 능력을 믿는다면, 그들은 지금보다 훨씬 더 진지해야 합니다. 예수님이 부활하셨다는 주장을 뒷받침하는 증거가 충분한지 따져야 합니다. 부활의 주님을 만났다는 사람들의 말을 들어야 합니다. 그들은 믿음의 잠재력을 사용하지 않고 있었습니다. 신학적 상상력이 부족했습니다. 크신 하나님을 담기에는 그릇이 너무 작았습니다.

우리 불신앙의 근저에는 하나님의 존재와 그 능력에 대한 불신이 자리 잡고 있습니다. 하나님이 하실 수 있는 것에 대해 우리가 어디까지 상상하고 어디까지 그 능력에 나를 맡기고 던지느냐 따라 신앙이 결정됩니다. 특히 죽음을 이길 수 있는 하나님의 능력에 대한 신뢰가 없다면, 우리는 윤리와 도덕을 숭상하는 종교를 믿든지 힘과 돈과 권력을 추앙하는 종교를 믿든지 할 것입니다. 우리가 이해하고 통제할 수 있는 범위 안에만 있는 신, 그래서 우리가 통제하거나 조종하거나 부릴 수 있는 존재로서의 신만 요청할 것입니다.

박해자 바울

예수님을 알기 전 바울은 바리새인으로서 율법에 근거하여 하나님의 약속을 철저히 기다렸습니다. 그는 책상물림이 아니었습니다. 옳다고 생각하는 대로, 옳다고 믿고 있는 만큼은 실천한 사람이었습니다. 부활하신 예수님을 만나기 전에 바울에게 예수는 이단이었습니다. 스스로 하나님의 아들을 자처하는 자였고, 스스로 죄를 용서할 수 있는 사람인 듯 행세했습니다. 결국 나무에 달려 죽음으로써 신성 모독죄에 대해 하나님께 심판을 받은 자였습니다.

예수 대적하는 것을 옳다고 여김

그런데 그가 죽음에서 살아났고, 구약에서 그토록 약속하셨던 하나님의 아들, 메시아라고 주장하는 자들을 가만둘 수 없었습니다. 그가 예수님을 만나기 직전 가장 반기독교적인 행보를 보일 때의 모습을 이렇게 요약합니다.

"나도 나사렛 예수의 이름을 대적하여 많은 일을 행하여야 될 줄 스스로 생각하고"(사도행전 26:9)

여기 "행하여야 될 줄"이라는 표현 안에는 "반드시 행해야 한다"는 것을 나타내는 조동사 "데이"δεῖ가 들어가 있습니다. 나사렛 예수의 이름을 대적하는 일을 많이 할수록 더 하나님께서 기뻐하실 것이라고 생각했고, 더 간절하게 하나님을 섬기는 일이라고 생각했습니다. 바울은 1인칭 대명사 에고, Ἐγώ와 재귀대명사 에마우토, ἐμαυτῳ를 사용하여 '나도…스스로 생각했다' 에고 멘 에독싸 에마우토, Ἐγὼ μὲν ἔδοξα ἐμαυτῳ라고 표현하여 바울 자신은 나름대로 깊이 상고한 끝에 예수 믿는 자들을 핍박하는 일에 가담하기로 선택했음을 강조하고 있습니다. 부활하신 예수님과의 만남, 하나님의 아들의 부활이라고 하는 사건을 직접 접하기 전까지 바울은 유대교가 생각하기에도 최선의 삶을 살고 있었습니다.

예수님을 잘 모른다면, 우리에게 최선이 하나님의 아들을 죽이는 일이 될 수 있다는 무서운 사실을 알려줍니다. 주님이 모욕과 조롱을 당하는데도 내 열정과 지식에 취해서 그 사실을 모르는 이들이 있습니다. 교회를 사유화하는 종교인들, 사회적 불의와 탐욕과 부당한 권력과 뒤틀어진 역사에 기생하여 살아가는 기득권자들과 그들의 편에 서서 공생하는 종교 권력들, 그들을 맹목적으로 추종하는 자들이 지금도 나사렛 예수의 이름을 대적하고 있습니다. 이런 거짓 교사들과 그릇된 말씀들을 분별해야 할 책임이 우리에게 있고, 그것은 영적인 생명을 결정할 만큼 중요합니다.

기독교를 박해한 일

구체적으로 바울은 어떻게 나사렛 예수의 이름을 대적하는 일을 열정적으로 많이 했는지를 나열하고 있습니다 (참조. 9:1-3; 22:4-5).

"예루살렘에서 이런 일을 행하여 대제사장들에게서 권한을 받아 가지고 많은 성도를 옥에 가두며 또 죽일 때에 내가 찬성 투표를 했고 또 모든 회당에서 여러 번 형벌하여 강제로 모독하는 말을 하게 하고 그들에 대하여 심히 격분하여 외국 성에까지 가서 박해했고 그 일로 대제사장들의 권한과 위임을 받고 다메섹으로 갔나이다" (사도행전 26:10-12)

크게 네 가지로 말하고 있습니다. 먼저 예루살렘에서 많은 성도를 옥에 가두었습니다. '성도'라는 표현을 쓴 것은 지금 시점에서 볼 때 그들이 성도라는 뜻입니다. 대제사장들에게 그럴 권한을 받아서 시행한 나름 합법적인 조치였습니다. 둘째, 성도를 죽일 때 찬성표[71]를 던졌습니다.[72] 대표적으로 스데반을 죽일 때 찬성표를 던진 것을 우리는 알고 있습니다.[73] 그 한 사례만 있지 않았을 것입니다. 비느하스의 열정으로 한 일이지만, 본의 아니게 무고한 자를 살인하는 데 가담했습니다. 셋째, "또 모든 회당에서 여러 번 형벌하여 강제로 모독하는 말을 하게 하"였습니다. 이것은 처음 언급된 바울의 행적입니다. 예루살렘 모든 회당마다 다 찾아다니면서 예수를 따르는 유대인들을 색출하여 직접 벌을 주기도 하고 아마도 채찍질이나 사십에 하나 감한 매[74], 예수를 모독하고 저주하는 말을 하도록 시킴으로써 그를 부인하게 만들기도 했습니다 혹은 예수를 메시아로 인정하게 함으로써 하나님의 저주를 받게 했다는 뜻일 수도 있다. 실제로 그 박해 때문에 신앙을 포기한 사람들도 있었던 것 같습니다. 넷째, 여기서 그치지 않았습니다. 팔레스타인 땅 바깥에까지 가서 예수 믿는 자들을 찾아내 데려와서 가두고 벌을 주었습니다.

> "그들에 대하여 심히 격분하여 외국 성에까지 가서 박해했고 그 일로 대제사장들의 권한과 위임을 받고 다메섹으로 갔나이다" (사도행전 26:11b-12)

다메섹으로 가기 전에 이미 다른 팔레스타인 밖에 나가서 박해한 경험이 있었던 것입니다. 여기 "심히 격분하여"페리쏘스 헴마이노메노스, περισσῶς ἐμμαινόμενος, 미친 듯한 격노로, RSV라는 표현 하나만으로 그가 예수 믿는 성도들을 향해, 그리고 예수에 대해 얼마나 극단적으로 오해하고 있었는지를 알 수 있습니다. 그렇게 미친 듯이 그리스도인들을 박해했던 바울이 이 발언이 끝난 후 베스도로부터 "미쳤다"마이노마이, μαίνομαι는 말을 들었고, 자신은 미친 것이 아니라 "참되고 온전한 말을 한다"고 대꾸하고 있습니다(행 26:24, 25).

회심 전 바울이 갖고 있는 신학의 테두리 안에서 예수를 믿는 일과 하나님을 섬기는 일은 공존할 수 없었습니다. 예수가 이룬 약속을 믿는 것과 모세와 선지자들이 약속한 것을 믿는 것은 공존할 수 없었습니다. 그가 믿기로는, 그가 알기로는, 메시아가 오면 즉시 타락한 정치 권력과 종교 권력을 향한 하나님의 심판이 시행되어야 했고, 메시아가 부활했다면, 바울 자신을 비롯하여 의인들이 즉시 그 부활에 동참해야 한다고 믿고 있었기 때문입니다. 부활이 있다는 것은 확실히 믿었지만, 메시아만 먼저 부활하고 그를 믿는 자들은 나중에 부활하는 일은 바울의 신학과 지식 안에서는 상상할 수 없는 일이었습니다.

바르게 알지 못하면, 욕망에 사로잡히고 욕망에 잡아먹히게 됩니다. 잘못된 지식으로 우리의 모든 행동과 결정을 정당화합니다. 다른 성도들을 파괴하고 교회를 망가뜨리면서도 하나님을 위해서 살았고 하나님을 섬겼고 하나님을 사랑했고 하나님의 영광을 위해서 일했다고 확신할 것입니다. 순전한 마음으로, 정말 몰라서 그럴 수도 있습니다. 바울처럼 말입니다. 그래서 하나님께서는 그를 용서하셨습니다. 그를 긍휼히 여기셨고, 심지어 당신을 전하는 자로 부르셨습니다(딤전 1:13-16).

그리스도에게 충실한 바울

유대교 아래서의 바울에 대한 소개에 이어, 이제 부활하신 예수님을 만난 후 변화된 바울이 소개됩니다. 바울에게 결정적인 전환점이 찾아옵니다. 모든 신학을 뒤집고 해체시키고, 그의 모든 삶의 목표와 방식과 가치를 재조정하게 만든 혁명적인 사건을 만납니다. 부활하신 예수님과의 만남입니다. 이제 13-23절에서 바울은 부활하신 예수님이 어떻게 자신의 삶을 바꾸었고, 그분이 부여한 사명을 따라 어떻게 살아왔는지를 말합니다. 바울은 자신이 구약이 기대한 성취의 시대에 어울리는 '유대인답게' 살았다고 주장합니다.

부활하신 예수를 만나다

바울이 부활하신 예수님을 만난 이야기는 사도행전에 세 번 나옵니다. 한 번은 누가복음 저자에 의해 9장에서 소개되고, 다른 한 번은 22장에서 바울이 직접 유대인들 앞에서 전했습니다. 그리고 이번이 세 번째입니다. 거의 비슷한 구조를 갖고 있지만, 사소한 부분에서 차이가 있습니다. 더 첨가된 내용도 있고 빠진 내용도 있고 일부는 서로 상치되는 것처럼 보이기도 합니다. 하지만 그런 세세한 부분에서의 차이는 그리 중요하지 않습니다. 누가 말했느냐에 따라 다르고, 어떤 목적에서, 누구에게 말하느냐에 따라서 강조점과 내용과 표현을 달리할 수 있기 때문입니다.

바울이 다메섹에 있는 유대인 그리스도인들을 붙잡아 올 수 있는 체포동의서를 대제사장에게서 받아서 다메섹으로 향하고 있었습니다(12

절). 그런데 갑자기 정오에 놀랍고 경이로운 경험을 합니다.

"왕이여 정오가 되어 길에서 보니 하늘로부터 해보다 더 밝은 빛이 나와 내 동행들을 둘러 비추는지라"(사도행전 26:13)

9장에서는 그냥 "하늘로부터 빛"(3절)이라고 했고 22장에서는 "큰 빛"(6절)이라고 했는데 여기서는 "해보다 더 밝은 빛"이라고 표현하고 있습니다. 이렇게 빛을 강조한 이유는 분명 예수님이 빛이시고 이방인들에게 빛을 비추기 위해서 보냄 받은 메시아이시고(23절), 회심은 "눈을 뜨게 하여 어둠에서 빛으로"(17절) 돌아오는 것임을 강조하기 위해서일 것입니다. 해가 가장 밝은 정오에 그 빛보다 더 밝은 빛이 비춰었는데, 그 빛을 창조하신 부활하신 예수님의 빛이었습니다. 이에 바울과 그와 동행한 자들이 어떻게 반응합니까?

"우리가 다 땅에 엎드러지매"(사도행전 26:14a)

9장과 22장에서는 바울만 엎드러진 것처럼 묘사되었는데, 여기서는 모두가 다 엎드러지고 있습니다. 특히 이 단어 "엎드러지다"는 '아래로 떨어지다' 카타핖토, καταπίπτω라는 뜻입니다. 분명 말을 타고 가고 있었을 것인데, 말도 바울도 같이 주저앉았을 가능성이 큽니다. 그때 하늘에서 소리도 들립니다.

"내가 소리를 들으니 히브리 말로 이르되 사울아 사울아 네가 어찌하

여 나를 박해하느냐 가시채를 뒷발질하기가 네게 고생이니라"(사도행전 26:14b)

여기 히브리 말은 바울이 사용하던 아람어를 가리킵니다. 두 번이나 사울의 이름을 부릅니다. 그러면서 주님은 바울이 주님 자신을 박해하고 있다고 하십니다. 바울은 주님을 간절히 섬기고 있다고 생각했는데, 그것이 도리어 예수님을 괴롭게 하는 일이었다고 하십니다. 사울은 하나님은 열정적으로 섬겼을지 몰라도, 하나님의 아들 메시아와는 전혀 상관없는 자였습니다. 그의 모든 열정과 수고를 주님은 이렇게 평가하십니다. "가시채를 뒷발질하기가 네게 고생이니라."

가시채는 채찍으로 쓰는 끝이 뾰족한 막대기입니다. 이 가시채를 향해서 말이나 소가 뒷발질을 하면 자기 발만 따갑고 상처가 납니다. 헛고생에 불과할 것입니다. 이는 로마인들과 헬라인들에게 잘 알려진 속담입니다. 신들이 정해준 운명을 거스르는 것은 아무 유익이 없는 어리석은 행위라는 뜻입니다. 그간 사울이 살아왔고 여전히 그가 하고 있는 일은 가시채를 뒷발질하는 무익한 일이었습니다. 하나님을 대적하는 일이었고, 예수님의 이름을 모욕하는 일이었습니다.

이 말을 듣고 바울이 얼마나 놀랐을까요? 어리둥절했을 겁니다. 두려웠을 겁니다. 헛것을 보고 들었다고 할 수 없었습니다. 그래서 묻습니다.

"내가 대답하되 주님 누구시니이까"(사도행전 26:15a)

궁금해서 물었지만, 이미 자신이 신적인 존재를 만났다는 사실을 알고 있습니다. 그가 박해받고 있다는 말을 듣는 순간, 자신이 박해했던 그 예수쟁이들이 믿는 부활하신 예수일지 모른다고 직감했을 것입니다. 바울이 대뜸 "주"퀴리에, κύριε라고 부르는 것에서 알 수 있습니다. 로마제국에서 신적인 존재로 군림하는 황제나 신격화된 죽은 황제들을 "주"라고 불렀기 때문입니다. 예수께서 대답하십니다.

"주께서 이르시되 나는 네가 박해하는 예수라" (사도행전 26:15b)

예수님이 부활하신 것을 믿은 후에나 고백할 수 있는 호칭인 '주'를 그를 만나자마자 사용했다는 것은, 그 신비한 존재를 귀신이 아니라 예수로 직감했음을 보여줍니다. 교회의 몸이 되시는 예수께서는 이미 자기 백성과 하나가 되어 자기 백성의 고통에 같이 아파하고 계셨습니다. 바울 신학의 핵심 가운데 하나인 바울의 '연합' 사상은 바로 이 부활하신 예수님과의 만남을 통해서 형성되었을 것입니다.

여기는 잘 나타나지 않지만, 이 만남은 바울의 신학을 근본적으로 재정립하는 출발과 계기가 되었습니다. 이전에 그가 알고 있던 모든 지식들이 이 부활을 만나면서 다른 그림을 형성하는 조각들이 되었습니다. 같은 퍼즐 조각을 가지고 이제 다른 그림을 만들기 시작한 것입니다. 하나님 자신보다 전통을 의지했고, 하나님의 은혜보다 자신들의 의와 열정을 더 신뢰했던 유대인 사울의 견고한 체계가 무너졌습니다. 틈을 내는 정도가 아니라 토대부터 무너졌고 산산이 조각났습니다. 상상할 수 없을 만큼 고통스러웠을 것입니다. 지난 모든 삶이 부정당하는 순간이었고, 가장 사랑하고 충성했던 분을 가장 괴롭게 했을 뿐만 아니라, 하나님 나라의 도래를 가로막은 것은 다른 죄인들이 아니라 바로 자신이었고, 자신은 죄인 중의 하나가 아니라 죄인의 수괴라는 사실을 알게 되었습니다. 물론 어디서부터 어떻게 잘못되었는지를 깨닫고 정리하는 일은 그 후 점진적으로 진행되었겠지만, 무너진 것은 순식간이었습니다.

당장은 아니라도 오늘의 이 고통은 훗날 영적 통쾌함으로 변했습니다. 그는 로마서 7장에서 그 율법을 지킴으로써 의를 이루려고 했을 때 삶이 얼마나 고통스러웠는지를 토로하고 있기 때문입니다(롬 7:18-25). 율법의 의로는 흠이 없던 자로서 얻는 자긍심과 비교할 수 없는 참된 해방의 기쁨을 그는 성령 안에서 경험했습니다. 열정적으로 주를 섬겼지만, 도저히 하나님의 기대를 충족시킬 수 없었습니다. 그래서 더 열정적으로 그리스도인들을 박해했는지 모릅니다. 엄격한 바리새인 사울은 자신의 한계에 울면서도 상대적인 비교를 통해서 자신의 의를 확인받았을 것입니다. 그런데 이 모든 것이 부활하신 예수님을 만나고 나서는 다 깨졌습니다. 그리고 새로운 자신으로 거듭났습니다. 하나님의 은혜만을 절대적으로 의지하는 사람으로 태어났습니다. 다메섹 도상에서 그는 통쾌한 패배를 경험했습니다.

우리 인생에도 저마다 이 다메섹 도상의 패배가 필요합니다. 더 무너지고 깨지고 해체되어 주님이 다시 세우시는 역사가 필요합니다. 심지어 우리의 교회가 다메섹 도상이 될 수도 있습니다. 이 책이, 이번 주 설교가 다메섹 도상에서 나를 만나주신 부활의 주님의 음성이 될 수 있습니다. 죽은 우리를 다시 살리는 부활의 경험이 될 수 있습니다. 주님께 돌아가야 할 것이 남았다면, 무엇을 버려야 한들 그것은 잃어버리는 것이 아닙니다. 얼마만큼 왔든지 헛걸음한 것이 아닙니다. 부활을 깨닫는다면, 부활의 주님, 살아계신 주님을 만난다면, 그래서 나를 있는 그대로 만날 수 있다면, 그 만남이 열어준 새로운 시각으로 살아온 모든 시간이 새롭게 조명될 것입니다. 그 모든 실수와 오해와 무지까지도 당신의 영광을 위해 사용하실 것입니다.

그리스도에게 받은 바울의 사명과 실천

9장에서 누가는 다메섹 도상에서 부활하신 예수님과의 만남이 바울을 회심으로 이끌었다는 사실과 그가 증인으로 부름받았다는 사실을 공평하게 강조했습니다. 그런데 22장에서와 여기서 바울이 자신의 다메섹 경험을 회고할 때는, 이 사건을 계기로 바울 자신이 유대인과 이방인 모두를 위한 부활의 증인으로 부름받았다는 사실을 더욱 강조하고 있습니다.

바울의 사명

여기 아그립바 앞에서 말할 때는 다메섹의 직가라 하는 거리에 살고 있는 유대인 그리스도인 '아나니아'를 통해서 바울이 사명을 들었다는 사실은 생략한 채 마치 바울이 직접 들은 것처럼 말하고 있습니다. 22장의 유대인들 앞에서 진술할 때는 심지어 아나니아를 "모든 유대인들에게 칭찬을 듣는 아나니아"라고 자세히 진술한 바 있습니다. 그래서 부활하신 예수께서 그런 경건한 유대인에게도 나타나셨다면, 그리고 그런 사람을 통해 전달하신 사명이라면, 분명 하나님의 부르심이고 임명이라고 말할 수 있다는 점을 강조했습니다. 그런데 26장은 아그립바 왕에게 바울 자신보다는 예수님의 부활과 부활하신 예수님의 역할을 강조하고 있습

니다. 유대인들이 죽였지만, 하나님이 부활시키신 예수님이 바울에게 사명을 주셨음을 강조합니다.[75]

"일어나 너의 발로 서라"(사도행전 26:16a)

아연실색하여 얼굴을 땅에 묻고 부들부들 떨고 있는 바울에게 주님은 일어나 서라고 명령하십니다. 이것은 여호와의 영광의 형상을 보고 엎드린 에스겔을 부르시는 주님의 음성과 비슷합니다(겔 2:1,3,7). 바울의 역할이 구약의 선지자들의 계보를 잇는 일이라는 것을 보여줍니다. 예수께서 바울에게 나타나 그를 용서하시고 그를 자신의 백성으로 삼으신 이유가 무엇입니까?

"내가 네게 나타난 것은 곧 네가 나를 본 일과 장차 내가 네게 나타날 일에 너로 종과 증인을 삼으려 함이니"(사도행전 26:16b)

"종"과 "증인"으로 삼기 위해서 부르셨습니다. 여기 '삼다'라는 단어 프로케이리조마이, προχειρίζομαι는 손으로 지정하여 세우다는 뜻으로 사도행전에서는 단 한 번 더 나오는데, 하나님께서 우리를 위하여 예수 그리스도를 세우셔서 보내셨다고 할 때 쓰이고 있습니다(행 3:20). 그렇다면 바울은 예수 그리스도의 사역을 이어받아 보냄받은 사도로 부름받은 것입니다. 예수께서 하나님의 고난 받는 종이었듯이 바울은 예수님을 위한 고난 받는 종이 되어야 했습니다. 여기 '종'이 좀 더 넓은 개념이라면 증인은 좁은 개념입니다. 바울이 할 일은 그가 만난 부활의 주님을 나타내는 일이고, 또 앞으로 주님께서 바울에게 보여주실 것들을 나타내는 일이었습니다.

하나님께서 바울을 보내시는 대상과 그들에게 부활의 예수를 전하게 하시는 목적은 무엇입니까?

"이스라엘과 이방인들에게서 내가 너를 구원하여 그들에게 보내어 그 눈을 뜨게 하여 어둠에서 빛으로, 사탄의 권세에서 하나님께로 돌아오게 하고 죄 사함과 나를 믿어 거룩하게 된 무리 가운데서 기업을 얻게 하리라 하더이다" (사도행전 26:17-18)

바울이 보내지는 대상은 이스라엘과 이방인들입니다. 그들은 바울을 환영하지 않을 것입니다. 그래서 주님은 바울을 그들의 손아귀에서 구원하여 보호하실 것이라고 하십니다. '구원하다'를 현재시제 엑사이루메노스, ἐξαιρούμενός로 표현함으로써 이 고난과 구원이 복음을 듣고 살아야 하는 바울의 숙명인 것을 강조하는 것 같습니다. 예수께서 당하셨던 그 고초를 예수님을 전하는 바울도 당할 것입니다. 하지만 주님이 그 죽음의 위험에서 건지실 것이고, 건져서 다시 그들에게로 보내실 것입니다. 물론 때론 다른 지역의 유대인들과 이방인들에게로 갈 것이지만, 거절한 그 지역으로 돌아가기도 했습니다. 예레미야 선지자가 생각납니다 (렘 1:7-8.) "내가 너를 누구에게 보내든지 너는 가며 내가 네게 무엇을 명령하든지 너는 말할지니라 너는 그들 때문에 두려워하지 말라 내가 너와 함께 하여 너를 구원하리라 나 여호와의 말이니라." 우리는 사도행전 안에서 실제로 하나님께서 그를 다메섹에서 (행 9:23-25), 예루살렘에서 (행 9:29-

30), 비시디아 안디옥에서(행 13:50), 이고니온(행 14:6)과 루스드라에서(행 14:19-20), 빌립보(행 16:19-39)와 데살로니가(행 17:5-9)와 고린도에서(행 18:12-17), 에베소(행 19:29-31)와 예루살렘에서(행 21:27-36) 구원하시는 것을 보았습니다.

그렇게 하여 바울이 전한 부활의 복음을 통해서 이루고자 한 목적은 이것입니다.

"그 눈을 뜨게 하여 어둠에서 빛으로, 사탄의 권세에서 하나님께로 돌아오게 하고 죄 사함과 나를 믿어 거룩하게 된 무리 가운데서 기업을 얻게 하리라 하더이다"(사도행전 26:18)

두 가지(눈을 뜨다, 돌아오다)를 말했지만 사실은 한 가지입니다. 선교의 목적은 회심입니다. 회심을 두 가지 다른 표현으로 표시합니다. 눈을 뜨게 하여 어둠에서 빛으로 돌아오는 것과 사탄의 권세에서 하나님께로 돌아오는 것입니다. 회심은 눈이 열리고 시각이 새로워지는 것에서 시작합니다. 그것은 영적 무지에서 벗어나는 일입니다. 이사야 선지자는 메시아의 사역을 "눈먼 자들의 눈을 밝히는" 일이라고 했고(사 42:7), 실제 메시아 예수님이 맹인의 눈을 뜨게 하심으로써 그 회복의 나라가 임했음을 보여주셨습니다. 예수님은 이사야가 '이방의 빛'으로 보내심을 받는다고 했던 여호와의 종의 예언을 성취하셨습니다(사 42:6). 회심은 어둠에서 빛으로 나아오는 일입니다(사 42:16, "암흑이 그 앞에서 광명이 되게 하신다"). 여기 어둠을 사탄의 권세라고 다시 표현하고, 빛으로 나아오는 것을 하나님께로 돌아온다고 표현합니다. 예수님과 바울의 사역으로 귀신들이 물러가는 역사가 일어난 것이 바로 새 주인 예수님의 통치를 보여줍니다. 여기 빛은 예수 그리스도를 가리킵니다. 진리를 가리킵니다. 특히 바울은 부활하신 그리스도를 "해보다 더 밝은 빛"이라고 했는데, 바울은 그 빛이신 예수께로 나아오도록 복음을 전한 것입니다. 그들은 전에는 사탄의 통치, 사탄의 나라, 사탄의 권세 아래서 죄의 종노릇 하고 사망의 종노릇 하며 자기 욕망을 따라 살았습니다. 회심한다는 것은 죽은 우상에서 돌이켜 살아계신 하나님께로 돌아오는 일입니다. 그분의 통치와 주권 아래로 들어가는 것을 말합니다.

바울이 구원을 단지 죽은 다음에 이 땅에서 영혼들이 모여 있는 천국이라는 장소로 이동하여 불멸하는 것이라고 설명한 적이 없습니다. 그는 철저하게 구원을 하나님 나라 관점으로 설명하고 있습니다. 골로새서에서 바울은 구원을 이렇게 표현합니다(골 1:13-14). "그가 우리를 흑암의 권세에서 건져내사 그의 사랑의 아들의 나라로 옮기셨으니 그 아들 안에서 우리가 속량 곧 죄 사함을 얻었도다."

사도행전에서 "사탄의 권세"라고 한 것을 여기서는 "흑암의 권세"라고 표현합니다. 그리고 바울은 구원은 속량의 사건이며, 그것은 동시에 흑암의 통치 아래 있다가 사랑의 아들 예수님의 나라로 옮겨지는 일, 즉 그 충성의 대상이 변하는 일이라고 정의합니다. 그것은 죽은 다음에 되는 일이 아니라, 오늘 여기서 예수님을 영접하는 순간 일어나는 일입니다. 오늘 부활하신 아들 예수님이 사랑으로 통치하시는 나라에서 살 때, 그가 곧 구원받은 하나님의 자녀이고, 그것을 영생이라고 부릅니다.

바울은 빛으로 돌아오고 하나님께 돌아올 때 누릴 수 있는 영적인 결과를 둘 소개합니다. 이것도 동전의 양면처럼 구원과 함께 동시에 주어집니다. 구원의 다른 표현이라고 해도 좋습니다.

"죄 사함과 나를 믿어 거룩하게 된 무리 가운데서 기업을 얻게 하리라 하더이다"(사도행전 26:8b)

"또 그들이 죄사함을 받아서 나에 대한 믿음으로 거룩하게 된 사람들 가운데 들게 하려는 것이다 하고 말씀하셨습니다."(새번역)

하나님께 돌아온 자에게 두 가지 축복이 주어지는데, 하나는 죄 사함이고, 다른 하나는 거룩한 무리들, 즉 성도들 사이에 들어가는 것입니다. 그들은 예수님을 믿어서 거룩하게 된 자들입니다. 죄사함과 거룩하게 된 사람들 가운데 속하는 일은 떼려야 뗄 수 없습니다. 죄사함을 받은 사람들만이 거룩해진 하나님의 백성들 무리에 낄 수 있기 때문입니다. 그것이 하나님의 백성됨의 축복입니다. 죄의 문제가 해결되지 않으면 거룩한 성도들의 공동체가 망가집니다. 동시에 하나님께 죄 용서를 받았다는 개인적인 확신만으로 충분하다고 착각하고, 공동체 안으로는 들어오지 않으려고 하는 자들은 충분히 그 사죄의 은총을 유지할 수 없습니다. 구원은 하나님 나라로의 구원이며, 그것은 하나님과의 관계 속으로의 구원입니다. 그것은 하나님의 백성의 공동체 안으로의 구원이며, 공동체를 통한 구원이라는 뜻입니다. 내가 하나님 앞에서 누구인지는 내가 믿는 공동체와 믿지 않는 세상을 상대하는 방식으로만 드러나고 증명됩니다.

바울의 순종

이제 바울은 19-23절까지 자신이 어떻게 이 부르심에 충성했는지를 전합니다. 그것은 그가 유대교에 있을 때 자신이 옳다고 여기는 것을 위해 그리스도인들을 박해하고 심지어 죽이는 일에 찬성하던 시절의 열정에 버금가는 열정이었습니다. 그것을 말하기 전에 그는 이 변론을 듣고 있는 가장 주요 청중인 아그립바 왕을 부릅니다. "너그럽게 들어달라고"(3절) 부탁하면서 시작했는데, 다시 관심을 환기하려는 의도에서 그의 이름을 부르고 있습니다.

"아그립바 왕이여 그러므로 하늘에서 보이신 것을 내가 거스르지 아니하고"(사도행전 26:19)

바울은 자신이 본 것을 전하는 데 주저하지 않았습니다. 하늘이 보여준 것을 거스르지 않고 전했다는 이유로 고소한다면, 바울 자신은 부활하신 예수님의 명을 거슬렀어야 했느냐고 묻는 것입니다.

20절부터는 그가 하늘이 보이신 것을 거스르지 않고 어디에서 이 부활의 복음을 전했는지를 소개합니다.

"먼저 다메섹과 예루살렘에 있는 사람과 유대 온 땅과 이방인에게까지 회개하고 하나님께로 돌아와서 회개에 합당한 일을 하라 전하므로"(사도행전 26:20)

회심한 바울은 다메섹(행 9:20-22)과 예루살렘(행 9:26-29)과 유대 온 땅(행 15:3)을 두루 다니면서 복음을 전했습니다. 그렇게 복음을 전한 목적을 앞에서는 어둠에서 빛으로, 사탄의 권세에서 하나님께로 돌아오게 하기 위해서라고 했는데, 여기서는 "회개하고 하나님께 돌아와서 회개에 합당한 일을 하"도록 하기 위해서라고 말합니다. 회개에 합당한 일이 무엇인지는 저자 누가가 세례 요한의 입을 빌어 누가-행전을 시작하자마자 자세히 진술한 바 있습니다(눅 3:7-14; 참조. 롬 1:5). 여기 "회개하고"와 "하나님께로 돌아오는" 것은 사실상 한 동작입니다. 회개가 다름 아니라 사탄의 권세로부터 떠나서 하나님의 통치 아래로 들어오는 일이기 때문입니다. 하나님께 돌아와 그의 통치에 순종하는 것이 회개에 합당한 일을 하는 것입니다. 어둠에서 빛으로 돌아오는 이들이 빛의 열매를 맺는 것과 같습니다. 구체적인 회개의 열매를 요구했다는 이유로 세례 요한은 참수를 당했습니다. 그것이 예수님의 운명이었고, 제자들의 운명이기도 합니다. 스스로 의롭다고 여기는 이들에게 회개의 열매를 요구하는 일은 무례요 모욕이었을 겁니다. 그러나 회개할 필요가 없다고 생각하는 사람만큼 가망 없는 사람은 없습니다. 그들은 자신들의 어둠을 드러내는 이들을 박해합니다. 바울이 당한 고소는 그런 맥락에서 이해할 수 있습니다.

"유대인들이 성전에서 나를 잡아 죽이고자 했으나"(사도행전 26:21)

바울이 유대인들의 손에 잡힌 것은 그가 성전을 더럽혔을 때가 아니라, 하나님이 주신 사명에 순종하고 있을 때였다는 것입니다. 심지어 재판도 거치지 않고 죽이려고 한 것은 맹백한 불법이었습니다. 그런데 하나님께서는 앞서 사울을 죽이려는 자들로부터 구원하여 다시 그들에게로 보내시겠다고 하신 약속(17절)을 지키셨습니다.

"하나님의 도우심을 받아 내가 오늘까지 서서 높고 낮은 사람 앞에서 증언하는 것은 선지자들과 모세가 반드시 되리라고 말한 것밖에 없으니" (사도행전 26:22)

바울은 예루살렘에 올라온 지 사흘 후에 붙잡혀 지금까지 죄수의 신분으로 2년을 넘게 보내고 있습니다. 그가 보호받고 있다는 사실 자체가 하나님께서 바울을 인정해주시고 있음을 보여주는 증거라는 뜻일 것입니다. 바울은 자기 인생을 사명의 관점으로 해석하고 있습니다. 그는 복음의 증인으로서 제대로 살았는지가 인생을 제대로 살았는지를 결정한다고 생각하는 사람이었습니다. 그렇게 보니 신분은 죄수였고 활동 범위는 제한되었지만, 이 기간 동안 그는 높고 낮은 사람 앞에서도 복음을 증언할 수 있었습니다. 죄수의 몸으로 다양한 부류의 사람들에게 복음을 전할 수 있으리라고 누가 상상했겠습니까? 하지만 도리어 죄수의 신분이었기 때문에 만날 수 있었고 전할 수도 있었습니다. 특히 유대교의 핵심 리더들과 로마 총독들과 유대의 왕과의 만남은 죄수 신분이라서 가능했습니다. "하나님의 도우심을 받아 내가 오늘까지 서서 높고 낮은 사람 앞에서 증언하는." 우리의 인생도 그렇게 사명 중심으로, 복음 중심으로, 하나님 나라 중심으로 해석하여 하나님의 도우심으로 내가 오늘까지 서 있었다고 고백할 수 있기를 바랍니다.

바울은 자신이 하나님의 도우심으로 전한 메시지가 무엇인지를 밝힙니다.

"선지자들과 모세가 반드시 되리라고 말한 것밖에 없으니"(사도행전 26:22)

성경에서 예언하고 있는 것들을 기억하면서, 자신은 그 예언이 예수 그리스도에게서 이루어졌다고 말했을 뿐이라고 합니다. 이것이 거짓이라면 모를까 사실이라면, 이것은 그를 고소한 유대인들의 입장에서도 기뻐하고 환영할 일이 분명합니다.

구체적으로 선지자들과 모세가 되리라고 예언해준 것, 그런데 예수 그리스도 안에서 성취된 것은 무엇인가요?

"곧 그리스도가 고난을 받으실 것과 죽은 자 가운데서 먼저 다시 살아나사 이스라엘과 이방인들에게 빛을 전하시리라 함이니이다 하니라"(사도행전 26:23)

이것이 바울이 전한 복음의 요약입니다. 선지자들과 모세가 세 가지를 예언했습니다. 그리스도의 고난과 죽음, 그리스도의 부활, 이방인들에게 빛을 전하심! 이사야가 말한 "고난받는 종"에 대한 예언이 예수 그리스도에게서 이루어졌습니다. 그는 우리의 고난을 대신 받고 돌아가실 것입니다.

"그는 실로 우리의 질고를 지고 우리의 슬픔을 당했거늘 우리는 생각하

기를 그는 징벌을 받아 하나님께 맞으며 고난을 당한다 했노라"(이사야 53:4)

하나님은 순종한 당신의 종을 다시 살리실 것입니다.

"보라 내 종이 형통하리니 받들어 높이 들려서 지극히 존귀하게 되리라" (이사야 52:13)

"그러므로 내가 그에게 존귀한 자와 함께 몫을 받게 하며 강한 자와 함께 탈취한 것을 나누게 하리니 이는 그가 자기 영혼을 버려 사망에 이르게 하며 범죄자 중 하나로 헤아림을 받았음이니라 그러나 그가 많은 사람의 죄를 담당하며 범죄자를 위하여 기도했느니라" (이사야 53:12)

그는 어둠 가운데 있는 이방인들을 하나님께로 인도하는 빛, 즉 증인이 될 것입니다.

"나 여호와가 의로 너를 불렀은즉 내가 네 손을 잡아 너를 보호하며 너를 세워 백성의 언약과 이방의 빛이 되게 하리니" (이사야 42:6)

"그가 이르시되 네가 나의 종이 되어 야곱의 지파들을 일으키며 이스라엘 중에 보전된 자를 돌아오게 할 것은 매우 쉬운 일이라 내가 또 너를 이방의 빛으로 삼아 나의 구원을 베풀어서 땅 끝까지 이르게 하리라" (이사야 49:6)

예수께서 직접 이방인들에게 빛이 되어주지 못하셨지만, 그의 제자들과 사도 바울을 통해서 그 빛의 역할, 증인의 역할, 제사장의 역할을 하도록 부름받았습니다.

그렇다면 이제 우리는 구속사에서 바울만의 고유한 위치를 짐작할 수 있습니다. 모세와 선지자들이 있고, 그들의 예언을 성취하신 예수님이 계시고, 그 예수님이 성취한 구원을 땅끝까지 전하도록 부름받은 바울이 있습니다. 이제 제사장 나라 이스라엘을 통해 전개되던 역사가 좀더 본격적으로 이방인들에게로 확장되는 시점에 사도 바울이 하나님의 종으로 부름받은 것입니다. 그는 구속사의 절정을 이끈 하나님의 사람입니다. 그런데 그런 바울이 어떻게 유대인과 율법과 성전을 모독하겠습니까? 도리어 율법과 성전의 참 의미가 예수님 안에서 성취되었음을 선포한 사람입니다. 그것을 모르는 유대인들, 어둠 가운데 있던 유대인들, 사탄의 권세 아래 있던 유대인들에게 빛을 소개한 이가 바울이었습니다. 우리는 바울을 보면서 예수 그리스도를 아는 지식이 얼마나 중요한지를 알 수 있습니다. 그래서 바울은 빌립보서에서 예수 그리스도를 아는 지식이 사실상 그가 살아왔던 삶을 다시 보게 했고, 앞으로 살아갈 삶의 방향과 방법을 결정했다고 말하고 있습니다(빌 3:7-14).

여기서 예수님을 '안다'고 했을 때 인격적이고 관계적인 앎을 포함하지만, 1차적으로는 바울이 부활을 통해서 새롭게 깨달은 역사적 인물 예수님 자신을 가리킵니다. 우리를 의롭다 하는 것은 율법이 아니라 바로 그 예수님이고, 종말은 그분이 오심과 부활을 통해서 이미 시작되었고, 이제 우리의 몸의 부활을 위해서 다시 오실 예수님, 따라서 이제 그 부활에 참여하기 위하여 뒤에 있는 것은 잊어버리고 부름의 상을 위하여 달려가는 인생을 살게 하신 그 예수님, 그 부활의 예수님을 우리도 알아야 합니다. 다른 메시아를 좇는 이단을 멀리하는 것은 물론이거니와, 입술로는 예수님을 고백하면서도 그 부활의 예수님이 오늘 우리에게 어떤 중요한 신학적인 의미가 있는지를 풍성히 알수록 그분과 동행하는 하루하루가 다를 것이고, 바울처럼 그리스도의 몸인 교회의 삶도 훨씬 풍성해질 것입니다. 그런 점에서 예수님을 잘 배우고 관계적으로 잘 아는 일이 중요합니다. 그분이 가져오신 하나님 나라를 이해하는 것이 성도 개인의 삶과 교회를 위해서 중요합니다.

재판의 마무리

여기까지 듣고 각각 베스도 총독과 아그립바 왕이 어떻게 반응했는지가 24-29절까지 이어집니다. 바울이 충분히 다 발언한 것이 아니라, 베스도가 중간에 끼어들어 중단시킨 것으로 보입니다.[76] 1차적으로는 아그립바를 대상으로 한 말인데, 총독 베스도의 반응이 먼저 나옵니다. 바울이 한 일과 한 말이 로마법에 저촉되지 않는다는 것을 알면서도 그는 이렇게 말합니다.

"바울이 이같이 변명하매 베스도가 크게 소리 내어 이르되 바울아 네가 미쳤도다 네 많은 학문이 너를 미치게 한다 하니"(사도행전 26:24)

베스도의 반응

당대의 지배 세력인 로마 사람들, 당대의 상식을 만들던 로마제국과 그들의 학문의 입장에서 볼 때 이 바울의 말, 즉 예수 그리스도의 부활의 복음(과 혹은 바울의 철학들)은 그야말로 "미친"마이네, μαίνη 말이었습니다. 베스도는 바울이 성경(과 철학)에 대해 많이 알고 있는 것은 인정했지만, 그가 익힌 많은 학문이 도리어 바울을 미치게 만들었다고 비아냥거립니다. 어떻게 십자가에 죽은 예수가 부활했다는 말을 하나님의 영이 없는 그가 믿을 수 있겠습니까?(고전 1:25) 그 부활하신 예수께서 초자연적으로 바울에게 나타나 사명을 주셨다는 말을 믿게 만드는 로마의 학문이 어디 있겠습니까? 이렇게 2년 동안이나 감옥에 갇혀 있었던 사람이 하나님의 구원을 받았다는 주장을 어떻게 납득할 수 있겠습니까?

복음과 복음 아닌 것의 차이를 베스도가 가장 적나라하게 보여주고 있습니다. 우리 그리스도인들은 세상의 법에 저촉되지 않으면서도 세상이 감히 받아들이기 어려운, 참으로 낯설고 기이하고 생경하고 불편하기까지 한 것을 감히 믿는 사람들입니다. 과학주의를 조롱하고 기적을 믿으며, 이성주의를 비웃고 신비를 믿는 사람들입니다. 합리주의를 뛰어넘는 역설을 믿고, 도덕주의를 침묵시키는 은혜를 믿는 사람들입니다. 맞습니다. 베스도의 눈에 비친 바울은 이 세상에서 자기 자신을 위해서는 아무것도 주장하지 않기로 작정한 사람처럼 보였습니다. 세상이 성공과 행복이라고 정의하는 것을 받아들이지 않으면서도, 자신은 마치 사람이 마땅히 알아야 할 것을 알고, 해야 할 일을 하고, 그래서 더없이 행복한 사람이라고 생각하는 사람으로 보였기 때문입니다. 그리스도인다운 그리스도인은 세상의 눈에 그렇게 보여야 합니다. 세상의 상식에도 미치지 못하는 무례하고 무법한 기독교, 뻔뻔하면서도 기괴한 믿음으로 자기를 정당화하고 자기만 불편해하지 않는 무감한 기독교의 모습 때문에 세상으로부터 미쳤다는 말을 듣는 현실이 개탄스러울 뿐입니다. 그것은 예수님을 위한 미침이 아니라 자기 자신을 위한 미침입니다. 이웃을 사랑하기 위한 자기 부정과 헌신의 미침이 아니라, 자기만 사랑하기 위해 타인에게 비참한 아픔과 희생을 강요한 미침입니다.

바울이 미친 것은 십자가 때문입니다. 바울이 미친 것은 부활 때문입니다. 그것을 알고 믿고 전했기 때문이며, 동시에 그 십자가와 부활을 살았기 때문입니다. 그것이 베스도의 눈에 그를 미친 사람으로 보이게 한 것입니다. 바울이 고린도 성도들에게 말할 때는 미쳤다는 표현보다 미련하다는 표현을 쓰고 있습니다(고전 1:18-24).

바울은 자신이 미쳤다는 베스도의 주장을 이해는 하지만 수용할 수는 없었습니다. 그래서 아주 정중하면서도 당돌하게 이렇게 반박합니다.

"바울이 이르되 베스도 각하여 내가 미친 것이 아니요 참되고 온전한 말을 하나이다"(사도행전 26:25)

"베스도 각하여" 하면서 예의를 갖춰 발언을 시작합니다. 바울은 베스도가 정말로 자신이 미쳤다고 생각하는 건 아니라는 것을 잘 알고 있었습니다. 그가 하는 말이 세상 상식으로는 '미친 말'이라는 뜻으로 한 말이었습니다. 그래서 자신이 선포하고 있는 아포프쎄고마이, ἀποφθέγγομαι 말은 "참되고 온전한 말"이라고 바로 잡아 줍니다. 직역하면 '진리를 전하는 말과 온전한 말' 알레쎄이아스 카이 소프로쉬네스 흐레마타, ἀληθείας καὶ σωφροσύνης ῥήματα입니다. 온전한 말은 술에 취하지 않고 정신이 말짱한 채로 한 말, 합리적인 말이라는 뜻입니다.

자기 세계에만 빠져 타인과 전혀 소통할 수 없는 사람들이 광신자들입니다. 자기만 옳다고 여기는 사람들은 종교인이든 아니든 미친 사람들입니다. 그것을 타인의 언어로 설명하여 소통할 수 있을 때 참 진리가 됩니다. 그렇게 설명해 줘도 받아들이지 않을 수는 있어도, 타인의 눈높이로 번역하고 타인의 세계관 속에서 이 진리가 어떤 의미가 있을지를 알려주지 않은 채, 내가 알고 있고 내가 믿고 있으니 내 것은 무조건 옳다고 생각하는 사람이 정말로 미친 사람이고 광신도입니다. 그러나 바울은 달랐습니다. 기회 닿는 대로 자신이 서 있는 자리와 상대하는 대상에게 어울리는 방식으로 복음을 번역하여 설명하고 있습니다. 바울은 자기 신학을 주장하거나 과시하는 것이 아니라 그들을 설득하여 믿게 하려고 했습니다. 그들도 자신처럼 하나님 나라의 구원에 참여하게 하고 싶어 하는 사람이고, 비록 자신보다 세상적으로는 더 권력이 있고 많은 부를 누리는 사람들이지만, 그들이 비참하게 보여서 복음을 전하려고 한 것입니다. 이것이 증인의 마음이고 은혜받은 사람의 마음입니다. 내가 사랑하는 사람이 영원한 멸망에 이를까 염려하는 마음이 증인의 마음입니다.

바울이 주장하는 것은 로마 사람 베스도가 수용하기는 어려운 논리였지만, 아그립바 왕에게는 아주 자연스런 일이었습니다. 그래서 바울은 자신이 미친 것이 아니고 자기주장이 황당무계한 주장이 아님을 아그립바 왕이 인정해달라는 의미에서 이렇게 말합니다.

"왕께서는 이 일을 아시기로 내가 왕께 담대히 말하노니 이 일에 하나라도

아시지 못함이 없는 줄 믿나이다 이 일은 한쪽 구석에서 행한 것이 아니니이다"(사도행전 26:26)

아그립바 왕이 얼마나 당황했을지 짐작하겠습니까? 바울은 "아그립바 왕이 이 일을 당연히 알고 있을 것이니 담대히 말한다"고 합니다. 그의 담대한 말을 들어보십시오.

"이 일에 하나라도 아시지 못함이 없는 줄 믿나이다"

모른다고 할 수 없는 이유가 있습니다.

"이 일은 한쪽 구석에서 행한 것이 아니니이다"

이 일은 예수님의 탄생과 행적과 십자가와 부활을 말합니다. 부활을 역사적인 사실로 믿지 않는 것은 얼마든지 가능하지만, 예수님의 존재와 행적과 특별히 십자가는 아무도 모른 데서, 아무도 못 본 데서 일어난 일이 아닙니다. 예수 사건은 가장 큰 화제였고, 여전히 그 추종 세력이 만만치 않게 커가는 상황이었기 때문에, 팔레스타인의 권력자들이라면 그들이 주장하는 예수의 부활 사건을 모를 리가 없었습니다. 그리고 그리스도인들은 이 모든 사건이 구약의 선지자들의 예언대로 되었다고 주장하고 있음을 알고 있었습니다. 바울은 이제 빼도 박도 못하는 질문과 자답으로 아그립바를 몰아세웁니다.

"아그립바 왕이여 선지자를 믿으시나이까 믿으시는 줄 아나이다"(사도행전 26:27)

그가 선지자들의 글을 믿지 않는다고 말하면, 유대인들의 신앙에 충실하지 않는 왕이 되며, 만약 믿는다고 말하면 나사렛 이단의 우두머리 말에 동의하는 것이 되는 난감한 상황이었습니다. 진퇴양난입니다. 그런데 우리는 이 장면을 보면서 웃음을 참을 수 없습니다. 이 장면만 보면 누가 심문을 받고 누가 취조하는지 분간이 안 됩니다. 비록 정중하게 말하고 있기는 해도, 마치 바울이 아그립바 왕을 취조하는 듯 보이지 않습니까? 그렇습니다. 우리 그리스도인들은 매 순간 세상으로부터 취조받고 있습니다. 소망의 이유를 묻는 사람들에게 대답할 말을 준비해야 하는 이유가 분명합니다. 그러나 동시에 세상도 늘 그리스도인들에게 취조받고 있는 것도 사실입니다. 우리의 말을 통해서 또 우리가 하나님 나라를 사는 것을 통해서 우리는 그들을 취조하고 있습니다. "그래도 예수님을 안 믿겠다는 겁니까?", "이렇게 예수님이 살아계시고 하나님이 여러분을 사랑하시며 기다리신다는 증거가 많은데 여전히 거부하겠습니까?" 교인들이 교회를 떠나고 세상이 교회를 기피하는 것은 우리가 세상을 사랑하여 독생자 예수님을 내어주신 그 하나님의 사랑을 충분히 보여주지 못해서일 것입니다. 세상이 알아듣지 못하는 우리만의 언어로 교회가 유폐되었기 때문일지 모릅니다. 소아병적 자기만족과 착각에 빠져 있기 때문일 수도 있습니다.

아그립바의 반응

바울의 취조에 아그립바는 어찌할 바 몰랐습니다. 삼척동자도 알고 있는 역사적 사실을 모른다고 할 수도 없었습니다. 선지자들의 주장과 그 말이 예수에게 성취되었다는 사실을 알고도 모른 척할 수 없었습니다. 그래서 아그립바가 취한 대답은 전형적으로 정치인들이 구사하는 화술입니다.

"아그립바가 바울에게 이르되 네가 적은 말로 나를 권하여 그리스도인이[77] 되게 하려 하는도다"(사도행전 26:28)

묻는 말에는 대답하지 않고, 그런 질문을 던진 바울의 의도를 비판합니다. 여기 "적은 말"은 말수가 적었다는 뜻도 되지만 '짧은 시간'이라는 뜻도 됩니다. 이렇게 한 번 만나서 주장하는 것으로 자신을 그리스도인으로 개종시키려고 설득한다고 말한 겁니다.[78] 놀랍게도 아그립바 왕은 바울의 의도를 알아차리고 있었습니다. 바울이 애쓰는 것은 무죄방면을 위해서가 아니라, 자신을 바울 자기처럼 그리스도를 부활의 주님으로 믿게 하려는 것임을 알아버린 것입니다. 아그립바 눈에는 바울이 변호하는 것은 자기 자신에 대한 것이 아니라 예수 그리스도에 관한 것으로 보였습니다. 자기가 무죄하다는 것을 증명하는 데는 관심이 없고, 예수가 죄를 지어 십자가의 저주를 당한 것이 아니고, 우리의 죄를 대속하기 위해 십자가에 달려 돌아가셨다가 우리의 의를 위해 살아나셨다고 변호하는 데만 관심이 있는 것처럼 보였습니다.

바울의 의도를 문제 삼고 바울의 질문에 대답을 회피하는 태도는 앞서 베스도가 권력자의 자리에서 바울에게 "미쳤다"고 평가한 것과 다르지 않습니다. 처음부터 권력자들에게 필요한 것은 대화나 토론이 아닙니다. 설득력 있는 증거가 아닙니다. 열린 마음으로 자기주장을 고치거나 철회할 준비가 된 채 상대하는 일이 드뭅니다. 진실 규명이 아니라 구실 찾기가 목적이었습니다. 하지만 바울이 미친 사람처럼 보이면서까지 복음을 전하는 목적은 단 하나였습니다. 아그립바는 감히 받아들일 수 없는 의도이지만, 바울에게는 오직 그 한 의도밖에 없었습니다. 이 한 의도를 가지고 여태 살아왔습니다. 그 한 의도 때문에 지난 2년간 가이사랴에서 죄수로 보낸 시간이 결코 허송세월이라고 생각하지 않았습니다. 그 한 의도 때문에 그는 무죄방면을 받을 수도 있었지만, 굳이 로마에 가서 황제 앞에서 재판을 받겠다고 주장했습니다.

바울의 한 의도는 다만 이것이었습니다.

"바울이 이르되 말이 적으나 많으나 당신뿐만 아니라 오늘 내 말을 듣는 모든 사람도 다 이렇게 결박된 것 외에는 나와 같이 되기를 하나님께 원하나이다 하니라" (사도행전 26:29)

베스도와 아그립바의 의도가 고발 거리를 찾는 것이었다면, 바울의 의도는 그들이 그리스도를 만나게 하는 것이었습니다. 그들이 그리스도가 주시는 구원을 발견하게 하는 것이었습니다. 그리하여 그 그리스도에게 미친 사람, 진리에 미친 사람이 되게 하는 것이었습니다. 바울은 고린도 성도들에게 자신이 하나님을 위해 미친 사람이라고 말합니다. 베스도가 생각하는 것과는 다른 의미로 그는 미친 사람이었습니다(고후 5:13-15). 특히 바울이 "이렇게 결박된 것 외에는"이라고 말하는 대목에서는 그를 결박한 쇠사슬을 들어 보였을 것입니다. 바울이 아그립바 왕에게 대답했지만, 함께 듣는 모든 사람들을 염두에 두고 복음을 변론했다는 것을 이 말을 통해서 알 수 있습니다. 그러나 바울은 아그립바만이 아니라 이 자리에서 자신의 말을 듣는 모든 사람들이 자신처럼 복음에 미친 사람이 되기를 바란다고 말씀하십니다. 우리도 누군가를 향하여 "나처럼 되기를 바랍니다"라고 말할 수 있을까요? "나처럼 가난하게 사는 것 외에는", "나처럼 몸이 아픈 것 외에는", "나처럼 못 배운 것 외에는" 여러분도 "나처럼 예수 믿고 행복하게 살기를 바랍니다"라는 말을 할 수 있을까요?

사실 바울의 속마음은 그 이상이었을 것입니다. 죄수의 신분이어도, 결박을 당하고 있는 이런 모습이라도 상관없을 만큼 누구든 자신처럼 주와 복음을 아는 기쁨을 알기를 바랐을 것입니다. 그래서 빌립보서에서 고백한 것처럼, 그리스도가 증거되기만 한다면, 자신이 쇠사슬에 매인 자로 살지라도, 기쁘고 또 기쁘겠다고, 다들 자신처럼 되었으면 좋겠다고 말하고 싶을 것입니다. 그는 예수님의 말씀에 순종했고(눅 6:28), 반대 속에서 선을 행하며 하나님께 자신을 맡기고 있습니다(벧전 4:19). 아이러니하게도 전체 재판 이야기에서 바울은 자유롭고 총독들은 포로로 잡혀 있는 것으로 묘사되고 있습니다.[79]

아그립바가 베스도에게 예수의 무죄 의견을 전달하다

이렇게 바울의 발언이 다 끝났습니다. 바울은 다시 구금 장소로 돌아가고 왕과 총독과 버니게도 그 자리에서 일어납니다.

"왕과 총독과 버니게와 그 함께 앉은 사람들이 다 일어나서 물러가" (사도행전 26:30)

편안하게 대화할 수 있는 장소로 옮겼을 것입니다. 그리고 바울을 만난 소감을 서로 나누기 시작합니다. 유대인들의 논쟁을 로마에 알기 쉽게 전달할 수 있는 가장 적합한 사람이 있다면 그가 바로 아그립바 2세였기에, 베스도는 황제에게 바울을 고발할 거리를 찾아달라고 부탁한 것입니다. 아그립바 2세 왕은 찾았을까요?

"서로 말하되 이 사람은 사형이나 결박을 당할 만한 행위가 없다 하더라"
(사도행전 26:31)

서로 "말한다"엘라룬, ἐλάλουν 할 때 이 동사가 미완료입니다. 한참 동안이나 서로 자신의 소감을 나누었다는 뜻입니다. 서로 느낀 것이 비슷했습니다. 그를 사형시킬 죄목을 못 찾았습니다. 사형은 고사하고 결박할 이유도 못 찾았습니다. 그들에게 바울은 미친 사람일 수는 있지만 죄를 지은 행악자는 아니었습니다. 이 무죄 선언으로 사도행전에 자주 등장하는 바울의 무죄함에 대한 언급이 절정에 이르고 있습니다.[80]
이에 아그립바가 이 대화의 결론에 해당하는 발언을 합니다.

"이에 아그립바가 베스도에게 이르되 이 사람이 만일 가이사에게 상소하지 아니했더라면 석방될 수 있을 뻔했다 하니라"(사도행전 26:32)

아그립바는 바울을 고발한 유대인들과 바울을 2년 동안이나 구금한 벨릭스의 행위는 로마법에 비추어 보았을 때 불법이라고 평가하고 있습니다. 바울이 불법을 저지른 것이 아니라, 유대 권력자들과 로마 권력자들이 불법을 저질러 무고한 사람을 감금하고 판결을 내리지 않은 것입니다

다. 그렇다고 바울을 석방할 수도 없었습니다. 그건 황제의 영역을 침범하는 것이고, 바울의 상소를 방해하는 것이 되기 때문입니다. 그렇더라도 그는 예루살렘의 대제사장들과 다른 산헤드린 공회원들이 바울에 대한 소송을 취하하도록 설득할 수 있었습니다. 하지만 그는 자신이 바울을 두둔하는 것으로 보일까 염려했으며, 예루살렘의 종교권력자들을 불편하게 만드는 것을 감수할 만큼 그에게 바울은 중요하지 않았습니다.

그들이 알고 있고 그래서 말할 수 있는 것은 여기까지입니다. 그들은 바울이 가이사에게 상소한 것이 큰 실수라는 투로 말하고 있지만, 바울의 결정이 "로마에 가서도 나를 전해야 할 것이다"라는 부활하신 주님의 명령에 따른 결정이었다는 사실을 모르고 있었습니다. 바울의 판단 기준은 자신의 안위가 아니었습니다. 그는 부활하신 그리스도에게서 받은 사명을 따라 살았습니다. 자신처럼 모든 사람이 그리스도를 알고 구원을 받기를 원하는 마음으로 살았습니다. 감히 이 땅의 권력자들은 꿈도 꿀 수 없는 '의도'요 동기입니다. 하지만 우리 그리스도인들은 한결같이 본받아야 하는 의도입니다.

나가는 말

바울이 재판 자리에 서고 심문을 받고 죄수로서 결박을 당하는 삶을 살고 있는 이유와 목적은 무엇입니까? 바울의 말대로 하면, "우리 조상에게 약속하신 것을 바라는 까닭"입니다. 그 약속의 성취로 오신 예수 그리스도를 만났고 알았기 때문입니다. 그분을 영접하고 그분의 나라에 참여하는 것이 영생의 길임을 알기 때문입니다. 그리하여 "결박된 것 외에 다 나와 같이 되기를 하나님께 원하기 때문"에 바울은 이렇게 살고 있는 겁니다. 유대인이든 이방인이든, 높은 자든 낮은 자든, 모두 자신처럼 이 생명의 주를 알기를 바라고 있습니다. 그것 때문에 바울은 미쳤다는 말도 들었습니다. 결박당하기도 했습니다. 그런데 그들이 나와 같을 수만 있다면 상관없었습니다. 그것이 주님께서 죄인 중의 괴수인 자신을 구원하신 이유이기 때문입니다. 자신은 그분의 종이고 증인이기 때문입니다. 그들을 어둠에서 빛으로, 사탄의 권세에서 하나님께로 돌아오게 하는 것, 그리하여 죄 용서를 받고 하나님의 거룩한 백성의 무리 가운데 들게 하는 것이 그가 사는 이유이기 때문입니다.

사랑하는 여러분, "다 나와 같이 되기를 원합니다"라는 고백을 자신 있게 할 수 있는 날이 오기를 바랍니다. "나처럼 당신도 예수 믿어서 행복했으면 좋겠어요. 좀 실성한 사람처럼 보일 수도 있겠지만, 당신도 나처럼 예수 믿어서 세상의 조건과 상관없이 기쁘고 평안한 인생을 살기를 바랍니다." 이렇게 삶으로, 말로, 실천으로, 하나님 나라의 복을 누리고 나누고 전한다면, 빛이신 예수님 안에서 사는 백성의 영광을 보여준다면, 용서받은 자의 자유함을 보여준다면, 영원한 나라를 상속받은 자의 부요함을 보여준다면, 세상도 우리가 전하는 복음에 귀를 기울여 줄 것이고, 우리가 믿는 예수님을 궁금하게 여길 것이고, 결국 우리와 같이 될 것입니다.

구원의 여망마저 없어졌더라

사도행전 27:1-20

들어가는 말

드디어 바울 일행은 로마로 떠나는 장도에 오릅니다. 물론 죄수 신분입니다. 하지만 상관없습니다. 제국은 고발할 거리를 만들어야 할 만큼 바울을 굳이 로마까지 호송할 이유가 충분하지 않았지만, 바울이 가이사에게 항소하여 로마행을 자청했습니다. 무죄방면 될 기회를 놓친 것이 아니라, 죄수의 신분으로라도 로마에 갈 수 있는 가장 확실한 길을 선택한 것입니다. 바울은 예수님이 말씀하신 자신의 사명에 제국이 협조하도록 만들었습니다. 일신상의 안전과 번영을 위해서가 아니라, 하나님 나라의 복음이 전해지는 일에 일조하게 한 것입니다. 그는 로마제국을 위해서 살지 않았고, 하나님 나라를 위해서 그 지위를 사용했습니다. 제국은 예루살렘에서 가이사랴에 내려갈 때처럼 바울이 로마제국의 심장부까지 당도할 수 있도록 배를 마련해주고 호위병들까지 붙여주고 있습니다. 로마제국의 입장에서 볼 때는 의례적인 행정절차였지만, 바울의 입장에서는 그리고 하나님 나라 입장에서는 땅끝까지 복음이 증거되는 여정이었습니다.

바울은 "담대하라 네가 예루살렘에서 나의 일을 증언한 것 같이 로마에서도 증언하여야 하리라"(행 23:11) 하신 주님의 말씀을 잊을 수 없었습니다. 그 일이 언제, 어떤 방식으로 성취될지는 몰랐습니다. 몰라도 상관없었습니다. 반드시 그 일이 이루어질 것이니 그의 구류 기간은 정체가 아니었습니다. 가이사랴 감옥에서 보낸 2년은, 높고 낮은 사람에게 선지자와 모세가 말한 것이 예수 그리스도에게서 어떻게 성취되었는지를 말할 기회였습니다. 그는 전임 총독과 현 총독, 그의 자문관들, 갈릴리 지역의 통치자 아그립바 왕 앞에서 복음을 전했습니다. 단순히 재판을 받는 데 그친 것이 아니라, 거의 청문회를 방불할 만큼 수준 높은 질의응답 시간을 포함하는 제대로 된 복음 증거의 기회를 얻을 수 있었습니다. 그들은 바울이 자유로운 전도자 신분이었다면 만나기도 어려웠을 사람들이었습니다.

사도행전 27장과 28장은 바울이 로마로 항해하는 여정과 로마에 당도하여 그곳에서 전도하는 이야기를 다루면서 사도행전의 대단원의 막을 내리고 있습니다. 이로써 "땅끝까지 이르러 내 증인이 되리라"던 약속도 이루어질 것입니다. 하지만 27장과 28장 역시 단지 여행기가 아닙니다. 바울이 어떤 경로를 거쳐 얼마나 힘든 시간을 보내면서 로마에 당도했는지를 기록하는 것만이 목적은 아닙니다. 그가 가는 곳에 복음도 함께 가고, 부활하신 예수님도 함께하십니다. 하나님의 목적은 바울을 로마까지 가게 하는 것이 아니라, 바울이 있는 곳이면 어디든지 그곳이 하나님 나라가 되게 하는 것입니다. 그곳에서 하나님의 권능이 나타나고, 하나님의 백성들이 형성되는 것입니다.

배는 로마제국의 축소판입니다. 백부장과 군인들은 로마 황제의 권한을 위임받은 사람들입니다. 거대한 배와 선주와 선원들, 그리고 배 안에 가득 담긴 곡물들은 로마제국의 국력과 번성을 나타냅니다. 하지만 이제 예기치 않게 불어닥친 광풍은 로마제국의 진정한 주권자가 누구인지를 드러낼 것입니다. 로마제국배이 얼마나 허술한지, 그들의 부곡물와 힘군인이 얼마나 허망한지를 알게 될 것입니다. 이 항해를 통해서 결국 제국에서 사람이 살고 죽는 것을 결정하는 분이 누구인지를 보여주고, 또 살고 죽는 길이 어디에 있는지를 알려주고, 심지어 바람과 바다를 다스리시고 주장하시는 분이 누구인지를 보여줄 것입니다.[81]

바울은 이 배 안에서 사회적으로는 가장 힘이 없고 지위가 낮은 사람이지만, 결국 이 배에서 가장 중요한 역할을 감당하게 됩니다. 그는 모세처럼 바다를 건너 약속의 땅으로 인도하는 역할을 하고 있습니다.[82] 그의 말대로 모든 일이 벌어지고, 그의 말을 따를 때 생명을 지킬 수 있게 됩니다. "너와 함께 항해하는 자를 다 네게 주셨느니라!" 주님의 이 약속은 "나의 일을 로마에서도 증언하여야 하리라"는 약속을 공명합니다. 배 안의 하나님 나라는, 앞으로 로마에서 전개될 상황과 그 이후 그가 서바나로 가서 복음을 전하는 상황을 미리 보여줍니다. 아니 그 모습은 전혀 생경하지 않고, 그동안 바울이 로마제국을 다니면서 복음을 전할 때마다 전개되었던 풍경입니다.

구조

> 1-2절 로마로 가는 배에 오르다
>
> 3-44절 로마로 향하다
>
> 1. 미항까지의 여정(3-8절)
>
>   1) 3-5절 무라 시에 이르다
>
>   2) 6-8절 배를 갈아타고 미항까지 이르다
>
> 2. 바울의 조언을 거절하여 광풍을 만나 표류하다(9-20절)
>
> 3. 바울의 조언을 듣고 모두 구조되다(21-44절)
>
>   1) 21-26절 1차 조언-바울이 안전의 약속하는 주의 말씀을 전하다
>
>   2) 27-32절 2차 조언-바울이 사공들의 탈출을 막다
>
>   3) 33-37절 3차 조언-바울이 음식을 먹도록 권하다
>
>   4) 38-44절 결과-배를 탄 모든 사람들이 구조되다

본문을 보면 바울이 모두 4차례에 걸쳐서 선상에서 조언하고 있습니다. 그런데 첫 번째 조언에 대해서 백부장이 거절하여 배가 표류하게 됩니다. 그 절정이 20절입니다.

"여러 날 동안 해도 별도 보이지 아니하고 큰 풍랑이 그대로 있으매 구원의 여망마저 없어졌더라"(사도행전 27:10)

여기서 바울을 통해 주의 말씀이 전해집니다. 그리고 연달아 바울의 조언을 들은 뱃사람들이 결국 모두 안전하게 육상에 상륙하여 구조되는

것으로 27장이 마무리되고 있습니다. 이 간단한 구조를 통해서도 구원의 길이 어디에 있는지를 알 수 있습니다.

로마로 가는 배에 오르다

26장에서 보았던 아그립바 왕과 베스도 총독 앞에서의 변론 후에 베스도는 가이사 앞에 바울을 고소할 거리를 잘 찾았는지, 찾았다면 어떤 죄목으로 그를 고발하기로 했는지 알 수 없습니다. 다만 가이사 앞에서 자신의 체면이 실추되지 않을 만큼 죄목을 꾸몄을 것이고, 바울이 사형에 해당하는 선고를 받지 않을 만큼의 죄목으로 고발했으리라고는 짐작할 수 있습니다. 바울을 로마로 압송하는 교통수단은 당연히 '배'로 결정되었습니다. 이때가 주후 60년 가을입니다.

"우리가 배를 타고 이달리야에 가기로 작정되매"(사도행전 27:1)

그런데 가이사랴를 출발하여 로마까지 직항으로 가는 배는 없었습니다.[83] 죄수 호송 전용선이 있었던 것도 아닙니다. 바울 일행은 배를 한 번 갈아타고 있습니다. 그곳이 바로 '무라'라는 항구 도시입니다. 그들이 탄 배는 "아드라뭇데노"라는 배였습니다. 아드라뭇데노[84]는 소아시아의 드로아 근처에 있는 해안 도시입니다. 그곳이 이 배의 출항지입니다. 그러니까 바울 일행이 처음 탄 배는 아드라뭇데노에서 가이사랴까지 소아시아의 여러 해변 도시들을 오고가는 배였는데, 이제 이 배가 아드라뭇데노로 돌아가는 길에 바울 일행이 승선한 것입니다. 당연히 이 배는 화물선이었을 것입니다.

바울의 호송책임은 "아구스도대의 백부장 율리오란 사람에게 맡"겨졌습니다.[85] 바울과 함께 그 지역의 혹은 그 주변 지역에서 데리고 온 "다른 죄수 몇 사람"도 같이 타고 있었습니다. 존 스토트는 램지Michael Ramsey의 말을 인용하여 그들은 십중팔구 로마의 원형경기장에서 맹수들과 싸움을 할 목적으로 공수되는 사형수들일 것이라고 주장합니다.[86] 로마 시민에게만 해당하는 황제에게 상소하는 바울의 경우는 드물었기 때문입니다. 그런데 로마까지 바울과 동행한 사람들이 더 있습니다. 우선 "우리가"라고 한 것을 보면 사도행전의 저자 누가도 동승한 것이 분명합니다. 그리고 한 명 더 있습니다.

"마게도냐의 데살로니가 사람 아리스다고도 함께 하니라"(사도행전 27:2)

아리스다고는 데살로니가에서 얻은 열매입니다. 그는 에베소에서 가이오와 함께 바울의 사역을 도왔습니다. 에베소에서 큰 소동이 나서 사람들이 바울을 붙잡아 극장 안으로 끌고 갈 때 같이 끌려가기도 했습니다(행 19:29). 그는 예루살렘에 보낼 구제헌금을 전달하는 일에 마게도냐 교회의 대표로 예루살렘까지 동행했습니다(행 20:4). 다른 대표들은 바울이 가이사랴에 2년 동안 구류되어 있는 동안 돌아간 듯한데, 아리스다고는 바울 곁에 남아 있었고, 이제 로마까지 동행하고 있는 겁니다. 후에 바울은 에베소 근처에 있는 골로새의 교회에 보낸 편지에서 그의 이름을 언급하고 있습니다(골 4:10-11; 몬 1:24). 이 편지를 가이사랴에서 썼다면, 아리스다고는 바울과 함께 가이사랴에 갇혀 있었다고 할 수 있습니다. 바울에게 아리스다고는 "하나님 나라를 위하여 함께 역사하는" 사람이고, 그래서 고난 중에도 '위로'가 되었던 동역자입니다. 그런 동역자가 로마까지 동행해 주니, 하나님의 큰 선물과 위로가 되었을 것입니다. 여기서 또한 로마 당국이 바울을 얼마나 배려했는지를 보여줍니다. 우리가 굳이 사슬에 매인 바울의 모습을 상상하지 않는다면, 배 안에서의 바울은, 이제 다른 동료들과 함께 새로운 사역지인 로마제국의 심장부에 가서 예수 그리스도의 주되심을 선포할 나날들을 누가와 아리스다고와 나누는 벅차고 흥분된 얼굴을 떠올리게 될 것입니다.

힘겹게 미항에 당도하다

이제 3절부터 27장 끝까지(44절)는 몰리데 섬에 이를 때까지의 긴 항해와 표류의 여정을 기록하고 있습니다. 그 과정에서 일행은 한 차례 알렉산드리아 배로 갈아타고 있습니다.

무라 시까지의 여정

가이사랴를 떠난 배가 1차로 머문 곳은 시돈입니다. 가이사랴에서 북쪽으로 110km 떨어진 대표적인 항구 도시로 유리와 자주 옷감으로 유명하며 항구를 통해서 번성한 도시입니다. 거기서 화물과 손님을 실으려고 정박했습니다. 그런데 우리는 거기서 로마제국이 바울에게 베푼 뜻밖의 호의를 발견합니다.

"이튿날 시돈에 대니 율리오가 바울을 친절히 대하여 친구들에게 가서 대접 받기를 허락하더니"(사도행전 27:3)

얼마나 오래 머물렀는지는 몰라도 바울은 죄수로서는 상상할 수 없는 처우 "친절히"를 제공받고 있습니다. 율리오는 바울이 시돈에 있는 친구들, 믿음 안에서 한 형제와 자매된 영적인 가족들을 만나서 그들에게 대접을 받을 수 있도록 조치해주고 있습니다. 그들은 스데반의 박해 때 흩어진 그리스도인들을 포함하고 있을 겁니다(행 11:19; 참조. 15:3). 얼마 안 되는 시간이었겠지만, 바울에게나 시돈의 그리스도인들에게는 이 짧은 주 안에서의 교제가 두고두고 잊을 수 없는 만남이 되었을 것입니다. 누구든 이것이 마지막 만남이 되리라는 것을 다 알고 있었을 것입니다. 백부장은 바울이 대접을 받기를 기대했겠지만, 실제로는 시돈의 그리스도인들이 바울에게서 받은 영적인 유익이 더 컸을 것입니다. 이렇게 하늘 가족

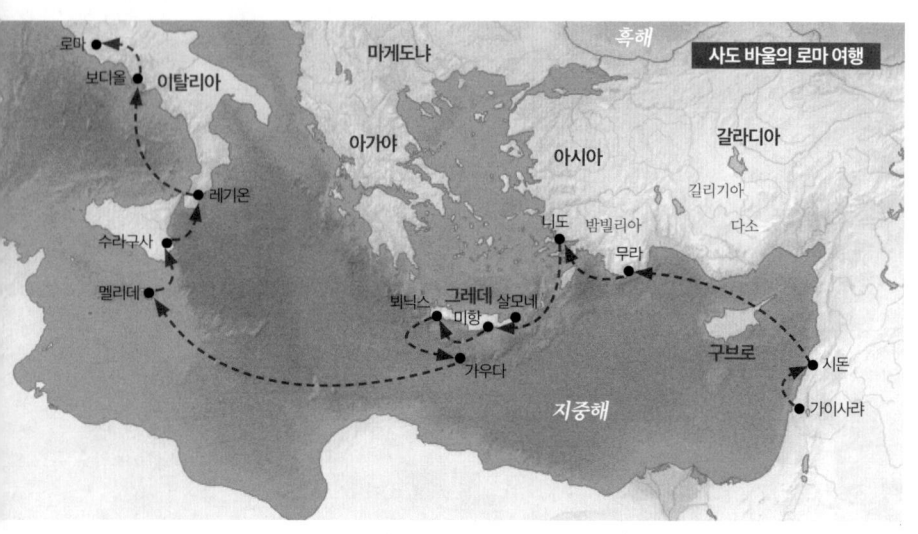

들은 복음 안에서, 그리스도 안에서, 서로를 격려하고, 축복하고, 대접해 주면서 천국을 향하여 항해하는 사람들입니다.

이제 배는 시돈을 떠나서 무라 시까지 항해합니다. 저자는 항해의 여정을 이렇게 약술하고 있습니다.

"또 거기서 우리가 떠나가다가 맞바람을 피하여 구브로 해안을 의지하고 항해하여 길리기아와 밤빌리아 바다를 건너 루기아의 무라 시에 이르러"

(사도행전 27:4-5)

여기에 여러 지명이 나옵니다. 구브로, 길리기아, 밤빌리아. 구브로는 바울이 맨 처음 전도 여행을 떠나면서 바나바와 방문했던 곳입니다. 바나바의 고향이기도 합니다. 길리기아는 바울이 태어나서 자란 고향 '다소'가 있는 곳입니다. 회심한 후 약 10년 가까이 고향으로 내려가 그 근방에서 복음을 전하며 지냈습니다. 밤빌리아는 구브로 전도를 마치고 바울 일행이 건너가 복음을 전한 곳입니다.

한 해가 순탄치 않았습니다. 배는 "맞바람을 피하여 구브로 해안을 의지하고 항해했다"새번역, "맞바람 때문에 키프로스 섬을 바람막이로 삼아서 항해했다"고 누가는 자세히 기술하고 있습니다. 그렇다면 당초에 구브로 남쪽 바다를 거쳐 무라 시까지 가려고 했던 것 같습니다. 사도행전 21장 1-3절을 보면 이 항로는 바울이 예루살렘에 올 때의 항로와 다릅니다. 그런데 바다지중해 쪽에서 부는 바람서풍이 너무 거셌기 때문에 항로를 변경했습니다. 구브로 섬을 바람막이로 삼아서 구브로 섬과 대륙 사이의 해안을 따라 항해하기로 한 것입니다.[87] 항해를 시작하자마자 그 여정이 만만치 않게 전개되고 있습니다. 이는 일종의 복선입니다. 앞으로 이 항해가 쉽지 않을 것임을 미리 보여주고 있는 겁니다.

바울은 구브로와 자기 고향 다소와 가까운 해안지역을 바라보면서 다른 승객들과는 사뭇 다른 소회가 있었을 것입니다. 밤빌리아를 지나면서도 첫 번째 전도 여행을 떠올리지 않았겠습니까? 이제 바울은 그 여정의 끝을 향해서 가는 중입니다. 고전하며 항해한 끝에 배는 "루기아의 무라 시에 이르렀"습니다. 무라 시는 루기아 도시 연합의 세관 항구였습니다. 서방 사본에 따르면, 여기까지 15일 걸렸다는 정보를 제공하고 있습니다. 벌써 일정에 차질이 생겼습니다.

배가 미항에 도착하다

무라 시는 북아프리카에서 재배한 곡물을 로마로 운송하는 배가 정박하는 거대한 항구 도시입니다. 로마는 북아프리카를 로마를 위한 주요 곡창지대로 삼았습니다.연간 소비량의 1/3을 차지했다. 이 시기에는 강력한 서풍이 불기 때문에, 알렉산드리아를 출발한 배가 곧장 로마로 갈 수 없었습니다. 그래서 직선으로 있는 건너편 무라 시에 와서 거기서 배를 정비하고 본토의 시실리 섬으로 향했다고 합니다.[88] 바울 일행도 무라 항구에서 로마로 곡물을 운송하는 화물선으로 갈아탔습니다.[89]

"거기서 백부장이 이달리야로 가려 하는 알렉산드리아 배를 만나 우리를 오르게 하니"(사도행전 27:6)

여기서부터 로마제국 본토로 가는 길도 순탄치 않았습니다. 배는 당연히 그레데 섬 북쪽과 아가야 남쪽 해변 사이를 지나서 에게해를 통해 로마 본토로 가는 항로로 다니곤 했을 것입니다. 그것이 훨씬 가까운 길이기 때문입니다. 하지만 이번에도 예상치 못한 바람 때문에 그럴 수 없었습니다.

"배가 더디 가 여러 날 만에 간신히 니도 맞은편에 이르러 풍세가 더 허락하지 아니하므로 살모네 앞을 지나 그레데 해안을 바람막이로 항해하여 간신히 그 연안을 지나 미항이라는 곳에 이르니 라새아 시에서 가깝더라"

(사도행전 27:7-8)

맞바람 때문에 항속도 느려졌습니다. 9절에 보면 "금식하는 절기" 즉 대속죄일이 이미 지났다고 한 것을 보면, 항해 시기는 10월 초로 보입니다.[90] 9월부터 11월까지는 항해가 가능한 시기이기는 하지만 적지 않은 위험을 무릅써야 하는 시기입니다. 그리고 11월부터 다음 해 3-4월까지는 항해 자체가 아예 불가능한 시기입니다. 하지만 선주들로서는 항해가 어려운 시기에 운송하면 훨씬 더 많은 돈을 받을 수 있기에 운행을 강행하려고 했습니다. 이미 항해 위험시기인데, 항속이 느려지면 위험은 그만큼 더 커지는 상황이었습니다.

무라 시를 떠난 배는 여러 날 만에 간신히 니도 맞은 편에 이르렀습니다. 여기 "여러 날"은 직역하면 '많은 날' 입니다. 바람만 도와준다면 하루만에 도착할 수 있는 거리인데, 상당히 고전했음을 알 수 있습니다. 결국 니도 앞에 왔는데도 그 항에 정박할 수 없었습니다. 바람이 거세었던 것입니다. 니도 앞에 이르러서는 선장은 다시 결단을 내려야 했습니다. 더는 맞바람과 맞서서 기존의 항로를 고집할 수 없는 지경에 이르렀습니다. 그래서 항로를 변경하기로 결정합니다.

서쪽에서 부는 바람을 피해서 니도에서 곧바로 정남향으로 항해하여, 그레데 섬 동편에 있는 살모네를 지나서, 드디어 북서풍 바람을 막아주는 그레데 해안을 따라서 미항 '좋은 항구', 현재의 칼리 리메니스에 도착했습니다. 선장은 여기서 잠시 머물며 바람이 잠잠해지기를 기다리려고 했을 것입니다. 이곳에서 오래 머물 생각은 없었습니다. 그러기에는 항구가 너무 작고, 인근의 라새아 성도 내년 3월까지 긴 겨울을 나기에는 적합한 도시가 아니었기 때문입니다.

바울의 조언을 거절하여 광풍을 만나 표류하다

하지만 바람은 좀처럼 잦아들지 않았습니다. 전혀 예상하지 못했던 것은 아닙니다. 그래도 큰돈을 벌 수 있어서 강행한 항해였습니다. 그런데 선장으로서도 이제 다시 한번 결단해야 하는 순간이 되었습니다. 선장은 결국 그레데 섬에서 겨울을 나기로 결정합니다. 이것은 선장으로서는 엄청난 손해를 감수하는 결정이었습니다. 그는 분명 겨울이 오기 전에 이 곡식을 로마까지 운송해 주기로 약조했겠지만, 아무리 돈이 중요해도 배와 바꿀 수는 없고 사람의 목숨과는 더욱 바꿀 수 없었을 것입니다.

모든 계획이 다 틀어졌습니다. 통신이 없던 시대에, 곡물을 기다리던 로마도, 사형수들을 기다리던 로마도, 죄수 바울을 기다리던 로마도, 또 바울 사도를 기다리던 로마 교회도, 영문도 모른 채 하염없이 기다릴 수밖에 없었습니다. 하지만 만약 그레데에서 무사히 겨울을 보낼 수만 있다면, 배와 배에 실은 곡물과 배 안에 있는 276명의 목숨은 안전할 수 있었습니다. 선장의 입장에서야 계획대로 항해하지 못한 것은 큰 손실이지만, 백부장이나 바울에게는 급한 것이 없었습니다. 하지만 알렉산드리아 배에 탑승한 사람들은 그마저도 장담할 수 없는 위기 속에 빠져들어가고 있었습니다. 그 위험은 그들이 바울의 권유를 받아들이지 않은 데서 시작되었습니다.

바울의 권유

미항에서 선상 회의가 열렸습니다. 어찌된 영문인지 그 회의에 바울이 참여했습니다. 그렇다면 적어도 배 위에서 바울은 사슬에 매인 채 죄수처럼 살지는 않았을 것입니다. 선장은 그레데 섬에서 겨울을 나기로 결정합니다. 그런데 긴 시간을 보내려면 미항보다는 여기서 64km 더 가면 당도하는 뵈닉스에서 보내는 것이 좋겠다고 판단했습니다. 오랜 경험에서 나온 지극히 상식적인 결정이었습니다. 그런데 바울이 이런 노련한 선장의 항해 계획에 제동을 겁니다.

"여러 날이 걸려 금식하는 절기가 이미 지났으므로 항해하기가 위태한지라 바울이 그들을 권하여 말하되 여러분이여 내가 보니 이번 항해가 하물과 배만 아니라 우리 생명에도 타격과 많은 손해를 끼치리라 하되"(사도행전 27:9-10)

미항부터 뵈닉스까지[91] 그리 멀지 않은 거리이지만, 바울이 극구 항해를 만류한 이유는 두 가지였습니다. 이유를 나타내는 분사구문은 두 문장으로 되어 있습니다. 직역하면, '많은 날이 지났으며, 또한 금식하는 절기가 이미 지나서 항해하기가 위태로웠기 때문에'입니다.[92] 미항에서 바람이 잠잠해지기까지 얼마나 머물며 기다렸는지 모릅니다. 다만 누가는 "여러 날이 걸렸다"라고 말하고 있습니다. '여러 날'은 7절처럼 직역하면 '많은 날'입니다. 하루 이틀이 아니라 그보다 더 긴 시간 동안 지체했습니다. 그렇다면 갈수록 더 겨울이 다가왔고 바람은 거세졌을 것입니다. 더 구체적으로 "금식하는 절기10월 초, 춘분 전후, '바다가 닫히는 시간' 마제 클라우숨가 이미 지났다"고 합니다. 고대의 자료에 의하면, 5월 27일-9월 14일은 항해에 안전하고, 3월 10일-5월 26일, 9월 14일-11월 11일에는 위험하고, 11월 11일-3월 10일에는 항해가 금지되어야 한다고 했습니다.[93] 바울이 이런 조언을 한 시기가 정확히 언제인지는 모르지만, 속죄일이 지난 10월 중순이나 하순쯤 되지 않았을까 생각합니다.

그렇다면 아예 항해가 불가능한 시기는 아니고, 이미 로마 본토를 향한 항해는 포기한 선장으로는 얼마든지 항해를 계속하여 편안하게 겨울을 지낼 수 있는 뵈닉스까지 하루 이틀 정도 항해를 더 하겠다고 결심할 수 있는 상황이었습니다. 그런데 바울은 극구 만류합니다.

"말하되 여러분이여 내가 보니 이번 항해가 하물과 배만 아니라 우리 생명에도 타격과 많은 손해를 끼치리라 하되"(사도행전 27:10)

바울은 어떤 가능성을 제시하며 신중할 것을 제안하는 정도가 아니라, 절대 항해하지 말아야 하고, 항해했을 경우 어려움을 만나는 데 그치지 않고 모든 것을 다 잃어버리는 정도의 엄청난 피해를 볼 것이라고 경고하고 있습니다. 이런 바울의 태도에 대해서 우리가 어떻게 봐야 할까요? 물론 바울은 누구 못지않게 항해 경력이 풍부합니다. 그가 전도 여행을 다니면서 이 바다를 도대체 몇 번이나 오고갔을까요? 성경에 나온 것만 봐도 11번 정도의 항해 기록이 있고, 거리를 계산하면 적어도 5,600km를 배로 이동했습니다. 그러면서 폭풍우를 만난 것도 수없이 많았을 것이고, 탔던 배가 난파를 당하기도 했습니다. 그럼 바울은 지금 이 순간 자신의 그런 항해 경력을 내세워 의견을 제시한 것일까요? 우리가 백부장이었다면, 바울의 말보다 바울보다는 몇 배나 더 항해 경력이 풍부한 전문가 중의 전문가인 선장과 선원들의 말을 들었을 것입니다.

성도들의 몸이 안 좋으면 목회자가 심방하여 이런저런 의견은 말할 수 있지만, 그래도 성도님들은 목사의 말보다는 의사의 말을 더 신뢰할 것입니다. 그런 것을 두고 목사에게 불순종했다고 토라질 수는 없는 노릇입니다. 그것은 자기 전문영역을 착각하는 유치한 태도입니다. 그런데 바울이 이런 유치하게 들리는 말을 하고 있는 듯 보입니다. 바울의 말을 듣지 않고 항해를 강행한 끝에 이 배가 큰 풍랑을 만나서 표류하자 바울은 말합니다(21절). "여러분, 여러분은 내 말을 듣고, 크레타에서 출항하지 않았어야 했습니다. 그랬으면, 이런 재난과 손실은 당하지 않았을 것입니다." 그럼 바울은 항해 전문가인 선장이나 선원의 말보다 사도이며 선지자이며 거기다가 '야매' 수준의 배 탄 경험이 있는 바울의 말을 더 존중했어야 했다는 것입니까? 저는 그렇게 보지 않습니다. 우리는 아프면 의사의 말을 들어야 하고, 배에서는 선장의 말을 들어야 합니다. 저는 이 순간 바울이 거절당할 것을 알면서도 이 제안을 했다고 생각합니다. 그리고 바울은 자기 경험을 토대로 제안한 것이 아니라 주께서 이미 말씀해 주셨을 가능성이 큽니다. 경험만으로 치자면 바울이 이렇게 구체적으로 그 피해 정도까지 예측할 능력이 없습니다. 바울이라고 더 비상한 능력이 있는 것이 아니고, 바울이라고 저 먼바다에서 일어나는 자연현상이나, 나중에 그레데 내륙으로부터 갑자기 불어닥칠 "유라굴로"에 대해서 미리 예측할 수 있는 능력이 있었던 것도 아닙니다. 목회자가 기도를 많이 하고 영성이 탁월하면 교회 야외 예배하기 좋은 쾌청한 날씨를 알아 맞출 수 있는 것이 아닙니다. 그런 능력이 있었다면, 왜 바울은 "세 번 파선하고, 일주야를 깊은 바다에서 지냈으며, 여러 번 여행하면서 강의 위험과 강도의 위험과 동족의 위험과 이방인의 위험과 시내의 위험과 광야의 위험과 바다의 위험"(고후 11:25-26)을 미리 피하지 못했을까요? 중이 자기 머리 못 깎듯이 다른 사람 위험은 잘 맞춰주지만 자기 위험을 미리 아는 데는 젬병인 것입니까? 하긴 바울은 남의 병은 잘 고쳐주고 심지어 죽은 사람까지 소생하게 해주었습니다. 그러면서도 자기 몸의 가시는 제거하지 못해서 하나님께 기도했지만 거절당하기까지 했으니 그게 맞는지도 모릅니다. 하지만 저는 바울의 이 권유는 경험에서 나온 조언이라고 생각하지 않습니다. 이 배를 하나님의 사역지로 바꾸시려는 부활하신 주님의 계획에서 나온 말씀이라고 생각합니다.

바울이 어디까지 예측할 수 있었는지는 모르겠지만, 그는 자기 제안이 거절당하리라고는 예상했을 것이고, 이제 배가 처할 참으로 고약한 운명 속에서 생명의 하나님, 창조주 하나님이 구원의 역사를 펼치심으로써 1차적으로 바울 일행에게는 힘을 주시고, 또 배 안에 있는 사람들에게는 하나님의 복음과 하나님 나라를 경험하게 해주실 것임을 기대했을 것입니다. 그래서 바울은 아주 구체적으로 자기 말을 거절할 경우에 그들이 치르게 될 피해를 미리 밝힌 것입니다. 이것은 일종의 예언성 경고입니다. 구약에서 선지자들이 하는 일이었습니다. 그렇다면 바울은 아그립바 왕 앞에서 한 변론에서 얼핏 제시했듯이, 자신의 사역이 구약의 선지자들의 사역을 잇는 것으로 생각하고 있었던 것입니다. 선지자들이 보냄을 받은 자들이었듯이, 사도인 자신도 보냄을 받은 자라고 여긴 것입니다. 이 경고는 경험에서 나온 추측이 아니라, 하나님께 받은 분명한 예언이었습니다. 이것은 9절의 "권하다"파레네이, παρῄνει가 미완료 시제인 것을 통해서 더욱 분명히 알 수 있습니다. 바울은 한 번 지나치는 말로 의견을 개진하고 그친 것이 아니라, 간곡한 말로 반복하여 읍소했습니다. 듣지 않으면 다 잃을 수 있는 사안이었고, 그것은 단지 가능성이 아니라 확실한 현실이 된다는 것을 알았으니 강하고 집요하게 설득한 것은 당연했습니다.

백부장의 항해 결정

이제 백부장은 기로에 서 있습니다. 선장과 선원의 말을 따라 미항을 떠나 뵈닉스로 이동하여 편안한 겨울을 보낼 것인지, 아니면 바울의 경고를 따라 불편하더라도 안전하게 미항에 머물 것인지 양단간에 결정을 내려야 했습니다. 백부장은 그리 길게 고민하지 않았을 것입니다.

"백부장이 선장과 선주의 말을 바울의 말보다 더 믿더라"(사도행전 27:11)

백부장은 총독으로부터 바울이 무죄한 사람이라는 말은 들었을 것이고, 그래서 여느 죄수를 다루는 것과 다르게 호의를 베풀라는 당부는 들었겠지만, 그 이상도 이하도 아니었습니다. 그에게 역사하시는 하나님, 그가 믿는 하나님, 그와 동행하시는 부활의 예수님에 대해서 백부장이 아는 바는 없었습니다. 그래서 그는 선장과 이 배의 주인인 선주의 말을 바울의 말보다 더 신뢰했습니다. 상식을 믿었고 경험을 믿었습니다. 그런 그를 나무랄 수는 없습니다. 다만 대가를 치른 후에라도 바울과 바울의 하나님을 안다면 다행인 것입니다.

이스라엘 백성들이 이집트를 나와서 곧장 가나안으로 가게 하시지 않은 이유와 같습니다. 이집트를 유린하셨던 하나님의 능력만으로 이 백성을 안전하게 가나안 땅에 들어가게 하시고, 거기서도 가나안의 악인들을 엄청난 기적을 통해서 초토화시키는 일은 전혀 어려운 일이 아니었습니다. 하지만 하나님은 그렇게 하시지 않았습니다. 이스라엘이 하나님을 신뢰하지 않는 만큼 대가를 치르게 하셨습니다. 가나안 정복도 그들의 수준만큼 진행하게 하셨습니다. 그들이 진멸할 수 있는데도 진멸하지 않고 같이 살겠다고 하면 그렇게 하도록 하십니다. 그리고 함께 사는 그들에게 당하게 하셨고 고생하게 하셨습니다. 그들이 하나님이 주신 가나안의 축복을 스스로 만끽하지 않겠다고 하시면, 그들의 수준만큼만 누리게 하십니다. 먹지 않겠다는 자녀에게 억지로 떠먹이시지는 않으셨습니다.

백부장은 상식을 믿었을 뿐 아니라 다수의 의견을 따랐습니다.

"그 항구가 겨울을 지내기에 불편하므로 거기서 떠나 아무쪼록 뵈닉스에 가서 겨울을 지내자 하는 자가 더 많으니 뵈닉스는 그레데 항구라 한쪽은

서남을, 한쪽은 서북을 향했더라"(사도행전 27:12)

한 사람의 생각보다 여러 사람의 생각이 더 좋은 경우가 많습니다. 하지만 더 많은 사람들이 선택한 결과 세상은 항상 더 옳은 방향으로 흘러가지 않았고, 더 많은 사람들이 바라는 대로 흘러갔고, 그들은 늘 자신들이 원하는 결과를 얻지는 못했습니다. 다수의 의견을 듣는 일은 우리의 한계와 부족함을 인정하고 겸손하게 경청한다는 점에서는 좋습니다. 하지만 그것은 동시에 다수의 욕망을 대변한다는 점에서 반드시 옳은 결정을 보장하는 것은 아닙니다. 특히 모두에게 장래가 불투명한 상황에서는 정말 똑똑한 전문가 한 사람의 의견이 다수의 무지한 사람들의 의견보다 나을 때도 있습니다.

다수가 미항이 아니라 뵈닉스로 가고자 한 이유는 분명했습니다. 이 항해가 안전할 것이라는 확신이 있었기 때문이 아닙니다. 그 다수 중에 아무도 그 안전을 보장할 수 있을 만큼 그들의 항해 중에 무엇이 기다리고 있는지를 아는 사람은 없었습니다. 그들이 이동을 결정한 이유는 두 가지입니다. 첫째는 뵈닉스가 겨울을 지내기에 적합했기 때문입니다.

"그 항구가 겨울을 지내기에 불편하므로 거기서 떠나 아무쪼록 뵈닉스에 가서 겨울을 지내자 하는 자가 더 많으니"(사도행전 27:12a)

서너 달은 넘게 있어야 하니 아주 중요한 고려 사항이었습니다. 둘째는 뵈닉스는 배를 안전하게 정박시켜 두기에 미항보다는 유리한 항구였습니다.

"뵈닉스는 그레데 항구라 한쪽은 서남을, 한쪽은 서북을 향하였더라"(사도행전 27:12b)

겨울에는 바다에서 심한 북동풍이 붑니다. 그래서 항구가 서남쪽과 서북쪽 방향으로 조성되어 있어서 이 바람으로부터 배를 잘 지킬 수 있었습니다. 그들은 미항에서 75km 떨어진 뵈닉스로 가기를 간절히 바랐습니다. 이것은 그들이 희구법-"아무쪼록… 지내자"-까지 써서 표현한 것을 보면 알 수 있습니다. 바울의 결정 기준과 뱃사람 다수의 결정 기준이 달랐습니다. 한 명 바울의 기준은 항해 중의 안전이었지만, 뱃사람들의 기준은 정박 중의 편안함과 배의 안전함이었습니다. 둘 다 확보할 수 없다면, 당연히 안전한 항해가 우선입니다. 항해 중에 난파당하면 뵈닉스에서의 안락함이 아무 소용없고 배가 안전할 수 있는 조건이 쓸모없을 것이기 때문입니다. 하지만 항해 중의 안전을 결정하는 일에도 바울보다는 뱃사람들이 더 전문가였습니다.

항해의 결과

순조로운 항해

그래서 뵈닉스로의 항해는 시작됩니다. 결과 어떻게 되었습니까? 항해 초반에는 역시 잔뼈 굵은 뱃사람들의 판단이 옳은 듯 보였습니다.

"남풍이 순하게 불매 그들이 뜻을 이룬 줄 알고 닻을 감아 그레데 해변을 끼고 항해하더니"(사도행전 27:13)

남풍이 순하게 불어주니 해변을 따라서 항해하기가 수월했습니다. 이대로 서쪽으로 약 7km 떨어진 마탈라 곶을 돌아 그레데 해변을 끼고 서북쪽으로 메사라 만을 가로질러 한나절만 항해하면 넉 달 동안 편안하게 겨울을 보낼 수 있으니, 이 얼마나 탁월한 선택입니까? 돌팔이, 야매 바울의 훈수를 들었으면 큰일 날 뻔했습니다. 역시 바울은 설교나 해야 할 사람이었습니다.

유라굴로의 습격과 표류

그런데 선장과 선주가 예상하지 못한 일이 벌어졌습니다. 뵈닉스에서 편안한 겨울을 보내기를 갈망했던 다수의 선원과 로마 군인들이 예상하지 못한 일이 벌어졌습니다. 갑자기 순한 남풍을 비웃듯 유라굴로 광풍이 습격하듯 배를 덮쳤습니다.

"얼마 안 되어 섬 가운데로부터 유라굴로라는 광풍이 크게 일어나니" (사도행전 27:14)

"얼마 안 되어"라는 표현을 보십시오. 다수의 의견을 따라 결정된 항해가 주는 기쁨은 오래가지 않았습니다. 물론 그들이 바울의 말의 무게를 몰라서 그런 결정을 내렸습니다. 그런데 하나님의 말씀의 무게를 알고 있는 소위 그리스도인들 중에서도 얼마나 자주 더 편하고 싶고 더 누리고 싶은 욕망 때문에 영적으로 위험천만한 일을 감행합니까? 얼마 안 되는 가외 수입을 노리고 세상에서 뇌물을 받거나 간음을 하거나 부정한 청탁을 하거나 청탁을 수락하는 일도 합니다. 탈세하거나 탈법을 자행하는 일도 있습니다. 교회의 이미지가 이토록 실추된 것은 교회 자체에서 벌어진 불미스러운 일이나 목회자들만의 잘못은 아닙니다. 사회에서 지탄받는 사람들 중에 너무 많은 사람들이 자신의 잘못을 인정하지 않고 자신이 그리스도인임을 숨기지 않기 때문입니다.

선장과 선주가 바다에서 부는 남풍은 예상했는지 몰라도 그레데 본토에서 부는 바람은 예상하지 못했습니다.

"그런데 얼마 안 되어서, 유라굴로라는 폭풍이 섬쪽에서 몰아쳤다"(사도행전 27:14, 새번역)

이 폭풍 티포니코스은 태풍을 방불케 하는 엄청난 위력을 가진 바람입니다. 그레데 섬의 2,100m의 높은 이다산에서 불어닥친 바람입니다.[94] 이 광풍의 이름은 유라굴로입니다. 동풍이라는 뜻의 헬라어 유로스 euros와 북풍이란 뜻의 라틴어 아쿠일로 aquilo의 합성어인 듯합니다. 유라굴로는 북동풍이라는 뜻입니다. 지중해 동부에서 늦가을에 자주 발생하는 바람으로 순한 남풍이 갑작스럽게 북동풍으로 급변하곤 한답니다. 그 흉포한 바람이 배의 정면을 치니 배는 더는 전진하지 못하고 남하하기 시작했습니다.

"배가 밀려 바람을 맞추어 갈 수 없어 가는 대로 두고 쫓겨가다가"(사도행전 27:15)

"가는 대로 두고 쫓겨가다""우리는 체념하고, 떠밀려 가기 시작했다", 새번역,

그들이 취할 수 있는 조치는 아무것도 없었습니다. 왜 안 해봤겠습니까? 모든 죄수와 선원들과 군인들까지 다 동원되어 바람을 거슬러 배의 방향을 바로 잡으려고 하지 않겠습니까? 조금만 더 가면 서너 달 쉴 수 있는 항구가 기다리고 있는데 이대로 물러설 수는 없었을 것입니다. 하지만 결코 그 폭풍 유라굴로를 당해낼 수 없었습니다. 어느 순간 배는 체념했습니다. 이제 바람이 데려가는 대로 갈 수밖에 없었습니다. 서남쪽으로 표류하던 배가 가우다라는 작은 섬 아래로 지나가고 있었습니다. 가우다는 뵈닉스로부터 남쪽으로 40km 떨어진 섬입니다. 그때 잠시 이 섬이 폭풍으로부터 바람막이 역할을 해주었습니다. 그 잠깐의 기회에 선장은 가장 필요한 일을 단행하고 있습니다.

> "가우다라는 작은 섬 아래로 지나 간신히 거루를 잡아 끌어 올리고 줄을 가지고 선체를 둘러 감고 스르디스에 걸릴까 두려워하여 연장을 내리고 그냥 쫓겨가더니"(사도행전 27:16-17)

"거루"는 승객들이 타고 내릴 때 사용하는 작은 배입니다. 대개 배 뒤에 매여 있었는데, 느슨하게 되면 광풍에 배 본체와 부딪혀 파손될 수 있습니다. 그래서 이 잠깐의 안정된 틈을 이용하여 선원들은 거루를 끌어 배 위로 올렸습니다. 그리고 얼른 줄로 선체를 둘러 감았습니다. 동시에 배가 스르디스라고 하는 모래톱 혹은 암초 지대에 걸리지 않도록 "연장"을 내렸습니다. 이 연장이 무엇인지 알 수 없지만, 배의 속도를 제어하는 '닻'이나 제동장치일 것으로 추측합니다. 그렇게 할 수 있는 조치를 다 하고는 그들이 할 일이 없었습니다. "그냥 쫓겨가더니" 그냥 떠밀려 가고 있었다", 새번역.

가우다 섬이 잠시 바람을 막아준다고 해서 항구가 아닌 곳에서 배를 안전하게 정박시킬 수는 없었습니다. 그저 당장 좌초되지 않도록 임시조치를 했을 뿐입니다. 이제 다시 배 안에 있는 사람들은 배와 함께 표류할 수밖에 없었습니다. 오늘의 안전은 잠시 확보했지만, 내일은 또 어떻게 될지 모르는 항해 아닌 항해가 시작되었습니다. 서너 달을 편안하게 보내려고 떠난 불과 하룻길 항해였는데, 이제 몇 날 며칠을 이렇게 망망대해를 떠다녀야 할지 모를 일이었습니다. 그렇게 하루가 지났습니다. 하지만 강력한 바람에 배가 위태로워졌습니다. 이때 그들이 할 수 있는 최선의 조치는 배의 무게를 줄이는 일이었습니다.

요나서가 생각나지 않습니까? 요나가 만난 배가 광풍을 만났습니다. 그때 선원들이 취한 조치를 성경은 이렇게 말합니다.

"여호와께서 큰 바람을 바다 위에 내리시매 바다 가운데에 큰 폭풍이 일어나 배가 거의 깨지게 된지라 사공들이 두려워하여 각각 자기의 신을 부르고 또 배를 가볍게 하려고 그 가운데 물건들을 바다에 던지니라"(요나서 1:4-5)

알렉산드리아 배의 선원들도 비슷한 조치를 취합니다.

"우리가 풍랑으로 심히 애쓰다가 이튿날 사공들이 짐을 바다에 풀어 버리고"(사도행전 27:18)

"우리가" 심히 애썼다 심히 시달렸다고 한 것을 보면, 바울과 저자 누가도 함께 애썼다시달렸다는 것을 알 수 있습니다. 하나님의 사람, 바울이 탄 배라고 해서 순탄하지 않았습니다. 복음을 전하기 위해서 가는 길이라고 해서 순풍만 불게 하시지 않았습니다. 바울은 이미 짐작했습니다. 심지어 바울은 백부장이 자신의 말을 당연히 거절하리라는 것도 짐작했습니다. 그렇다면 바울만은 이 폭풍이 결코 배를 삼켜서 자신은 물론이고 여기 있는 276명의 사람들을 해치지는 못하리라는 것도 알고 있었습니다. 동시에 적어도 항해 전에 선상회의에 참여했던 사람들은 바울이 항해하지 말라고 만류한 일과 항해를 강행했을 경우 배와 우리의 생명에 큰 타격과 손상을 주리라는 말도 기억해냈을 것입니다. 그것은 요나가 탄 배에 큰바람이 덮친 것은 요나가 여호와의 얼굴을 피함인 줄을 선원들이 알고 여호와 하나님을 심히 두려워했던 것과 같은 경외감이 생겼을 것입니다. 그것은 배의 표류 기간이 길어지면 길어질수록 더 강해졌을 것입니다. 소망이 아예 끊어질 지경이 되었을 때는 유일하게 남은 소망은 바로 바울에게 그 사실을 알게 해준 바로 그 하나님이 될 것입니다.

그들이 바다에 던진 "짐"이 무엇인지 우리는 모릅니다. 하지만 적어도 필수품이나 필수양식을 제외하고는 다 버렸을 것입니다. 가장 유력한 짐은 곡식입니다. 알렉산드리아 배는 엄청나게 많은 곡식을 싣고 가는 배였습니다. 이 곡식은 이 배의 존재 이유였습니다. 하지만 이제 그 곡식은 그 배를 위협하는 가장 불필요한 것이 되어 버렸습니다. 물을 잔뜩 머금은 곡식은 배의 무게를 엄청나게 무겁게 만들 뿐이었기 때문입니다. "하물"에 큰 손해가 찾아올 것이라고 했던(행 27:10) 바울의 예언대로 되었습니다.

여러분의 인생을 지금 유지시켜 주는 가장 의지할 만한 것은 무엇입니까? 여러분의 정체성을 규정해 주는 것은 무엇입니까? 여러분의 자부심이고, 여러분의 밥줄이고, 여러분 관심의 대부분을 차지하고, 여러분의 미래를 좌우할 것이라고 여기고 있는 그것은 무엇입니까? 알렉산드리아 호의 "곡식"과 같은 그것은 무엇입니까? 그런데 인생의 파도가 덮칠 때, 우리를 가장 힘들게 하고 우리에게서 삶의 의지를 꺾어 버리는 것, 그래서 영혼의 생명뿐만 아니라 육신의 목숨마저 힘들게 하는 것이 바로 그간 우리를 우리 되게 했던 바로 그 곡식, 그 짐입니다. 우리가 하나님께 가장 많이 감사하게 되는 이유가 되기도 하지만, 우리에게서 하나님의 존재감을 지워버리게 하는 것도 바로 그 짐, 그 곡식입니다. 우리의 정체성을 하나님의 자녀, 하나님 나라의 백성, 하나님의 청지기, 그리스도의 제자, 복음의 증인으로 생각하지 못하게 하는 것이 바로 그 '곡식'이기 때문입니다. 그 곡식이 사라질 때, 우리는 모든 것을 다 잃은 사람처럼 혼란 속에 빠져들고 자신이 아무런 가치가 없는 사람인 듯 느끼게 될 것입니다. 선장과 선주에게 짐은, 곡식은, 그리고 나중에는 그 배는 그를 존재하게 하는 동력이었고, 그가 살아야 하는 이유였습니다. 그런데 이제 진정으로 살려면, 그는 그 곡식을 버려야 했습니다. 바울도 그리스도 예수님을 만나면서 이미 그 짐을 버렸습니다. 선장과 선주에게 곡식 같았던 그것을 버렸습니다. 그렇게 소중하게 여기던 모든 것을 "배설물"로 여기기 시작했습니다. 그리고 가장 소중한 예수 그리스도를 얻었습니다. 이제 바울의 정체성은 그가 가진 소유가 아니라, 바로 예수 그리스도에 의해 결정되었습니다. 짐이 가벼운 사람에게 인생의 고난은 힘든 현실이지만 그의 존재 자체를 망가뜨리는 것이 될 수 없습니다.

스페인의 산티아고 순례길을 걸어본 사람들의 한결같은 충고는 "짐을 가볍게 하라"였습니다. 자기 몸 하나도 무겁고 거추장스러운데 연미복이 왜 필요하겠습니까? 손에 끼고 있던 반지마저도 무겁게 다가오더라고 했습니다. 버릴 수도 없었던 그 고가의 카메라가 저주스럽기까지 했다고 하더군요. 그 카메라 하나를 지키려다 하마터면 순례 전체를 포기할 뻔 했답니다. 일기를 쓰려고 갖고 갔던 노트마저도 하필 하드커버로 된 것을 산 자신을 원망했다고 했습니다. 이사를 한 번씩 하고 나서야 그간 사람을 위해 집이 있었던 것이 아니라 쓰레기 같은 짐들을 위해 집이 있었다는 것을 알게 됩니다. 공간이 부족하다고 불평하면서 그 공간을 넓히려고 엄청나게 일하고 빚을 져가면서 더 넓은 집으로 이사를 하지만, 여전히 그 집의 많은 공간은 입지 않은 옷을 두는 옷장이 차지하고, 읽지 않은 책을 두는 책장이 차지하고, 얼마 되지 않아서 쓰지 않은 물건을 두는 창고가 되는 것을 경험합니다. 그러면서도 버리지 못하고 남과 나누지 못하는 성격을 '소유욕'이라고 말하지 않고 근검절약이라고 자기합리화를 하면서 안 쓰고 안 입고 안 읽을 것들을 부지런히 쌓아둡니다. 안 먹는 것들을 가득가득 냉장고에 담아둡니다. 냉장고를 하나 더 사면 샀지 절대 안 버리고 안 나눠줍니다. 그렇게 살면서도 여전히 우리 집은 너무 좁다고 말하면서 더 넓은 집을 위해, 이왕이면 사두면 돈도 되는 집을 장만하는 것을 목표로 삼으며 살아갑니다. 어디 눈에 보이는 소유뿐이겠습니까? 우리의 수명이 얼마나 남았는지 미리 알고 있다면, 우리가 지금과는 다르게 살 것입니다. 죽음의 시간이 그리 멀지 않다는 것을 안다면, 우리는 비로소 중요한 것과 덜 중요한 것을 구분하는 기준이 선명해질 것입니다. 그러면 버리는 것이 쉬워지고 나누는 것도 쉬워집니다. 시간을 쓰고 돈을 써서 해야 할 일과 하지 않아야 할 일을 구분하는 것이 쉬워질 것입니다.

이 선원들에게 "짐"을 버리는 것이 얼마나 어려웠을까요. 지금은 표류하는 초반이기 때문에 고민이 많았을 것입니다. 여전히 버리지 않고 간수한 것들이 적지 않았을 것입니다. 하지만 시간이 흐를수록, 그래서 살 희망이 희미해질수록 그들은 자신들이 살 수만 있다면 어떤 대가를 치른다 해도 아깝지 않다고 생각하게 될 것입니다. 그런데 우리가 세례를 받은 그리스도인이라는 것이 바로 그런 뜻 아닙니까? 세례를 받는다는 것은 이 육신의 생명만이 생명이 아니라는 것을 인정하는 것을 의미합니다. 또한 세례는 이 육신의 생명으로는 수십 년이 남아 있고, 그런 생명으로 누릴 수 있는 부귀영화와 권력이 아무리 대단하다 하더라도, 우리가 하나님과 상관없이 산다면, 그것은 이미 죽은 것이라는 사실을 인정하는 것입니다. 그리고 이 영혼의 생명은 결코 눈에 보이는 소유와 권력으로 얻을 수 있는 것이 아님을 아는 것입니다. 오직 예수 그리스도의 십자가의 은혜로만 가능하기에, 이제 내 힘으로 살아보려고 안간힘을 썼던 삶을 멈추고, 예수 그리스도의 은총으로 살아가겠다고 작정하는, 새로운 삶의 시작이 바로 세례입니다. 세상의 모든 시간과 소유와 조건들을 상대화시키고, 그것을 이제 나의 주인이 되신 주님을 위해 사용하겠다고 결심하는 일입니다. 주님이 요구하시면 선원들이 "곡식"을 바다에 던지듯이 뭐든지 내던지는 것이 바로 생명의 길임을 아는 사람이 신앙인입니다. 그렇지 않으면 그 돈은 녹이 슬 것이고, 그 양식은 썩을 것이고, 그 옷은 좀먹을 것인데, 그 녹슨 돈과 썩은 양식과 좀먹은 옷으로는 결코 살 수 없기 때문입니다.

첫날은 닻과 같은 연장을 내리고, 또 하루가 지나서는 짐을 던졌지만 아무 효과가 없었습니다. 바람은 조금도 잠잠해지지 않았고, 배는 점점 더 가라앉을 위기에 처했습니다. 그래서 그 다음 날은 배의 기구를 내버리기 시작했습니다.

"사흘째 되는 날에 배의 기구를 그들의 손으로 내버리니라"(사도행전 27:19)

배에서 쓰는 여러 장비나 설비들을 가리킬 것입니다. 쇠로 된 것들이 많아서 매우 무거웠을 것입니다. 하지만 이제는 그렇게 요긴했던 시설들이 쓸모없는 기구가 되었으니 배 안에 둘 리가 없었을 것입니다. 자신들이 바람의 방향에 따라서 배를 자유자재로 운전할 수 있을 때는 없어서는 안 될 필수요소였던 배의 기구들이 이제 표류만이 운명인 배에는 쓸모없게 되었습니다. 우리 인생을 운전하고 통제하기 위해 반드시 필요하다고 생각했던 기구들마저도 주님의 사람이 되기 위해서는 버려야 합니다. 그 기구들이 세례를 받게 해야 합니다. 사람을 가르치는 능력이든, 병을 고치는 능력이든, 예술적인 능력이든, 돈을 버는 사업수완이든, 그것들이 세례를 받아서 이제 하나님의 것이 되게 해야 합니다. 그래야 우리가 살 수 있습니다. 그렇지 않으면 없어서는 안 될 소중한 기구라고 생각했던 그것들이 우리를 위태롭게 할 것입니다. 우리 인생을 가라앉게 할 것이고, 결국 영적으로 파선하게 만드는 교만이 될 것입니다.

바울은 앞서 "하물만 배도 타격과 많은 손해를 끼치리라"(행 27:10)고 예언했는데, 이제 배가 손실을 보기 시작했습니다. 하지만 앞으로 이 배가 당할 운명을 생각하면 기구를 버려야 하는 이 상황은 시작에 불과합니다. 다행히도 아직은 "우리 생명에도 타격과 많은 손해를 끼치리라"는 예언은 이루어지지 않고 있습니다. 하지만 험한 바다를 보니 그 경고가 현실화되는 것도 시간문제인 듯 보입니다.

절망적인 상황

배 안에 있는 모든 사람들이 갖은 노력을 했지만 상황을 바꿀 수는 없었습니다. 그리고 시간만 하루하루 지났습니다. 그 상황을 이렇게 요약해 주고 있습니다.

"여러 날 동안 해도 별도 보이지 아니하고 큰 풍랑이 그대로 있으매 구원의 여망마저 없어졌더라"(사도행전 27:20)

어려움이 있어도 좌표를 알면 덜 불안합니다. 어느 방향으로 가고 있는 것만 알아도 공포스럽지 않습니다. 하지만 해도 별도 보이지 않았다는 것은 나침반이 없이 항해하는 것과 같았습니다.[95] 잔잔한 바다 위에서라도 하루 종일 칠흑 같은 어둠은 선원들을 두렵게 했을 것인데, "큰 풍랑이 그대로 있었으니" 그들은 그야말로 삶의 희망을 포기할 지경이었습니다. "구원의 여망마저 없어졌더라", "우리는 살아 남으리라는 희망을 점점 잃었다"(새번역), "we lost all hope of rescue"(메시지). 하늘이 외면한 듯 보이는 상황에서 이 망망대해를 뚫고 와서 자신들을 구해줄 이가 있을 것이라고 기대하는 것은 불가능했습니다. 그들은 스스로 빠져나올 수 없는 무시무시한 혼돈의 물속으로 빠져든 것입니다(시 69:1-2).

그런데 우리는 여기서 "구원"소조, σῴζω이라는 단어에 주목할 필요가 있습니다. 물론 단순히 '구조'된다는 의미인 것은 사실입니다. 하지만 우리는 이 단어가 영혼의 구원, 하나님 나라 백성으로의 신분 변화를 가리키는 단어로도 쓰일 수 있다는 것을 알고 있습니다. 그리고 우리의 구원은 우리의 노력이나 열정에 하나님이 감복하셔서 행하시는 것이 아니라, 하나님의 주권적인 사랑과 능력으로 이루어진다는 것도 알고 있습니다. 이 배에 하나님을 인정하지 않는 사람들만 있는 것이 아니라 로마에 가서 부활하신 예수 그리스도의 구원의 복음을 전해야 하는 바울과 그 일행도 타고 있다는 것을 알고 있기에, 우리는 이 단어를 그냥 흘려보낼 수 없습니다. 하나님을 알지 못하는 사람들이 가장 절망하고 있는 그 순간에도 '구원'이라는 말을 쓸 수 있는 사람들, 희망이라는 말을 쓸 수 있는 사람들이 우리 그리스도인입니다.

실제로 이 단어는 27장 후반부에 가서는 자주 반복될 것입니다(31,34,43,44절). 그리고 이 단어는 바로 하나님께서 바울을 통해서 배에 탄 276명의 목숨을 무사히 구조하시는 장면을 묘사하면서 사용될 것입니다. 이는 그것이 단지 목숨을 살려주는 문제에 그치지 않을 것임을 보여줍니다. 하나님은 제사장 나라 이스라엘과 같은 바울과 그 일행의 믿음의 삶을 통해서 이방인이 빛으로 돌아오고 하나님께로 돌아오게 하실 것입니다. 28장에 가서 멜리데에서 석 달간 머물면서도 그들은 독사로부터 구원하시는 생명의 하나님을 또 직접 보게 될 것입니다. 이 모든 과정에서 그들은 빛이신 하나님, 생명의 주님을 알게 될 것입니다. 해와 별 모두 보이지 않는 흑암과 큰 폭풍 이는 사나운 망망대해, 구원의 여망이 끊어진 절망의 밑바닥은 인간이 상상할 수 있는 모든 거짓 희망을 거세하고 참된 희망을 만나게 하는 조건이 될 것입니다.

나가는 말

이제 오늘 주신 말씀을 정리하면서 세 가지 정도를 같이 생각해 보려고 합니다. 바울과 동료들이 탄 배가 로마를 향해 드디어 출항했습니다. 이 배는 다양한 목적을 가진 사람들이 함께 타고 있습니다. 곡식을 실어나르는 사람들이 있습니다. 죄수들이 타고 있고, 그들을 호송하는 군인들이 동승하고 있습니다. 개인적으로 장사하는 자들, 혹은 타지로 이동하는 승객들도 있었을 것입니다.

하나님의 음성을 분별하라

저는 하나님께서 바울 한 사람의 인생을 소중히 여기시듯, 276명 가운데 이름이 나오지 않은 사람들의 인생도, 그들의 하루하루도, 그들을 기다리는 가족들도 모두 사랑하신다고 믿습니다. 그렇게 각자의 인생을 주관하시는 하나님께서 그들이 한배에 같이 올라 로마로 가게 하셨습니다. 각자가 생각하는 항해의 목적은 달랐습니다. 그러나 하나님의 가장 큰 목적은 하나였습니다. '구원'입니다. 또 복음을 들어야 할 로마의 영혼에 대한 관심입니다. 이 하나님의 관심을 가장 잘 알고 있는 바울의 길을 인도하시는 것, 그것이 하나님의 가장 큰 관심사입니다.

다른 사람들이 이 목적을 알았는지 몰랐는지는 중요하지 않습니다. 이제 그들은 본의 아니게, 그러나 하나님은 분명한 의도를 가지고, 그들이 신약에서 가장 위대한 사도 중 한 명인 바울과 같은 배를 타게 하셨습니다. 그리고 그들을 통해서 역사하시는 하나님을 경험하게 하셨습니다. 항해 초반에는 아무도 바울을 의식하지 않았을 것입니다. 그는 중요한 존재도 아니었습니다. 아니 정체를 알았다면, 그가 죄수인 것 때문에 멀리하고 경계했을 것입니다. 하지만 죄수인 그에게 어찌 된 영문인지 미항에서 뵈닉스로 이동할 것인지를 두고 의견을 제시할 기회가 주어졌습니다. 바울의 견해는 절대 다수인 선원과 선장과 선주의 의견과는 달랐습니다. 아무리 그가 항해 경험이 많더라도, 그것을 직업으로 삼은 전문가들보다 나을 것이라고 기대할 수는 없었습니다. 그래서 그를 분에 넘치게 존중했던 백부장마저도 선장과 선주와 다수의 의견을 따라서 결정했습니다. 소위 전문가의 견해를 더 무게 있게 여겼습니다. 하지만 만약 이 배를 향한 주권이 하나님께 있고, 특별히 이 항해에 있어서 하나님의 가장 큰 관심사가 '구원'이라는 것을 알았다면, 그들이 바울의 말에 부여했을 무게는 사뭇 달랐을 것입니다.

저는 어려운 일이 있을 때마다 전문가의 의견을 무시한 채 영적으로 해결하라고 말하는 것이 아닙니다. 목사의 조언을 따르거나 기도하면 모든 문제가 다 해결될 것이라는 뜻도 아닙니다. 다만 우리가 너무 한쪽 극단으로만 반응하고 있지 않은지 돌아보면 좋겠습니다. 상식적으로 판단하고, 현실적인 대안을 제시하기만 하고, 그렇게 하여 나온 결과만으로 인생을 살려고 한다면, 도대체 하나님은 왜 믿는 것이고, 하나님은 왜 우리에게 필요하다는 말입니까? 우리는 병이 나을지 여부보다 더 중요한 것이 있다는 생각을 해야 합니다. 치유 가능성에 대해서는 의사의 진단과 치료 방법을 신뢰하십시오. 가끔은 안수 기도를 통한 기적도 있지만, 성공률은 낮습니다. 하지만 병의 치유나 문제해결 여부와 상관없이 하나님과 어떤 관계 속에 있어야 하는지, 이 문제를 통한 하나님의 기대가 무엇인지에 대해서는 늘 먼저 생각해야 합니다.

목회자들은 성도들이 하는 말을 잘 알아듣지 못하면 도움이 될 만한 것을 전혀 줄 수 없기 때문에, 두루 여러 분야에 경험이 있는 것도 좋고 또 알아야 할 필요도 있습니다. 하지만 어설픈 지식은 쓸데없는 자신감을 주어 목회자에게 독이 될 수도 있습니다. 목회자가 아무리 조심해도 오류가 섞일 수가 있고 편견이 있을 수도 있습니다. 그래서 제가 한 말 중에 열에 아홉은 흘려들을 분들도 있고, 게 중에는 정말 전문가의 말보다 더 무게 있게 듣는 분들도 있을 것입니다. 듣든 안 듣든 상관없습니다. 다만 전문가가 말해줄 수 없는 영적인 영역이 모든 일에 존재한다는 것을 기억해야 합니다. 하나님의 관심이 무엇일지에 대해서 반드시 물어야 한다는 뜻입니다. 우리의 마음과 생각을 어떻게 지켜야 할지 고민해 주어야 합니다. 우리에게 필요한 것은 전문가의 실제적인 지식만이 아니라 신앙인으로서의 지혜이기 때문입니다. 그것이 전문적인 지식을 무력화시키지 않고, 현실적인 대안을 무시하지 않습니다. 하지만 때로는 영적인 관심이 현실적인 대안을 앞서기도 합니다. 의사들은 치료를 권하지만, 우리는 담담히 죽음을 받아들일 수도 있고, 법률적인 조치를 취하라는 전문가의 조언이 있어도 고소를 하지 않고 지나갈 수도 있습니다. 많은 경우 성도들이 스스로 결정할 수 있도록 큰 틀에서 영적인 원리를 제시해줍니다. 하나님을 모르고 바울을 모르는 배 안에 사람들이 생각하지 못했던 것이 바로 이 '하나님'이라는 변수였습니다. 하지만 우리는 이 '하나님'이라는 변수를 가장 앞세워야 합니다. 그리고 이 하나님의 '구원'과 '하나님 나라와 그 의'를 위해서, 그리고 '하나님의 뜻이 이뤄지는 일'을 위해서 내 앞에 닥친 문제를 어떻게 처리해야 하는지를 물어야 합니다. 현실적인 대안을 찾는 노력만큼 하나님을 찾는 기도를 드려야 합니다. 전문가의 조언대로 이행하는 노력만큼 하나님께서 주신 말씀에도 순종해야 합니다. 그래서 세상의 전문가들의 온갖 조언에도 불구하고 예상이나 기대와 달리 바울이 탄 배처럼 우리 삶이 표류에 표류를 거듭하다가 결국 소망이 끊어진 상황이 될지라도, 하나님과의 관계만은, 신앙만은 끊어지지 않아야 합니다.

짐을 버리라

배 안에 있던 사람들은 살기 위해 할 수 있는 모든 조치를 다 취합니다. 모래톱에 좌초되지 않도록 닻을 내렸습니다. 모두 혼신의 힘을 다해 배 안으로 들어온 물을 퍼냈을 것입니다. 그 일에는 선장과 선주가 따로 없고, 백부장과 부하가 따로 없고, 선원과 죄수가 따로 없었을 것입니다. 급기야 가장 소중한 물건, 이 배의 존재 이유가 되었던 물건인 곡식까지 버렸습니다. 생명을 구할 수만 있다면 텅 빈 배로 귀환하는 것쯤은 문제가 안 되었습니다. 그것이 현명한 계산입니다. 바다에 가라앉으면 보물선이 무슨 소용입니까? 그것도 안 되니 배를 배 되게 하는 기구들도 버렸습니다. 이제 풍랑이 잔잔해졌을 때 배를 어떻게 움직여야 하는지는 안중에 없습니다. 당장 좌초될 수 있는 상황에서 나중을 도모할 여지가 없었습니다. 혹시 좌초되는 배와 같은 상황에 있습니까? 개인적으로 몸이 아파서, 경제적으로 힘들어서, 가정사가 복잡해서, 사업적으로 너무 힘들어서, 가라앉는 배와 같다고 느낄 수 있습니다. 그럴 때, 주님은 우리에게 어떤 짐을 버리라고 하십니까? 나의 힘듦이 내 바깥에서 닥친 시련 때문일 수도 있고, 내 안에 있는 문제 때문일 수도 있습니다. 무엇보다 하나님이 나에게 가장 소중한 분이 되지 않을 때, 또 하나님보다 내가 움켜쥐고 있는 그 '짐'이 더 소중할 때, 우리는 더 큰 아픔과 낙망을 겪게 될 것입니다.

이 땅의 교회가 가라앉는 배와 같이 느껴집니다. 하나님보다 그 짐을 소중히 여겨왔기 때문입니다. 그 곡식이, 그것도 물을 잔뜩 머금은 곡식이 교회를 더 서둘러 멸망에 이르게 하는 것 같습니다. 우리가 오늘 버려야 할 짐이 무엇일까요? 버려야 할 배의 기구는 무엇일까요? 그것 없으면 죽을 것 같았는데, 우리를 죽이고 있는 그게 무엇일까요? 주님께 묻고어서 버려서 가볍게 하기를 바랍니다.

참된 희망을 낳는 절망을 수용하라

살 소망이 끊어진 채 폭풍 몰아치는 망망대해 위에서 속절없이 흔들리는 알렉산드리아 배를 생각합니다. 그렇게 힘겨운 상황에서도 유일하게 공포 가운데 있지 않았던 사람들은 바울과 그 일행뿐이었을 것입니다. 그들만이 하나님께서 이 절망적인 상황에서도 함께하고 계시고, 이 절망의 상황을 친히 조성하셨음을 알고 있었기 때문입니다. 바울은 이 상황을 단지 잘못된 상황 판단 탓으로만 여기지 않았고, 동시에 인간적인 해결 방법을 찾을 수 없는 상황으로만 보지 않았습니다. 도리어 진정한 희망을 안겨주려는 하나님의 구원의 손길을 보고 있었습니다. 그렇다면 이 절망의 상황은 우리가 부정하고 회피해야 하는 상황이 아니라, 긍정하고 수용하고 끌어안아야 하는 상황이었습니다. 지금은 이 상황이 직면하게 하는 인간의 한계, 생명의 유한함뿐만 아니라, 이제 바울이 소개할 창조의 하나님, 생명의 하나님을 향하여 참된 희망을 걸어야 할 때였습니다.

우리도 개인적으로 혹은 공동체적으로 유라굴로 같은 느닷없는 재앙을 만날 것입니다. 그런데 그 절망적인 상황에서 현실적인 해결방안만 찾는다면, 하나님은 실망하실 것 같습니다. 그보다는 이제 우리가 어떤 방식의 삶을 살아야 하는지를 다시 고민하며 창조주 하나님께로 돌아가는 계기로 삼아야 합니다. 사랑하는 여러분, 오늘 주신 이 막막한 상황을 진심으로 우리에게 주신 축복의 관문으로 수용하십시오. 그래서 다시 한 번 하나님 안에만 있는 참다운 희망을 발견하길 바랍니다.

너와 함께 항해하는 자를
다 네게 주셨느니라

사도행전 27:21-44

들어가는 말

로마를 향해 바울을 태운 배가 니도 맞은 편에서 강력한 북서풍을 만나 정남향으로 내려와 그레데 섬까지 이릅니다. 배는 그레데 섬 남쪽에 있는 미항에 일시 정박합니다. 미항에서 폭풍이 잦아들기를 한참이나 기다렸지만, 진정될 기미가 보이지 않았습니다. 그렇다면 이제 더는 로마 제국 본토까지 항해를 강행하기란 거의 불가능해졌습니다. 아무리 이 시기에 항해가 성공해서 큰돈을 벌 수 있다고 해도 배와 목숨을 담보로 항해할 수는 없는 노릇입니다. 로마까지의 항해를 계속할지는 더 이상 논점이 아닙니다. 하지만 곧장 결정해야 할 일이 하나 생겼습니다. 앞으로 3-4월까지 이어질 긴 겨울을 어디서 보낼 것인가 하는 것입니다. 지금 정박해 있는 미항과 근처에 있는 라새아는 둘 다 배와 사람 모두에게 쾌적하게 겨울을 보내기에는 적절하지 않았습니다. 이 지역을 잘 아는 선원들에게 배와 사람을 모두 보호할 수 있는 곳은 뵈닉스였습니다. 최적지였고 거리도 그리 멀지 않았습니다. 64km 정도 떨어져 있으니, 순풍을 만나면 하루 정도면 당도할 수 있었습니다. 하지만 무슨 이유에서인지 바울은 완강하게 반대합니다. 마치 장차 일어날 일을 다 알고 있기나 한 듯 강하게 만류합니다. 위협적인 경고까지 덧붙입니다.

"여러분, 내가 보기에, 지금 항해를 하다가는 재난을 당할 것 같은데, 짐과 배의 손실만이 아니라, 우리의 생명까지도 잃을지 모릅니다." (사도행전 27:10, 새번역)

그는 한 번이 아니라 여러 번 집요하게 설득했습니다.[96] 하지만 관계자들은 선장과 선주와 다수인 전문가들의 의견을 두고 죄수 바울의 의견을 따를 이유가 없었습니다. 그들의 항해 결정이 불합리한 것도 아니고, 심지어 전문가의 의견을 경청하는 것이 그 자체로 불신앙적인 것도 아닙니다. 왜냐하면 그들은 바울에 대해서는 거의 몰랐고, 바울 배후에 계신 하나님은 더욱 몰랐기 때문입니다. 그들에게 바울은 그냥 죄수일 뿐이었습니다. 하지만 우리는 전문가의 함정 혹은 엘리트의 함정에 대해서 유념해야 합니다. 특정 분야의 전문가가 일반인에 비해 더 많이 알고 있는 것은 사실이지만, 그들이 자기 분야에서마저 모든 것을 다 알고 있는 것은 아니며, 때로는 전문가의 지나친 확신과 많은 정보와 소견이 예외적인 상황에서는 적절한 판단에 장애가 될 수도 있습니다. 특히 신앙인들은 전문가의 분석이나 예측만 가지고 가장 현실적이고 합리적인 방안을 찾는 데서 그치면 안 됩니다. 이 현실을 다스리시고 주관하시는 하나님의 안목, 영적인 안목, 그리고 하나님 나라 가치관으로 조망해야 합니다. 때로 그것이 현실적인 조언과 상치될 수는 있지만, 반드시 고려해야 합니다. 기도가 필요 없는 상황은 아예 없습니다. 영적인 조언과 실제적인 조언이 양립할 수 없는 것도 아닙니다. 당연히 영적 조언을 하는 사람들 역시 기도나 영적 분별력의 중요성을 영적 우월성으로 착각하여 전문가들의 견해를 소홀히 다루면 안 됩니다. 영적 지도자들 역시 어느 정도 전문가적인 식견을 갖고 문제의 실체를 이해하려고 노력해야 합니다. 몰상식이나 반지성 혹은 무지성이 아예 신앙은 아니기 때문입니다.

결국 항해를 결행했습니다. 초반 항해는 순탄했습니다. 그때까지만 해도 전문가들의 견해가 옳은 듯 보였습니다. 그러다가 그레데 섬 쪽에서 갑자기 불어닥친 '유라굴로'라고 불리는 광풍을 만났고, 배는 급격히 남쪽으로 표류하기 시작했습니다. 닻을 내리고 짐을 버리고 배의 기구까지 버리면서 하루 또 하루 또 하루를 넘기고 넘겼습니다. 하지만 폭풍은 잦아들지 않았고, 하늘과 별을 볼 수 없을 만큼 바다 위는 캄캄했고, 배는 좌표를 잃었습니다. 좌표를 안다고 한들 원하는 방향으로 배를 돌릴 수도 없었습니다. 이제 인간으로서 할 수 있는 것이 더는 없어 보였습니다. 그 상황을 저자는 이렇게 표현합니다.

"여러 날 동안 해도 별도 보이지 않고, 거센 바람만이 심하게 불었으므로, 우리는 살아 남으리라는 희망을 점점 잃었다." (사도행전 27:20)

하지만 이 삶의 희망을 잃은 '우리' 안에 바울은 들어 있지 않았습니다. 그에게는 반드시 로마에서도 예수님에 관하여 전해야 한다고 하셨던 창조주 하나님, 로고스 하나님, 생명 되신 하나님의 약속이 있었기 때문입니다. 폭풍과 그로 인해 위험을 경고하신 분도 그 주님이셨기 때문입니다. 바울이 뱃사람들을 충분히 설득하지 못했다고 하여 당신의 뜻을 철회하시고 바울도 배와 함께 죽임을 당하게 하실 분이 아닙니다. 따라서 모두에게 절망적인 이 상황이 바울에게는 배 안에 있는 사람들에게 참 빛이 되시고 희망이 되실 예수 그리스도를 경험하게 할 수 있는 절호의 기회였습니다.

이제 21절부터 44절까지에는 바울의 조언이 세 번 나옵니다. 그리고 그 조언을 따름으로써 276명이나 되는 사람들이 무사히 구조되는 것으로 끝이 납니다. 이 배의 실질적인 주인은 백부장이었지만, 그는 결국 폭풍의 위험과 배의 위기를 경고한 바 있는 바울의 말을 경청하는 자로 변해갑니다. 바울이 이 배의 실질적인 책임자 역할을 하게 된다는 뜻입니다. 그의 말에 따라서 살기도 하고 죽기도 할 것입니다. 이는 그가 믿는 하나님의 말씀에 순종하는지에 따라 배와 승객들의 운명이 결정된다는 의미였습니다. 앞서 이 배가 로마제국의 축소판이라고 했습니다. 그렇다면 바울의 지도력을 통해서 이 배뿐만 아니라 이 배가 상징하는 로마제국의 주권이 누구에게 있는지도 보여주고 있는 것입니다. 우리의 살고 죽는 것을 좌우하는 것이 로마의 군사력과 경제력, 그들의 기술과 사람, 심지어 그들이 믿는 만신전의 신들이 아니라는 것입니다. 자연 앞에서 로마제국은 무력했습니다. 바울이 의지하는 주 예수 그리스도, 자연을 주관하시는 창조주 하나님만이 약속하신 일을 하고 계셨습니다. 사도행전 27장과 28장은 로마제국을 살릴 수 있는 것은 예수님의 복음뿐임을 바울의 역할을 통해서 보여줄 것입니다. 그는 이미 로마제국에게 복음을 전파했고, 또 앞으로 제국의 수도에서 전파할 복음의 능력을 배 안에서 시연해 보이고 있었던 것입니다.

1차 조언 : 바울이 주의 말씀을 전하다

책망

이 깊은 절망 가운데 나온 하나님의 사람 바울의 일성은 위로가 아니라 책망이었습니다.

> "여러 사람이 오래 먹지 못했으매 바울이 가운데 서서 말하되 여러분이여 내 말을 듣고 그레데에서 떠나지 아니하여 이 타격과 손상을 면했더라면 좋을 뻔했느니라"(사도행전 27:21)

배 안에 있는 사람들이 "오래 먹지 못했다"는 것은 그들의 절망적인 상태가 얼마나 심각했는지를 다른 방식으로 표현한 것입니다. 극심한 멀미로 식사할 수 없었을 것이고, 당장 시급한 상황을 모면하느라고 기진 맥진하여 식사를 준비할 형편도 아니었을 겁니다. 다들 죽을 날을 받아 둔 사람들처럼 먹을 의욕도 없었을 것입니다. 이런 사람들에게 바울은 왜 이런 일이 초래되었는지를 분명히 해둡니다. 예상치 않게 닥친 유라굴로를 탓할 수만은 없었습니다. 그들은 항해를 반대하던 바울의 경고를 무시한 것이 내내 마음에 걸렸을 겁니다. 그런데 지금 바울은 그것을 구체적인 말로 표현해 준 것입니다.

여기 "타격과 손상"텐 휘브린 카이 텐 제미안, τὴν ὕβριν καὶ τὴν ζημίαν은 10절에서 경고할 때도 나왔던 "타격과 손해"와 같은 단어입니다. 그때의 경고를 상기시켜 주려고 의도적으로 같은 표현을 쓴 겁니다. 동시에 이 폭풍우와 그것이 초래한 엄청난 시련이 우연한 자연재해가 아니라 필연적인 일이었다는 인상을 주고 있습니다. 바울은 이런 상황을 예상하고 있었습니다. 바울이 "내 말을 듣고… 좋을 뻔했다"고 한 것은 앞으로는 자신의 말을 들어야 살 수 있다는 뜻이기도 합니다. 바울은 자기가 믿는 하나님, 또 주 예수님을 의지해야 한다는 말을 에둘러 하고 있는 겁니다.

격려

하지만 깊은 절망에 빠져 살 수 있다는 희망을 아예 잃어버린 사람들에게 잘잘못만 따지는 것은 별 의미가 없습니다. 소망을 주거나 대안을 제시하지 못할 거면서 비판하고 평계하고 남 탓만 해서는 안 되는데, 그럴수록 절망만 깊어질 뿐이기 때문입니다. 하지만 바울은 그들에게 책망 뒤에 참다운 위로와 소망도 주고 있습니다. 근거 없는 희망 고문이 아니라 진짜 소망을 주고 있습니다.

> "내가 너희를 권하노니 이제는 안심하라 너희 중 아무도 생명에는 아무런 손상이 없겠고 오직 배뿐이리라" (사도행전 27:22)

여기 "권하다"파라이네오, παραινέω는 사도행전에서는 단 두 번만 쓰입니다. 사도행전 27장 22절과 앞에서 항해를 하지 말라고 경고할 때(행 22:9) 나옵니다. 저자는 이런 수사적 테크닉을 통해서 바울이 경고할 때나 지금 안심하도록 희망을 줄 때나 말의 무게가 동일하다는 것을 보여주고 있는 겁니다. 그때의 경고가 허언에 그치지 않고 현실이 되었듯이, 지금의 이 희망적인 위안도 반드시 현실이 될 것임을 암시하는 것입니다. 이번에는 왜 참된 위안이 되는가 하면, 앞서 경고할 때는 화물과 배와 생명이 모두 타격과 큰 손해를 입을 것이라고 했는데, 여기서는 배만 손상을 입고 생명에는 아무 손상이 없을 것이라고 말하고 있기 때문입니다. 배까지 온전하게 보전되어야 진정한 기적이라고 여기는 사람도 있겠지만, 그것은 어쩌면 기적의 참 의미를 오해한 것일지 모릅니다. 기적miracle은 모든 자연법칙을 깨는 마법magic 같은 것이 아닙니다. 바울은 2번에 걸쳐서 "안심하라"고 말하고, 각각 그 근거를 제시하고 있습니다.[97]

권면의 근거

바울이 자신 있게 안심하라고 권면할 수 있었던 이유는 무엇입니까? 그는 긍정적인 사고를 하면 좋은 일이 생길 것이라는 막연한 신념을 설파하고 있는 것이 아닙니다. 절망적인 상황에서는 절망을 말하고, 부정적인 것에 대해서는 부정적으로 말해야 합니다. 정직한 현실에서 현실적인 희망이 나옵니다. 구원이 필요한 사람이 구원을 장담할 수는 없습니다. 구원은 늘 우리 바깥에서부터 옵니다. 그러니 구원이 필요한 비참한 상황을 먼저 인정하는 것이 필수적입니다. 바울은 바깥에서 기적 같은 희망의 소식, 구원의 소식을 들었습니다. 그리고 그 소식을 날 것 그대로 전하고 있습니다.

"내가 속한 바 곧 내가 섬기는 하나님의 사자가 어제 밤에 내 곁에 서서 말하되 바울아 두려워하지 말라 네가 가이사 앞에 서야 하겠고 또 하나님께서 너와 함께 항해하는 자를 다 네게 주셨다 했으니" (사도행전 27:23-24)

바울은 전날 밤에 하나님의 사자 천사에게서 약속을 받았습니다. 바울은 그 사자를 보내신 하나님을 "내가 속한 바 곧 내가 섬기는 하나님"이라고 소개합니다. 앞서 열두 지파가 그 하나님을 간절히 받들어 섬겼다고 했는데(행 26:7), 이제 바울 자신이 그 하나님을 섬기는 사람이라고 정의하고 있습니다. 자신은 자기를 죽은 자 가운데서 살리신 하나님 아들의 소유라는 뜻입니다. 이제 바울이 살고 죽는 것을 결정하는 것은 주인이신 그분이고, 그분의 말씀에 기쁨으로 순종하여 섬길 때만 자신이 살아 있는 것이고, 또 살 수 있다는 말을 들은 것입니다. 지금 바울은 자신의 예지력을 뽐내는 것이 아닙니다. 그냥 자신이 분명 들은 것을 전하고 있을 뿐입니다. 이것이 복음 전도자에게 필요한 태도입니다. 어젯밤에 바울의 하나님이 보내신 사자가 나타나 바울을 먼저 위로하고 격려해 주었습니다. 그 덕분에 바울은 폭풍 때문에 두려워하고 있는 사람들에게 "안심하라"고 감히 위로해 줄 수 있었습니다. 아무리 지도자라고 해도 자기도 너무 두려운 상태에서 남에게 두려워하지 말라고 위로하기란 쉽지 않습니다. 자신이 두렵기에 더 긍정적인 면만 보려는 이들도 있습니다. 그래서 과도한 긍정과 희망은 역설적으로 과도한 두려움과 공포의 결과입니다. 그런 이유로 종교는 인간이 느끼는 두려움의 산물일 수 있습니다. 하지만 신앙은 그런 게 아닙니다. 신앙은 두려워서 뭐라도 붙잡는 것에 그치지 않습니다. 그럴만한 분명하고도 충분한 근거가 있어서 바라고 기대하고 맡기고 의지하는 것이 신앙입니다. 그 근거, 그 내적 논리를 '진리'라고도 부릅니다. 우리는 적어도 나를 설득할 만큼의 내적 논리를 갖춰야 합니다. 그 이유를 가진 사람이 자유할 수 있습니다. 그것은 단지 이론의 문제만이 아니고, 경험적인 논리이고 직감적인 논리입니다. 주님과 만난 경험이나 내 신앙이 증명된 경험 역시 지적인 논리만큼이나 나의 신학과 신앙을 형성하는 데 큰 영향을 미칩니다. 바울이 원래 갖고 있던 신학이 있었는데, 지금 이 순간 그의 당찬 위로는 부활하신 예수님과의 지난 밤 만남을 통해 더 확고해졌습니다. 메신저가 주님을 만난 후에 그 주님이 주시는 세상에 희망을 전할 때, 세상은 훨씬 실감나게 그 복음을 듣게 될 것입니다.

주님의 사자는 바울에게 두 가지를 약속하십니다. 하나는, "네가 가이사 앞에 반드시 서야 한다"입니다. 다른 하나는, "하나님께서 너와 함께 항해하는 자를 다 네게 주셨다"입니다. 하나는 바울에 관한 것이고, 다른 하나는 배 안에 있는 사람들에 관한 것입니다. 바울이 가이사 앞에 선다는 것은 그가 이 소망 없는 망망대해에서 구원을 받는다는 뜻이고, 배의 기구까지 다 버려서 항해할 수 없게 되다가 결국 배마저 잃고 목숨만 간신히 건지는 상황이 오겠지만, 그래도 결국엔 로마에 도착할 것이라고 약속해주신 겁니다. 그러나 얼마나 더 걸릴지는 몰랐고, 그 과정에서 어떤 어려움을 거쳐야 할지도 몰랐습니다. 여기 "가이사 앞에 서야 하겠고"라는 말에는 "반드시… 해야 한다"는 뜻의 조동사 '데이'δεῖ가 들어 있습니다. 하나님의 굳은 의지가 담긴 '느낌 동사'입니다. 사실 이 약속은 맨정신으로는 들을 수 없는 놀라운 약속, 믿기지 않는 약속입니다. 아무리 믿음이 좋기로서니 배 안에 있는 사람들이 바울의 말이 현실이 되는 상황을 상상하는 데는 한계가 있었을 것입니다. 엄청난 강풍 때문에 배가 어디로 가고 있는지 모르는 상황입니다. 망망대해에서 섬 하나 만나는 경우를 상상하기도 어려운데, 이 시점에서 '로마'를 언급하는 것은 너무 앞서가는 듯했을 것입니다. 그럼 하나님께서 이 배를 로마를 향해 끌고 가고 계시는 중이라도 된다는 말입니까? 정말 그렇다면, 표류하는 듯 보이지만, 사실은 하나님께서 선장이 되어 이 배를 운전하시는 중이라는 말이 될 것입니다. 물론 승객의 입장에서는 너무 거칠게 운전하는 항해 사이지만 말입니다.

더욱이 하나님께서는 바울만이 아니라 이 배에 함께 타고 있는 모든 이들을 다 살리시겠다고 약속하십니다. 이 또한 놀라운 약속입니다. 그래서 원문에서는 독자들의 주위를 환기시키는 표현인, "보라"καὶ ἰδοὺ, καὶ ἰδοὺ라는 말로 이 문장을 시작하고 있습니다. 그것도 특이하게 표현합니다. "하나님께서 다 네게 주셨다"κεχάρισταί σοι ὁ θεὸς πάντας, κεχάρισταί σοι ὁ θεὸς πάντας. 마치 바울에게 선물을 주듯이 말하고 있습니다. 그것은 이 생명들은, 바울이 정말 구원받기를 원하고 기도하고 또 고락을 함께 하고 있는 사람들을 가리키기 때문입니다. 하나님은 바울의 간절한 바람과 노력에 화답하여 그들 모두를 한 사람도 빠짐없이 다 살리셔서 바울에게 선물로 주시겠다는 뜻입니다. 이제 배 안에 있는 사람들은 바울 덕분에 구조된다고 해도 과언이 아닙니다. 하지만 그들이 바울의 조언을 다시 거절한다면, 그리고 하나님의 약속을 헛소리로 간주하여 무시한다면, 하나님도 어쩌실 수 없을 것입니다.

목회자로서 저에게도 하나님께서 우리 교회 성도님 모두를 선물로 주시기를 기도합니다. 함께 영적 항해를 하는 모두를 '다 네게 주었다'고 말씀해 주시기를 바랍니다. 한 사람도 실족하여 주님을 떠나지 않기를 바랍니다. 서로 정치적 견해가 다르고, 일하는 스타일도 다르고, 성품도 다르고, 신학적인 입장이 같지 않아도, 우리가 서로를 위해서 기도하고 복을 빌어주는 관계가 되면 좋겠습니다. 제가 지키고 싶은 것은 오직 우리 주 예수 그리스도의 십자가의 은혜로만 구원 받는 진리이기 때문입니다.

위로

바울은 두려워하는 사람들에게, 그리고 절망의 끝을 향해 달음질하고 있는 이들에게, 다시 한번(22절) 위로를 전하고 있습니다.

"그러므로 여러분이여 안심하라"(사도행전 27:25a)

다시 안심하라고 말할 수 있는 근거를 제시합니다.

"나는 내게 말씀하신 그대로 되리라고 하나님을 믿노라 그런즉 우리가 반드시 한 섬에 걸리리라 하더라"(사도행전 27:25b-26)

바울은 신실하신 하나님께서는 반드시 말씀대로 되게 하실 분임을 믿습니다. 진정한 믿음은 말씀에 대한 믿음입니다.[98] 하나님에게 말씀은 정보가 아니라 '인격'이고, 사건을 만들고 창조를 일궈내는 '능력'입니다. 하나님이 말씀하시면 반드시 사건이 일어나고 창조가 일어납니다. 하나님을 믿는다는 말과 그분의 능력을 믿는다는 말은 같습니다. 하나님을 믿는다, 예수님을 믿는다고 말하면서도 정작 그분의 말씀을 듣고 배우려고 하지는 않는다면, 그리고 그 말씀을 단지 과거의 정보가 아니라 오늘 나에게 하시는 말씀으로 듣지 않는다면, 우리의 '믿음'은 감정일 뿐이고, 나를 창조하시고 내 삶을 창조하고 계시는 역사의 하나님을 믿는 믿음은 아닙니다. 우리를 살리는 믿음은 "내게 말씀하신 그대로 되리라"는 사실을 믿는 믿음입니다. '내게 말씀하신 것'이 성경 전체를 가리킬 수도 있고, 개인적으로 우리 마음에 다가온 말씀일 수도 있습니다. 물론 잘 분별해야 합니다. 그리고 "말씀을 들었다" 혹은 "말씀을 받았다"는 표현을 신중히 사용해야 합니다. 또한 개인적으로 듣는 말씀을 자의적이고 그래서 못 믿을 것으로 치부하는 것도 조심해야 합니다. 그렇다면 바울이 주의 사자를 통해서 들었다고 하는 그 말씀도 너무 힘든 상태에서 들린 환청으로 치부할 수 있기 때문입니다. 하지만 바울은 분명 이 말씀을 '개인적으로' 들었습니다. 그것은 바울에게만, 혹은 바울 시대에만, 성경이 완성되지 않은 시대에만 한정된 하나님의 소통 방식일 리 없습니다. 다만 하나님의 말씀이 아무리 개인적으로 전달되었더라도, 그 말씀이 개인만을 위한 메시지에 그쳐서는 안 됩니다. 하나님의 말씀은 반드시 하나님 나라와 그 의를 이루는 것이어야 하고, 하나님의 성품에 부합하는 것이어야 하고, 한 사람만을 위한 이기적인 민원 해결이 아니라 널리 유익을 끼치는 공적인 성격을 띠어야 합니다. 이것을 기억한다면 하나님 말씀을 기복적으로 오용하는 실수를 하지 않게 될 것입니다. 점치듯 큐티^{개인성경묵상} 하는 실수도 피할 수 있을 것입니다.

바울에게 하나님 말씀은 실현되어 왔고, 또 반드시 실현될 기정사실이었습니다. 그러니 바울이 탄 배는 '반드시' 한 섬에 걸릴 것이고^{좌초될} 것이고, 배는 잃어도 배에 탄 사람들은 모두 반드시 구조될 것입니다(참조.

389

사 40:5). 바울은 다른 배를 타고 꼭 로마에 도착할 것이고, 가이사 앞에 서게 될 것입니다. 바울은 예측하는 데 그치지 않고 확신에 차서 말하고 있습니다. 바울은 이대로 표류만 하다가 침몰하여 바다에서 죽을 것이 아니라, "우리가 반드시 한 섬에 걸리리라"라고 말할 수 있는 사람입니다. "반드시 걸리리라"고 확신했던 그 섬이 나중에 어떤 섬이었는지를 알게 되면, 소스라치게 놀랄 것입니다. 독자인 우리도 할 말을 잃을 겁니다. 그들은 생각하기도 싫을 만큼 끔찍한 공포 속에 바람과 사투를 벌이며 표류했지만, 결국 그들이 당도한 곳은 로마제국 본토 바로 아래였기 때문입니다.

하지만 이런 바울의 말에 배 안에 있는 사람들이 어떻게 반응했는지가 전혀 안 나옵니다. 분명 바울의 조언을 듣지 않아서 큰 폭풍을 만난 것이 사실이기 때문에, 바울의 경고를 처음 들었을 때보다는 더 귀를 기울였을 것입니다. 하지만 상식적으로 생각하면, 폭풍을 만날 것이라는 바울의 예측보다 자신들이 무사히 한 섬에 도착할 것이라는 말이 더 믿기 어려웠을 것입니다. 전에는 바울이 항해 전문가가 아니었기 때문에 안 믿었다면, 이번에는 바울이 한 말이 하도 황당하여 믿을 수 없었을 것입니다. 다시 한번 저자는 바울의 말에 대한 사람들의 반응을 생략하고 있는데, 이 침묵은 이 말이 그다지 큰 위로를 주지 못했음을 보여줍니다. 당연합니다. 폭풍을 예측했다고 해서 이런 황당무계한 미래까지 맞출 것이라고 기대하기는 어려웠습니다. 아직은 그들이 하나님의 능력을 믿을 만큼 충분히 경험치가 쌓이지 않았습니다.

그렇게 믿음은 확률의 문제가 아닙니다. 믿음은 믿을 수 없는 상황을 전제로 합니다. 내가 갖고 있는 모든 지식과 인과율을 다 내려놓을 것을 요구합니다. 우리는 늘 믿지 않아도 되는 이유, 믿을 수 없는 이유, '당장은' 안 믿어도 되는 이유를 수도 없이 많이 제작하는 사람들입니다. 아니 아무리 믿어야 할 이유가 차고 넘쳐도 믿을 수 없는 이유가 단 하나만 있어도 믿기를 주저합니다. 믿고 싶지 않아서 안 믿을 뿐 믿을 이유가 모자라서가 아닙니다. 하지만 바울이 이 약속을 믿은 이유는 그 일이 확률적으로 실현 가능성이 높기 때문이 아니라, 그가 믿는 하나님이 하시겠다고 말씀하셨기 때문입니다. 말씀하신 '하나님'을 믿는다면, 이제부터 중요한 것은 그 하나님의 뜻과 의지뿐입니다. 하나님의 뜻이라면, 하나님은 뭐든 하실 수 있다고 믿는 것이 진짜 믿음입니다. 아무것도 없는 데서 이 세상을 창조하셨고, 이스라엘을 애굽 제국의 손아귀에서 구하셨고, 40년 동안 죽음의 땅 광야에서 이스라엘 백성들을 무탈하게 지키셨습니다. 혼돈의 물인 홍해 사이로 마른 땅을 내서 자기 백성을 건너게 하셨고, 불기둥과 구름기둥으로 광야에서 인도하셨고, 하늘에서는 만나를 내리시고 반석에서는 물이 솟게 하셨습니다. 급기야 당신 아들을 인간의 몸을 입혀 이 땅에 태어나게 하셨고, 죽은 그 아들을 살리셨습니다. 그렇게 하신 하나님에게 '실현 가능성'을 따지거나 그것이 하나님의 역사였음을 입증할 과학적 증거를 요구하는 것이 비합리이고 몰이성입니다. 그러나 배 안에 있던 사람들은 바울이 건넨 위로를 흔쾌히 받지 않았습니다. 거기서 아무 소망을 발견하지 못한 겁니다. 소망을 갖기에 그들의 절망은 너무 깊고 짙었고, 하나님의 존재감은 희미했습니다. 어쩔 수 없었습니다. 이제 하나님께서 바울을 통해 자신의 존재감을 더욱 확실히 드러내실 수밖에 도리가 없었습니다. 그런 일 처리 방식이 '하나님의 선교'*Missio Dei* 입니다.

2차 조언 : 바울이 사공들의 탈출을 막다

아무 일도 일어나지 않은 채 배가 표류하기 시작한 지 14일이나 지났습니다. 바울이 안심하라고 말한 다음에도 몇 날이나 더 지났는지는 모릅니다. 앞서 20절의 "여러 날 동안"을 직역하면 '많은 날 동안'이라고 했습니다. 그렇다면 이것은 표류 사흘째 되는 날의 상황이 아니라, 그보다 더 진행된 상황입니다. 그럼 27절의 14일째까지는 바울이 "안심하라"고 말한 때부터 불과 몇 날이 더 지난 시점일 것입니다. 바울을 통해 전달된 하나님의 약속이 드디어 현실이 되기 시작합니다.

> "열나흘째 되는 날 밤에 우리가 아드리아 바다에서 이리 저리 쫓겨가다가 자정쯤 되어 사공들이 어느 육지에 가까워지는 줄을 짐작하고 물을 재어 보니 스무 길이 되고 조금 가다가 다시 재니 열다섯 길이라"(사도행전 27:27-28)

알렉산드리아 배가 표류한 곳은 아드리아 바다였습니다. 그레데 섬과 멜리데 섬 사이에 있는 바다입니다. 해도 별도 보이지 않아서 배가 어디로 떠내려가고 있는지 알 수 없었지만, 배는 평소 항속보다 엄청 빠르게 이동하고 있었습니다.

그렇게 표류한 지 14일째 되는 날 자정쯤이었습니다. 사공들은 배가 육지에 가까워지고 있음을 직감했습니다. 어떻게 짐작했는지는 모르지만, 아무래도 깊은 바다를 항해할 때와 얕은 바다를 항해할 때 베테랑 선원들이 배에서 감지되는 느낌은 확연히 달랐을 겁니다. 선원들은 얼른 수심을 재어 보았습니다. 처음 잴 때는 20길36m이었습니다.[99] 조금 더 가다가 재보니 15길27m이었습니다.**100** 배가 나아갈수록 점점 더 수심이 얕은 곳으로, 즉 육지 쪽으로 가고 있음을 더 확인할 수 있었습니다. 그러자 즉시 항해 전문가들의 손이 바빠졌습니다. 그동안엔 배로 들이치는 물을 퍼다 바깥에 버리는 일밖에는 할 것이 없었는데, 이제 할 일이 생겼다고 생각했을 것입니다.

"암초에 걸릴까 하여 고물로 닻 넷을 내리고 날이 새기를 고대하니라"(사도행전 27:29)

빠른 속도로 육지를 향하면 배가 암초에 걸려 선미가 깨지고 그러다가 좌초될 수 있기 때문에, 고물배의 뒤편에 있는 닻 네 개를 내려서 배의 속도를 늦췄습니다. 이것은 배가 넓은 쪽이 파고에 노출되어 뱃머리로부터 바위에 부딪혀 부서지는 즉각적인 위험을 방지하기 위한 비상조치였습니다.**101** 그러고는 날이 새기를 기다렸습니다. 날이 새면 육안으로 육지의 존재를 확인할 수 있을 것이기 때문입니다.

그런데 이런 와중에 일부 사공들은 이대로 가다가는 배가 암초에 걸려 좌초될 수 있겠다고 판단했습니다. 닻 네 개를 내려 만일의 사태에 대비하기는 했지만, 그보다 더 확실한 방법은 구명 배거룻배를 이용하여 자기들끼리 얼른 탈출하는 것이었습니다. 그래서 자기들만 도망하자고 결심하고는 배 앞쪽에 있던 닻을 내리는 척하면서 거룻배를 바다에 내려놓았습니다. 그런데 우연히 그 장면을 바울에게 들키고 맙니다. 그들은 바울의 말을 새겨듣지 않았습니다. 아니 믿지 않았습니다. 배만 손상될 뿐 아무 사람의 생명도 손상되지 않을 것이라고 했건만, 자기들만 살려고 한 것입니다. 바울은 즉시 백부장에게 이 사실을 알려서 그들을 살립니다.

> "바울이 백부장과 군인들에게 이르되 이 사람들이 배에 있지 아니하면 너희가 구원을 얻지 못하리라 하니 이에 군인들이 거룻줄을 끊어 떼어 버리니라"(사도행전 27:31-32)

선원들이 경험상 가장 확실한 구원의 길, 생존의 길이라고 확신했던 이 도주가 사실은 그들 자신뿐만 아니라 배 안에 있던 모든 사람들"너희가"의 목숨을 앗아갈 만큼 위험천만한 결정이었음을 전혀 몰랐습니다. 사실 이 둘은 상식적으로 인과관계가 형성되기 어렵습니다. 몇몇 이기적인 행동과 배 안에 있는 사람 전체의 생사가 연관된다는 것을 어떻게 이해할 수 있겠습니까? 이런 주장이 사실이라면, 이 또한 지식의 배반이고 전문가의 배반입니다. 선원들은 자신들의 가장 큰 자랑이던 배와 바다와 항해에 관한 고급 지식과 숱한 경험이, 선원들 자신들은 물론이고 동료들도 다 죽일 수 있었다는 사실을 몰랐을 겁니다. 하나님께서는 276명 모두를 사랑하시고 모두를 '구원' 소조, σῴζω하기 원하셨습니다. 이 구원이 단지 목숨을 건진다는 뜻에 그친다면, 주님은 거룻배 하나 없다고 모두가 죽는다는 말씀은 안 하셨을 겁니다. 바울은 배 안에 있는 사람들이 모두 한 운명 공동체가 되어야 다 함께 살 수 있다고 경고한 것입니다. 그들에게는 여전히 이 바울을 통해서 더 경험해야 할 '구원의 하나님'이 계셨던 것입니다.

그러니까 방금 바울이 백부장에게 몇몇 도주를 시도한 선원들의 일을 알린 것은 일종의 '내부고발'입니다. 바울이 비겁하게 동료들을 배반한 겁니까? 아닙니다. 도망하려는 선원들에게 불리한 조치가 맞지만, 결국엔 그들을 살리는 조치였습니다. 잘못을 지적하거나 시정을 요구할 때 관계가 악화될 각오를 해야 합니다. 바울은 이 조언이 살고 죽는 문제와 직결되기에 담대하게 도주를 막은 겁니다. 오늘 주변의 그리스도인 중에 용기 있게 내부고발에 나선 이들이 있다면, 혼자 싸우도록 두지 말고 공동체가 함께 격려하고 함께 대가를 감수해 주십시오. 그러면 그는 하나님께서 정의의 편에 서서 일하고 계신다고 느끼면서 큰 힘을 얻을 것입니다. 특히 교회에서 부당하고 부정한 일이 발견되면, 성도들은 관계를 의식하여 묵인하거나 방관해서는 안 됩니다. 지혜로운 해결 방법을 늘 모색해야겠지만, 불의하고 부정한 일을 용납하고 모른 체한다면 그 일에 연루된 사람뿐만 아니라 교회 전체가 좌초될 수 있습니다.

자기만 살겠다고 도주하는 선원들이 참 이기적으로 보이지 않습니까? 함께 그 칠흑 같은 바다 위에서 폭풍우와 맞서 왔으면서, 이제 실낱같은 희망이 보이자 느닷없이 이기적인 행태를 보였으니 말입니다. 그런데 이들만 특별히 이기적인 것이 아니라, 어쩌면 전형적인 인간의 일면이 아닌가 생각합니다. 하지만 하나님 나라는 모두가 같이 사는 나라입니다. 자원이 모자라서가 아니라 너무 욕심을 부려서 세상은 점점 살기 어려운 곳이 되어 가고 있습니다. 필요한 만큼만 소유하고 지금보다 덜 입고 덜 먹고 덜 소유하면 한 사람이라도 더 살릴 수 있습니다. 그런데 이미 부요한 사람들과 강한 사람들이 필요 이상으로 소유하고 심지어 약탈하기 때문에 지구의 절반이 굶주리고 있는 겁니다. 나만 살겠다고 하는 사람들은 죽음을 자초하고 또 앞당기고 있음을 모르고 있습니다. 이 사회에서 우리가 살고 죽는 것은 개인의 능력에만 달린 것이 아니고, 우리가 사는 관계 생태계나 자연 생태계에 달려 있습니다. 우리는 같이 죽고 같이 살도록 유기적으로 연결되어 있습니다. 온 세상이 환경파괴로 신음하고 있는데 나만 쾌적하게 무사할 수는 없습니다. 학교마다 아이들이 고통을 당하고 있는데 우리 아이에게만 행복한 삶은 없습니다. 교회가 조롱당하고 문을 닫고 있는데, 우리 교회만 부흥하고 발전할 수 있습니까? 남에게 한 것이 나한테 한 것이고, 남이 당하는 것이 곧 내가 당하는 것이라고 여겨야 합니다. 바울은 분명히 경고합니다. "이 사람들이 배에 있지 아니하면 너희가 구원을 얻지 못하리라."

그러자 놀랍게도 백부장과 군인들이 바울의 말을 곧이곧대로 믿어주고 있습니다. "군인들이 거룻줄을 끊어 떼어 버리니라." 거룻배를 끌어 올린 것이 아니라, 아무도 거룻배를 이용할 수 없도록 아예 포기한 것입니다. 같이 살고 같이 죽겠다는 생각입니다. 그보다는 이제 그들이 바울의 말을 문자 그대로 신뢰하기 시작했다는 사실이 중요합니다. 살고 죽는 것은 저 거룻배에 달린 것이 아님을 알았습니다. 배는 깨질 것입니다. 배가 다 깨져도 배 안에 있기만 하면 다 살 것이라는, 쉽게 믿기 어려운 말을 백부장은 믿기 시작한 것입니다. 그래서 거룻배 하나 남기는 여지조차 허용하지 않았습니다.

3차 조언 : 바울이 음식을 먹도록 권하다

소동을 잠재운 바울은 날이 밝아오자 의미심장한 말을 합니다. 어쩌면 바울은 오늘이 바로 그날, 배가 멈추고 사람들이 육지로 상륙하는 디데이가 될지도 모른다고 생각한 것 같습니다. 그래서 이렇게 세 번째로 권유합니다.

"날이 새어 가매 바울이 여러 사람에게 음식 먹기를 권하여 이르되 너희가 기다리고 기다리며 먹지 못하고 주린 지가 오늘까지 열나흘인즉" (사도행전 27:33)

바울은 배에 있는 사람들에게 음식을 먹도록 권유했습니다. 미완료시제 파레칼레이, παρεκάλει는 그가 반복적으로 간곡하게 권유했음을 보여줍니다. 그동안은 살 희망이 없어서 먹지 못했고, 멀미가 심해서 못 먹었습니다. 제대로 못 먹은 지가 14일이나 되었습니다. 이제 점점 수심이 얕은 육지에 이르면서 배의 속도나 흔들림이 망망대해에서와 달리 한결 차분해졌습니다. 바울은 지금은 식사를 통해 체력을 비축해야 할 때라고 판단했을 겁니다. 그가 음식을 먹으라고 권한 데는 단지 주린 사람들의 건강을 걱정하는 것보다 더 근본적인 이유가 있었습니다.

"음식 먹기를 권하노니 이것이 너희의 구원을 위하는 것이요 너희 중 머리카락 하나도 잃을 자가 없으리라 하고" (사도행전 27:34)

사람들은 배의 운명과 자신들의 운명을 장담할 수 없어 뜬눈으로 지난 밤을 지새웠을 것입니다. 그런 상황에서 바울이 지금 구원의 희망을 주는 메시지를 건네준 것입니다. 음식을 먹으라는 말에 순종하면, 배는 못 구해도 선원들과 군인들의 생명에는 큰 타격과 손해를 입지 않을 것입니다. "너희의 구원을 위하는 것이요"라는 표현에 주목하십시오. 다시 "구원"소테리아, σωτηρία이라는 표현을 쓰고 있습니다. 당연히 '중의적'中意的입니다. 밥 먹으면 구원받는다는 말이니, 1차적으로 그 구원은 육신의 목숨을 건진다는 뜻입니다. 기운을 차린다는 뜻입니다. 이에 더하여 바울은 장담하듯 그들의 안전을 굳게 확신하며 이렇게까지 말합니다. "너희 중 머리카락 하나도 잃을 자가 없으리라." 더는 저 폭풍이 가장 큰 위험 요인이 되지 않을 것이란 뜻입니다. 폭풍이 배와 생명을 위협할 수 없고, 있다면 오직 지금 뱃사람들이 음식을 먹지 않아서 초래되는 위협뿐이라는 말로 들립니다.

"식사가 너희를 구원하리라!" 농담처럼 들리지만, 실제 나중에 그들이 탄 배는 좌초되고, 배 안에 있던 사람들은 다 물속으로 뛰어내려 일정 거리를 헤엄친 후에 상륙하고 있습니다. 누구에게든 쉬운 일이 아니었을 것입니다. 특별히 체력적으로 준비가 안 된 사람들에게는 위험할 수도 있었습니다. 그래서 바울은 식사가 너희를 구원하리라고 말할 수 있었던 것입니다. 특별히 이것이 배 안에서 그들이 하는 마지막 식사였기 때문에, 더욱 바울의 말을 믿는 것이 중요했습니다. 동시에 여기 '구원'은 앞에서처럼 이 사건을 계기로 선원들과 군인들이 바울의 하나님을 알고, 어둠 가운데서 빛으로, 우상을 섬기는 데서 하나님을 섬기는 삶으로 돌아오는 영적인 사건을 의미할 것입니다. 이 또한 '하나님의 선교'가 될 것입니다.

식사하라는 것은 평범한 '일상'으로 복귀하라는 의미입니다. 우리도 "밥 먹고 하자" 혹은 "우리 이 일 끝나면 밥이나 한번 먹자"라고 말할 때,

그것은 특별한 프로젝트를 끝내고 평범한 일상으로 돌아가자는 뜻입니다. 바울은 밥 먹자는 말로 비상 상황이 끝났음을 알린 겁니다. 당장 극적으로 상황이 바뀐 것은 아닙니다. 비정상적인 상황에서 정상적 일상을 누리는 일은 믿음으로만 할 수 있습니다. 지금 바울은 그 믿음을 요구하고 있는 것입니다. 현재 상황을 달리 해석할 능력이 있고, 그 해석과 믿음을 견인할 근거가 있을 때, 폭풍 속에서 주무신 예수처럼, 고난의 한가운데서도 우리는 평안할 수 있습니다. 이것은 신앙인만의 특권입니다. 이 믿음 덕분에 예수님은 광야에서 제자들더러 굶고 있는 무리를 위해 몸소 떡을 준비해보라고 말씀하실 수 있었습니다. 십자가를 앞에 두고 제자들과 마지막 식사를 하시면서, 이 떡과 잔을 주신 하나님께 감사 기도를 드릴 수 있었던 것은, 그 십자가가 끝이나 실패가 아님을 아셨기 때문입니다.

바울은 수심이 점점 낮아지고 있고, 배가 어느 한 섬으로 다가가고 있음을 알았습니다. 머잖아 '배'를 잃고 사람 목숨만 구하는 상황이 오리라는 것을 알고 있었습니다. 배 안에 있는 사람들에게 음식을 먹으라고 한 바울은 자기가 먼저 모범을 보여주고 있습니다.

"떡을 가져다가 모든 사람 앞에서 하나님께 축사하고 떼어 먹기를 시작하매" (사도행전 27:35)

여기 '모든 사람 앞에서'라는 표현에 눈이 갑니다. 이 배 안에서 가장 생기 넘치는 사람은 바울이었을 것입니다. 그도 똑같이 시달렸고 고생했지만, 바울은 이 '배'의 진정한 영적 선장이 누구이신지 알았고, 그분이 이 배를 어디로 인도하실지 알고 있었습니다. 그래서 오늘 먹고 내일 죽을 사람처럼 먹는 것이 아니라, 음식을 주신 하나님께 '축사하고' 바울도 먹었습니다. 이 상황에서도 감사 기도를 한 다음에 먹는 바울의 모습이 배 안에 있는 이들에게는 특이하게 보였을 겁니다. 누가 봐도 예수님의 마지막 만찬을 연상시키는 표현들이 여기에 나오고 있습니다. 유대인과 그리스도인들이 함께 떡을 떼는 이상적인 천국 공동체가 이루어지고 있었던 것입니다. 그리스도인들은 세상이 두려워 떠는 상황에서도, "밥 먹고 합시다"라고 말할 수 있어야 합니다. 세상은 밥 먹고 사는 것보다 더 중요한 것이 있다고 말해도, 감사하는 마음을 충만히 담아 한 끼 식사를 경건하게 받는 우리가 되기를 바랍니다. 아무리 못된 짓을 한 사람에게도, 그래서 아무리 미워도, 심지어 원수 같은 사이라도, "밥은 먹고 다니냐?"라고 물어주기 바랍니다.

바울이 솔선수범하여 하나님께 기도하고 떡을 먹기 시작하자, 이를 지켜본 배 안의 사람들도 식사에 동참하기 시작합니다.

> "그들도 다 안심하고 받아 먹으니 배에 있는 우리의 수는 전부 이백칠십육 명이더라" (사도행전 27:36-37)

바울의 말과 행동을 보면서 배 안에 있는 무려 276명의 사람들 속에 점점 죽음에 대한 공포가 사라지고 있었습니다. 폭풍우가 점점 잦아들듯 그들의 마음도 차분해졌습니다. 너무 힘들면 배고픈 것도 못 느낍니다. 배 안에 있는 사람들이 식사하기 시작했다는 것은, 바울이 준 희망에 대해 "그냥 한번 믿어 보자!"는 정도가 아니라 "정말 그럴지도 몰라!" 정도로 수용했다는 것을 보여줍니다.

결과 : 배를 탄 모든 사람들이 구조되다

실제로 이 식사는 일종의 배수진을 치는 일이었습니다. 예수님의 최후의 만찬처럼 바울과 다른 모든 승객들에게 이 식사 역시 이 배에서의 마지막 식사였기 때문입니다. 바울은 이제 더는 배 위의 식사는 없을 것임을 아는 사람만 할 수 있는 조치를 취합니다.

"배부르게 먹고 밀을 바다에 버려 배를 가볍게 했더니"(사도행전 27:38)

예수께서 광야에서 오천 명과 사천 명을 먹이신 사건에서도 사람들이 배불리 먹었는데도 음식이 남았습니다. 선원들과 군인들은 아껴 먹지 않았고, 배부르게 먹을 수 있을 만큼 먹었습니다. 그동안 허기진 것을 생각하면 평소보다 더 넉넉히 먹었을지 모릅니다. 다 먹고 나서 남은 밀은 바다에 버리고 배를 가볍게 했습니다. 남은 밀도, 남은 화물도 버렸습니다. 수면에서 최대한 높은 상태로 배를 대기 위해 배를 가볍게 한 것입니다. 이 배의 가장 큰 존재 목적인 '밀'과 배 안 사람들의 '생명'을 바꾸어야겠다고 결심할 정도로 배를 섬에 대는 일은 위험했습니다.

그렇게 잘 먹어서 속이 든든한 상태에서 날이 밝았습니다. 그들 앞에는 놀라운 광경이 펼쳐지기 시작했습니다.

"날이 새매 어느 땅인지 알지 못하나 경사진 해안으로 된 항만이 눈에 띠 거늘"(사도행전 27:39)

14일 동안 그들이 본 것은 언제든 배를 깨뜨릴 수 있는 험상궂은 바다 뿐이었습니다. 해와 달과 별이 없는 칠흑 같은 어둠뿐이었습니다. 자신들이 도대체 어느 방향으로 떠밀려갔는지, 이곳은 로마 본토에서 얼마나 떨어졌는지, 혹은 얼마나 더 먼 쪽으로 표류했는지 알 수 없었습니다. 그런데 날이 밝자 '땅'이 보이기 시작했습니다. 경사진 해안으로 된 항만이 눈에 들어왔습니다. 그것은 '백사장이 있는 만'이었습니다. 그런데 저자 누가는 이 순간을 너무 무덤덤하게 기록하고 있습니다. 하지만 배 안에 있는 사람들은 환호성을 질렀을 것입니다. 얼싸안고 좋아했을 것입니다. 이젠 정말 살았다고 생각했을 것입니다. 누구 하나 바울의 말대로 되었다고 생각하지 않는 이가 없었을 것입니다. 그러자 지도자들이 다시 모여 회의를 합니다. 어떻게 해서든 섬인지 대륙인지 모르는 저 해안 가까이에 배를 댈 방도를 궁리했습니다.

"배를 거기에 들여다 댈 수 있는가 의논한 후"(사도행전 27:39b)

이제부터 어떻게 하면 되는지는 선원들이 가장 알고 있었습니다. 그런데 "…있는가"라고 희구법을 쓴 것을 보면, 어떻게 해야 배를 안전하게 댈 수 있을지에 대해 선원들이 확신하지 못했음을 보여줍니다. 그래도 지난 14일 동안은 폭풍과 바다에 의해서 꼼짝없이 수동적으로만 살아야 했는데 이제 능동적으로 자신들이 할 수 있는 일이 생겼으니, 그것만으로도 의욕이 충만했을 것입니다.

"닻을 끊어 바다에 버리는 동시에 키를 풀어 늦추고 돛을 달고 바람에 맞추어 해안을 향하여 들어가다가"(사도행전 27:40)

선원들은 배를 제어하기 위해 세 가지를 합니다. ① 닻을 묶고 있던 밧줄을 끊었습니다. 배를 가볍게 하려는 것이었고, 이 섬에 정박하면 항해는 끝이라는 생각해서 한 조치였습니다. 배를 포기하고 목숨은 건지겠다는 생각입니다. ② 키의 밧줄을 끊어 키를 물속으로 낮추었습니다. ③ 앞돛을 올려서 바람을 타고 배가 해안 쪽으로 들어가게 했습니다. 배는 서서히 육지 쪽 모래밭으로 나아가고 있었습니다. 항구가 따로 있었던 것이 아니라서, 배는 분명 수심이 얕은 곳에서 멈추게 되어 있었을 것입니다. 드디어 배가 멈췄습니다.

"두 물이 합하여 흐르는 곳을 만나 배를 걸매"(사도행전 27:41a)

"그런데 두 물살이 합치는 곳에 끼어들어서, 배가 모래톱에 걸렸습니다"(새번역). "그런데 물살이 합치는 곳에 말려들어 배를 좌초시켜 버렸습니다"피츠마이어. 선원들이 우려한 일이 벌어진 것입니다. 두 물살이 만나는 지점 여울목에 들어서자, 두 물살이 배를 좌초시켰습니다. 꼼짝하지 못하게 된 배를 파도가 치면서 배는 점점 망가지기 시작했습니다.

"이물은 부딪쳐 움직일 수 없이 붙고 고물은 큰 물결에 깨어져 가니"[102] (사

도행전 27:41b)

바울이 예언한 대로(행 27:10, 22) '배'가 큰 타격과 손해를 입었습니다. 배의 이물은 움직일 수도 없이 붙어버렸고, 배의 고물은 강한 파도에 부딪혀 깨졌습니다. 미완료 시제는 계속 파도가 충격을 가하자 배가 조금씩 부서졌음을 생생하게 그려줍니다. 더는 이 배를 건사할 수는 없게 되었습니다. 배가 더 이상 전진하지 못하는 상황이라면, 그것은 사람들이 그 물에 뛰어내려 육지까지 헤엄쳐 갈 수 있는 거리라는 것을 의미하기도 했습니다. 이 섬이 어떤 섬인지는 아무도 몰랐지만, 땅을 밟을 수 있다는 것만으로도 살 희망이 생겼다고 생각했을 것입니다. 기적과 같은 생존으로 여겼을 것입니다. 구원을 받은 것입니다.

또다시 찾아온 위기

그런데, 바울의 말이 현실이 되었고, 여명이 밝아오듯 구원의 희망이 밝아온 바로 그 기적 같은 순간에, '유라굴로'보다 더 위태롭게 한 위기가 찾아왔습니다. 배를 잃고 먹을 양식도 잃고 간신히 목숨만 부지한 상황인데도, 끝까지 자기 생각만 하는 사람들 때문입니다. 앞서 자기만 살려고 도망치려고 했던 선원들과 다를 바 없는 사람들이었습니다.

"군인들은 죄수가 헤엄쳐서 도망할까 하여 그들을 죽이는 것이 좋다 했으나"(사도행전 27:42)

폭풍이 몰아치는 망망대해 위에서는 군인과 죄수가 따로 없었습니다. 하지만 이제 모두가 생명을 부지할 수 있는 상황이 되자, 다시 사회에서 각자 자신이 가졌던 신분과 지위와 계급이 살아나기 시작했습니다. 군인들의 예측이 터무니없는 것도 아니었습니다. 이제 일제히 죄수들이 달아나리라 생각했을 것입니다. 로마 사회에서는 죄수들을 놓치면 호송책임을 맡은 군인들을 대신 처형했습니다. 달아나는 죄수들을 죽여도 죄가 되지 않았습니다. 더욱이 바울은 황제에게 항소한 죄인 아닙니까? 하지만 군인들은 아직 죄수들이 달아나지도 않았는데도, 만일의 사태를 대비하여 불법적으로 죽이려고 맘먹은 겁니다. 백부장이 말리지 않았다면, 바울을 비롯하여 다른 죄수들을 다 처형했을지 모릅니다.

폭풍 속에서 배는 바울의 말에 따라 살기도 하고 죽기도 하는 하나님의 나라였는데, 날이 좋아지고 육지가 보이기 시작하자, 순식간에 힘과 계급의 원리가 지배하는 로마제국으로 돌아왔습니다. 그들에게 바울은 자기들이 살기 위해 당장 죽여도 좋은 하찮은 죄수에 불과했습니다. 그것을 '객체화'라고 부릅니다. 반대로 그가 나와 상관있는 존재라는 인식, 그에게도 가족이 있고, 역사가 있고, 누군가에게는 참으로 소중한 사람이라는 인식, 그런 마음을 갖고 대하는 환대의 태도를 '주체화'라고 합니다. 지금 군인들이 알고 있는 객관적인 사실은 별로 없습니다. 자신들이 어느 방향으로 표류하여 왔는지도 모릅니다. 저 육지가 어떤 곳인지도 모르고 "어느 땅인지 알지 못하나", 39절, 저 육지에 무사히 도달할 수 있을지도 모르고, 그곳에 사는 사람들이 자신들을 환영할지, 아니면 위협적인 세력으로 여겨 죽일지도 모르고 있습니다. 심지어 이 죄수들에게 도망칠 의도가 있는지도 확인하지 않았습니다. 그런데 군인들은 이미 모든 것을 다 알고 있는 듯 행동하려고 한 것입니다. 이것이 권력자들의 착각입니다. 앞에서는 항해 전문가들이 착각했다면, 지금은 치안 전문가들, 행정관료들, 군인들이 착각하고 있습니다. 군인들이 맡은 일에 책임을 다하려고 하는 것 자체는 바른 태도입니다. 그러나 군인들의 행태는 자기 한계는 물론이고 지금껏 바울을 통해서 누린 '은혜'를 망각한, 비정하고 비열한 태도입니다. 힘을 숭상하는 로마제국의 민낯입니다. 바울에 의해 목숨을 건졌으면서, 육지도 보이고 바람도 잦아드니 바울 때문에 자신들이 죽을 수도 있겠다고 판단하여 죽이려고 한 것입니다.

하지만 우리 그리스도인들은 이점에 있어서 세상과 분명히 달라야 합니다. 우선, 그리스도인들은 세상을 사랑하고, 이 세상이 하나님의 질서를 따라 공의롭고 정의롭게 작동되도록 애쓰는 사람들입니다. 십자가로 세상을 살리려는 사람들입니다. 섬김을 받고 군림하려는 자들이 아니라, 섬기고 베풀려는 사람들입니다. 그런데 말입니다. 세상 사람들은 그리스도인들을 통해서 많은 혜택을 누리면서도, 그리스도인들을 박해하고 죽이려고 합니다. 늘 바울처럼 의인의 고난을 당하는 일이 적지 않습니다. 그런데 사도 베드로는 그것은 이상한 일이 아니라 당연하다고 말합니다 (벧전 4:12-13). 우리는 그와 같은 대접을 받으셨던 예수님의 제자들이기 때문입니다. 세상을 위해 오셨는데도 그 하나님의 아들 메시아를 세상은 십자가에 매달았습니다. 그리스도인의 숙명이 바로 그 그리스도의 숙명일 수밖에 없지만, 그리스도의 고난만이 아니라 그분의 승리 또한 우리 그리스도인의 숙명이 될 것이니 낙심하지 말아야 한다고 했습니다.

우리는 바울이 이런 위험을 겪는 게 처음이 아니라는 걸 알고 있습니다. 복음 전도를 하는 동안에는 물론이고 예루살렘에 도착하면서 지금까지 그는 부당하게 목숨의 위협을 받아왔습니다. 하지만 동시에 그때마다 하나님께서 다양한 사람들을 통해서 지키시고 구원하신 것도 보았습니다. 하나님이 바울을 보호하시고 구원하시기 위해 사용한 대표적인 수단이 놀랍게도 로마제국입니다. 이번에도 로마제국의 군인들에 의해 촉발된 위기에서 로마제국의 백부장의 도움을 받아 벗어납니다.

"백부장이 바울을 구원하려 하여 그들의 뜻을 막고" (사도행전 27:43)

여기 '구원' 디아소조, διασῴζω이라는 말이 또 나오고 있습니다. 목숨을 건졌다는 뜻입니다. 바울이 그들의 목숨을 구해주자, 백부장도 바울의 목숨을 구원해 주고 있습니다. 처음부터 바울에게 호의적이었던 백부장이 이번에도 그를 살려주고 있습니다. 군인들은 배가 육지에 가까이 온 것은 우연이라고 생각했을 것입니다. 바울의 하나님과는 아무 상관이 없다고 여겼으니 그를 죽이려고 한 겁니다. 하지만 백부장은 달랐습니다. 그는 바울 뒤에서 역사하시는 하나님을 점점 뚜렷하게 의식했습니다. 그는 모든 사람이 다 구원받을 것이라고 했던 바울의 말을 기억하고 믿었습니다. 바다에서 구원받을 뿐만 아니라, 죄수 도주의 위험으로부터도 군인들을 구원해 주실 것도 믿었습니다. 그래서 부하 군인들이 경솔하게 행동하지 못하도록 제동을 건 것입니다. 그 대신 백부장은 모두 배에서 탈출하여 육지를 향해서 나아가라고 명령합니다.

"헤엄칠 줄 아는 사람들을 명하여 물에 뛰어내려 먼저 육지에 나가게 하고 그 남은 사람들은 널조각 혹은 배 물건에 의지하여 나가게 하니" (사도행전

27:43b-44a)

얼마나 사실적인 묘사입니까? 헤엄을 칠 줄 아는 사람과 헤엄칠 수 없는 사람들을 구분하여 각각 뭍까지 나아가도록 명령하고 있기 때문입니다. 그는 참 지혜로운 사람이고, 탁월한 상황 판단 능력과 결단력을 갖춘 지도자입니다. 분명 선원들을 먼저 피신시키고, 다음으로 군인들, 그리고 맨 마지막으로 죄수들에게 뛰어내리도록 명령했을 것입니다. 깊은 밤에는 일부 선원들이 거룻배를 이용하여 도망치려고 할 때는 막더니, 날이 밝은 지금에는 모든 사람들이 다 배에서 빠져나오도록 명령하고 있습니다. 부하 군인들이 죄수들을 죽이는 데는 반대했지만, 이제는 죄수들도 자유롭게 헤엄쳐서 나가거나, 널조각이나 배 물건을 의지하여 뭍까지 갈 수 있게 해주고 있습니다.

결국 바울을 포함하여 모든 사람이 백부장의 명령을 따라 일사불란하게 배에서 탈출하여 육지를 향하여 나아갑니다. 누가는 그 결과를 이렇게 요약합니다.

"마침내 사람들이 다 상륙하여 구조되니라"(사도행전 27:44b)

아무도 생명에 타격을 입지 않고 다 구조되었습니다 디아소조, διασῴζω. 276명의 생명이 모두 구원을 받았습니다.

나가는 말

오늘 본문은 "우리는 살아남으리라는 희망을 점점 잃었다"는 말로 시작했습니다. 하루하루 연명하던 목숨이었습니다. 아무도 내일을 장담할 수 없었고, 아무도 자신의 힘으로 통제할 수 없었습니다. 우리가 희망을 제작할 수 있다고요? 그럴 때도 있지만, 살면서 그 말이 얼마나 허황하고 공허한지를 숱하게 경험했을 것입니다. 열심히 한다고 늘 하늘이 돕는 것도 아닙니다. 노력을 믿을 바에는 차라리 운명을 믿는 것이 나을 때도 있고, 운명에 대해서 원망하는 것이 더 속 편할 만큼 암담할 때도 많습니다.

절망을 선택하라

아우슈비츠에서 죽은 4백만 명이 '희망'을 품지 않아서 죽었습니까? 세월호 안에서 죽은 304명이 '희망'을 품지 않아서 죽었습니까? 왜 누구는 죽고 누구는 기적적으로 살아나는지 우리는 모릅니다. 그러니 이 깊은 절망에서 우리 인간이 할 일은 기어이 우리 힘으로 살길을 만들어내겠다는 굳은 의지를 발휘하는 것이 전부는 아닙니다. 그것은 대부분 앉아서 죽기를 기다릴 수 없어서 발버둥을 치는 것뿐입니다.

그런데 절망하는 것이 아니라 절망을 선택하는 것은 다른 문제입니다. 그것은 적극적으로 우리의 한계를 인정하는 것을 말합니다. 그것을 '창조적 항복'이라고도 부릅니다. 누군가의 도움이 필요한 연약한 존재, 유한한 존재라는 사실을 인정하라는 것입니다. 그것이 그 자체로 구원을 보장하는 것은 아닐지라도, 적어도 구원의 손길이 다가올 때 알아보고 붙잡을 수 있는 모판이 될 것입니다.

배 안에 있는 사람들은 경고를 듣고 책망을 듣고 위로와 격려를 듣고 약속을 들었지만 침묵했습니다. 그러나 침묵 속에서도 그 말씀을 마음에 둔 백부장이 있었고, 실성한 사람의 말로 여긴 선원들과 군인들이 있었습니다. 그래서 어떤 이들은 자기들만 살겠다면서 거룻배를 내렸고, 바울을 포함하여 죄수들을 죽이려 했습니다. 그들은 절망했습니다. 하지만 철저히 절망하지는 않았습니다. 상황에 따라서 있다가 사라지는 절망이었고, 오르락내리락하는 절망이었고, 보일락말락 한 절망이었습니다. 그런 마음으로는 자기 성찰도 없고 하나님께 대한 관찰도 없고 인생에 대한 통찰도 없습니다. 그런 사람이 예수님을 믿는다고 해도 그것은 자기 마음 편하기 위해 종교 하나 갖는 문제일 뿐, 나 자신을 던지고 맡기는 참 신앙은 찾아오지 않습니다. 희망이 사라질 때, 우리가 할 일은 절망을 선택하는 것입니다. 절망을 위한 절망이 아니라, 진정한 희망이 되시는 주님을 만나기 위한 절망을 선택해야 합니다.

광풍이 인도하는 여정

바울은 세 번 권면합니다. 그것은 사실상 살아계신 하나님으로부터 온 음성이었습니다. 복음이었습니다. 누가는 '구원'이라는 이중 의미를 가진 단어를 써서 그것을 암시하고 있습니다. 그들이 단지 목숨을 건지는 정도가 아니라, 하나님을 새롭게 아는 계기가 되기를 주님은 바라셨습니다. 바울은 지금껏 해왔고 또 앞으로 로마에 가서 할 일을 지금 배 위에서 하고 있었습니다. 배를 덮친 광풍 같은 박해가 바울이 가는 곳마다 있었습니다. 주님이 승천하시고 교회가 형성되면서부터 늘 있었습니다. 하지만 하나님은 그것을 역풍으로 바꾸셨고, 그래서 사도들과 바울의 사역을 표류하게 만든 그 박해의 광풍이 도리어 하나님 나라의 확장을 가져오게 하셨습니다. 광풍이 이끄는 대로 교회나 선교 사역이 표류만 한 것이 아니라, 늘 그런 상황에서 부활의 주 예수 그리스도께서 선장이 되어 운행하셨습니다. 죽고 싶을 만큼 고통스러웠고 멀미가 그칠 날이 없었습니다. 투옥되기도 하고, 매를 맞기도 하고, 돌에 맞아서 죽은 줄로 알고 버려지기도 합니다. 야고보 사도와 전도자 스데반은 순교를 당하기도 했습니다. 하지만 복음은 "예루살렘과 유다와 사마리아와 땅 끝까지" 전파되었습니다.

이번에는 바울이 사람들에게서 박해를 받은 것이 아니라 광풍에 의해 박해를 받고 있습니다. '두려워 말라'고 주께서 위로하신 것을 보면, 바울도 마음이 두렵고 힘겨웠던 것 같습니다. 그렇다고 하나님께서 이대로 약속을 잊으신 채 자신의 사역을 바다 위에서 끝내시려고 한다는 생각까지는 안 했을 것입니다. 그렇더라도 과정이 힘든 것은 사실입니다. 그런데 이번에도 부활하신 주님이 이 배의 선장이 되어 주셨습니다. 정확히 자신이 의도한 섬까지 바울을 데려다주셨습니다. 긴 겨울을 그레데 섬에서 보낸 후에 내년 4-5월 쯤 로마에 도착할 수도 있었는데, 주님께서 과속하여 총알 운항을 하셔서 예상보다 빨리 로마 본토 근처까지 도착했습니다. 물론 아직 아무도 이 섬이 어디인지 모릅니다. 그러나 이 사실을 알고 나면 그들은 너무도 놀라게 될 것입니다. 선주와 선장은 배를 잃어 손해가 막심했지만, 바울이 잃은 것은 아무것도 없었습니다. 다소 험하게 여기까지 온 것을 빼면 정확히 오려고 했던 곳까지 왔습니다. 28장을 보면 이 섬에서 석 달 정도 더 머물게 됩니다. 그것은 배 안에 같이 있던

276명이나 멜리데 섬 원주민들에게 바울이 믿는 하나님을 소개하고 증명하기에 충분한 시간이었습니다.

사랑하는 여러분, 살다 보면 인생의 풍파를 많이 만날 것입니다. 다행히도 무탈한 인생이었더라도 우리 몸이 점점 약해지고 늙고 쇠하는 것만은 피할 수 없습니다. 세상이 이렇게 악하고 우리는 선하게 살려고 애를 쓰니 풍랑이 없을 수 없습니다. 세상은 모두 다 연결되어 있어서 내가 잘못한 것이 아닌데도 당해야 하는 일들도 많고, 내가 잘한 것도 아닌데도 누리는 혜택도 많습니다. 그래도 우리 주 예수 그리스도를 우리 인생의 선장으로 모신다면, 주께서 원하시는 곳으로 항해하는 중일 것입니다. 내가 세운 인생 계획이 틀어지고 인생 항로가 바뀔 수 있습니다. 그래도 상관없습니다. 주님이 인도하시는 대로 갈 수 있는 더 좋은 계기가 될 것이니, 오히려 더 잘된 일입니다. 그 광풍이 내 고집을 꺾고, 내 교만을 꺾고, 내가 진정으로 하나님과 이웃들의 사랑으로 살고 있음을 알게 해주고 느끼게 해준다면, 그리하여 '영원'을 사모하며 오늘을 살게 해준다면, 오히려 더 좋은 일입니다. 우리는 그 광풍 속에서도 '안심하라', '두려워하지 말라'는 주님의 말씀을 따라 살 수 있고, 또 두려워하는 자들에게 하나님의 평안과 안식을 전해주며 살 수 있을 것입니다.

다 네게 주셨느니라

주님께서는 당신의 사자를 통하여 "두려워하지 말라. 네가 가이사 앞에 서야 하겠고 또 하나님께서 너와 함께 항해하는 자를 다 네게 주셨다"고 말씀해 주셨습니다. 그러니 바울은 담대하게 "우리가 반드시 한 섬에 걸리리라"고 말할 수 있었습니다. 오늘 하나님께서 여러분 모두를 다 내게 주셨다고 말씀해 주시기를 바랍니다. 이 땅에서는 앞으로 어떤 풍파를 만날지 모르겠지만, 결국에는 '천국에 걸리리라'고 말씀해 주시기를 바랍니다. 이 약속이 우리에게 있지만, 그 성취를 다 볼 수 있는 것은 아닙니다. 사공들처럼 끝까지 자기만 살려고 남은 사람들을 위태롭게 하려는 자들을 도처에서 만날 것이기 때문입니다. 군인들처럼 자기만 살겠다고 죄수들을 미리 죽이려는 자들도 나올 것입니다. 하지만 우리는 나만 살려고 하지 맙시다. 그럼 나도 죽고 다 같이 죽을 것입니다. 이 땅에서는 끝까지 편하게 잘 누리면서 살다가 죽을 수도 있습니다. 하지만 여러분이 탄 배가 '천국에 걸리지'는 않을 것입니다. 이제 우리 모두가 운명 공동체인 것을 생각하면서, 이 고난의 풍파를 함께 힘을 합쳐 견뎌내고, 우리 주님께서 선장 되셔서 운행하고 계신다고 믿고 살아가기를 바랍니다.

구원과 환대

사도행전 28:1-15

들어가는 말

이제 저희는 사도행전의 맨 마지막 장에 이르렀습니다. 27장에서 바울이 죄수의 신분으로 로마행 상선에 올랐다가 큰 풍랑을 만나서 표류하는 장면을 보았습니다. 인간적으로는 "구원의 여망마저 없어진"(행 27:20) 상황이었지만, 하나님의 사자가 바울에게 나타나 "두려워하지 말라 네가 가이사 앞에 서야 하겠고 또 하나님께서 너와 함께 항해하는 자를 다 네게 주셨다"는 약속의 말씀을 주셨습니다. 바울은 이 말씀을 근거로 배 안에 있는 사람들에게 '안심하라'고 위로할 수 있었습니다. 배는 잃어도 사람은 모두 무사할 것이라고 하신 약속대로, 표류한 지 14일째가 되었을 때 선원들은 배가 육지 가까이 다가가고 있는 것을 감지했습니다. 실제 물의 깊이를 재어 보니 점점 얕아지는 것을 확인할 수 있었습니다. 그런데 그 와중에 선원 중에는 배가 육지에 부딪혀 좌초될 것을 우려하여 자기들만 거룻배⁽구명배⁾를 타고 도망하려는 자들도 있었지만, 바울은 그들의 행동을 제지하면서 배에 함께 있을 때만 모두 함께 구원받을 수 있다고 경고합니다. 그러고 나서 지난 14일 동안 제대로 먹지 못한 사람들에게 식사하도록 권합니다. 그들이 배불리 먹고 난 후 배를 최대한 가볍게 하려고 배에 싣고 있던 모든 밀과 화물을 바다에 던집니다. 바울의 식사 권유는 사실상 이것이 배 안에서의 마지막 식사가 될 것임을 믿으라는 뜻이었습니다.

언제든지 어디서든지 복음을 전하다

아침이 되자 뱃사람들의 눈에 경사진 해안으로 된 항만이 눈에 들어오기 시작했습니다. 배는 섬 쪽으로 다가가더니 두 물이 합하여 흐르는 곳에서 멈췄습니다. 그러자 배 후미에서부터 파도에 부딪혀 깨지기 시작했습니다. 이때 군인들은 죄수들이 도망할 것을 우려하여 바울을 비롯한 모든 죄수들을 죽이고자 했지만, 바울의 생명을 아끼는 백부장은 이를 허락하지 않습니다. 그 대신 헤엄칠 줄 아는 사람부터 배에서 탈출하여 육지로 나아가게 하고 헤엄을 칠 줄 모르는 사람들은 널조각이나 배 물건을 의지하여 육지로 올라가도록 명령합니다. 이로써 하나님께서 약속하신 대로 배 안에 있던 276명이 모두 구조되었습니다.

27장은 겉보기에는 바울의 표류기이지만, 그것이 전부는 아닙니다. 거센 풍랑에 표류하는 배는 사실상 로마제국이었고 세상이었습니다. 거기에는 바울의 복음과 세상을 다스리시는 하나님이 필요한 이방인들이 있었습니다. 바울은 죄수였지만, 배 안에 있는 모든 사람들에게 이 자연을 다스리시는 창조주 하나님과 자기 백성을 구원하시는 살아계신 하나님을 소개할 수 있는 거의 유일한 사람이었습니다. 적어도 이 항해에서만은 그들의 운명을 결정하는 것은 선원들의 항해술이 아니고, 좋은 배도 아니고, 기적처럼 변하는 날씨도 아니었습니다. 오직 여호와 하나님 한 분뿐이었습니다. 로마제국이 가진 모든 것을 다 동원해도 안전한 항해를 보장받을 수 없었습니다. 사라진 구원의 여망을 회복할 수 없었습니다.

바울의 사역은 한결같이 하나님과 그분의 나라를 전하고 드러내는 것이었습니다. 하나님의 아들 예수 그리스도의 구원을 전하는 것이었습니다. 그는 이전까지 팔레스타인에서, 예루살렘과 안디옥에서, 소아시아에서, 그리고 마게도냐와 아가야에서 복음을 전했습니다. 그리고 지난 2년은 가이사랴 감옥에서 전했습니다. 또한 최근 20여 일 동안은 로마로 향하는 배가 그의 사역지였습니다. 바울은 어디에서든, 어떤 상황에서든, 생명의 하나님, 창조주 하나님의 사람으로 살았고, 말씀의 창조력을 입증했고, 자신에게 임한 하나님 나라를 함께하는 사람들이 몸소 보고 듣고 경험하고 참여하게 해주었습니다. 그것이 바울의 존재 목적, 즉 소명과 사명이었습니다. 이는 그가 로마에 당도해서 할 일이었고, 로마 교회의 보냄을 받아 로마제국 동반구에 가서도 이어가고 싶은 일이었습니다. 그리고 그것은 하나님 나라의 복음이 땅끝에 이를 때까지 우리가 해야 할 일입니다.

반복되는 환대의 역사

이제 사도행전의 마지막 장인 28장에서도 바울을 통한 하나님 나라의 역사는 변함없이 진행되고 있습니다. 1-10절까지는 멜리데에서의 역사를, 11-15절까지는 멜리데에서 로마까지 가는 여정을, 16-31절에서는 로마에서의 하나님 나라 사역을 묘사하고 있습니다. 여기서 우리는 바울이 경험한 구원과 환대를 보고, 바울을 통해 역사한 하나님의 구원과 환대를 보게 될 것입니다. 1-10절에서는 구원과 환대의 모델이 세 번에 걸쳐서 반복되고 있습니다.

> 1-2절 하나님의 구조와 바울과 멜리데 원주민들의 환대
> 3-7절 하나님의 (바울) 구조와 보블리오의 환대
> 8-10절 바울의 (보블리오 부친과 섬의 병자들) 구조와 주민들의 환대

이후에 바울이 로마로 올라가는 길에 보디올에 이르자 거기에 있는 형제들이 환대하여 7일간 함께 교제했고, 또 압비오 광장과 트레이스 타베르네에 이르러서는 로마에서 내려온 형제들이 바울을 마중하며 환대하고 있습니다. 이 모든 만남과 교제 뒤에는 바울을 배려한 백부장 율리오의 환대가 있었습니다. 이 형제들은 모두 하나님에 의해 환대의 구원을 이미 경험한 사람들입니다. 그래서 생면부지의 바울을 극진히 환대해 줄 수 있었습니다. 본문이 확실히 밝히고 있지는 않지만, 백부장 율리오 역시 이미 하나님의 구원을 경험하고 있었는지 모릅니다.

배 위에서는 바울의 환대를 통해 뱃사람들이 하나님의 구원을 경험했다면, 멜리데에서는 하나님의 구원이 바울을 통해서 임했고, 이에 멜리데 사람들이 바울과 뱃사람들을 환대했습니다. 이렇듯 구원은 환대를 동반하고, 환대를 통해서 우리는 하나님의 구원을 경험합니다. 구원은 하나님

의 환대 행위입니다. 구원은 받았는데 환대는 경험하지 못했다면, 진정한 구원이라고 할 수 없습니다. 또 환대 없이 말로만 구원을 전한다면, 그 소식이 진정으로 복음으로 받아들여지기 어려울 것입니다.

멜리데에서의 사역

14일 동안 표류하던 배가 한 섬에 이르렀지만, 아무도 그 섬의 정체와 위치를 몰랐습니다. 다만 살아남았다는 사실에 안도했습니다. 하지만 그 안도감은 그리 오래가지 못했을 것입니다. 만약 무인도라면, 그들은 겨울 추위를 견딜 만한 것을 거의 갖고 있지 않은 자신들이 얼마나 더 생존할 수 있을지 장담할 수 없었을 것입니다.

구조되고 환대받다

이제 먹을 것도, 입을 것도 없는 상황이었습니다. 이 섬이 최종 행선지인 로마에서 얼마나 떨어져 있는지 알 수 없었습니다. 지나가는 상선의 도움을 받을 수 있는 곳인지도 몰랐습니다. 만약 사람이 사는 섬이 아니라면, 276명이나 되는 모든 사람이 구조되었다는 사실 자체가 기쁜 소식이 될 수 없었습니다. 이제부터는 이곳에서 서로 살아남으려고 싸울 것이기 때문입니다. 더는 로마 시민과 비로마시민의 구분이나, 군인과 죄수, 백부장이나 평민의 구분이 의미 없는 무법천지가 될 수도 있었습니다. 하지만 바울과 그 일행은 전혀 걱정하거나 두려워하지 않았을 것입니다. 또한 배 위에서 바울이 해준 말, 즉 하나님의 사자에게 들었다는 바울의 말을 기억하고 믿은 사람들도 걱정하지 않았을 것입니다. 섬에 도착하고 나서야 그들은 이 섬에 대한 정보를 들었습니다. 모르긴 몰라도 그들은 소름 끼칠 정도로 놀랐을 것입니다.

"우리가 구조된 후에 안즉 그 섬은 멜리데라 하더라" (사도행전 28:1)

로마를 향한 바울의 여정

멜리데는 지금의 '몰타공화국'입니다. 고대에는 페니키아 사람들이 정착하여 살았지만, 주전 218년 이래로 로마의 지배를 받아온 섬이었습니다. 그러니까 그들은 로마제국의 영토 안에 도착한 것입니다. 하나님께서 배를 운전하셔서 그들이 가고자 했던 로마 본토에서 가장 가까운 곳까지 데리고 오신 것입니다. 그 넓고 넓은 아드리아해 위에서 해도 없고 별도 없어서 방향을 예측할 수 없었습니다. 방향을 안다고 해도 배를 통제할 수 없는 상황이었는데, 하필 배가 표류하여 향한 곳이 멜리데였다니, 우연 중의 우연이며 기적 중의 기적이었습니다. 바울이 탄 배가 도착했을 거라고 짐작되는 곳에 '성 바울의 만'이라는 이름이 붙어 있긴 하지만, 정확히 어디에 도착했는지 알 수는 없습니다.

여기 "구조되다"라는 동사 '디아소조' διασῴζω는 사도행전 27장 43절과 44절에도 나왔습니다. 백부장이 바울을 구원하려고 군인들이 죄수를 죽이는 것을 막았고, 백부장의 명령으로 배 안에 있는 사람들이 다 육지로 무사히 상륙하여 "구조되었"습니다. 이는 모두 하나님의 약속대로 이루어진 '구조'였습니다. 그런데 사도행전 28장 1절에서 다시 '구조되다'라는 동사를 씀으로써 하나님의 약속이 성취되었다는 사실을 강조하고 있습니다. 그들이 이곳의 정확한 지명을 확인할 수 있었다는 것은 이 섬에 그들과 소통할 수 있는 사람들이 존재했다는 것을 의미했습니다. 2절이 그것을 보여줍니다.

"비가 오고 날이 차매 원주민들이 우리에게 특별한 동정을 하여 불을 피워 우리를 다 영접하더라"(사도행전 28:2)

거센 풍랑이 이는 바다에서 구조되었더라도, 섬사람들이 뱃사람 276명을 자신들의 위협거리로 여겼다면 경계했을 것입니다. 물에 젖은 그들을 기다린 것은 비와 차가운 날이었습니다. 하지만 다행히 원주민들은 물에 젖어 간신히 목숨을 건진 뱃사람들에게 적대적이기는커녕 놀라울 만큼 극진한 호의로 보호해 주었습니다. 누가는 그들을 '원주민'이라고 부릅니다. 직역하면 '야만인' 바르바로이, βάρβαροι 인데, 이 단어는 문화적인 용어가 아니라 헬라어를 모르는 이방인들을 가리키는 말입니다.[103] 고대 그리스인들이 외국인들의 알아들을 수 없는 소리를 흉내 낸 의성어에서 나온 단어입니다. 이 무렵 멜리데 사람들은 옛 페니키아어에서 발전한 고대 카르타고어를 사용하고 있었습니다. 당시 멜리데는 우리가 상상하는 야만적인 야생의 섬이 아니었습니다. 이미 로마제국의 영토였기 때문에, 로마 사람들과 소통할 수 있는 사람들이 거주하고 있었습니다.

성경은 야만인들이 "특별한 동정", '예사롭지 않은 인정' 우 텐 튀쿠산 필란쓰로피안, οὐ τὴν τυχοῦσαν φιλανθρωπίαν을 베풀었다고 소개합니다. 동정필란쓰로피안, φιλανθρωπία은 인간에 대한 사랑, 인류애 등으로도 번역되는 단어로서, 디도서 3장 4절에서는 하나님의 속성을 표현하는 데 쓰이고 있습니다. 멜리데 주민들이 제시한 일상적인 도움을 묘사하면서 이렇게 묵직한 단어를 쓴 것은 사뭇 의도적입니다. 더욱이 '야만인'을 통한 동정은 형용모순입니다. 그리스-로마 사회와 유대 전통에서 재난당한 이들을 향한 환대를 높이 평가했던 것을 염두에 둔다면, 바울을 죽이려는 유대인과 바울에게 동정을 베푼 야만인을 의도적으로 대조하고 있을 것입니다. 그들이 어떤 호의를 베풉니까? 원주민들은 물에 젖은 그들을 위해 얼른 불을 피워 오한을 면하게 해주었습니다.

멜리데 사람들의 환대는 사실상 하나님의 환대였습니다. 특별히 긴 항해 동안 믿음으로 배 안에 있는 사람들에게 살아계신 하나님을 전한 바울 일행을 향한 하나님의 환대였습니다. 하나님의 사람들이 복을 받는 동안, 그 넘쳐흐르는 복으로 인해 주변 사람들도 많은 유익을 누립니다. 배 안에서는 용기와 위로를 얻었고, 섬에서는 따스한 온기를 얻었습니다. 모든 것이 순조롭게 풀렸지만, 어느 것 하나 당연한 것이 없었습니다. 거기에 하나님의 사람들이 있었기에, 배 안에 사람들은 오랜만에 평온한 일상을 맞이할 수 있었습니다. 바울 일행이 멜리데 사람들에게 복음의 환대를 제공하기 전에 그들이 먼저 환대를 받은 것입니다. 선교는 환대의 행위이며, 그것은 일방적이지 않고 상호적입니다. 선교사는 시혜를 베풀기만 하는 사람들이 아니라, 선교지로부터 공급을 받는 존재이기도 합니다. 그것이 성육신적 선교입니다.

구원받고 신으로 추앙받다

사람들이 불을 쬐고 있는 사이에 바울도 그 틈에서 같이 불을 쬐며 쉬어야 마땅했습니다. 바울이라고 어찌 춥지 않았을 것이며, 어찌 고단하지 않았겠습니까? 그런데 그는 그렇게 하지 않았습니다.

"바울이 나무 한 묶음을 거두어 불에 넣으니" (사도행전 28:3a)

그는 멜리데 사람들과 함께 산에서 나무를 모아 가져다 나르고 있었습니다. 사실상 바울 덕분에 배 안에 있던 사람들이 안심할 수 있었고 또 무사히 구조되었으니, 바울이 대접을 받아 마땅했습니다. 하지만 배에서는 하나님의 말씀으로 섬겼다면, 이번에는 몸으로 섬기고 있습니다. 설교 잘하는 바울보다 이렇게 나무 한 묶음을 거두어 뱃사람들의 추위를 달래주는 바울이 더 멋있어 보입니다. 그는 섬김의 삶이 몸에 밴 사람임이 분명합니다. 이것이 바울의 환대입니다. 비록 아주 작은 환대이지만, 배 안에서 베풀었던 환대가 이어지고 있었습니다. 그는 말로만 구원의 복음을 전하지 않았고, 환대의 섬김을 통해 하나님의 샬롬의 복음, 안식의 복음을 전했습니다. 그런데 배를 큰 위험에 빠뜨렸고 생명을 위협했던 유라굴로 광풍처럼, 또다시 난데없는 위기가 찾아왔습니다. 동료들을 위해서 좋은 일을 하려고 했던 바울, 구원의 소식을 전해주었던 바울에게 위험이 찾아왔습니다.

"뜨거움으로 말미암아 독사가 나와 그 손을 물고 있는지라"(사도행전 28:3b)

바울이 가져온 나무 묶음 안에 하필 독사가 들어있었는데 그걸 몰랐습니다.[104] 겨울철이라 나뭇더미 속에 움츠리고 있다가 뜨거운 불 가까이에 이르자 독사가 놀라서 바울의 손으로 올라온 것입니다. 그런데 우리 성경은 "그 손을 물고 있었다"고 번역하고 있지만, 직역하면 '그 손에 달라붙어 있었다' 카싸프토, καθάπτω입니다. 4절에 보니 "그 손에 매달려 있다"라고 말하고 있습니다. 그러니까 아직 독사가 바울은 문 것은 아니었습니다. 바울의 손에 독사가 달라붙은 것은 얼마든지 있을 수 있는 일이지만, 독사가 바울을 물지 않은 것은 우연이 아닙니다. 갑작스럽게 '유라굴로'가 들이닥쳤지만, 적어도 바울이 탄 배에서만큼은 그것이 하나님의 개입이었듯이, 이번 독사의 일 역시 하나님의 개입이라고 말하지 않을 수 없습니다. 광풍이든 독사든 다 하나님의 주권 아래서 주께서 부리시는 종으로서 역할하고 있는 듯이 보입니다. 따라서 이런 일을 두고 "믿음이 있으면 독사에도 물리지 않는다"는 식으로 우리의 상황에 곧바로 적용하는 것은 바람직하지 않습니다. 하지만 바울의 손에 독사가 붙어 있는 모습을 본 원주민들은 그것을 달리 해석했습니다.

"원주민들이 이 짐승이 그 손에 매달려 있음을 보고 서로 말하되 진실로 이 사람은 살인한 자로다 바다에서는 구조를 받았으나 공의가 그를 살지 못하게 함이로다 하더니" (사도행전 28:4)

그들은 당연히 바울이 독사에 물렸을 것이라고 생각했습니다. 물론 확인되지 않은 사실입니다. 그들은 바울이 독사에 물렸다고 생각했고, 이는 바울의 살인죄에 대해 정의와 복수의 화신인 '디케'δίκη가 응징한 것이라고 단정했습니다.[105] 디케는 제우스와 테미스가 아끼는 딸이며, 정의의 여신으로 간주되었습니다. 이 여신은 인류의 모든 불의한 행위를 직접 제우스에게 보고하여 사람들에게 죄의 삯을 치르게 합니다. 용케도 바다에서는 구조를 받았지만, 디케의 추격은 피하지 못했다고 본 것입니다. 여기 우리 성경에 '공의'라고 번역된 단어가 바로 정의와 복수의 여신 '디케'입니다. 물론 바울을 알고 있는 우리에게는 실소를 자아내는 해석이지만, 그들의 세계관에서는 사뭇 진지하고 또 일리가 있는 해석입니다. 사실 바울은 살인자는 아닐지라도 죄수의 신분입니다. 하지만 우리 중 누구도, 심지어 그를 로마에 보낸 총독마저도 바울을 죄수라고 생각하지 않고 있습니다. 그럼에도 불구하고 그들이 바울을 죄수로 만든 논리만 다를 뿐, 죄수 아닌 바울을 죄수로, 살인자 아닌 살인자로 만들고 있다는 점에서는 멜리데 사람들이나 유대인들이나 로마 당국자들이나 다 마찬가지였습니다.

세상은 지금도 하나님의 사람들을 이해하지 못하고, 그들의 가치관을 따라서 멋대로 판단해 오고 있습니다. 그들이 우리의 삶을 재단하는 일은 언제나 있어 왔고, 또 그것은 어찌 보면 당연합니다. 권력을 가진 자들이 힘없는 사람들을 향하여 자기 이익을 위하여, 기득권을 사수하기 위하여 자기만의 세계관과 기준으로 자신들을 위한 정의와 공의를 만들어 왔습니다. '정의 사회 구현'을 한다고 약속했지만, 그들이 말하는 정의는 우리가 기대하는 정의와 달랐습니다. '공정 보도'를 약속한 언론이 말하는 '공정'도 우리가 쓰는 공정과 다릅니다. 모두를 위한 공정이 세상에 존재할 리 없습니다. 모든 사람들의 출발점이 다르고, 경쟁의 운동장은 기울어져 있기 때문입니다. 우리도 내가 알고 있는 조각 진실을 갖고서 타인을 함부로 판단하고, 그 사람의 인생 이야기를 함부로 왜곡하여 누구도 상종 못 할 사람으로 만들거나 절대로 추앙해야 할 우상처럼 만들지 않도록 조심해야 합니다. 아니 땐 굴뚝에서도 연기는 날 수 있고, 도둑이 아니어도 제 발이 저릴 수 있습니다. 오는 말이 고와도 꼭 가는 말이 고운 것도 아니고, 하늘은 스스로 돕는 자를 돕지 않을 수도 있기 때문입니다. 콩 심은 데 콩 나는 것 맞지만, 알고 보면 콩이 아니라 팥을 심은 일도 있습니다. 판단하는 것이야 누구든 하고 있고, 또 하지 않을 수 없습니다. 하지만 무심코 내가 판단한 것 때문에 누군가는 살지 않은 삶을 산 사람이 되기도 하고, 하지 않은 일을 한 사람이 되기도 하고, 말하지 않은 것을 말한 사람이 되기도 합니다. 품지 않은 마음을 품은 사람이 되기도 하고, 그가 아닌 다른 사람이 되도록 강요를 받기도 합니다. 내가 누군가를 판단하고 정의하는 일은 늘 내가 무언가를 창조하는 일인 것을 기억해야 합니다.

바울도 배 위에서 상황을 판단했습니다. 다들 구원의 여망이 사라져 이제 죽을 시간만 남았다고 여길 때, 그는 이 상황은 반드시 모든 사람이 살아남을 수 있는 상황으로 변할 것이라고 믿었습니다. 그는 이 폭풍이 닥친 것은 그들이 죄를 범하여 바다의 신이 진노했기 때문이라고 말하지 않았습니다. 하지만 뱃사람 중에 누군가는 그렇게 생각했을 것입니다. 하지만 바울은 하나님이 이 상황을 어떻게 보고 계시는지를 전했습니다. 그래서 듣기에 따라서는 위로와 격려가 아니라 정신 나간 소리로 들리기도 했겠지만, "안심하라 너희 중 아무도 생명에는 손상이 없겠고 오직 배뿐이니라"고 말할 수 있었습니다. 하지만 우리 중 누구도 어떤 상황을 향한 하나님의 뜻을 바울처럼 확실하게 알 수는 없습니다. 그러니 하나님의 뜻이라고 정하는 데 너무 서둘지 말아야 합니다. 하나님의 뜻을 확신하는 일에 충분히 주저해도 좋습니다. 어려움이 생기면 '내가 무슨 죄를 지었을까' 하고 먼저 생각하는 것도 천천히 하고, 타인의 고난을 보면서도 분명 무슨 죄를 지었으니 하나님께 벌을 받는 것이라고 단정하지 않도록 조심해야 합니다.

원주민들은 확신에 차서 이것이 정의의 여신 디케의 처벌이라고 단정했지만, 바울은 미동도 하지 않습니다. 그 말이 맞다 틀리다 논평하지 않습니다.

"바울이 그 짐승을 불에 떨어 버리매 조금도 상함이 없더라" (사도행전 28:5)

바울에게는 '독사'가 아니라 '그 짐승'에 불과했습니다. 그가 바울을 문 것이 아니라 다만 붙어 있었기에, 바울은 독사를 불에 떨어 버리면 그만이었습니다. 당연히 전혀 상하지 않았습니다. 이것이 팩트입니다. 하지만 독사는 누구든 손에 닿으면 문다고만 알고 있고, 그래서 이번 경우에도 반드시 바울을 물었을 것이고, 그렇다면 그것은 디케 여신의 심판이라고 추론하여 확신까지 갖고 있던 원주민들은, 독사가 불 속에 떨어지는 것을 보고도 자신들의 신념을 꺾지 않았습니다. 만약 세상의 경험과 통계를 들이댄다면, 그들의 생각이 더 진리와 상식으로 인정받을 것입니다. 만약 멜리데의 종교와 세계관에 비추어 판단한다면, 그 믿음이 더 진실입니다. 하지만 하나님의 역사는 자연의 법칙도 비켜나갈 수 있고, 사람들의 상식적인 판단도 비켜나가기도 합니다. 항상 빗나가는 것은 아닙니다. 얼마든지 하나님께서 원하시면 죽은 자가 살아날 수 있고, 병든 자가 나을 수 있습니다. 믿음은 상식과 자연법칙을 부정하는 것이 아니라, 그것을 넘어설 수 있는 하나님을 믿는 것입니다. 하나님은 그 모든 상황을 주관하시는 분일 뿐, 그것에 매이는 분이 아닙니다. 역사상 실패한 기우제는 없습니다. 비가 올 때까지 기우제를 지내기 때문입니다. 멜리데 원주민들도 그랬습니다. 바울이 쓰러질 때까지 기다렸습니다.

"그들은 그가 붓든지 혹은 갑자기 쓰러져 죽을 줄로 기다렸다가 오래 기다려도" (사도행전 28:6a)

저자 누가는 "기다리다"프로스도카오, προσδοκάω는 동사를 두 번이나 반복하고 "오래 기다렸다"라고도 말하여, 그들이 얼마나 자신들의 신념을 확신했는지는 보여줍니다. 이전에 바울은 유대인들에게도 하나님의 저주를 받아 마땅한 사람으로 간주된 적이 있었습니다. 근거가 있어서가 아니라 그들이 그렇게 평가했기 때문입니다. 사람을 죽이지 않았는데도, 유대인의 기준에서 바울은 사람들을 미혹하여 하나님의 생명으로부터 멀어지게 한 자였고, 그래서 그들이 이전에 죽였던 예수처럼, 바울이 메시아라고 믿는 예수처럼, 바울도 죽어 마땅하다는 평가를 받았습니다. 그런데 사실 따지고 보면, 바울은 이미 무고한 그리스도인들을 죽이는 일에 찬성표를 던짐으로써 살인에 동조한 자였습니다. 그런 점에서 "이 사람은 살인한 자로다"라고 했던 원주민들의 짐작은 맞았습니다. 바울도 자신을 죄인 중에 괴수라고 소개하지 않았습니까. 하지만 멜리데 사람들은 살인한 자마저 용서하셔서 자신의 증인으로, 자신의 종으로, 자신의 사도로 삼으시는 우리 주 예수 그리스도의 사랑과 능력에 대해서는 몰랐습니다. 그들이 믿는 신은 살인자는 살인으로 대가를 치르게 하는 복수의 신이었지만, 바울이 믿는 신은 타인을 죽인 살인자까지 용서하시고, 이제 타인을 위해 자신을 희생할 수 있는 자로 변화시킬 수 있는 능력이 있는 분이었습니다.

우리가 정의를 추구하는 일에 깊이 관심 갖는 것이 중요하고, 우리도 정의롭게 살아가는 것을 주님이 기뻐하십니다. 동시에 우리 그리스도인들은 법이 정한 인과응보의 원리에만 기대지 않고, 은혜의 원리로 사는 자들입니다. 만약 우리가 행한 대로 돌려받았다면, 오늘 아무도 주 앞에 설 수 없었을 것입니다. 특히 우리가 믿는 하나님께서 법을 앞세워 판단하시고 심판하시기만 하는 분이셨다면, 우리는 아무도 주 앞에 서서 교제할 수 없을 것입니다.

우리 주님은 바울을 통해서 다시금 복수의 여신 '디케'와 다른 신으로 자신을 계시하기로 하셨습니다. 사랑과 용서의 신으로 자신을 드러내기로 하셨습니다.

"그들은 그가 붓든지 혹은 갑자기 쓰러져 죽을 줄로 기다렸다가 오래 기다

려도 그에게 아무 이상이 없음을 보고 돌이켜 생각하여 말하되 그를 신이
라 하더라"(사도행전 28:6)

바울이 어떻게 될지를 보려고 오래 기다렸습니다. 원주민들은 바울이 독사에 물렸으니 물린 자리가 부어오르기 시작하리라고 여겼고, 그러다가 시간이 흐르면 쓰러져 죽을 줄 알았습니다. 하지만 아무리 기다려도 그들이 기대한 일은 일어나지 않았습니다. 분명 배 위에서 바울이 활약한 것을 기억하고 있었을 뱃사람들은, 이제 독사에 물린 바울에게 어떤 일이 일어날지도 예의주시했을 것입니다. 폭풍 가운데서 자기 모든 사람의 생명을 살려주신 바울이 믿는 하나님의 능력을 그들은 다시 한번 보고 싶었을 것입니다.

하지만 어떻게 되었습니까? 멜리데 사람들이 기대한 일은 일어나지 않았습니다. 바울과 뱃사람들이 기다리던 결과가 나왔습니다. 바울은 실제로 독사에 물리지 않았고, 손이 붓지도 않았고, 죽지도 않았습니다. 예수께서 제자들에게 "내가 너희에게 뱀과 전갈을 밟으며 원수의 모든 능력을 제어할 권능을 주었으니 너희를 해칠 자가 결코 없으리라"(눅10:19)고 하셨던 말씀이 문자 그대로 성취되었습니다. 그러자 원주민들은 생각을 바꿉니다. 극에서 극으로 생각이 변하고 있습니다. 신의 저주를 받은 자에서 신적인 존재로 평가가 달라졌습니다. 루스드라에서 이미 겪었던 일입니다(행 14:8-18). 하지만 거기서는 요란하게 반응했는데, 여기 멜리데 사람들은 저마다 심중에 말하고 그쳤습니다. 그러나 이것은 매우 의미심장한 '묵상'입니다. 바울을 신적인 존재로 생각한 것은 오해이지만, 초자연적인 현상을 경험하고도 어떻게든 그것을 이성의 영역 아래 두려

고 하는 우리 시대의 반응과는 너무 달랐습니다. 이것이 당대 사람들에게는 자연스러운 결론이기도 합니다. 반신반인의 존재를 믿고 있던 자들이었기 때문입니다. 죽은 로마의 황제들을 신적인 존재들로 숭배하는 사람들이었으니 당연합니다. 하지만 이는 인간을 존중받아 마땅한 하나님의 형상이면서 동시에 인간은 다만 인간이라는 성경적 세계관과는 전혀 달랐습니다. 우리가 만약 하나님을 제대로 모른다면, 얼마든지 그릇된 판단을 하게 될 것입니다. 그래서 한 인간을 기계의 부속품처럼, 쓰다 버리는 일회용 용기처럼, 자기 마음대로 부려도 되는 하찮은 존재로 만들기도 하고, 반대로 그들의 업적을 지나치게 칭송하여 신적인 존재처럼 추앙하기도 할 것입니다. 특히 돈과 권력이 있는 사람들이나 초자연적인 은사를 가진 종교인들을 사람이 아닌, 사람을 뛰어넘는 존재인 듯이 간주합니다. 사랑하는 여러분, 세상의 찬사와 인정에 기대어 우리의 삶을 성공과 실패, 행복과 불행, 복과 화를 정해서는 안 됩니다. 그들이 추켜세워 준다 해도 우리는 한 인간에 불과하다는 것을 기억해야 하고, 그들이 애매하게 우리를 내친다 해도 우리가 하나님의 존귀한 자녀인 것을 기억해야 합니다. 그들과 차원이 다른 세계관과 선한 행실과 공공선을 통하여 그들에게 인정받고 하나님께 영광을 돌리는 사람이 되어야 하겠지만, 그들의 비위를 맞추어 '신적인 존경'을 받으려 해서는 안 됩니다.

원주민들이 바울을 '신'이라고 했을 때, 배 위에서부터 함께하던 사람들은 바울이 의지한 그의 하나님을 생각했을 것입니다. 바울은 이전에도 놀라운 예지력을 발휘했지만, 한 번도 신적인 존재로서의 자신의 능력을 과시한 적이 없고, 대신에 늘 그가 섬기는 하나님, 온 땅과 하늘을 창조하신 하나님을 드러냈습니다. 배 위에서 모든 선원들과 함께 폭풍과 사투를 벌일 때도, 그들을 위하여 먹을 것을 챙겨주고 마음의 위안과 격려를 해줄 때도, 멜리데 섬에서도 추위에 떠는 동료들을 위해 나뭇가지를 모아서 불을 피워줄 때도, 손에 앉은 독사를 무심히 떨어낼 때도, 그는 한결같이 하나님 나라의 증인으로, 복음의 증인으로 살았습니다. 그것은 그 이전에 복음 전도할 때부터 늘 살아왔던 방식의 삶이었고, 앞으로 로마든, 혹은 그 이후 동반구 선교든, 어디에서든 그가 보여줄 모습이었습니다. 이것이 땅끝까지 복음을 갖고 가는 우리 성도들이 갖추어야 할 모습이기도 합니다. 낮은 자리에서의 섬김과 우리 주님을 드러내는 삶, 그리고 주님의 능력을 의지하여 사는 삶, 이것이 주님의 성령이 임하고 성령에 충만한 교회와 성도의 존재 방식인 것을 바울은 멜리데에서도 보여주고 있습니다.

치유를 통해 하나님 나라를 보여주다

바울을 신적인 존재로 여겼으니, 이후 바울과 그 일행을 향한 멜리데 사람들의 태도는 급변하고 그를 향한 대우도 달라졌을 것입니다. 이제 그가 로마제국의 죄수 신분인 것은 그들에게는 전혀 중요하지 않았습니다. 살인한 흉악범일 것이라는 확신에서 신적 존재일 것이라는 확신으로 급전환되었기 때문입니다. 하지만 그들의 인식은 바울 자신에게 별로 중요하지 않았고, 배 위에서 이미 바울의 능력을 경험한 모든 사람에게도 마찬가지였습니다. 우리 그리스도인들이 누군가의 사회적 지위나 직업 같은 것이 그를 알고 있는 모든 사람들에게 중요하지 않게 만들어야 합니다. 사회적 지위나 경제적 수준처럼 외적 조건과 상관없이 하나님의 사람으로 존경과 인정을 받는 존재가 되어야 합니다. 그래서 특정한 자리나 어떤 성취를 통해서라야 하나님께 더 큰 영광을 돌릴 수 있고, 하나님의 일을 더 잘할 수 있다는 생각을 버리고, 하나님 앞에서 어떤 존재가 되고 어떻게 살 것인지를 더 중요하게 여겨야 합니다.

바울에 대한 인식과 처우가 달라졌다는 것은 그 섬의 가장 높은 사람이 그를 환대하는 것을 통해 드러나고 있습니다.

"이 섬에서 가장 높은 사람 보블리오라 하는 이가 그 근처에 토지가 있는지라 그가 우리를 영접하여 사흘이나 친절히 머물게 하더니" (사도행전 28:7)

원주민들은 즉시 바울 일행이 불을 피우고 있는 곳 근처에 사는 이 섬의 추장격인 보블리오에게 바울 이야기를 전했습니다. 신적인 존재를 봤는데 호들갑을 떨지 않을 사람이 없었을 겁니다. 우리 시대보다 훨씬 더 종교적, 신화적 세계관에서 살고 있었다는 것을 감안하면, 이것은 너무도 자연스러운 반응입니다. 보블리오가 로마의 관원이었는지는 모르지만, 그는 원주민들 사이에서는 그 섬의 실질적인 지도자였던 것처럼 보입니다. 그가 "우리를 영접했다"고 했을 때, 이것은 배 안에 있던 276명 전원을 가리키기보다는 바울 일행과 백부장을 포함하여 몇몇 사람들을 가리킬 것입니다. 원주민들이 276명 전원을 환대하는 동안, 보블리오는 바울을 자기 집에서 초대하여 특별한 환대를 베풀어주었습니다. "친절히 머물게 했다"는 표현은 그 환대가 얼마나 극진했는지, 얼마나 진심이었는지를 보여줍니다. 바울은 신적인 대접은 거부했지만, 복음의 능력을 인정한 사람의 호의는 수락하고 있습니다. 그와의 인격적인 관계가 그 이후 멜리데 섬의 선교에 분명 진전을 가져올 것이었기 때문입니다. 이 환대는 예루살렘에 수치를 당하기 위해 올라가기 전에 예수께서 변화산에서 부활의 영광과 방불한 대접을 받았던 것과 비슷합니다.

그다음 장면은 왜 보블리오가 그토록 극진히 바울을 대접했는지 그 이유를 짐작하게 합니다. 또 원주민들이 바울이 신적인 존재인 것을 확인하자마자 그를 보블리오에게 데려간 이유도 짐작하게 해줍니다.

"보블리오의 부친이 열병과 이질에 걸려 누워 있거늘 바울이 들어가서 기도하고 그에게 안수하여 낫게 하매" (사도행전 28:8)

보블리오의 집에는 열병과 이질에 걸려 누워 있는 아버지가 있었던 것입니다. 인간은 폭풍 앞에서 무력하고, 독사 앞에서 무력하고, 이질과 열병 앞에서도 무력합니다. 하지만 바울은 다시 한번 자신이 믿는 하나님은 이 모든 것을 뛰어넘으시는 분인 것을 드러냅니다. 사람들은 그를 신적인 존재로 여겼지만, 그는 자신이 믿고 의지하는 신이 따로 있음을 드러냈습니다. 어떻게 드러냅니까? 바로 "기도"와 "안수"를 통해서였습니다. 그는 사람들이 자신을 신적인 존재로 알고 있었기에, 바울은 더욱 자신이 믿는 하나님의 이름을 부르고, 우리 주 예수 그리스도의 이름을 의지하여 이 병을 낫게 해달라고 간구했을 것입니다.

기도는 이렇듯 우리가 한 인간의 자리로 돌아오는 일입니다. 인간의 가장 인간다운 모습이 단연코 기도하는 인간입니다. 신을 인정하는 인간, 자신의 한계를 인정하는 인간, 존재 너머를 추구하는 인간, 초현실적인 상상을 감행하는 인간, 타인을 향한 신의 호의를 구하는 이타적인 인간, 눈물로 간구하며, 분노하며 간구하며, 안간힘을 쓰며 간구하는 인간,

그것이 가장 아름다운 인간의 모습입니다. 진심으로 기도하는 인간을 보면서 아무도 그를 신적인 존재로 인정하지는 않을 것입니다. 반면에 누군가 내가 기도하는 모습을 보면서 나를 신통한 사람, 영험한 영매로 보았다면, 나는 이미 하나님의 영광을 가로챈 사람에 불과합니다. 통렬하게 나를 돌아보고 회개해야 마땅합니다. 그것은 나를 과시하고 자기가 믿는 신과 자신이 친하다는 것을 과시하는 도구로 나의 기도를 사용하고 있다는 뜻이기 때문입니다. 그래서 사람들의 시선이 하나님이 아니라 그 능력을 부여받은 자신에게 집중하게 만들었기 때문입니다. 하지만 바울은 분명 그렇게 하지 않았을 것입니다. 우리가 문맥을 떼어서 이 장면만 본다면, 바울이 죄수의 신분으로 로마로 향하고 있는 사람이라는 것을 전혀 의식하지 못할 것입니다. 그는 이전에 소아시아와 마게도냐를 다니면서 복음 전도를 하던 그 바울과 전혀 다를 바 없습니다. 그는 심지어 예수께서 살아생전에 하셨던 일을 하고 있는 사람처럼 보입니다.

보블리오의 부친이 바울의 기도와 안수를 통해 열병과 이질이 나았다는 소식이 전해지자 많은 병자들이 찾아왔습니다. 바울은 예수님처럼 그들을 일일이 고쳐주었습니다.

"이러므로 섬 가운데 다른 병든 사람들이 와서 고침을 받고" (사도행전 28:9)

우리는 더는 바울이 단지 용한 의사 노릇을 한 것이라고 이해하지 않을 것입니다. 의사만 필요했다면 바울이 아니라 저자 누가가 더 적합했을 것입니다. 하지만 성경은 "병은 의사 누가에게, 설교는 바울에게"라고 분업하고 있지 않습니다. 바울이 고쳤다고 말하고 있습니다. 예수님에게 치유 기적은 단지 육신적인 병 고침이나 축귀가 아니라 하나님 나라가 이미 여기 임했고 하나님의 통치가 시작되었음을 보여주는 증거였습니다. 바울의 기적 역시 멜리데 섬의 주권자는 보블리오가 아니라, 바울이 의지한 주 예수 그리스도임을 드러냈습니다. 이것은 눈으로 보여준 복음이었습니다. 바울의 치유 사역은 멜리데에 하나님 나라가 임했고, 부활하신 예수 그리스도께서 이 멜리데에서도 왕으로 다스리고 계심을 보여준 사건입니다. 배 위에서 자신의 주권을 시위하셨던 예수께서 이제 멜리데 섬에서도 자신의 주권을 증명하시고 있습니다.

저는 누가가 극도로 절제하며 사도행전을 쓰고 있다는 인상을 지울 수 없습니다. 모르긴 몰라도 멜리데는 바울의 치유 사역으로 난리가 났을 것입니다. 배 안에서부터 같이 있던 사람들의 반응도 궁금합니다. 도대체 몇 사람이나 주님을 영접하겠다고 바울을 찾았을지, 또 바울이 병만 고친 것이 아니라 어떻게 복음을 전했는지도 궁금합니다. 그 복음 전도를 듣고 그곳에서는 또 어떤 성령의 역사가 일어났는지도 궁금합니다. 바울을 호송하는 책임을 맡은 백부장 율리오의 마음속에 일어난 동요도 알고 싶습니다. 석 달 동안이나 그 섬에 머물렀는데, 바울이 유유자적하고 요양하며 지냈을 것 같지는 않습니다. 그는 촌음을 아껴서 복음을 나누었을 것이고, 석 달이면 멜리데 섬을 섬길 바울의 제자가 배출되기에 충분한 시간이었습니다. 하지만 누가는 그 석 달 동안의 행적에 대해서는 아무 말도 하지 않습니다. 그것은 앞서 가이사랴 감옥에서 보낸 2년의 행적에 대해서도 거의 얘기하지 않은 것을 생각하면 놀랄 일도 아닙니다. 하지만 이런 침묵이 독자들로 하여금 더 많은 상상을 하게 합니다. 이전에 바울이 가는 곳마다 일어났던 성령의 역사를 상상하게 합니다. 누가는 다만 그들이 바울에게 얼마나 감사하고 있는지를 그를 배웅하는 장면을 통해서 담담하게 기술하고 있습니다.

"후한 예로 우리를 대접하고 떠날 때에 우리 쓸 것을 배에 실었더라"(사도행전 28:10)

멜리데 주민들은 이제 섬을 떠날 수밖에 없는 바울 일행을 융숭히 대접했습니다. 극진히 전송했습니다. 배가 난파되어 모든 것을 잃었지만, 잃은 것보다 더 많은 것을 채워주었습니다. 석 달 전에 그들이 멜리데 섬에 도착했을 때는 상상하지도 못한 환대였습니다. 폭풍 속에서 구원하신 하나님의 환대에 멜리데 사람들이 환대로 반응했고, 독사로부터 구원하신 하나님의 또 한 번의 환대에 보블리오가 환대로 반응했고, 보블리오의 아버지와 멜리데 병자들을 고치신 하나님의 환대에 멜리데 사람들이 다시 환대로 반응하고 있습니다. 구원은 철저히 환대 사건입니다. 구원은 관념적인 것이 아니라, 해방의 사건이고 자유의 사건이고 안식의 사건이기 때문입니다. 그것은 이미 예수께서 이 땅에 오시면서 약속하신 구원입니다. "주의 성령이 내게 임하셨으니 이는 가난한 자에게 복음을 전하게 하시려고 내게 기름을 부으시고 나를 보내사 포로 된 자에게 자유를, 눈먼 자에게 다시 보게 함을 전파하며 눌린 자를 자유롭게 하고 주의 은혜의 해를 전파하게 하려 하심이라 했더라"(눅 4:18-19). 따라서 그 구원은 반드시 환대하는 삶으로 이어져야 합니다. 그것이 복음의 열매입니다. 내가 받은 은혜를 흘려야 하고 나누어야 합니다. 내가 받은 자유와 안식을 공유해야 합니다. 타인을 자유롭게 하고 쉬게 해주어야 합니다. 억압과 착취의 구조를 바꾸기 위해 애써야 하고, 특권과 반칙이 통하지 않는 세상을 만들어가야 합니다. 아무리 살기 힘든 세상이라고 해도, 그럴수록 더욱 모두가 골고루 고생하고 골고루 인간답게 살아가는 세상을 도모해야 합니다. 그리하여 그들이 하나님의 사랑을 알게 해주어야 합니다. 그런 환대의 사랑이 구원받은 우리가 할 일입니다.

저자 누가는 하나님의 환대의 은혜를 받은 사람들은 반드시 이렇게 환대를 베풀어야 하고, 그 환대의 고리와 고리가 연결되어 하나님 나라가 확장되고, 하나님 나라의 복음이 전파된다는 것을 분명히 보여주고 있습니다. 우리 교회가 그 환대의 한 고리가 되어 누군가에게 하나님의 사랑을 경험하게 해주어야 합니다. 누군가가 삶의 벼랑 끝으로 떠밀릴 때, 우리가 모든 사람들을 다 찾아내 구원할 수는 없겠지만, 적어도 우리가 알면서 모른 체하지 않기를 바랍니다. '환대'가 우리 공동체가 존재하는 한 방식이 되기를 바랍니다.

바울 일행이 로마를 향하여 떠나다

11절을 보면 바울 일행이 멜리데 섬에 석 달을 머물렀다는 사실을 알 수 있습니다. 그들이 가이사랴를 떠난 시점이 10월 중하순이었다면, 아마도 멜리데에 도착한 것은 11월 중하순이나 12월 초순 정도 되었을 것이고, 그렇다면 지금 출항하는 시기는 2월 말이나 3월 초순쯤 될 것입니다. 넉넉히 계산하여, 바다가 닫히는 '마레 클라우숨'*Mare Clausum*이 끝나는 61년 3월 중순경이라고 볼 수 있습니다.[106] 그들이 출발한 항구는 현재 몰타의 수도이기도 한 발레타 항구였을 것입니다. 그 섬에는 바울 일행 말고도 알렉산드리아에서 온 배가 겨울 동안 멜리데 섬에 묶여 있었습니다. 한 알렉산드리아 배는 폭풍에 잃었지만, 다른 배를 타고 로마로 향했습니다. 누가는 그 배 앞에 장식으로 새겨진 글자까지 언급하면서 역사적인 생생함을 더해주고 있습니다.

"석 달 후에 우리가 그 섬에서 겨울을 난 알렉산드리아 배를 타고 떠나니 그 배의 머리 장식은 디오스구로라"(사도행전 28:11)

"디오스구로"헬, 디오스고로이라는 말은 '제우스의 아들들' 혹은 '하늘의 쌍둥이'라는 뜻입니다. 제우스의 두 아들 카스토르와 폴리데우케스를 가리킵니다. 그들은 선원들에게 '별의 신들'쌍둥이자리이자 바다에서 폭풍우를 만났을 때 구원해 주는 수호신으로 숭배되던 신들입니다. 이제 로마로 가는 바울 일행의 여정은 크게 네 단계로 소개됩니다. ① 멜리데에서 수라구사까지의 여정, ② 수라구사에서 레기온까지의 여정, ③ 레기온에서 보디올까지의 여정, ④ 보디올에서는 도보로 로마로 가는 여정입니다. 수라구사는 시칠리 섬의 수도입니다. 멜리데에서는 북동쪽으로 약 145km 항해를 하면 이 항구에 도착합니다. 거기서 배는 사흘을 정박했습니다. 거기서 출발하여 레기온에 이르렀습니다. 레기온까지 가려면 다시 113km를 항해합니다. 레기온은 구두 모양인 이탈리아 반도의 발끝에 있습니다. 드디어 본토에 상륙한 것입니다. 거기를 갈 때 '둘러갔다'고 표현하고 있는데, 정확한 뜻은 알 수 없고 '지그재그로 갔다'존 스토트, '닻을 들어올렸다'Haenchen, 718 등의 뜻으로 봅니다. 레기온에서는 단 하루만 머물고 있습니다. 그러고는 기다리던 남풍이 불자 다음날 다음 행선지인 보디올로 향합니다. 남풍을 힘입어서 배는 북쪽으로 370km를 항해하여 보디올에 당도합니다. 앞서 가이사랴에서 출항할 때는 출발하자마자 난항을 겪었는데, 이번에는 순풍에 돛 단 듯이 예정대로 항해하고 있습니다.

보디올에 이르러서는 모든 사람들이 다 내렸습니다. 나폴리시 서쪽에 있는 이 도시는 이탈리아 서해안에서 가장 중요한 항구 도시였습니다. 이곳은 여러 섬으로 가는 관문 역할을 했습니다. 애굽과 팔레스타인과 알렉산드리아에서 오는 모든 곡식을 수입하는 항구입니다. 인구 6만 명의 국제도시로 유대인들도 상당히 살고 있었습니다. 여기서 로마까지는 걸어서 약 209km 남짓 됩니다. 적어도 닷새 정도는 걸어가야 로마에 도착할 수 있었습니다. 놀랍게도 보디올에는 바울이 올 것을 알고 바울 일행을 기다린 형제들이 있었습니다. 먼 길을 걸어서 이동하기 전에 백부장 율리오는 바울에게 일주일 동안의 시간을 줍니다.

"이튿날 보디올에 이르러 거기서 형제들을 만나 그들의 청함을 받아 이레를 함께 머무니라"(사도행전 28:13b-14)

바울에게는 참으로 오랜만에 주 안에서 형제된 공동체와 교제를 나누는 시간이었습니다. 보디올에 유대인이 많이 있었는데, 그중에서 예수님의 제자가 된 사람이 있었을 것입니다. 그들이 자신들과 더 머물러 주기를 청했는데, 놀랍게도 백부장이 이를 수락하여 그들은 서로 교제할 수 있었던 것입니다. 바울에게는 이 환대가 약 700km가 넘는 먼 항해를 마치고 나서 누리는 꿀 같은 휴식이었을 것입니다. 멜리데 주민들의 대접에서는 맛볼 수 없었던 주 안에서의 교제가 있었기 때문입니다. 그들의 환대는 여기서 그치지 않았습니다. 그들은 로마로 사람을 보내어 바울이 도착한다는 소식을 미리 형제들에게 알려줍니다. 그리하여 바울이 각각 압비오 광장과 트레스 타베르네까지 도착했을 때, 거기엔 이미 바울을 기다리던 로마의 형제들이 있었습니다. 압비오는 로마에서 약 65km 떨어져 있고, 트레스 타베르네는 약 50km 떨어져 있습니다. 두 곳은 고속도로 휴게소 같은 곳입니다. 로마의 형제들이 이 먼 길을 나와 마중한 것 또한 극진한 환대입니다. 죄수로서의 바울의 모습은 어디에도 없고, 오직 복음 전도자 바울을 환영하는 믿음의 공동체만 등장하고 있습니다. 말로만 듣던 바울 사도가 로마 근처까지 왔다는 소식에 그들은 얼마나 반가웠을까요? 바울은 또 얼마나 감격스러웠을까요? 바울은 이 만남에 대해 하나님께 감사를 표하고 있습니다.

"그 곳 형제들이 우리 소식을 듣고 압비오 광장과 트레이스 타베르네까지 맞으러 오니 바울이 그들을 보고 하나님께 감사하고 담대한 마음을 얻으니라" (사도행전 28:15)

로마에서 온 그리스도인들을 만나고 나서 바울이 담대한 마음을 얻었다고 하는데, 이는 하나님께서 아들 예수 그리스도를 통해서 약속하신 것이 이제 사실상 이루신 것이나 마찬가지라고 여겼기 때문입니다. 예루살렘에 구류되어 있을 때 들었던 약속, 가이사랴에 있는 동안 확정받은 약속, 배 위에서 구원의 여망이 다 사라지는 순간에 재확인된 약속, 멜리데 섬에서의 환대와 기적을 통해서 확증 받은 약속, 그 약속이 이제 로마 형제들과의 만남을 통해서 이미 실현되기 시작했음을 느꼈을 것입니다. 그러니 앞으로 가이사 앞에서 재판을 받는 일도, 로마 교회 안에 그를 반대하는 유대인들과 그를 오해하는 유대인 그리스도인들과의 만남을 앞에 두고도 그는 담대할 수 있었습니다. 여태 그는 하나님의 은혜와 능력으로 여기까지 왔습니다. 그분이 바울의 주인이시고, 그 주인이 바울을 통해서 로마에서도 복음을 전하게 하시고, 또 그 이후 동반구에서도 바울을 통해 복음을 전하기를 기뻐하신다는 것을 알았습니다. 하나님이 원하신다, 하나님이 일하신다, 하나님이 동행하신다는 것을 확신하는 순간보다 우리 그리스도인이 더 담대해지는 순간은 없습니다. 다른 어떤 외적인 조건이 다 갖춰지더라도, 하나님께서 기뻐하신다는 확신이 빠지면 담대할 수 없습니다. 그만큼 우리는 민감해야 합니다. 예민해야 합니다. 그래야 마땅합니다. 가장 신경 써야 하는 것은 그분의

로마를 향한 바울의 여정

일하심이어야 합니다. 하나님께서 먼저 움직이시고 앞서서 일하신다는 것을 확인하지 못했는데, 내가 주도권을 갖고 주님을 위해 무언가를 이루어드려야겠다고 기염을 토해서는 안 됩니다. 물론 하나님의 일하심이 보이지 않을 때도 있습니다. 그럴 때는 더욱 낮추고 더욱 천천히 더욱 신중하게 해야 합니다.

나가는 말

멜리데 섬에 임한 하나님 나라

거친 풍랑이 이는 바다 위에 하나님 나라가 임했습니다. 하나님을 섬기는 사도 바울의 말씀을 거절했을 때 그들은 풍랑을 만나 소망이 끊어졌지만, 사도 바울의 권면을 따랐을 때, 하나님께서 약속하신 대로 그들은 모두 구조되었습니다. 멜리데 섬에서도 하나님은 바울을 통해서 생명의 역사를 펼치셨습니다. 바울이 독사에 물려 죽지 않도록 지켜주셨습니다. 바울을 통하여 멜리데 섬의 지도자 보블리오의 부친의 열병과 이질을 고쳐주셨고, 많은 그 섬의 병자들도 치유하셨습니다. 처음에는 바울을 신적인 존재로 알았던 원주민들이 이제 바울이 믿고 의지하는 하나님이 참 신임을 알게 되었습니다. 그들이 알든 모르든, 바울을 통해 그 섬에 하나님 나라가 임했습니다. 이렇게 하여 예루살렘에서 시작된 하나님 나라 메시지는 유대와 사마리아 지역으로, 하나님을 경외하는 사람들과 로마 시민들에게, 그리고 이제는 야만인들에게까지 전해졌습니다. 우리에게 찾아온 죽음 같은 고난의 시기에도 우리 주 예수 그리스도를 왕으로 고백하고 의지하는 성도들을 통해 하나님 나라가 이 땅에 임했음을 세상이 보게 되기를 바랍니다.

환대로서의 구원

구원은 하나님께서 우리를 따스하게 환대하시는 사건입니다. 탔던 배가 깨지고, 가까스로 육지에 올라온 이들을 누가 기다리고 있었습니까? 다행히도 그들을 해하는 세력이 아니라 인정 많은 멜리데 사람들이었습니다. 그들이 보여준 특별한 동정은 이 뱃사람들을 향한 하나님의 환대였습니다. 바울은 자신도 힘들고 추웠을 것인데, 원주민들이 나무를 구하여 불을 피우는 일을 도왔습니다. 이것 또한 몸에 밴 바울의 섬김입니다. 하나님은 바울을 독사로부터 구원하셨고, 보블리오의 부친을 열병과 이질로부터 구원하십니다. 또 섬사람들을 병으로부터 구원하십니다. 이 모든 기적적인 치유 사건들은 배 안에 있던 사람들과 섬사람들에게 영원한 생명을 주시려는 하나님의 환대였습니다. 그리스도인들이 세상을 향해 베푸는 공공선, 즉 환대는 바로 세상을 향한 하나님의 섬김입니다. 하나님 나라의 구원이 무엇인지를 보여주는 것입니다. 그것은 단지 영적이거나 관념적인 것이 아닙니다. 모든 구원은 해방의 사건이고 치유의 사건입니다. 그리하여 자유를 주고, 치유를 주고, 샬롬을 주고, 안식을 주는 사건입니다. 물론 이 땅에서 우리가 경험하는 환대로서의 구원은 새 하늘과 새 땅의 약속에 비하면 맛봄의 수준에 불과하지만, 그 경험과 작은 승리가 우리로 하여금 하나님의 약속을 더욱 담대하게 신뢰하게 하고 더욱 용기를 갖게 하고 끊임없이 우리를 도구와 수단으로 간주하는 이 세상에서 생명을 중시하는 하나님의 사람으로 살아갈 수 있게 해줄 것입니다.

멜리데에 도착하면서 원주민들에게 받은 환대, 보블리오에게 받은 환대, 석 달 동안 머물면서 받은 환대, 또한 멜리데를 떠나면서 받은 환대, 또 백부장이 보디올에서 형제들과 7일 동안 교제할 수 있도록 해준 환대, 로마에 도착하기 전에 압비오와 트레스 타베르네까지 마중 나온 로마 형제들의 환대 등등, 곳곳마다 기다리는 환대를 통해 바울 일행은 로마에 무사히 당도할 수 있었습니다. 오늘도 우리의 환대를 통해 하나님의 종들이 복음을 증거하고, 우리의 환대를 통해 이웃이 하나님 나라를 경험하게 하는 것, 그것이 하나님 나라의 선교입니다.

복음의 사람 바울

바울의 손에 독사가 붙어 있었을 때 원주민들은 그가 살인자가 분명하고, 바다에서는 용케 살아남았지만 정의의 신 디케에 의해서 응징을 당하는 중이라고 생각했습니다. 하지만 아무리 기다려도 바울의 손이 붓지 않고 그가 쓰러져 죽지 않는 것을 보자, 그들은 바울을 신으로 여기기 시작합니다. 이에 바울이 한 일은 고작 손에서 독사를 떨어 버리는 것뿐이었습니다. 그는 "로마에 가서 나를 반드시 전해야 할 것이다"라는 주님의 약속이 있기에, 풍랑 이는 배 위에서 죽지 않을 것을 믿었듯이, 독사에 의해서 죽지 않을 것도 믿었습니다. 이 사건으로 그가 떨어 버린 것은 독사만이 아니었습니다. 그간 멜리데 원주민들이 갖고 있었던 미신적인 세계관도 떨어내 불 속에 던져버렸습니다. 복음은 한 세계관이 무너지고 새로운 세계관이 들어서는 일입니다. 복수의 화신을 믿고 있던 사람들이 이제 용서와 사랑의 신을 바울에게서 소개받은 것입니다. 바울은 멜리데에서 보낸 석 달 동안 살인자인 자신을 용서하신 주님을 힘껏 전했을 것입니다. 그가 로마로 향하는 배에는 이방 수호신의 이름이 장식으로 멋지게 채색되어 있었습니다. 하지만 그 신이 아니라, 이전 항해에서 바울을 도우셨던 하나님께서 이번에도 바울의 항해를 도우십니다. 이제 바울과 함께 그 배에 오른 275명은 '디오스구로'가 아니라, 바울이 섬기는 하나님이 이 항해를 지켜 주실 것이라고 믿고 승선했을 것입니다.

사랑하는 여러분, 우리 삶에 폭풍도 올 수 있고, 독사도 찾아올 수 있습니다. 하지만 그 순간을 하나님의 하나님 되심을 입증하는 기회로 삼으시길 바랍니다. 예수님은 칠십 인이 복음 전도를 마치고 돌아와 흥분하면서 성공담을 보고할 때 아주 담담하게 이렇게 말씀하십니다.

"예수께서 이르시되 사탄이 하늘로부터 번개 같이 떨어지는 것을 내가 보았노라 내가 너희에게 뱀과 전갈을 밟으며 원수의 모든 능력을 제어할 권능을 주었으니 너희를 해칠 자가 결코 없으리라" (누가복음 10:18-19)

어쩌면 바울도 독사가 자기 손에 붙어 있는 동안, 그리고 원주민들이 디케 신의 심판이 임했다고 호들갑을 떠는 순간, 사탄이 하늘로부터 번개같이 떨어지는 것을 보고 있었을지 모릅니다. 뱀과 전갈을 밟으며 원수의 모든 능력을 제어할 권능을 발휘하고 있었을지 모릅니다. 바울이 전도 여행 중에 보인 많은 이적들을 오늘 우리가 똑같이 경험하지 못한다고 할지라도, 믿음으로 살아가고 복음에 합당하게 살아갈 때, 우리의 고난을 세상과 다른 방식으로 대처할 때, 그 결과 세상이 우리를 자기 마음대로 판단하고 재단하고 정의하더라도, 결코 거기에 주눅 들지 말고 담대히 주님을 의지합시다. 그럴 때 세상의 우상이 모두 거짓임이 입증되고, 하나님만이 참 신임을 증명하는 기회가 될 것입니다.

바울은 자신을 신처럼 여기며 대접하는 자들에게 신처럼 군림하지 않고, 도리어 그가 믿는 하나님께 기도하여 보블리오의 부친과 멜리데 섬의 병자들을 치유해 주었습니다. 오늘 우리가 세상으로부터 받은 찬사가 무엇이든지 간에, 늘 주님이 하신 일임을 잘 드러내기를 바랍니다. 그래서 부디 내가 믿고 의지하는 우리 주 예수 그리스도를 세상 앞에 잘 드러내는 증인의 인생을 살아갑시다.

바울이 석 달 동안 머무는 동안 멜리데 섬에는 어떤 복음의 역사가 일어났을지 흥분된 마음으로 상상해봅니다. 배 안에 같이 있던 276명의 사람들이 이것들을 다 똑똑히 보았을 텐데, 그들은 이 한 사람 바울을 통하여 과연 하나님에 대해서 어떻게 새롭게 알게 되었을지 궁금합니다. 비록 배를 잃었고, 큰돈을 벌 기회도 잃었고, 다시는 되풀이하고 싶지 않을 만큼 끔찍한 항해도 경험했지만, 그렇지 않았으면 결코 만날 수 없었던 바울의 하나님을 만났습니다. 바울에게 나타나 약속하시고 그 약속을 신실하게 이루신 주님을 만났습니다. 그리하여 그 섬을 떠날 때도 도착할 때처럼 융숭한 대접을 받으며 배에 오를 수 있었습니다. 오순절에 회심하고 흩어진 그리스도인들이 고향으로 돌아가 곳곳마다 교회를 세웠듯이, 이 뱃사람들이 흩어져 또 어떤 복음의 증인으로 살아갔을지 상상하는 것만으로 기쁩니다.

사랑하는 여러분, 오늘 우리가 있는 곳에서 주께서 우리를 통해서 하시는 일을 드러내는 것, 그것이 복음 전도와 선교의 시작입니다. 그것이 증인의 삶입니다. 세상은 우리 자신을 과시하도록 독려하고, 우리를 신적인 존재로 만들기도 하고 살인자로 만들기도 하지만, 우리는 변함없이 그리고 흔들림 없이 오직 하나님 자녀의 정체성을 갖고, 우리를 위하여 돌아가시고 살아나신 주 예수 그리스도를 위해 살고 죽는 인생들이 됩시다. 이 어려운 시절에도 따스한 우리 공동체를 통해서 주께서 하실 일을 더욱 간절히 기대하고 상상하기를 바랍니다.

담대하고 거침없이, 로마에서 복음을

사도행전 28:16-31

들어가는 말

이제 사도행전의 마지막 부분에 이르렀습니다. 드디어 바울이 로마에 도착하고, 거기서 유대인들을 만나서 하나님 나라와 예수 그리스도에 관하여 전하는 이야기가 나옵니다. 그리고 2년 동안 가택 연금 상태에서 바울은 자신을 찾아오는 사람들에게도 하나님 나라와 주 예수 그리스도에 관하여 설명하되, 담대하게 가르쳤고 아무런 법적인 제재를 받지 않은 채 가르쳤다고 말해주고 있습니다. 한 가지 기이한 것은, 바울은 분명 가이사에게 항소했는데 그가 재판을 받은 기록이 전혀 나오지 않는다는 점입니다.

하나님 나라 확장의 역사

그는 유대인들 앞에서, 그리고 자신을 찾아온 유대인과 이방인들에게 복음을 전했습니다. 그것은 바울이 증인으로 부르심을 받은 이후 줄곧

해왔던 일입니다. 사도행전 저자의 관심은 바울이 세상 법정에서 무죄한 자로 증명되는 것이 아닙니다. 그들이 바울을 무슨 죄목으로 고소하든 상관없습니다. 설령 바울도 예수님처럼 그들이 제멋대로 만든 죄목으로 죽는다 해도 상관없습니다. 반대로 멋지게 변증하여 자신의 무죄를 통쾌하게 증명해낸다고 하여 바울의 일생을 향한 하나님의 목적이 이루어지는 것도 아닙니다. 바울이 부름받은 이유, 즉 그가 받은 사명을 이루는지가 사도행전의 관심입니다. 그것이 하나님의 관심입니다. 그를 통해서 부활하신 주님께서 말씀하신 것, 즉 "성령이 너희에게 내리시면, 너희는 능력을 받고, 예루살렘과 온 유대와 사마리아에서, 그리고 마침내 땅끝까지 이르러 내 증인이 될 것이다"(행 1:8)라는 약속이 어떻게 성취되는지를 보여주는 것이 사도행전의 관심입니다. 예수님을 통해 도래한 하나님 나라가 예수님의 부활 이후 어떻게 이스라엘과 유대인과 팔레스타인과 성전 체계를 넘어서 세계화되었는지를 보여주는 것이 저자의 관심인 것입니다.

그것은 사도행전 21장부터 시작된 예루살렘과 가이사랴에서의 바울의 재판 과정과 심지어 27장에서 본 아드리아 바다 위에서의 표류 이야기, 그리고 28장에 나오는 멜리데 섬에서의 이야기(1-10절)에서도 마찬가지였습니다. 로마제국과 유대인들은 그에게 '죄수'라는 신분을 부여했지만, 바울은 한결같이 주 예수 그리스도의 증인으로 살았습니다. 그가 어디에 있든지 말로든 사건으로든 복음이 전해졌고, 하나님의 권능이 나타났고, 하나님 나라가 임했습니다. 오늘 28장의 마지막 단락의 목적 역시 로마에서의 바울의 행적을 통해 주 예수 그리스도의 약속의 말씀이 어떻게 로마에서 성취되었는지를 보여주는 데 있습니다. 이미 누가복음에서부터 시작된 예수 그리스도를 통한 하나님 나라의 도래가 이제 사도들과 교회를 통해서 예루살렘에서 시작하여 소아시아와 마게도냐와 로마에 이르기까지 확장되고 있음을 보여주고 있는 것입니다.

특별히 이 복음이 먼저는 구약시대에 선민의 역할을 했던 유대인들에게 선포되지만, 예수님의 공생애 사역이 보여 주듯이, 유대인들은 격렬하게 거절하고 반대하여 결국 그 복음이 이방인들에게로 향하는 모습을 확인하게 될 것입니다. 유대인들과 로마제국의 의도가 무엇이었든지 간에 바울의 로마행의 목적은 로마제국의 심장부에 하나님 나라의 복음을 선포함으로써 진정한 주권자는 가이사 황제가 아니라 바로 부활하신 우리 주 예수 그리스도임을 드러내는 데 있었습니다.

로마 도착과 가택 연금

드디어 바울은 로마에 도착합니다. 아마도 압비오 광장에서부터는 로마에서 마중 나온 형제들과 동행했을 것입니다. 바울을 인솔하는 백부장 율리오는 더는 바울을 예의주시하여 감시할 요주의 인물로 보고 있지 않습니다. 이미 바울에게 넘치도록 호의를 베풀었고, 분명 로마에 도착해서도 로마제국에 그에 관하여 호의적인 보고를 했을 가능성이 큽니다. 바울이 전혀 위협적인 인물이 아니라고 보고했을 것입니다. 이는 바울이 로마에 도착하는 즉시 감옥에 수감되지 않고, 비록 감시 아래서 거주 제한을 받기는 하지만 자기가 마련한 처소에 따로 거할 수 있도록 배려받고 있고(참조. 28:23, 30)[107], 거기서 자유롭게 사람들의 방문을 받고 있는 것만 봐도 알 수 있습니다.

그를 지키는 군인이 단 한 명에 불과하다는 사실을 저자 누가가 언급한 것은 바울이 그만큼 압박을 받지 않은 채 비교적 편안한 분위기에서 지냈다는 인상을 줍니다. 당연히 한 명이 24시간 감시하기보다는 교대로 감시했을 것입니다.[108] 31절에서는 이것을 "거침없이"라는 부사를 통해서 표현하고 있습니다. 이 단어 '아콜뤼토스' ἀκωλύτως는 '법적으로 아무런 제약을 받지 않은 채'라는 뜻의 부사입니다. 재판 전인데도 제한적이나마 자유를 누렸습니다. 16절은 그 분위기를 이렇게 묘사합니다.

"우리가 로마에 들어가니 바울에게는 자기를 지키는 한 군인과 함께 따로 있게 허락하더라" (사도행전 28:16)

여기 "따로"라는 것은 친위대 막사에 단독으로 감금된 것이 아니라 사적인 거처를 마련하여 지냈다는 뜻입니다.[109] 이는 군인의 감시가 아니라 보호를 받는 듯한 느낌마저 줍니다. 이후에 있을 유대인들과의 논쟁에서 유대인들이 아무리 바울의 견해에 동의하지 않는다 해도, 바울이 이전에 선교 여행 중에 유대인들에게 겪었던 폭행이나 특별히 예루살렘이나 가이사랴에서 겪었던 살해 음모 같은 위험한 상황과 맞닥뜨리지 않도록 지켜주고 있다는 인상을 받을 수 있습니다. 그러므로 보기에 따라서는 로마 당국의 감시가 아니라, 로마 당국을 통한 하나님의 보호나 보살핌으로 볼 수도 있습니다.

유대 높은 사람들과의 만남

바울은 여독이 조금 풀린 사흘 후부터 본격적으로 자신이 로마에 온 목적을 이루기 위해 움직이기 시작합니다. 그들은 분명 이방인의 사도로 부름을 받았지만, 그것은 유대인들을 향한 사명을 전제로 한 부름이었습니다. 그래서 바울은 가는 곳마다 유대인 회당을 먼저 찾아서 자기 동족들을 향해 주 예수 그리스도의 복음을 전했습니다. 그들이 약속을 받았고, 그래서 소망해온 하나님의 약속이 메시아 예수님을 통해서 이루어졌다고 전했습니다. 복음을 전하기 전에 바울이 유대인 지도자들을 청하여 할 일이 있었습니다. 그것은 혹시나 그들에게 전달되었을지 모르는 바울 자신에 관한 잘못된 정보를 고쳐주는 일이었습니다.

바울의 변호

우리는 메시지만큼 메신저가 중요한 것을 잘 알고 있습니다. 또한 우리는 선입견이나 전제가 얼마나 무서우며, 낙인의 효과가 얼마나 결정적인지를 알고 있습니다. 그것은 듣기는 들어도 아무것도 못 알아듣게 만들기도 하고, 들은 것을 왜곡하기도 하고, 모든 것을 거짓으로 만들기도 합니다. 그 반대도 사실입니다. 호의적인 사람들에 대해서는 무슨 말을 하든지 쉽게 믿으려고 노력합니다. 아무리 엉터리 같은 말을 해도 사실로 받아들입니다. 그리고 자신의 전부를 그 말에 걸기도 합니다. 메시지의 중요성은 아무리 강조해도 지나치지 않지만, 메시지보다 메신저를 공격하는 것이 더 효과적일 때가 많은 이유가 이것입니다. 그를 신뢰할 만한 사람으로, 혹은 못 믿을 사람으로 만드는 것이 그 메시지를 향해 의도한 바를 이루는 가장 좋은 방법입니다.

바울이 유대인들에게 어떤 죄목으로 고소를 당했는지를 로마의 유대인들이 바울을 반대하는 동료 유대인들에게 들었다면, 그들도 바울을 만나기 전부터 예루살렘의 유대인들처럼 반응했을 것입니다. 예수님을 향하여 분기탱천했던 유대인 지도자들의 반응을 재현할 것입니다. 하지만 바울이 가이사에게 상소한 것은 로마제국의 팔레스타인 총독마저도 예상치 못한 전격적인 요청이었기 때문에, 예루살렘의 유대인 대표들이 로마까지 와서 이 바울에 관한 소식을 전했을 가능성은 희박했습니다. 이 겨울 추위를 뚫고 팔레스타인에서 로마에 도착한 첫 번째 무리 중 하나가 모르긴 몰라도 바울 일행이 아니었을까 싶습니다. 그들이 비록 멜리데 섬에서 석 달을 머물긴 했지만, 광풍을 힘입어 불과 14일 만에 그레데에서 멜리데까지 도착했기 때문입니다. 예루살렘의 유대인들이 보낸 바울에 대한 평가가 먼저 로마에 도착했는지를 확인하지 않은 채 그는 자신을 변호하기 시작합니다.

"사흘 후에 바울이 유대인 중 높은 사람들을 청하여 그들이 모인 후에 이르되"(사도행전 28:17a)

여기 "유대인 중 높은 사람들"에서 '높다'라는 표현 프로토스, πρῶτος은 앞서 멜리데 섬의 보블리오를 가리킬 때 썼던 "가장 높은 사람" 그 단어입니다. 멜리데 섬의 가장 높은 사람은 바울을 환대했고, 바울을 통해 그의 부친이 열병과 이질이 낫는 기적을 경험했습니다. 이방인들은 사도를 환대했는데, 유대인들은 하나님의 선지자 바울을 환대하고 그가 전한 메시지를 환대하여 바울을 통해 주시는 하나님의 은혜를 경험하게 될까요? 이들은 분명 로마의 여러 회당 지도자들일 것입니다. 바울이 그들을 소집했습니다. 그렇다면 바울은 "재판 결과에 그 지역 유대인 공동체에 미칠 수 있는 잠재적인 영향"[110]을 염두에 두고 후에 열릴 자신의 재판을 준비하고 있는 것입니다.

바울은 예루살렘이나 가이사랴에서 자신을 변호할 때처럼(행 22:1; 23:1, 6), 자신과 유대인 사이에 연속성을 강조하고 있습니다.

> "여러분 형제들아 내가 이스라엘 백성이나 우리 조상의 관습을 배척한 일이 없는데 예루살렘에서 로마인의 손에 죄수로 내준 바 되었으니" (사도행전 28:17b)

바울은 자신이 이 가이사 앞에서 재판을 받는 것은 로마 관리들의 결정이 아니라, 예루살렘의 유대인 지도자들 때문에 자신이 결정한 것임을 밝히고 있는 것입니다. 그는 "형제들아", "이스라엘 백성", "우리 조상" 같은 표현을 써서 자신의 말을 듣고 있는 청중들에 대해서 자신이 얼마나 동질감을 갖고 있는지를 강조합니다. 또한 바울은 자신이 예루살렘에서 로마인의 손에 죄수로 넘겨졌는데"내준 바 되었으니", 무슨 큰 죄를 지어서 그런 것이 아니고 실상은 죄가 없다고 주장합니다. 자신은 이스라엘 백성이나 조상의 관습을 배척한 일이 전혀 없었다고 무죄함을 밝힙니다. 조상의 관습을 배척하기는커녕 바울은 기근으로 곤경에 처한 예루살렘 교회를 돕기 위해 구제헌금을 모금하여 찾아왔으며, 야고보와 예루살렘 장로들의 조언대로 바울 자신부터 정결 의식을 거행했고, 나실인 서약을 한 유대인 동료들을 대신하여 비용을 지불하기까지 했습니다. 로마 당국도 무려 2년이나 바울을 재판했지만 아무런 혐의점을 찾지 못했습니다. 그런데 죄도 없으면서 바울은 왜 굳이 가이사 황제에게 항소했습니까? 그는 차마 그렇게 해서라도 로마에 와서 주 예수 그리스도의 복음을 전하려고 했습니다. 그런데 그런 진짜 의도는 감춘 채 바울은 그 이유를 이렇게 설명합니다.

> "로마인은 나를 심문하여 죽일 죄목이 없으므로 석방하려 했으나 유대인들이 반대하기로 내가 마지 못하여 가이사에게 상소함이요 내 민족을 고발하려는 것이 아니니라" (사도행전 28:18-19)

유대인들이 팔레스타인 로마 당국자들의 결정을 따르지 않고 자신의 석방을 줄기차게 반대했기에 어쩔 수 없이 "마지 못하여" 가이사에게 상소했을 뿐, 자기의 민족 "내 민족"이기도 한 이스라엘의 그릇된 기소를 고발하려는 의도는 추호도 없었다고 말합니다. 가이사에게 상소한 것은 자기 민족에 대한 불충 때문이 아니라는 겁니다. 그는 자기 민족을 고발하려고 하는 원고가 아니라, 도리어 자기 민족에 의해 고발당한 피고 신분임을 분명히 합니다. 심지어 자신은 분명 억울하지만 그렇다고 해서 자신을 악의적으로 기소한 유대 지도자들을 고소할 의도조차 없다고 말합니다. 로마제국은 바울에게 대부분 기회주의적이거나 가끔은 호의적이었지만, 유대인들은 늘 적대적이었습니다. 그럼 유대인들은 왜 그렇게도 한결같이 바울에게 적대적이었습니까?

"이러므로 너희를 보고 함께 이야기하려고 청했으니 이스라엘의 소망으로 말미암아 내가 이 쇠사슬에 매인 바 되었노라"(사도행전 28:20)

바울이 로마의 유대 지도자들을 보자고 청한 것은 '이런 이유'"이러므로", For this reason therefore, NAS, 디아 타우텐 운 텐 아이티안, διὰ ταύτην οὖν τὴν αἰτίαν 때문이라고 합니다. '이런 이유'"이러므로"는 17-19절에서 설명한 것을 요약하는 표현입니다. 자신은 유대교가 믿고 있는 바를 소중히 여기고 민족을 사랑하는데, 예루살렘에서 자신을 오해하여 어쩔 수 없이 가이사에게 항소했으며, 자기 형편을 로마의 유대인 지도자들에게 설명하고 이해를 구하기 위해 초청했다는 것입니다. 자신이 어떤 이유로 이 쇠사슬에 매여 있는지를 알리고 싶었습니다. 이 말을 하면서는 자기 손을 묶고 있는 쇠사슬을 들어서 보여주었을 것입니다. 그가 쇠사슬에 매인 이유는 "이스라엘의 소망으로 말미암아"헤네켄 테스 엘피도스 투 이스라엘, ἕνεκεν τῆς ἐλπίδος τοῦ Ἰσραὴλ였습니다. 바울 선포의 핵심은 이스라엘의 소망인 죽은 자의 부활이 나사렛 예수의 부활로 성취되었다는 것이었습니다. 이스라엘의 소망을 전했기 때문에 쇠사슬에 매인 바 되었고, 동시에 로마에서도 이스라엘의 소망을 전할 목적으로 그는 쇠사슬에 매이기도 했습니다. 실제로 누가복음 저자는 바울이 유대인들에게 당한 고난이 바로 그가 전하는 예수께서 유대인들에게 당한 고난과 같다는 것을 보여주기 위해 예수께서 빌라도에게 재판을 받으시는 장면에서 나온 "심문하다", "죽일 죄목이 없다", "놓으려 하다"(눅 23:14-15, 20) 같은 단어를 여기에서 다시 쓰고 있고, 예수께 자주 사용된 "손에 넘겨지다"(눅 9:44; 24:7)라는 단어도 다시 사용하고 있습니다.

유대인들의 대답

바울의 이런 우려와 자기변호에 대해 유대인 지도자들은 의외로 수월하게 대답합니다.

"그들이 이르되 우리가 유대에서 네게 대한 편지도 받은 일이 없고 또 형제 중 누가 와서 네게 대하여 좋지 못한 것을 전하든지 이야기한 일도 없느니라"(사도행전 28:21)

예루살렘과 가이사랴에서 보였던 바울을 향한 유대인들의 적개심을 감안하면, 그들은 분명히 사절단을 보내서 바울을 조심하라는 경고를 로마의 유대인들에게 전하려고 이미 시도했을 수 있습니다. 다행히도 그들보다 바울이 먼저 로마의 유대인 지도자들을 만난 것입니다. '유라굴로'라는 엔진으로 바울이 탄 배를 쾌속정으로 만들어 로마에 일찍 당도하게 하셨기 때문입니다. 혹은 이미 예루살렘의 유대인들은 가이사 앞에서 열릴 재판에서 종교 문제를 갖고는 바울을 이기기란 어렵다는 것을 알고 지레 포기했을 가능성이 더 큽니다. 그런데 기쁜 일이 또 있습니다. 유대인 지도자들이 바울이 주장하는 바를 더 자세히 들을 의향이 있다는 뜻을 피력한 것입니다.

"이에 우리가 너의 사상이 어떠한가 듣고자 하니 이 파에 대하여는 어디서든지 반대를 받는 줄 알기 때문이라 하더라"(사도행전 28:22)

이미 그들은 "이 파", 즉 그리스도인들의 주장과 활동에 대해서 잘 알고 있었습니다. 바울에 대하여 특정하여 들은 것은 없었지만, 예수를 메시아로 주장하는 기독교에 대해서는 이미 들었고, 그들의 주장이 곳곳에서 "어디에서든지" 유대인들의 반대를 받고 있다는 사실만은 로마의 유대인 지도자들도 알고 있었습니다. 더욱이 그들은 이 그리스도인들을 다른 종교가 아니라, 유대교의 한 '파' 아히레시스, αἵρεσις로 생각하고 있었습니다. 이미 로마 안에서도 그리스도인들의 세력이 상당히 증가하고 있었고, 로마제국도 주시하고 있는 세력이었습니다. 특별히 48/49년 클라우디우스 황제의 유대인 추방 사태를 초래할 정도로 두 세력 간의 갈등은 첨예했습니다. 그런데 유대인 지도자들이 바울의 사상을 더 자세히 들어보기를 원한다고 하니 얼마나 반가웠을까요. 들으나 마나 한 주장으로 여겨서 무작정 거부하거나 반대하던 예루살렘의 태도와는 사뭇 다른 매우 긍정적인 태도였습니다.

다 듣고 나서도 받아들이지 않겠다고 한다면 어쩔 수 없지만, 제대로 들어보지도 않고서 다 알고 있는 듯 판단하는 것은 오만한 태도입니다. 사실 기독교 신앙에 대해서 세상이 알고 있는 것은 매우 지엽적입니다. 매우 깊이 관심이 있는 사람들을 제외하고는 대개 주변에서 만나는 그리스도인들을 통해 접했을 것입니다. 실제 그들이 믿고 있는 내용에 대해서 전모를 듣는 경우는 거의 없고, 대부분 그들의 삶을 통해서 얻은 인상이 전부입니다. 간혹 다른 분야에서 석학으로 인정받는 이들이 쓴 책에서 성경이나 기독교에 관해 언급한 대목을 읽다 보면, 그들이 기독교에 대해서는 실망스러울 정도로 피상적으로만 알고 있는 것을 보고 놀랐습니다. 기독교를 세차게 반대하는 사람들의 이해 수준도 거의 비슷합니다. 그리스도인들이 범하는 불법적이고 탐욕적이고 이기적인 행태들을 거론하면서 반대합니다. 개중에는 자기가 기독교의 입을 다물게 할 만큼 필살기 질문을 갖고 있다고 생각하기도 합니다. 기독교나 성경이 너무 낮은 수준의 논리에 기대고 있다고 여기기도 합니다. 하지만 어떤 종교가 그렇게 허술하고 피상적인 논리로 수천 년을 지탱할 수 있겠습니까? 특별히 모든 시대, 모든 장소, 모든 종류의 인류에게서 공통적으로 제기되는 삶의 본질에 관하여 나름 일리 있고 통찰 있는 대답을 제시하지 못한 채 살아남을 수 있는 종교는 없습니다. 철학을 담지 않거나 철학을 뛰어넘지 못하는 종교에는 생명력이 없습니다. 기독교 말고도 우리 눈에 유치하게 보이는 종교라도 자신의 행위를 정당화할 수 있는 웅숭한 사상을 품었기에, 이성과 과학의 시대를 통과하여 오늘에까지 이른 것입니다. 우리가 끝내 동의하지 않거나 믿지 않을 수는 있지만, 적어도 우리가 기독교에 대해서 기대하듯 다른 종교들에 대하여 함부로 폄훼하거나 비아냥거리거나, 잘 알지도 못하면서 인상적으로만 비판해서는 안 되고, 그들의 역사와 사상을 충분히 존중해야 합니다. 우리가 믿는 성경과 기독교 역시 마찬가지로 몇 마디 말로 다 묘사할 수 없을 만큼 깊은 사유와 신비의 영역을 품고 있습니다. 세상이 진지한 만큼 우리도 진지하고, 세상이 치밀한 만큼 우리도 수천 년에 걸쳐 다듬은 내적 논리가 있고, 근거가 있고, 모든 시대 다양한 상황에서 다채로운 사람들을 향하여 단 한 번도 중단 없이 소통하고 영향을 미친 채 존속해오고 있습니다. 우리의 신앙은 결코 우리만 아는 언어로, 아무런 검증을 거치지 않은 채 혹은 검증을 거부한 채 존재하고 있는 것이 아닙니다. 내가 믿고 있으니 옳고 내가 옳다고 믿기로 했으니 진리라는 식의 막연한 신념이나 맹목적인 믿음으로 정신 승리를 하고 있는 것이 아닙니다. 그러니 여기서 바울 사도가 한 말에 대하여, 기독교라고 하는 한 '파'가 하는 말에 대하여 귀를 기울여 듣겠다고 하는 유대인 지도자들의 태도는 분명 그들을 향해 할 말을 가진 바울에게는 참으로 반가운 반응이 아닐 수 없습니다. 그들은 일단 열린 마음으로 들어보고 나서 "이 파"에 대한 세간의 견해를 평가할 작정이었습니다.

유대인들과의 두 번째 만남

정한 날에 유대인 지도자들은 다른 많은 유대인 동료들을 데리고 바울이 지내는 곳에 찾아왔습니다. 목격자 누가는 그날의 분위기를 이렇게 전합니다.

> "그들이 날짜를 정하고 그가 유숙하는 집에 많이 오니 바울이 아침부터 저녁까지 강론하여 하나님의 나라를 증언하고 모세의 율법과 선지자의 말을 가지고 예수에 대하여 권하더라"(사도행전 28:23)

하나님 나라의 복음을 전하다

험한 풍파를 헤치고 도착한 로마에서 만난 동족 유대인 지도자들에게 바울이 얼마나 심혈을 기울여 복음을 전했을지를 그려볼 수 있는 표현입니다. 바울은 "아침부터 저녁까지" 강론했습니다. 바울의 열정적인 말씀 강론을 읽고 있자니, 자연스럽게 필자가 중국의 지하교회 지도자들에게 말씀을 전하러 오고 가던 시절이 떠올랐습니다. 비밀 장소에서 밥 먹고

자는 시간을 제외하고는 온종일 말씀을 전했습니다. 보안상 따로 유인물을 만들어 배포할 수도 없었습니다. 4박 5일 동안 중국 전역에서 모인 가정교회 지도자들은 단 한 말씀도 놓치지 않고 받아 적으려고 애를 썼습니다. 통역이 끝나면 일제히 "아멘" 하고 화답했습니다. 그렇게 받아 적은 말씀을 갖고 자기 처소로 돌아가서 그걸 한 해 내내 영적 양식으로 삼아 목회해야 했으니, 전하는 필자나 배우는 지도자들은 혼신의 힘을 다해 하나님 말씀을 나눌 수밖에 없었습니다.

여기 사용된 동사가 셋입니다. "강론하다"에크티쎄미, ἐκτίθημι, "증언하다"디아마르튀로마이, διαμαρτύρομαι, "권하다"페이쏘, πείθω입니다. 저는 이 셋 사이에 큰 차이가 있다고 보지 않습니다. "강론하다"에크티쎄미, ἐκτίθημι는 다른 곳에서는 "설명하다"(행 11:4; 18:26)로 번역하고 있습니다. 베드로가 고넬료의 집에서 복음을 설명했고, 브리스길라와 아굴라 부부가 아볼로에게 그리스도에 관해 설명했다고 할 때 쓰였습니다. 장시간에 걸쳐 매우 상세한 설명이 필요한 상황을 생각할 수 있습니다. 바울이 설명한 내용은 크게 두 가지입니다. 하나는 하나님 나라이고, 다른 하나는 예수님입니다. 그것은 한 마디로 '복음'입니다. 복음, 즉 복된 소식, 기쁜 소식은 하나님 나라가 임했다는 소식이며, 그것은 누구에게든 하나님 나라의 왕이 오셨다는 소식입니다. 예수님이 율법과 선지자들이 약속한 메시아(그리스도)로 오셨다는 소식입니다. 그것은 구원의 날이 왔다는 뜻이고, 동시에 심판의 날이 왔다는 뜻입니다. 누가가 하나는 "증언하다"라는 동사를 쓰고 다른 하나는 "권하다"는 동사를 쓰고 있지만, 사실상 하나님 나라와 예수님에 대한 설명을 분리하고 있지 않습니다. 둘은 구분할 수 있지만 분리할 수는 없는 관계이기 때문입니다.

하나님 나라와 그 나라의 왕으로서 그리고 메시아로서 오신 하나님의 아들 예수 그리스도의 복음은 누가복음의 전체 주제이고, 또한 사도행전에서 사도들과 바울이 전한 메시지의 중심 내용입니다. 누가복음에서는 메시아 예수님의 사역을 예고하는 세례 요한의 탄생부터 주와 구주 되신 예수님이 처녀의 몸에서 태어나신 일, 그리고 예수님의 어린 시절, 예수님의 공생애 사역과 그분이 선포하신 말씀, 특별히 예수님의 십자가와 부활과 승천 사건을 통하여 구약에서 예고한 하나님의 나라가 예수님과 함께 도래했음을 보여주었습니다. 예수님은 자신의 첫 번째 공생애 설교에서 자신은 희년의 약속을 성취하여 죄와 사망 가운데 매이고 갇히고 눌려 있는 전 인류에게 자유와 해방, 샬롬과 안식을 주기 위해 이 땅에 오셨음을 분명히 하셨습니다(눅 4:16-21). 실제로 병자를 치유하고 귀신을 쫓아내고 자연을 정복하심으로써 그 자유와 해방과 치유의 나라가 예수님 안에서 실제적이고 가시적으로 임했고, 사탄의 나라의 패배가 현실화되었음을 보여주셨습니다.

십자가의 죽음으로 그의 모든 말씀과 사역이 무위로 돌아갈 위기에 처했지만, 누가복음은 유독 길게 예수님의 부활과 부활 이후의 사역을 기록함으로써 예수님은 부활하셔서 진정한 하나님 나라의 왕으로 등극하셨다는 것을 보여주었습니다. 사도행전은 부활하신 예수님이 승천하신 후에 약속하신 대로 성령께서 제자들에게 임하셨고, 성령의 사람들을 통해 이 하나님 나라의 기쁜 소식이 예루살렘 성전 체계에 균열을 내었고, 오순절을 지키러 온 순례자 삼천 명, 오천 명이 그 소식을 듣고 주께 돌아왔다고 보고함으로써 왕이신 예수님의 통치를 묘사했습니다. 급기야 유대교의 핵심 세력인 허다한 제사장의 무리까지 주님 앞으로 나아왔음을 보여주었습니다.

스데반의 순교를 기점으로 유대교 성전 권력자들의 박해가 심해지자, 사도들과 전도자들이 유대와 사마리아로 흩어져 복음을 전파했고, 그곳에도 성령께서 믿는 자들 위에 임하심으로써 남북으로 이스라엘이 분열된 이래로 줄곧 반목과 질시의 관계였던 두 지역이 복음 안에서는 새로운 하나님 나라 영토가 되는 역사가 일어났음을 보여주었습니다. 놀랍게도 부활하신 주 예수 그리스도께서는 박해의 핵심 인물 중 하나였던 바울(사울)에게 나타나 그를 자신의 증인으로 불러 그를 통해서 이방인과 땅끝까지 이 하나님 나라의 복음을 증거하도록 준비하셨습니다. 동시에 이방인 지역인 안디옥에 바나바를 중심으로 교회가 세워지게 하셨습니다. 하나님은 바나바와 바울이 1년 동안 이곳에서 동역하게 하신 후에, 오순절에 회심한 디아스포라 유대인들을 통해 시작하셨던 땅끝 선교를 이제 두 사람을 통해 더 가열차게 진행되게 하셨습니다.

그들이 가는 곳마다 전한 메시지는 한결같았습니다. 특히 유대인들에게는 율법과 선지자들이 약속한 하나님의 아들 메시아, 그들이 간절히 소망하던 그 하나님 나라의 왕은, 바로 우리 유대인들이 십자가에 죽인 바로 그 예수님이라고 전했습니다. 우리는 무죄한 메시아를 죽였지만, 하나님께서는 당신의 아들을 죽은 자 가운데서 몸으로 살리셔서 하늘 보좌 우편에 앉히시고, 이제 사탄을 발등상 삼아 성령을 통하여 그가 다시 이 땅에 오셔서 완전히 악의 세력을 심판하시는 그날까지 왕으로서 다스리게 하셨다는 소식을 전했습니다. 바울이 가는 곳마다 고난을 당하고 내침을 당하고 돌을 맞은 이유가 유대인들의 소망이 바로 이 예수 안에서 성취되었다고 주장했기 때문입니다. 메시아로 알았던 예수가 죽은 것에 낙심하여 고향 엠마오로 돌아가던 글로에 부부에게 부활하신 예수께서 친히 나타나 동행하시면서 모세와 선지자들의 글을 가지고 메시아의 고난과 부활에 대하여 설명하시던 일이 생각납니다 (눅 24:25-27).

사도행전은 부활하신 예수님이 승천하시기 전에 제자들과 사십 일 동안 함께하셨다는 내용으로 시작하고 있습니다. 그때 제자들에게 가르쳐 주신 것도 "하나님 나라"였습니다. "예수께서 고난을 받으신 뒤에, 자기가 살아계심을 여러 가지 증거로 드러내셨습니다. 그는 사십 일 동안 그들에게 여러 차례 나타나시고, '하나님 나라에 관한 일들'을 말씀하셨습니다"(행 1:3). 물론 성령의 임재도 중요하지만, 이런 예수님의 가르침이 있었기에 오순절 이후에 사도들이 하나님 나라 복음을 모세와 선지자들의 말씀을 해석하며 설명할 수 있었을 것입니다. 사도 바울 역시 다메섹 가는 길에 부활하신 예수님을 만난 후 다메섹에서(아라비아에서) 3년을 보내는 동안에 예수께서 어떻게 모세와 선지자들의 글로 약속하신 것을 성취한 하나님 나라의 왕, 메시아가 되셨는지를 정리했을 것입니다. 그가 가는 곳마다 이 하나님 나라와 그 나라의 왕이신 메시아 예수님을 전했습니다. 특히 소아시아의 가장 유력한 도시인 에베소에서의 사역에 대해서 누가는 이렇게 전합니다.

"바울이 회당에 들어가 석 달 동안 담대히 '하나님 나라에 관하여 강론하며 권면하되' 어떤 사람들은 마음이 굳어 순종하지 않고 무리 앞에서 이 도를 비방하거늘 바울이 그들을 떠나 제자들을 따로 세우고 두란노 서원에서 날마다 강론하니라 두 해 동안 이같이 하니 아시아에 사는 자는 유대인이나 헬라인이나 다 주의 말씀을 듣더라"(사도행전 19:8-10).

바울이 전한 복음의 내용은 하나님 나라와 주 예수 그리스도였습니다. 복음은 내가 어떻게 구원받는가에 관한 소식이기 전에, 하나님은 왜 이 세상을 창조하셨고, 또 왜 자기 아들을 이 세상에 왕으로 보내셨는가에 관한 소식입니다. 내가 예수 믿고 천국 가는 이야기가 먼저가 아니라, 창조와 구속의 목표인 하나님의 하나님 나라 건설, 새 하늘과 새 땅의 건설, 안식과 샬롬의 나라의 건설, 믿음과 소망과 사랑의 나라의 건설에 관한 것이 복음입니다. 그 하나님 나라를 세우기 위하여 악의 세력과 싸우고, 악의 세력에 결박당한 자기 백성을 해방하시고 구원하신 것, 그리하여 이제는 사탄의 지배 아래서 살지 않고 하나님의 아들 예수 그리스도의 통치 아래 사는 백성을 창조하는 이야기, 그것이 복음입니다. 그리하여 공중 권세 잡은 자의 지배 아래서 세상 풍조를 따라서 서로 죽고 죽이고, 서로 갈등하고 미워하고, 물질과 문명의 노예가 되어 탐욕스럽게 살다가, 결국 공멸할 수밖에 없는 삶을 이제는 버리고, 아들 예수 그리스도를 따라서 서로 사랑하고 섬기는 화해와 평화의 나라, 공존과 공생의 나라, 정의와 공의의 나라 백성이 되게 하신다는 소식이 복음입니다. 그런 믿기지 않는 일은 결코 내 공로가 아니라 오직 하나님의 사랑과 은혜와 긍휼하심으로만 가능하고, 우리의 의가 아니라 하나님의 아들 우리 주 예수 그리스도의 십자가의 의로만 가능하다는 소식이 복음입니다. 이제 사망이 더는 우리를 정죄하지 못하며, 이미 새 하늘과 새 땅의 하나님 나라는 예수 안에서 도래했고, 그리하여 그 예수와 성령으로 연합된 하나님의 백성들을 구원으로 부르고 있고, 악의 세력의 최종적인 패배와 몸의 부활을 기다리며 살게 하셨다는 소식이 복음입니다.

이제 이 복음을 듣고서 하나님의 자녀가 되려면, 베드로의 설교를 듣고 예루살렘의 순례자들이 보인 반응처럼, "우리가 어찌 할꼬" 하여야 합니다. 그리고 베드로의 권면처럼 "회개하여 예수 그리스도의 이름으로 세례를 받고 죄 사함을 받아야" 합니다. 그리고 성령을 받아서 "이 패역한 세대에서 구원을 받아야" 합니다. 다시는 악한 영을 따라 죽은 우상을 숭배하지 말고 살아계신 하나님, 부활하신 우리의 왕 예수 그리스도의 통치 아래서 성령에 충만하여 살아가야 합니다. 그것도 한 개인으로서의 결단에 그치지 않고 베드로의 복음을 듣고 회심한 자들이 즉시 "사도의 가르침을 지속적으로 받고 서로 교제하고 떡을 떼며 오로지 기도에 힘쓴 것처럼" 교회 공동체로 모여서 이 땅에 하나님 나라를 구현하고 또한 드러내며 살아야 합니다. 오직 그리스도를 머리로 한 공동체로 존재해야 합니다. 그리스도께서 주시는 능력과 지혜로 살아가야 한다는 뜻입니다. 또한 우리는 그리스도의 몸인 교회가 되어 그리스도께서 가 계신 곳에 성도들이 한 몸이 되어 가야 합니다. 그리스도께서 사시듯 교회가 작은 예수가 되어 살아가야 합니다.

하나님 나라는 이 세상 나라를 뒤집고 뒤엎은 나라이기 때문에, 세상 앞에 성도의 존재 방식은 한편으로는 그들에게 두려움이 되고, 다른 한편으로는 칭송이 되기도 할 것입니다. 그럼에도 예루살렘 교회가 본을 보여주고 안디옥 교회가 본을 보여준 것처럼, 땅끝까지 복음이 전파되도록 교회가 나서야 하고 선교사들을 보내야 합니다. 이렇듯 우리는 모이는 교회와 흩어지는 교회, 구심력적 교회와 원심력적 교회가 되어 주

오실 그날까지 소명과 사명을 이루며 살아가야 합니다. 이 모든 것이 바로 하나님 나라의 복음입니다. 이 복음으로 우리 자신을 살피고 우리 시대의 교회를 살펴보십시오. 진단하여 보십시오. 이제 우리는 이 복음에 감염되었는지 아니면 세속주의와 개인주의에 감염되었는지, 이 하나님 나라 복음을 통해서 점검해 보십시오. 하나님 나라 복음이라는 거울에 비추어 살고 있다면, 의인의 고난은 있을지언정 세상으로부터 조롱과 비아냥과 냉소와 비난을 받는 일은 없을 것입니다. 복음을 따라 산다면, 교회와 성도들이 무분별하게 이데올로기에 사로잡혀 썩어질 가치를 위하여 싸우고 다투는 일은 일어나지 않을 것입니다. 교회와 성도는 영적으로 죽어가고 다음 세대는 씨가 말라가는데, 교회가 규모와 외적인 사역에만 천착하는 것은 복음에서 떠난 풍경입니다. 목사든 성도든 복음을 전하는 일보다 복음을 알고 믿는 일을 우선시해야 합니다. 빛을 비추는 일보다 빛이 되는 것을 우선시해야 합니다. 하나님께 영광을 돌리려고 하기보다는 내가 하나님의 영광이 되는 것이 더 중요합니다. 그렇지 않으면 내가 믿는 하나님, 예수님, 성령님은 언제든, 또한 얼마든지, 내가 만든 우상으로 전락하고 나의 욕망을 정당화시켜 주는 장치나 도구로 이용당할 수 있고, 내가 드리는 수많은 예배와 기도와 헌물은 나를 엄위하신 하나님, 영광의 하나님 앞에 두렵고 떨림으로 서게 하는 대신에, 나의 죄악을 회개하지 못하게 막는 장애물이 될 수 있기 때문입니다.

오늘 이 유대인 지도자들은 우리처럼 복음을 모르면서도 자신들은 하나님을 잘 믿고 있고, 메시아가 정말 오셨다면 자기들 같은 의인들을 가장 먼저 구원하시고 저 이방인들은 가장 먼저 심판하실 것이라고 믿고 있었을 것입니다. 그런데 바울이 하나님 나라를 증언하고 모세의 율법과 선지자의 말을 가지고 예수에 대하여 "권했다"는 것은, 다름 아닌 유대인들이 과거 바울 자신이 그랬던 것처럼 이 하나님의 아들을 십자가에 못 박아 죽였다고 말했다는 뜻입니다. 또한 이제 당장 그들이 해야 하는 일은 구원의 확신이 아니라, 죄로 인해 죽을 수밖에 없는 존재인 것을 자각하고 인정하여 "우리가 어찌 할꼬" 하며 회개하는 일이라고 했을 것입니다. 아침부터 저녁까지 복음을 전한 끝에 바울이 내린 최종 권면이 바로 이 회개와 믿음의 요구였던 것입니다. "회개하라, 천국이 예수님 안에서 이루어졌으니 믿고 영생을 얻으라!"였을 것입니다.

유대인들의 반응

그러나 그것은 분명 복음이었지만, 모든 사람에게 복음이 되는 것은 아닙니다. 복음은 항상 누군가에게는 불쾌하고 거북하고 불편한 소식입니다. 자신의 세계가 무너지기를 거부하고, 자신의 주권을 예수께 넘기기를 거부하고, 세상이 자신에게 준 알량한 권력과 부와 허울뿐인 사회적 지위와 허망한 명예를 내려놓기를 마다하는 자들에게는 강력히 저항해야 하는 소식이었습니다. 그래서 주님은 제자들을 보내서 이 하나님 나라 복음을 전하게 하시면서 "어린 양을 이리 가운데로 보냄과 같다"고 하셨습니다. 반드시 그들을 환대하는 자들과 반대하는 자들, 냉대하는 자들, 박대하는 자들이 동시에 존재할 것이라고 하셨습니다. 그것은 제자들을 향한 반대가 아니라, 제자들을 보낸 예수님 자신을 향한 반대라는 것을 분명히 알려주셨습니다(눅10:11).

바울의 복음을 들은 유대인들은 어떻게 반응하고 있습니까?

"그 말을 믿는 사람도 있고 믿지 아니하는 사람도 있어 서로 맞지 아니하여"(사도행전 28:24-25a)

바울이 복음을 전할 때마다 일어났던 반응입니다. 예수께서 말씀하신 그대로입니다. 예수께서 겪으셨던 그대로입니다. 시므온이 예고했던 그대로입니다(눅 2:34). 이전에 바리새인들과 사두개인들이 부활을 두고 바울 앞에서 서로 다투었듯이, 이번에도 바울의 복음 앞에서 유대인들 사이에 다툼이 일어났습니다. "서로 맞지 않았다"를 직역하면 "서로 조화를 이루지 못했다"입니다.[171] 복음은 화목의 복음이고 평화의 복음이지만, 그것은 자기 부인과 사랑과 희생 안에서의 연합일 뿐 적당한 타협이나 야합이 아니기 때문에, 평화의 복음이 있는 곳에는 동시에 분열과 갈등과 전쟁도 있습니다. 그래서 예수님은 말씀하십니다(마 10:34-39).

"내가 세상에 화평을 주러 온 줄로 생각하지 말라 화평이 아니요 검을 주러 왔노라 내가 온 것은 사람이 그 아버지와, 딸이 어머니와, 며느리가 시어머니와 불화하게 하려 함이니 사람의 원수가 자기 집안 식구리라 아버지나 어머니를 나보다 더 사랑하는 자는 내게 합당하지 아니하고 아들이나 딸을 나보다 더 사랑하는 자도 내게 합당하지 아니하며 또 자기 십자가를 지고 나를 따르지 않는 자도 내게 합당하지 아니하니라 자기 목숨을 얻는 자는 잃을 것이요 나를 위하여 자기 목숨을 잃는 자는 얻으리라."(마태복음 10:34-39)

여기는 "아버지나 어머니를, 그리고 아들이나 딸을 나보다 더 사랑하는 자가 예수님께 합당하지 않다"고 하셨지만, 아버지나 어머니, 아들과 딸 대신에 우리가 우상처럼 떠받드는 모든 것을 다 넣을 수 있습니다. 그런 것에 대하여 자기 부인과 십자가의 태도로 임할 때, 우리는 예수님과도 진정으로 하나가 될 수 있고, 또 지체들과도 하나가 될 수 있습니다. 그렇지 않은 사람들에게 예수님과 복음은 위협적인 공세가 되고 불온한 스캔들이 될 것입니다.

유대인들 중에는 율법과 선지자들의 말씀을 듣고, 그리고 바울 자신이 부활하신 예수님을 만난 경험과 함께 복음을 듣고도 받아들이지 않는 자들이 있었습니다. 예수님이 전해도 거절했는데, 바울이 전했으니 다 믿을 리 없습니다. 목사님들끼리만 묻고 대답하는 질문이 있습니다. "목사님 교회에는 교인 중 몇 %나 거듭난 그리스도인인 것 같습니까?" 그러면 거의 모든 목사님들은 50%를 넘지 않는다고 대답합니다. 어떤 분들은 10%나 20% 정도로 말하는 분들이 있고, 60% 이상이라고 대답하는 분들은 드뭅니다. 겉으로는 모든 교우들을 다 그리스도인인 것처럼 상대하지만, 목회자가 보기에 아직 복음을 모르고 있는 분들이 많습니다. 심지어 아주 활발하게 활동하고 교회에 많이 기여하는 중직자 중에도 아직 복음을 모른 듯 보이는 분들도 적잖습니다. 제가 복음을 안다 혹은 모른다고 하는 것은 단지 지식으로서의 복음만을 말하는 것이 아닙니다. 복음은 예수 그리스도라는 인격입니다. 그분이 우리의 구원자이시고 또 우리의 왕이시라는 소식입니다. 따라서 복음을 안다, 거듭났다 하는 말은 진심으로 살아계신 인격이신 예수님을 만나고, 알게 되고, 그래서 지난 삶을 다시 보게 되고, 그리하여 회개하여 이제 그분께 삶을 맡기게 된다는 뜻입니다. 나는 죄인이며 무력한 자임을 인정하고, 그분 없이는 살아날 수도 없었고, 또 앞으로 살 수도 없음을 인정하게 된다는 뜻입니다. 그러니 세상 것으로는 내가 자랑할 것이 없고 의지할 것도 없다고 생각하여, 주와 복음을 위하여 살아가기로 인생의 방향을 정한 사람이라는 뜻입니다. 이제 나는 더는 내 것이 아니고 나를 값 주고 사신 그리스도의 것이니, 살든지 죽든지 먹든지 마시든지 그 예수님이 왕으로 통치하시는 하나님 나라에 참여한다는 뜻입니다. 그것이 복음을 아는 것이고, 그것이 거듭났다는 말의 뜻입니다. 이제 스스로 이 질문에 대답해야 합니다. 나는 거듭난 그리스도인인가? 나는 복음을 제대로 알고 있는가? 내가 복음을 모르고 있다면, 지금이라도 두려운 마음으로 가르쳐 달라고 간곡하게 청해야 합니다. 자신의 병을 알고서도 인정하지 않는 것만큼 어리석은 것은 없습니다. 더욱이 치유의 방법이 있는데도 영혼의 심각한 상태를 인정하지 않고 방치하는 것만큼 소름 끼치는 일은 없습니다. "건너와 우리를 도우라"고 했던 마게도냐 사람들처럼 복음을 가르쳐 달라고 요청하기 바랍니다.

바울의 경고

바울은 하루 종일 자신이 전한 복음을 듣고도 회개하지 않고 돌아가는 유대인들을 향해 나는 할 만큼 했으니 이제 어쩔 수 없다고 단념하지 않았습니다. 그들을 더는 불편하게 만들지 않음으로써 자신이 로마에서는 핍박을 받지 않겠다고, 또 나쁜 인상을 주지 않고 편안하게 사역하겠다고 생각하지도 않았습니다. 그는 돌아가는 유대인들을 향해 독설에 가까운 경고를 하고 있습니다. 다시는 안 볼 사람처럼 강하게 질책했습니다. 특히 예수님처럼 이사야 선지자의 말씀을 인용하여 그들의 불신앙을 책망합니다.

"흩어질 때에 바울이 한 말로 이르되 성령이 선지자 이사야를 통하여 너희 조상들에게 말씀하신 것이 옳도다 일렀으되 이 백성에게 가서 말하기를 너희가 듣기는 들어도 도무지 깨닫지 못하며 보기는 보아도 도무지 알지 못하는도다 이 백성들의 마음이 우둔하여져서 그 귀로는 둔하게 듣고 그 눈은 감았으니 이는 눈으로 보고 귀로 듣고 마음으로 깨달아 돌아오면 내가 고쳐 줄까 함이라 했으니"(사도행전 28:25b-27)

여기 "한 말로 이르되"는 직역하면 '한마디 말만 했다'입니다. 바울이 떠나려는 자들에게 급히 한마디를 더 하겠다고 나선 것입니다. 끝까지 포기하지 않는 열정적인 전도자의 모습입니다. 때로는 친절한 설명으로, 이번에는 엄중한 경고로 설득합니다. 그가 그들을 경고하며 인용한 말씀은 이사야 6장 9-10절의 말씀입니다. 그런데 그 인용을 이렇게 도입합니다. "성령이 선지자 이사야를 통하여 너희 조상들에게 말씀하신 것이 옳도다." 바울은 선지자는 자기가 하고 싶은 말을 하는 사람이 아니고 성령께서 하실 말씀을 대신 전하는 사람이라고 말합니다. 왜 이 말로 시작했을까요? 바울이 이제 하려는 불편한 경고도 자기가 악에 받쳐서 하는 말이 아니고, 그들이 미워서 하는 말도 아니며, 성령께서 하시고 싶은 말을 대신 전하는 것이라는 뜻이었습니다. 그러니 바울 자신의 잔소리나 악담으로 듣지 말고 성령의 음성으로 들어달라는 당부입니다. 바울이 인용한 말씀은 하나님께서 이사야를 선지자로 부르시는 소명 장면에서 하신 말씀입니다(사 6:8). "내가 또 주의 목소리를 들으니 주께서 이르시되 내가 누구를 보내며 누가 우리를 위하여 갈꼬 하시니 그 때에 내가 이르되 내가 여기 있나이다 나를 보내소서 했더니" 이사야 선지자가 가겠다고 하자 하나님께서 그에게 말씀하신 내용을 바울이 인용한 것입니다. 하나님은 이사야 선지자가 할 일은 구원을 선포하는 것이 아니라 심판을 선포하는 것이라고 하십니다. 선민 이스라엘 백성들을 회개시키러 가는 것이 아니라, 이제 더는 그들에게 기회가 없음을 알도록 하기 위해 갈 것이라고 하십니다. 사실상 그 말은 이제 이스라엘 백성들은 무슨 말씀을 들어도 회개하지 않을 만큼 완악한 상태에 있다는 하나님의 탄식이었습니다.

하나님께서 이사야 선지자를 부르셨듯이, 예수님을 선지자의 역할을 완성하도록 부르셨습니다. 그런데 그들이 이사야 선지자를 거절했듯이 예수님을 거절했습니다. 그 예수님의 역할을 이제 바울 사도가 이어받고 있습니다. 그런데 지금 로마에 사는 유대인들은 그들의 육신의 조상들처럼, 그리고 예루살렘의 유대인들처럼 바울을 거절함으로써 그를 보내신 하나님을 거절했습니다. 이런 유대인들의 거절은 앞서 멜리데 이방인들의 환대나 이방인 백부장의 환대와 대조됩니다. 혹은 바울이 로마로 호송되는 과정에서 그를 마중한 성도들도 이방인들이라면, 그들의 환대와도 대조되는 거절입니다.

바울은 자신이 전한 복음, 메시아 예수 그리스도를 영접하기를 거절하고 돌아서는 유대인들을 향하여 그들이 지금 조상들의 잘못을 반복하고 있다고 상기시켜 주고 있습니다. 이것은 단지 견해 차이 정도에 그치는 문제가 아니라 하나님의 심판을 자초한 조상들처럼 돌이킬 수 없는 치명적인 실수를 하고 있음을 그들은 알아야 했습니다. 그러면서 바울은 유대인들이 거절하면 유대인에게 먼저 들려준 복음이 이제 이방인들에게로 향할 것이라고 하십니다.

> "그런즉 하나님의 이 구원이 이방인에게로 보내어진 줄 알라 그들은 그것을 들으리라 하더라" (사도행전 28:28)

바울이 비시디아 안디옥의 유대인들에게 이미 했던 경고입니다. 유대인들이 기회를 스스로 버렸습니다(행 13:26-30). 구원이 이방인에게로 보내진다는 말은 생경한 메시지가 아닙니다. 신약에 와서야 비로소 이방인들이 구원을 누리기 시작한 것은 아닙니다. 이사야 60장에서 주님께서 이미 예고하신 말씀입니다. 하나님은 한 번도 팔레스타인 땅에 사는 혈통적인 유대인만을 자기 백성으로 삼겠다고 하신 적은 없습니다. 처음부터 이스라엘을 선민으로 부르셔서 부여하신 사명은 흑암 중에 있는 이방에게 빛을 전하는 증인의 역할이었고 제사장의 역할이었습니다.

> "일어나라 빛을 발하라 이는 네 빛이 이르렀고 여호와의 영광이 네 위에 임했음이니라 보라 어둠이 땅을 덮을 것이며 캄캄함이 만민을 가리려니와 오직 여호와께서 네 위에 임하실 것이며 그의 영광이 네 위에 나타나리니 나라들은 네 빛으로, 왕들은 비치는 네 광명으로 나아오리라" (이사야 60:1-3)

바울은 주께서 자신을 부르신 이유가 바로 "나라들" 즉 여기 이방인들을 어둠에서 빛으로, 이방의 왕들을 광명으로 나아오게 하기 위함임을 알고 있었습니다. 물론 이방인의 구원이 유대인들의 포기를 의미하는 것은 아닙니다. 도리어 유대인들로 시기하게 하여 그들을 구원하시려는 하나님의 전략이라고 그가 이미 로마의 교회들에게 보낸 편지의 9-11장에서 강조한 바 있습니다.

이제 바울은 로마에 머무는 동안 이방인들에게 주로 복음을 전할 것이고, 가이사로부터 무죄 판결을 받고 로마 교회의 파송을 받아 로마제국 동반구에 사는 이방인들에게 가서 복음을 전할 것입니다. 유대인들보다는 이방인들이 먼저 하나님의 백성이 된다는 바울의 이 말은 마음이 열리지 않은 유대인들은 결코 받아들이기 어려운 주장이었을 것입니다. 그들은 당장 회개하고 할례를 받고 회당 예배에 참여하고 율법을 지키지 않으면, 결코 여호와 하나님, 이스라엘의 하나님의 구원을 받을 수 없다고 굳게 믿고 있었기 때문입니다. 예수님을 영접하지 않는 한, 그들의 생각을 깨뜨리는 것은 불가능했습니다.

그들이 바울의 이 무례하고 도발적인 주장에 대해 어떻게 반응했는지는 나와 있지 않습니다. 그것은 배 위에서 바울의 위로와 도전에 대해 뱃사람들의 반응이 나오지 않았던 것과 비슷합니다. 긍정적인 반응이 안 나왔다는 것은 부정적인 반응 일색이었음을 암시합니다. 당장에는 이 경고를 듣고 즉시 마음을 바꾼 사람은 거의 없었을 것입니다. 도리어 더욱 심기가 불편해졌을 것이고, 바울에 대해서 더욱 큰 적개심을 갖게 되었을 것입니다. 그렇다고 해서 지금 바울은 그들이 함부로 할 수 있는 대상이 아니었습니다. 가이사 황제에게 상소한 상태로 로마 군인에 의해 감시를 받는 죄수였기 때문입니다. 그런 신분만 아니었다면 예루살렘이나 여러 회당들의 유대인들처럼 그들도 바울을 향해 직접 분노를 표현했을 것입니다.

로마에서의 2년의 사역

유대인 지도자들과 바울의 처소에 모였던 유대인들이 모두 떠났습니다. 이제 사도행전의 마지막 두 절은 그 이후 2년 동안 바울이 로마에서 어떻게 지냈는지를 소개하고 있습니다. 가이사랴에서 2년을 외부인과의 만남이 자유로운 가택 연금 상태로 재판을 기다리며 보냈듯이, 로마에서도 2년 동안 황제의 재판을 기다리며 가택 연금 상태로 있었습니다. 하지만 중죄인으로 구분되지 않았기 때문에, 외부인들과 자유롭게 만날 수 있었습니다. 누가는 바울이 2년 동안 어떻게 지냈는지를 다음과 같이 그리고 있습니다.

> "바울이 온 이태를 자기 셋집에 머물면서 자기에게 오는 사람을 다 영접하고 하나님의 나라를 전파하며 주 예수 그리스도에 관한 모든 것을 담대하게 거침없이 가르치더라"(사도행전 28:30-31)

여기 "하나님 나라를 전파하고 주 예수 그리스도에 관한 모든 것을 가르쳤다"는 표현은 앞서 유대인 지도자들을 향하여 "하나님 나라를 증언하고 모세의 율법과 선지자의 말을 가지고 예수에 대하여 권했다"는 말을 되풀이하고 있습니다. 동사만 달리했을 뿐 "전파하다", "가르치다" 내용에 있어서는 큰 차이가 없었을 것입니다. 바울이 나갈 수 없으니, 그를 찾아온 사람들을 맞이했습니다. 그들 중에는 유대인이나 이방인이 다 포함되었을 것입니다. 주로 이방인들이 찾아왔겠지만, 앞서 유대인 지도자들에게 복음을 설명할 때 영접했던 이들을 통해서 또 다른 유대인들이 복음을 듣기 위해서 혹은 바울과 논쟁하기 위해서 찾았을 것입니다. 바울은 누구든 가리지 않고 '다' 영접했습니다. 가이사랴에 있는 동안 사역했던 것과 비슷합니다. 그는 갇혔을 때나 자유로울 때나, 상황에 맞게 복음을 나누고 형제들과 교제하고 성도들을 목양했습니다.

특히 그가 하나님 나라와 주 예수 그리스도를 가르쳤다고 할 때, 앞에서는 쓰지 않았던 표현들이 사용되고 있습니다. 첫째, 앞에서는 예수에 관하여 권했다고만 했는데 여기서는 "주 예수 그리스도"페리 투 퀴리우 예수 크리스투, περὶ τοῦ κυρίου Ἰησοῦ Χριστου라고 예수님을 소개하고 있습니다. 예수님의 주되심과 예수님의 그리스도 되심을 가르친 것입니다. 특히 여기 "주"퀴리오스, κύριος라는 표현은 로마 황제에게 사용되던 호칭이었던 것을 생각하면 대단히 파격적입니다. 그는 이 세상의 진정한 주와 구원자는 예수님이시고, 예수님은 가이사가 군사 정복으로 이룬 거짓 평화를 대체하여 참된 평화를 이 땅에 가져오신 분임을 주장하고 있는 것입니다. 이는 이곳이 로마제국의 심장부임을 감안할 때 더욱 위험한 주장입니다. 예수님이 빌라도에게 죽임을 당할 때 고소당한 죄목이 바로 그가 스스로 왕을 자처했다는 것이었습니다. 그런데 로마제국의 변방도 아니고 한 중심에 와서까지 예수를 '주'퀴리오스라고 가르쳤으니, 정말 엄청나게 대범한 것이었고 보기에 따라서는 무모했습니다. 또한 그는 유대인과 이방인 모두에게 이 예수님이 진정한 소망이라고 전했습니다. 그분이 바로 성경이 약속한 그리스도크리스토스, Χριστός, 메시아이기 때문입니다.

예수님이 다윗의 후손으로서 이스라엘에 주신 하나님의 약속을 성취하고 이스라엘의 해방을 위해 태어난 하나님의 아들이라고 선포한 수태고지 이야기(눅1:32-33, 51-55, 68-71)와 가이사 아구스도 시대에 이 세상에 오신 예수님의 탄생에 관한 이야기(눅2:1-14)로 시작한 누가의 이야기가 가이사의 제국의 수도 로마에서 '하나님 나라'와 '주 예수 그리스도'를 선포하고 가르치는 이야기로 끝나고 있습니다인클루지오.

둘째, 바울은 "담대하게" 가르쳤습니다. 로마제국의 수도에 와 있고 로마 군인의 감시 아래 있었지만, 그는 조금도 위축되지 않았습니다. 직역하면 "모든 담대함으로"메타 파세스 파레시아스, μετὰ πάσης παρρησίας입니다. 그래서 새번역은 "아주 담대하게"라고 번역했고, 유진 피터슨은 "urgently presented"절박하게 전했다라고 번역하고 있습니다.[112] 예루살렘의 사도들과 바울 사도가 복음을 '담대하게' 전했다는 표현은 사도행전에 자주 등장합니다(행 9:27; 13:46, 14:3; 18:26; 19:8; 26:26). 그런데 "모든 담대함으로"라는 표현은 여기가 유일합니다. 물론 이방 세계의 한 중심에 와 있었기 때문에 과거보다 더 담대하게 전했다는 뜻이겠지만, 이것이 사도행전의 마지막 문장이라는 것을 감안하면 이것이 바울을 포함하여 예수님의 십자가와 부활의 복음을 깨달은 모든 증인들이 보여준 모습이며, 또한 오늘 우리에게도 요구되는 모습이라고 말해주고 있는 것 같습니다.

바울은 처음 자신이 부름을 받았을 때부터, 자신에게는 복음을 전하는 사명과 함께 예수님처럼 고난을 함께 받아야 한다는 말씀을 받았기 때문에, 그가 받는 고난이 그를 위축시키지 않았고 고난 없는 사역을 위해서 복음을 위축시키지도 않았습니다. 바울이 아나니아를 통해서 받은 사명은 이것이었습니다.

"주께서 이르시되 가라 이 사람은 내 이름을 이방인과 임금들과 이스라엘 자손들에게 전하기 위하여 택한 나의 그릇이라 그가 내 이름을 위하여 얼마나 고난을 받아야 할 것을 내가 그에게 보이리라 하시니"(사도행전 9:15-16)

더군다나 바울의 로마행은 자신의 바람만이 아니고 주님의 뜻이었습니다. 주께서 친히 이루신 계획이었습니다. 그 주님은 바울에게 "로마에서의 휴일"을 주시려고 데려오신 분이 아니고, 그를 허망한 죽음으로 끝나게 하려고 보내신 것도 아니었습니다. 누구보다도 예수 자신을 증거하게 하시는 부활의 주님을 믿었기에, 바울에게는 두려움이 없었습니다.

셋째, 그는 "거침없이" 가르쳤습니다. 이 단어가 사도행전의 맨 마지막을 장식하고 있습니다. '아콜뤼토스'ἀκωλύτως는 신약성경에서 여기에 단 한 번 나오는 단어입니다. 주로 법적인 문서에 쓰이는 법률용어인데, "법적으로 아무 방해를 받지 않고"라는 뜻의 부사입니다.[113] 아직 바울이 가이사 앞에서 재판을 받았다는 언급이 나오지 않고 끝까지 재판 결과를 알 수 없는 채로 사도행전은 끝나고 있습니다. 그의 바람대로 로마의 교회에 도움을 받아 로마제국 동반구 선교에 나섰는지도 확인할 수 없습니다. 하지만 사도행전의 맨 마지막 단어가 "아무런 법적인 제지를 받지 않았다"라는 것은 사실상 그가 무죄선고를 받은 듯한 인상을 주고 있으며, 하나님 나라 복음은 로마제국의 승인이나 허락을 받아야 전해질 수 있는 것이 아니라 하나님 아버지의 주권적인 계획을 따라, 그 뜻에 순종하여 항상 담대하고 절박한 바울과 같은 증인들을 통해서, 아무런 방해를 받지 않은 채 땅끝까지 증거될 것임을 이 마지막 부사가 보여주고 있습니다. 물론 이 말이 복음 증거 사역에 고난이 없을 것이라는 뜻은 아닐지라도, 하나님의 하나님 나라 계획은 결코 실패하지 않을 것이라는 뜻인 것은 분명합니다.

우리는 여기서 바리새파의 랍비이며 바울의 스승이었던 가말리엘이 사도들의 복음 전도를 정죄하지 말라고 하면서 조언했던 말을 떠올릴 수 있습니다.

"이제 내가 너희에게 말하노니 이 사람들을 상관하지 말고 버려 두라 이 사상과 이 소행이 사람으로부터 났으면 무너질 것이요 만일 하나님께로부터 났으면 너희가 그들을 무너뜨릴 수 없겠고 도리어 하나님을 대적하는 자가 될까 하노라 하니." (사도행전 5:38-39)

그의 말이 맞습니다. 하나님께서 원하시면 아무도 무너뜨릴 수 없습니다. 유대인들도, 로마제국도, 광풍도, 독사도, 은밀한 살해 계획도, 그리스도인 형제들의 오해도, 하나님 나라 복음의 확산을 막을 수 없습니다. 그분이 주권자이시지 가이사가 주권자가 아니기 때문입니다. 아니 도리어 박해를 통해 하나님은 복음이 나아갈 길을 새로 정하셨고, 복음이 확산되는 새로운 지평을 여셨습니다. 고난을 받을 때 성도들의 신앙은 더욱 영롱해졌고 단단해졌으며, 부활의 복음의 능력은 더 생생하게 과시되었고, 주님의 교회는 더 똘똘해졌고 더 똘똘 뭉쳤습니다.

나가는 말

로마에서의 이 2년 동안의 행적을 더는 자세히 알 수 없습니다. 다만 가이사랴에서의 2년의 구금, 로마에서의 2년의 구금, 그리고 예루살렘에서 고소를 당한 후 재판을 받고 로마로 오는 과정에서 보낸 약 6개월 등 모두 4년 반에서 5년 가까이 되는 시간은 그가 활발하게 이곳저곳을 다니며 복음을 전도하던 시절에 비하면 정체되고 꽉 막힌 시간처럼 여겨질 수도 있습니다. 하지만 가이사랴에서 쓴 것으로 보이는 그의 옥중 서신들을 보면, 그는 한결같이 기쁨과 감사, 평강 속에서 보내고 있었습니다. 특히 에베소서, 골로새서, 빌립보서에서는 유독 예수 그리스도의 복음에 대해서 강조하고 있습니다.

가둘 수 없는 복음

이를 통해서 로마 황제의 권위 아래서 꼼짝 못하는 죄수 신분이면서도 결코 감옥이 가둘 수 없고, 쇠사슬이 맬 수 없고, 군인이 감시할 수 없는 복음이 있었고, 복음에 대한 담대함이 있고, 복음의 승리에 대한 확신이 있었음을 알 수 있습니다. 만물을 창조하시고, 그 만물을 십자가로 하나님 아버지와 화목하게 하시는 예수님, 모든 이름 위에 뛰어난 이름을 가진 주권자 예수님, 그 예수님을 믿는 한, 그 어떤 조건에서도 하나님은 당신의 뜻을 이루어 가신다는 확신이 바울에게는 있었으니, 그의 갇힘과 매임과 표류가 그에게는 결코 정체나 지체의 시간이 아니었습니다.

이 2년 이후의 행적에 대해서는 알려진 바가 없지만, 목회 서신을 통해서나 교회 전승을 통해서 짐작할 수 있습니다. 아마 그는 2년 후에 자유의 몸이 되어 그가 바라던 대로 로마제국 동반구에서 2년 동안 더 사역한 것 같습니다. 그 후 주후 64년에 로마에서 순교했습니다. 그는 주님이 부르시는 순간까지 "선한 싸움을 싸우고 나의 달려갈 길을 마치고 믿음을 지켰습니다"(딤후 4:7). 하나님의 하나님 나라 계획이, 새 창조의 계획이 완성되는 그 날까지 증인들은 갇혀도 복음은 가둘 수 없을 것입니다. 부활을 믿고 복음의 승리를 믿는 증인들을 통해서 복음은 담대하게 가르쳐지고 거침없이 전파될 것입니다. 그 복음이 창조로부터 지금까지 장구한 역사 속에서 제 역할을 해왔듯이, 그 완성을 향하여 제 할 일을 다 할 것입니다. 이 암울한 시기에 우리 증인들에게, 교회들에게 가장 필요한 것은 이 복음의 능력에 대한 확신입니다.

오직 예수 그리스도를 통하여

다원주의, 상대주의의 시대인 오늘날에는 더욱 신神은 하나인데 그 신에게 나아가는 길은 수없이 많은 종교를 통해 제시하고 있다는 주장이 가장 쿨하고, 가장 자비롭고 관대하게 보이며, 가장 열린 주장처럼 보일 것입니다. 하지만 우리를 위해 십자가에 못 박히신 주 예수 그리스도를 제쳐둔 그 어떤 주장도 진리일 수 없습니다. 어떤 우상숭배도 인정하지 않으셨고, 회개하지 않는 자들은 자기 백성이라 할지라도 심판하셨던 하나님에게는 어울리지 않는 주장입니다. 종교다원주의나 보편구원론이 아무리 우리의 심기를 편안하게 해주고, 더 많은 사람들에게 구원의 문을 열어주어서 그 문으로 들어가는 사람이 많게 하는 방법일지라도, 우리 주 예수 그리스도를 필수적인 구원의 길로 인정하지 않는 한 결코 하나님의 구원이 될 수 없습니다. 그래서 바울은 하나님을 잘 믿는다고 자부하는 이 유대인들에게도 예수 그리스도를 향한 믿음을 결코 포기할 수 없는 구원의 조건으로 끝까지 제시한 것입니다.

한결같이 사명에만

복음 전도자 바울은 어디서든지 변함없이 살았습니다. 로마에 왔다고 해서 달라지지 않았고, 배 위라고 해서 다르지 않았습니다. 재판받는 자리라고 해서 다르지 않았고, 회당과 거리라고 해서 다르지 않았습니다. 종교지도자들 앞과 정치권력자들 앞에서도 다르지 않았습니다. 그가 전한 복음은 달라지지 않았고, 변함없이 한결같이 복음이 주는 소망과 경고를 전달했습니다. 바울에게는 자신의 안위보다 그리스도의 안위가 우선이었고, 복음을 듣는 영혼들의 안위가 우선이었기 때문입니다. 로마시민권자인 바울이 로마제국의 심장부에 와서는 이제 험난하고 고생스러운 복음전도자로 사는 것은 그만하고, 안정되게 자리 잡고 살겠다는 생각을 하지 않았습니다. 그래서는 안 된다고 생각했습니다. 그것은 자신에게 주신 사명이 아니었기 때문입니다. 바울은 자신이 이방인의 사도로 부르심을 받은 것을 잊지 않았고, 한 교회 목회자가 아니라 순회하는 전도자로 부름받았음을 잊지 않았기에, 어디서나 변함 없이 신실했고 충성스러웠습니다. 그가 전한 복음은 살아있었고 힘이 있었습니다.

땅끝을 향하여

여기 이 로마가 주 예수께서 말씀하신 그 "땅끝"(행 1:8)일 리가 없습니다. 사도행전이 성공을 예감하는 '열린 결말'로 끝난 것은 이제 바울이 아니라 이 편지를 읽는 독자들을 통해서 이 복음이 땅끝까지 전해지기를 바라는 누가의 바람, 아니 우리 주 예수 그리스도의 바람을 담고 있을 것입니다. 우리가 담대하고 간절하게 그리고 거침없이 이 복음을 전하고, 이 복음을 들을 영혼들을 향하여 사랑과 긍휼을 담아 전하고, 하나님의 나라를 향한 하나님의 곡진한 바람을 품고 전하고, 또한 복음의 진리됨과 복음의 승리를 확신하며 전한다면, 주님은 우리가 전하고 살아내고 보여주는 그 복음을 통해 하나님의 사람들을 부르시고 하나님의 뜻을 이루실 것입니다. 이제 우리가 이 복음의 증인이 됩시다. 성부 하나님이 창세 전에 세우신 계획을 따라, 부활하신 우리 주 예수 그리스도의 주권 아래, 그리고 성령 하나님의 인도하심을 따라, 하나님 나라의 남은 이야기에 참여하고, 교회와 함께 우리의 '행전'을 써나갑시다. 오직 하나님께만 영광을! 아멘, 주 예수여 오시옵소서!

미주

1. 20:1-21:17까지는 여행과 사건 기록이 번갈아 가면서 등장하고 있다. 여행(20:1-6)-사건(드로아와 유두고, 20:7-12)-여행(20:13-16)-사건(에베소 장로들과 작별, 20:17-38)-여행(21:1-7)-사건(가이사랴와 예언, 21:8-14)-여행(21:15-17). 패트릭 슈라이너, 『사도행전』, p.545.
2. 최종상, 『바울로부터』, p.290. 필자는 오랫동안 갈라디아서의 초기 저작설을 지지해 왔는데, 최 박사의 가설이 더 설득력 있게 다가왔기에 기꺼이 수용했다.
3. Ramsay, *St. Paul the Traveller*, p.220.
4. Pervo, *Acts*, p.507.에서 "사도행전의 이름 목록은 내러티브에서 중요한 순간을 예고한다(1:13; 6:5; 13:1). 일곱 명의 목록은 디아스포라 선교를 예고했으며, 바울이 수고한 지역을 대표하는 측근들로서 그 선교의 결론을 반영한다"고 지적한다.
5. 에베소에서 붙잡혔던 바울의 동역자일 것이다. 그는 갈라디아 속주에 있는 루가오니아의 도시인 더베 출신이다.
6. 로마서 16:21에 언급된 소시바더와 같은 사람일 것이다. Hemer, *Acts*, p.236.
7. 흔한 헬라 이름이며, 그 뜻은 '운이 좋은 사람'이다. 운 좋게도 그는 죽었다가 소생하는 기적을 경험한다.
8. 졸았다(카타페로메노스, καταφερόμενος)는 수동태 분사이며 '가라앉다'는 뜻이다. 수동태 표현은 그의 졸음이 유두고의 의지를 압도할 만한 외부 영향 때문임을 보여준다.
9. '청년'은 18-30세의 젊은이를 부르는 호칭이다.
10. 설교의 개요를 보여주는 Talbert, *Reading Acts*, pp.180-81의 교차대구 구조는 아래와 같다.

> a 과거 기록: 여러분도 아는 바니(18b절)
> b 현재 활동: 보라 이제(22a절)
>   c 예언적 미래: 나는 아노라(25절). 그러므로(26절)
>   d 고소(28절)
>   c′ 예언적 미래: 나는 안다(개역개정은 생략, 29절), 그러므로(31a절)
> b′ 현재 활동: 지금 내가(32a절)
> a′ 과거 기록: 여러분이 아는 바와 같이(34a절)

11 여기서 바울은 자신을 새로운 에스겔로 소개하고 있다. 파수꾼(겔 3:17-21; 33:2, 6-7; 행 20:26), 피에 관해 깨끗함(겔 3:18, 20; 행 20:26), 목자(겔 34:1-8; 행 20:28), 사나운 이리(겔 20:28-29; 행 20:29).
12 바울의 메시지를 요약하면 다음과 같다. 20:21 하나님을 향한 회개와 예수에 대한 믿음, 20:24 하나님의 은혜의 복음, 20:25 하나님 나라 선포, 20:27 하나님의 전체 계획 선포
13 Person은 장로는 사회학적 관점에서, 감독자는 신학적 관점에서 묘사한 것이라고 주장한다(Person, Acts, p.563).
14 "they kept telling Paul through the Spirit not to set foot in Jerusalem."(NAS) "Through the Spirit they urged Paul not to go on to Jerusalem."(NIV)
15 개역개정은 "두로를 떠나 항해를 다 마치고 돌레마이에 이르러"(7절)라고 말하는데, 여기 '마치고'로 번역한 '디아뉘산테스'(διανύσαντες)는 '마치다'(complete)와 '계속하다'(continue) 두 가지로 다 번역할 수 있다. '마치다'로 번역하면 화물선이 두로까지만 운행했다는 뜻이 되고, 두로에서부터 돌레마이까지는 배로 갔는지 도보로 갔는지 분명하게 말하지 않고 있다. 그러나 '계속하다'로 번역하면, 다시 배를 타고 64km 거리의 돌레마이까지 이동한 것으로 볼 수 있다. 배로는 하루가 걸리고, 걸어가면 2일 정도 걸립니다. 배편이 있다면 굳이 걸어서 이동할 이유가 없는 거리다. 필자는 돌레마이까지 항해한 것으로 보았다.
16 '전도자'(유앙겔리스테스, εὐαγγελιστής)라는 호칭이 신약에 두 번 더 나온다(엡 4:11; 딤후 4:5). 에베소서 4:11에서 전도자는 사도와 선지자 및 목사와 교사 사이에 언급된다. 딤후에서는 '디모데'를 가리키고 있다. 그렇다면 전도자는 한 교회에 적(籍)을 둔 채 여러 지역을 돌면서 사역했을 것이다.
17 개역개정이 '일곱 집사'라고 번역하는데 원문에는 '일곱에 속한'(온토스 에크 톤 헵타, ὄντος ἐκ τῶν ἑπτά)이라고만 되어 있다.
18 실제 사도행전 6장에도 그들을 '집사'로 부른 적이 없고 그들의 역할을 가리킬 때 훗날 '집사'의 어원이 되는 '디아코네인'(διακονεῖν)이라는 부정사가 쓰인 것뿐이다(6:2).
19 이것이 사도행전에 나온 바울의 두 번째 가이사랴 방문이다. 첫 번째는 회심 후 첫 예루살렘 방문 후 핍박을 피해 고향으로 가기 전에 가이사랴에 들르고 있고(9:30), 후에 죄수의 신분으로 세 번째 방문을 하고 있다.
20 (ἐγὼ γὰρ οὐ μόνον δεθῆναι ἀλλὰ καὶ ἀποθανεῖν εἰς Ἰερουσαλὴμ ἑτοίμως ἔχω ὑπὲρ τοῦ ὀνόματος τοῦ κυρίου Ἰησοῦ)
21 '말하다'(엑세게오마이, ἐξηγέομαι)는 기술하다, 열거하다, 묘사하다는 뜻이고, '낱낱이'라고 한 것을 보면 그가 구체적으로 만나서 전도하고 회심하고 교회를 일군 대상들과 반대한 자들을 열거했을 것이다.
22 Polhill, Acts, p.447.

23 1세기 역사가 요세푸스에 따르면 아그립바 1세는 예루살렘에 처음 도착하여 궁핍한 상태에 있는 수많은 나실인들을 돕는 선행을 했다고 한다. *Antiquites judaiques*, XIX, VI, I.
24 동사 εἷλκον(에일콘)의 시제(미완료)는 바울이 한참이나 질질 끌려가는 모습을 생생히 묘사하고 있다.
25 레이크와 캐드베리는 이 차이가 그리스어 대문자 델타(=4)와 람다(=30)를 혼동해서 그렇다고 주장한다(*Beginnings*, 4.2777).
26 개정개역의 "소읍이 아닌 길리기가 다소"는 지나치게 문자적 번역이다. 공동번역과 새번역은 "그 유명한 도시"라 한다. 당시 사람들은 출신 도시에 따른 자부심이 대단했다. 여행작가 스트라본은 '다소'가 문화적 수준에 있어서 아테네나 알렉산드리아에 필적했다고 전한다(스트라본, 『지리서 14』, p.673.).
27 "변명"은 ἀπολογία로, 법정에서의 변호를 말하는 단어다. 법정 변호의 수사적 기술이 쓰이고 있다. 이후에 나오는 네 번의 재판 상황에서 바울은 계속 "변명"한다. 이 변명은 후에 기독교 변증(apologetics)의 원형이 된다.
28 헬라 수사학에서 한 사람을 평가할 때 인격(ethos)과 함께 중요한 것은 '사람이나 물건의 선한 자질에 관한 설명'인 에코미넘(ecominum)인데, 바울은 일종의 '신임장' 역할을 하는 이 요소들을 제시하고 있는 것이다.
29 고대의 작가들이 전형적으로 보여주는 전기적 패턴이 쓰이고 있다: "어머니를 통한 출생, 아버지를 통한 초등교육과 양육, 교사들을 통한 고등교육."
30 유대교에 입교한 사람은 '우리 조상들의 하나님'이라는 표현을 쓰지 않는다. 유대인으로서의 정체성을 분명히 밝힌 표현이다.
31 로마 시민은 정치적 권리의 측면에서 두 부류로 나뉜다. 한 부류는 민회에서 투표하고, 법관으로 선출될 수 있는 피선거권이 있고, 다른 한 부류는 투표권도 없고 법관이 될 자격도 없는 사람들이다. 바울은 유대인 동족과 마찬가지로 정치적 권리가 배제된 두 번째 부류에 속해 있었을 것이다. 하지만 민회 등의 재판 기구, 상급 법원이나 황제에게 항소할 수 있는 권리, 로마 군대에서의 복무권, 3중의 이름을 가질 수 있는 권리 등은 누렸다. 유상현, 『바울의 마지막 여행』, p.45.
32 로마법(*lex Julia de vi publica*)은 명령권(*imperium*)이 있는 자나 관리가 로마 시민권자를 적법한 절차를 밟지 않고 사형이나 채찍을 선고하거나 목에 멍에를 매어 고통을 당하게 할 경우 그 책임을 져야 한다고 규정하고 있다(Dig. 48.6.7; 참조. 16:37).
33 22:30-26:32은 바울의 재판 기록이다. 슈라이너는 누가가 네 번의 재판을 보도하고 있다고 하며 아래와 같이 정리해준다(참조. 슈라이너, 603). 이 법정 장면은 예수의 재판을 떠올리며, 재판 과정에서 사도의 무죄가 입증되고, 오히려 재판장이나 법정 자체가 평가를 받고 있다.

재판(장)	결론
산헤드린 (23장)	산헤드린의 분열 (23:7)
벨릭스 총독 (24장)	베스도에게 넘김 (24:27)
베스도 총독 (25장)	죽일 죄를 범한 일이 없다 (25:24)
아그립바 왕 (26장)	상소하지 않았으면 석방이 가능하다 (26:32)

34 직접 소집했을 수도 있고 소집을 요청했을 수도 있다. 또한 이 산헤드린 공회가 정식 모임이 아니라 회원들 간의 비공식적인 모임이었을 수도 있다. 이는 공식적인 절차 없이 곧바로 바울의 말이 나오고 있는 모습에서 유추할 수 있다.

35 Josepus, *Wars*, 2.17.9 §441

36 유상섭, 『사도행전』, p.305.

37 모세오경에 천사나 영의 존재가 언급되고 있기 때문에 사두개인들이 그 존재 자체까지 부정한 것은 아니다. 다만 몸의 부활을 믿지 않기 때문에 이 말은 우리가 죽은 다음에 영과 천사 형태의 중간상태로 존재한다는 사실을 부정한다는 의미로 이해할 수 있다(Witherington, *Atcs*, p.692; Barrett, *Acts*, pp.1065-66).

38 Josepus, *Ant*. 18.16.

39 대개 유대인들은 율법을 위해 죽은 자들은 온 우주의 왕이 영원한 생명으로 일으켜 세우실 때에 부활의 몸을 입는다고 믿었다(마카베오 2서 7:9). 또 죽음 이후의 삶에 대해서 그리스도와 로마 사람들의 영혼불멸 사상을 따르는 이들도 있었다. Wright, *Resurrection*, pp.129-206.

40 직역하면 '맹세를 맹세하다'(ἀναθέματι ἀνεθεματίσαμεν ἑαυτοὺς)로서 굳게 맹세했다는 뜻이다. ἀνεθεματίζω의 어근은 ἀνάθεμα(저주)다. 따라서 맹세한다는 것은 "저주 아래 둔다"는 뜻이다. 굳게 맹세하면서 지키지 않으면 저주를 받아도 좋다고 말한 것이다.

41 "σὺ οὖν μὴ πεισθῇς αὐτοῖς"에서 '인칭대명사'(συ)를 맨 앞에 놓음으로써 강조하고 있다.

42 천부장이 바울이 한 일을 묘사하면서 '구원하다'(27절)라는 표현을 씀으로써 유대 예루살렘보다는 이 로마 당국을 하나님은 당신의 '구원'의 도구로 쓰고 있다는 인상을 주고 있다.

43 로마법에 출신지에서 재판하는 것을 포룸 도미칠리(*forum domicilii*)라고 하고, 사건이 발생한 관할 지역에서 소송을 진행하는 것을 포룸 딜렉티(*forum delicti*)라고 한다. 총독은 포룸 딜렉티를 선택하는데, 큰 사건이 아니고 거리가 너무 멀기 때문이었을 것이다.

44 물론 철저한 감시 속에 지냈을 것이다. 사도행전 24:23을 보면 "자유를 주며 친구 중 아무나 수종하는 것을 금치 말라"는 조치를 따로 취한 것과 비교할 때, 천부장 루시오의 편지만 갖고서는 이런 자유를 주지 않은 듯하다.

45 변호사(ῥήτωρ)는 문자적으로 "대중연설가" "웅변가" "수사학자"를 말한다. 법정에서는 전문변호사를 말한다. 유대인 대제사장들이 자신의 입으로 자기 주장을 펼치지 못하고 변호사를 샀다는 것은 그들의 낮은 지적 수준을 보여준다. 반면에 사도행전 2장에서는 대제사장과 그 문중이 "베드로와 요한이 담대하게 말함을 보고 그들을 본래 학문 없는 범인으로 알았다가 이상히"(4:13)여겼다는 말이 나온다. 여기서 "학문"은 대중 앞에서 조리 있게 말할 수 있는 수사적 능력을 말한다. 예수 제자들의 첫 이미지는 궁색한 복장에 무식한 이들이었으나, 그들이 입을 열면 당대의 수사학적 기준으로도 훌륭한 연설을 쏟아냈다.

46 21장 28절에서는 "성전을 더럽혔다"고 고소했는데 여기서는 "성전을 더럽게 하려 하므로"라고 바꾼다. 명확한 증거가 없어서 성전 오염이 미수 사건으로 변한 것이다. 정말 성전이 더럽혀졌다고 말해버리면, 성전을 정결하게 하는 복잡한 과정을 거쳐야 하기 때문에 삼갔을 것이다. 여기서 바울이 율법을 어겼다는 말은 안 나오고 성전만 언급한 것은 가이사랴의 고소를 바리새파가 아니라 사두개파가 주도하고 있기 때문일 것이다.

47 행 19:40에서는 에베소의 '소요'에, 23:7에서는 산헤드린 공회의 '다툼'에 이 단어 스타시스(στάσις)가 쓰이고 있다.

48 사두개파나 바리새파에 대해서도 이 표현을 썼다. 기독교를 유대교의 한 분파로 이해하고 있는 것이다.

49
  A 그들의 고발에는 증거가 없다(10-13절)
    B 종교적인 문제다(14-15절)
      C 하나님과 사람에 대하여 거리낌이 없다(16절)
    A′ 아시아의 유대인들과 공회에 대해 무죄하다(17-20절)
      B′ 죽은 자의 부활에 대하여(21절)

50 슈나벨은 다음과 같이 타임라인을 정리해 주고 있다(슈나벨, 1009).

첫째 날	바울이 예루살렘에 도착함	21:7
둘째 날	야고보를 방문함	21:18
셋째 날부터 아홉째 날	칠일 동안 결례	21:26
아홉째 날	붙잡힘	21:33
열째 날	산헤드린 청문회	22:30
열한째 날	바울을 죽이려는 음모	23:12
열두째 날	가이사랴 도착	23:22-33
열일곱째 날	벨릭스 앞에서 심문받음	24:1

51 그리스도의 부활과 새창조 복음은 이스라엘의 소망을 버린 채 기대한 다른 계획이 아니다. 복음은 이스라엘의 소망이 성취된 형태다.

52 벨릭스의 전임자 쿠마누스(Ventidius Cumanus)는 유대인 관리들과 원활한 관계를 유지하지 못했다는 이유로 쫓겨나 추방당했다. Josephus, *Ant* 20. pp.118-136.
53 주전 59년의 로마법(*Lex Iulia de pecuniis repetundis*)은 뇌물을 금하고 있지만, 총독들은 이 법을 무시했다. 여기서 원로원 관리의 부의 축적을 금하고 있다.
54 Josephus, *Ant*. p.20, p.163. Dunn, *Beginning from Jerusalem*, p.983.
55 Josephus, *J. W.* 2.270; *Ant*. 20.182.
56 옥중서신의 기록 장소에 대해서는 최종상, 『바울로부터』, pp.417-422를 참조하라.
57 Josephus, *Antiquities*, XX.8.7, 9; *Wars*, II.13.7.
58 유대는 독립적인 속주가 아니라 수리아 속주에 속했으며, 수리아 총독이 유대에 개입할 수 있었다. 베스도는 수리아의 총독이다.
59 당시 대제사장은 59년 헤롯 아그립바 2세가 세운 이스마엘이었다. '유대인 중 높은 사람'은 유대의 평민 관료 계층의 최고 대표자들을 가리킨다.
60 '호의'(χάρις)가 자주 등장하고 있다(24:27 '마음',; 25:2-3 '호의'; 25:9 '마음'; 25:11 '내주다'(χαρίζομαι). 신학적으로는 '은혜'나 '은사'를 가리키지만, 로마 사회의 사적인 관계망인 후원제(patronage)를 설명하는 핵심 용어다. 로마의 정치는 친구 사이에 선물을 주고받으며 맺은 관계로 작동한다. 우리 시대의 '카르텔'처럼 이 관계 안에서 이익을 공유하고 불법을 용인해주기도 한다. 바울은 이 시스템 바깥에서 홀로 외롭게 분투하고 있는 중이다.
61 여기 "팔일 혹은 십일"이라고 한 것에서 우리는 누가가 최대한 정확하게 기술하려고 한 흔적을 볼 수 있다. "이튿날"은 베스도가 이 일을 최우선으로 다루려고 했음을 보여주며, 이는 2년이나 판결을 미룬 벨릭스와 비교하고 있을 것이다.
62 에크하르트 J. 슈나벨, 『강해로 푸는 사도행전』, p.1044.
63 황제에게 상소하는 제도에 관해서는, 에크하르트 J. 슈나벨, 『강해로 푸는 사도행전』, 1046-47을 참조하라. 총독들은 가이사에 대한 상소를 꼭 허락해야 한다는 증거가 없다. Barrett, *Acts*, p.1131. 상소를 거부하는 이유로는, 피고의 법적 신분, 통치에 관한 논란, 공식적인 실수, 마감일을 지키지 못한 경우 등이 있다. Litewski, *Appellation*, p.86, Dig, 49. 5.6.
64 "만물을 살게 하신 하나님 앞과 본디오 빌라도를 향하여 선한 증언을 하신 그리스도 예수 앞에서 내가 너를 명하노니 우리 주 예수 그리스도께서 나타나실 때까지 흠도 없고 책망 받을 것도 없이 이 명령을 지키라"(딤후 6:13-14; 참조. 고후 5:10).
65 참조. Tajra, *Trial*, p.173. Rapske, *Paul in Roman Custody*, p.55.
66 헤롯 가문과 예수의 기나긴 악연을 기억하는 독자들에게는 또 다른 변수가 생길까 긴장될 만한 상황이다. 아그립바 2세의 증조부인 헤롯 대왕은 예수 탄생 시 베들레헴에서 유아 살해를 명령했고(마 2:13), 조부 헤롯 안티파스는 빌라도와 합세하여 예수의 처형에 관여했고(눅 23:13), 부친 아그립바 1세는 야고보 사도를 처형했다(행 12:1).

67 개역개정은 번역하지 않고 있다.
68 "손을 들어"는 그가 결박 상태가 아니었음을 보여주지만, "이렇게 결박된 것 외에는"(29절)을 볼 때 재판 시에만 결박을 잠시 풀어준 것 같기도 하다.
69 "너그러이(μακροθύμως)" 신약성경에서 오래참음(μακροθυμία, 고후 6:6; 갈 5:22; 엡 4:2; 히 6:12; 약 5:10)의 미덕으로 등장하는 단어와 어근이 같다. 연설의 내용과 길이를 모두 염두에 둔 표현이다.
70 Johnson, *Acts*, p.432.
71 투표를 가리키는 용어(프세포스, ψῆφος)는 표결에 쓰는 조약돌을 가리킨다. 유죄는 검정색, 무죄는 하얀색이다(*BDAG*).
72 이 투표를 근거로 바울이 산헤드린 공회 의원일 것이라고 주장해왔지만, 주후 31년에 최고 법정의 구성원이 되기에는 그의 나이가 너무 젊기 때문에 반대하는 주장도 만만치 않다. 그는 산헤드린 공회가 결정을 할 수 있도록 율법 해석하는 일을 돕는 바리새파 서기관 중 하나로 활약했다는 의미일 수 있다(Witherington, *Acts*, p.742).
73 산헤드린은 오직 성전의 거룩함이 훼손되었을 때만 사형을 집행할 수 있었고, 나머지 사안은 로마 총독에게 이관해야 했다. 바울은 스데반의 사형에 관여했고, 심지어 예수의 죽음에도 관여했을 수 있다(Fitzmyer, *Acts*, p.758).
74 '형벌하다'(티모레오, τιμωρέω)는 직역하면 '원수를 갚다'이다. 채찍질이나 사십에 하나 감한 매를 의미할 것이다.
75 바울의 사도권이 의심 받는 갈라디아 교회들에게 보낸 편지에서도 그는 복음을 사람을 통해서가 아니라 직접 받았음을 강조한다(갈 1:1, 15-16).
76 바울이 '변명하다'(아포로구메누, ἀπολογουμένου)가 분사 현재형인 것으로 볼 때, 말하고 있는 도중에 베스도가 큰 소리를 내어서 말한 것으로 보인다.
77 신약성경에 '그리스도인'이라는 말이 3번 나오는데, 사도행전에는 안디옥 교회의 성도들을 가리킬 때(11:26)와 여기에 나오고, 베드로전서에 한 번 더 나온다(벧전 4:16). 이 단어를 쓰면서 아그립바가 바울의 무죄를 선언한 것으로 볼 때, 이 단어를 성도들을 향한 부정적인 의미로 쓰고 있는 독자들 시대의 분위기에 반대하도록 할 의도로 쓴 것으로 보인다(슈라이너, 647).
78 Kenner, *Acts*, 4:3547-48에 따르면, 아그립바의 말은 3가지 정도로 해석할 수 있다. ① 그렇게 적은 논거로 나를 설득할 수 있겠는가? ② 당신은 나에게 그리스도인 되라고 설득한다. ③ 당신은 그렇게 짧은 시간에 이 수준 낮은 운동에 동참하도록 나를 설득할 수 있다고 생각한다. 세 번째가 가장 유력하다.
79 슈라이너, 648.
80 할러데이(Halladay, *Acts*, p.482)는 사도행전에 나온 바울의 무죄 선언을 아래와 같이 정리해 주고 있다(패트릭 슈라이너, 『사도행전』, pp.648-649에서 재인용).

바울의 무죄		
빌립보	16:37-39	빌립보의 상관은 바울과 실라를 잘못 투옥한 것을 사과한다.
데살로니가	17:1-9	읍장들은 야손에게 보석금을 받지만, 바울은 고소하지 않는다.
고린도	18:12-17	갈리오는 바울의 무죄를 선언한다.
에베소	19:23-41	아시아의 관리가 바울을 보호하고 서기장은 폭동을 해산한다.
예루살렘	21:33-39 22:22-30 23:12-30	천부장은 바울을 죽이려는 계획에서 바울을 구해 벨릭스에게 보낸다. 그에게는 잘못이 없다고 보고한다.
가이사랴	24:22-27	벨릭스는 바울에 대한 고소를 심각하게 받아들이지 않고 그를 잘 대해준다.
가이사랴	24:13-21	베스도는 바울에 대한 고소가 유대교와 예수에 대한 논쟁이라는 것을 정확히 이해하지는 못했지만, 어느 정도는 이해했다.
가이사랴	26:30-32	아그립바는 바울이 가이사에게 호소하지 않았더라면 석방되었을 수 있다는 데 동의한다.

81 바다는 단순히 그리스 바다가 아니라 여호와만이 정복할 수 있는 악한 영들의 혼돈의 장소로 여겨졌다(출 15:1-8; 사 51:9-10). 바울의 항해는 하나님께서 혼돈의 세력들을 정복하는 과정을 보여준다. 바울과 선원들은 하나님의 인도하심을 따라 어둠에서 빛으로 나아가 폭풍우를 뚫고 예수의 치유 능력을 전할 수 있는 곳으로 이동하고 있다.

82 27장 전체가 난파 사건이다. 이는 누가-행전의 주요 주제인 죽음-부활-승천 이야기로 볼 수 있다. 바울은 많은 사람을 구원하기 위해 죽음으로 같이 들어갔다가 살아나는데, 이는 예수께서 십자가와 부활과 승천으로 앞서 보여주신 일이다. 이 패턴은 사도들의 박해에서, 스데반과 베드로의 박해에서, 바울의 선교 여행에서, 그리고 로마로 가는 과정에서 반복되는 것이다.

83 로마는 항구가 없고 로마로 갈 수 있는 주요 항구는 로마에서 남동쪽 240km 떨어진 보디올이다.

84 지금의 에드레미트이다. 연안 운항선이며 소아시아를 통과하는 무역선이다.

85 그가 속한 부대는 적게는 300명, 많게는 600명 규모의 보병으로 구성된 황제 부대이다. 황제를 존칭하는 이 단어는 일반적으로 로마군 주둔 지역에 사는 지역 주민으로부터 차출된 보조부대를 칭할 때 사용했다고 한다. Polhil, *Acts*, p.515. 그는 상소를 허락한 이유를 설명하는 릿테라 디미소리아(*littera dimissoria*)와 다른 소송 관련 서류를 지참했을 것이다.

86 Ramsay, *St Paul*, p.314; 존 스토트, 『땅끝까지 이르러』, p.461.
87 구브로의 북쪽 해안과 소아시아 남쪽 해안 사이를 항해하며 가을의 맞바람을 맞는 배는 해안가와 바다 위로 부는 미풍과 남쪽 아나톨리아 해안 서쪽으로 흐르는 해류의 도움을 받았다. Hemer, *Acts*, p.133.
88 Polhill, *Acts*, p.517.
89 당시에 로마로 가는 항로는 두 가지였다. 하나는 구브로, 무라, 로도, 니도, 그레데 남부, 멜리데, 메시나를 경유하는 북로였다. 다른 하나는 북아프리카 해안을 따라 구레네로 가서 거기서 이달리아로 가는 남로였다. 빨리 운항하면 1년에 두 번 왕복할 수 있었는데, 알렉산드리아 배는 그해 두 번째 곡물 수송을 하고 있는 배였을 것이다.
90 램지에 따르면, AD 59년의 대속죄일은 10월 5일이었다고 한다. Ramsay, *St Paul*, p.322.
91 뵈닉스를 현재의 비네카로 보았을 경우다.
92 "Since much time had passed, and the voyage was now dangerous because even the Fast was already over"(ESV)

"Much time had been lost, and sailing had already become dangerous because by now it was after the Fast"(NIV)
93 Fitzmyer, *The Acts of the Apostles*, p.775. 베게티우스 레나투스, 『로마의 군제』, P.439.
94 Haenchen, *The Acts*, p.701; Witherington III, *The Acts of the Apostles*, p.765.
95 별이 가려졌다는 것은 매우 끔찍한 일로 받아들여졌는데, 이교도들은 별을 신으로 여겼다. 그렇다면 이것은 참 하나님이 폭풍을 통해 말씀하실 때 별의 목소리가 없어지는 것을 의미할 수도 있다. 별과 태양이 없으면 앞으로 나아갈 수 없다. 이는 하나님만이 유일한 빛이심을 보여준다. 슈라이너, 659.
96 9절의 '권하다'가 미완료 시제인 것을 통해 그의 의지를 엿볼 수 있다.
97 A 안심하라(22절)-B 근거(23-24절)-A´ 안심하라(25a절)-B´ 근거(25b-26절)
98 던(Dunn)은 말한다: "사도행전 앞부분에서 자주 볼 수 있듯이(10:1-11:18; 14:15-17; 17:22-31) 이 짧은 메시지의 하나님 중심성은 놀랍다. 바울이 속해 있고 예배의 중심에 서 있는 것은 하나님이시다(27:23). 사건과 그 사건에 휘말린 사람들을 주권적으로 주관하시는 것으로 확인된 것은 하나님이다(27:24). 바울이 확언하는 것은 이 하나님을 믿는 믿음이다."(Dunn, *Acts*, p.340.)
99 한 길(오르귀아, ὀργυιά)는 한 사람이 수평으로 팔을 벌린 길이로 약 1.85m이다.
100 멜리데 섬 북서쪽의 살모네 섬 근처인 성바울 만에 배가 걸렸다면 전통적 견해를 받아들인다면, 배는 동쪽에서 쿠라 곶의 바위가 많은 반도를 지나 이곳으로 떠밀려 왔을 것이다. James Smith, *Voyage and Shipwreck*, pp.20-28.
101 Hemer, *Acts*, p.147.

102 "뱃머리가 단단히 틀어박혀 움직이지도 못했고 고물은 (파도의) 힘으로 부서졌다."(피츠마이어)
103 "원주민들"은 직역하면 "야만인"인데, 이 단어는 헬라 문화 중심주의의 흔적이 역력하다.
104 뱀의 출현은 이 섬을 둘러싼 사탄과 하나님 사이의 전쟁을 상징한다. 더 큰 내러티브 구조를 보면, 바울은 물에서 구원을 받고 뱀에게 물린 후 부활하고 있다. 둘 다 부활 유형의 이야기다. 슈라이너, 668.
105 눅 10:19에서는 제자들은 뱀조차도 해치거나 불의를 행할 수 없다(아디케세, $ἀδικήσῃ$)고 말했는데, 여기서는 야만인들은 공의(디케, $δίκη$)가 바울을 따라잡았다고 말한다.
106 피츠마이어, 『사도행전주석』, p.1353.
107 30절에 '자기 셋집에 머물렀다'는 표현을 통해서 짐작할 수 있다. 바울이 집세를 내고 있다(참조. 행 28:23).
108 Bruce는 4시간 간격으로 감시 임무를 교대했을 것이라고 주장한다. Bruce, *The Book of the Acts*, p.504.
109 에크하르트 J. 슈나벨, 『강해로 푸는 사도행전』, p.1123. 서방 사본(614. 2147 it)은 "막사 밖에"라는 구절을 첨가한다.
110 Rapske, *Paul in Roman Custody*, p.330.
111 이 단어 '아심포노이'는 신약에 여기만 쓰였다.
112 NASB "with all openness", NRSV, ESV "with all boldness"
113 유상섭, 『사도행전 II』, p.438.

LIVE 성경강해

말씀을 경청하고	**L**isten to the Word
바르게 해석하고	**I**nterpret the Word
가치를 정립하고	**V**alue by the Word
진리로 연대합니다	**E**at with the Word

초판 1쇄 발행 2025년 11월 15일

지은이 박대영
펴낸이 이재원

펴낸곳 선율
출판등록 2015년 2월 9일 제 2015-000003호
주소 경기도 구리시 동구릉로 148번길 15
전자우편 1005melody@naver.com
전화 070-4799-3024 팩스 0303-3442-3024
인쇄・제본 성광인쇄

ⓒ 박대영, 2025

ISBN 979-11-88887-29-3   03230

값 26,000원

- 잘못된 책은 바꿔드립니다.
- 이 책 내용의 전부 또는 일부를 재사용하려면 반드시 저작권자와 선율 양측의 동의를 받아야 합니다.